Die Prellböcke

Rudolf Abel

**Ein Lesebuch
zur Geschichte der Eisenbahner
Oberösterreichs**

Inhalt

Vorwort

Ernst Ulbrich schrieb in seinem Vorwort zu dem Buch "Österreichs Eisenbahner im Widerstand":

"Mag der Anteil der Eisenbahner am Kampf um die Selbstständigkeit Österreichs und um die Wiedererringung der politischen Freiheit auch gering erscheinen, so war ihr Weg, der Weg des Widerstandes gegen Diktatur und Gewaltherrschaft, nicht weniger bitter und hart als jener anderer Widerstandskämpfer. Auch sie haben ihr höchstes Gut, ihr Leben, eingesetzt.

Damit lieferten unsere Berufsgenossen den Beweis dafür, daß immer dann, wenn der Kampf um die soziale und politische Gleichberechtigung am härtesten ist, mit den Eisenbahnern gerechnet werden kann. Sie stehen mit all ihrer Kraft auf der Seite der Schwächeren, ohne Rücksicht auf Weltanschauung und politische Zugehörigkeit".

Tatsächlich waren die Eisenbahner seit dem Bestand ihrer Organisation und seit dem Beginn ihres organisierten Auftretens immer in vorderster Linie im Kampf um soziale Rechte zu finden und deswegen immer wieder Angriffspunkt bürgerlicher und konservativer Denkweisen. Schon in der 1. Republik war der österreichische Faschismus und die bürgerlich-klerikale und die christlich-soziale Bewegung daran gegangen, gegen die Eisenbahner vorzugehen.

In diesen geschichtlichen Ereignissen hat besonders Oberösterreich eine große Rolle gespielt. Auch wissen wir heute, daß sich in der 2. Republik führende Köpfe der bürgerlichen Bewegung mit der Organisation der Eisenbahner und deren Auftreten ständig kritisch auseinandersetzen. Die immer wieder geführten Angriffe gegen die Eisenbahner beweisen uns jedoch, daß wir Wachsamkeit und die Erhaltung einer funktionierenden Organisation auch für die Zukunft brauchen werden.

Die in diesem Buch mit viel Eifer und Sorfgfalt zusammengetragenen Dokumente beweisen auch, daß die Eisenbahner zwar als politische Prellböcke, aber dennoch wie keine andere Berufsgruppe in unserer Gesellschaft mit ihrem Betrieb verbunden sind und für ihre Bahn einstehen.

Unsere Väter haben nach dem verheerenden Weltkrieg die Bahn aus Schutt und Asche wiederaufgebaut, und erst 25 Jahre später wurden die Mittel für eine Modernisierung gewährt und erst im Jahr der Herausgabe dieses Buches beginnt ein wirklich neues Zeitalter für die Bahn - die "Neue Bahn".

Wir Eisenbahner werden auch in Zukunft allen Anfängen einer politischen oder wirtschaftlichen Unterdrückung entgegentreten und für die Entwicklung unseres Unternehmens eintreten, mit der gleichen Leidenschaft und dem gleichen Mut und mit den gleichen Zielsetzungen wie dies unsere politischen und gewerkschaftlichen Väter und Großväter getan haben.

Linz, im Juli 1989

LA Helmut Edelmayr
Direktionssekretär

Vorwort

Die Eisenbahn und ihre Beschäftigten übten beinahe während der gesamten 150-jährigen Geschichte die Funktion von "Prellböcken" aus.

Immer wieder bedurfte es enormer Anstrengungen, um einerseits Ausbaupläne von Bahnlinien zu verwirklichen und andererseits das Unbehagen der Bevölkerung gegen die aufstrebende Technik hintanzuhalten.

Lagen früher die Kritiken an der Bahn überwiegend im sachlichen Bereich, so wurden im Laufe der Zeit die Eisenbahner und ihre Bahn immer mehr zum Zankapfel politischer Auseinandersetzungen.

Wir können aber stolz darauf sein, daß es uns immer wieder gelungen ist, die Schwierigkeiten zu überwinden und den Angriffen standzuhalten.

Ein Meilenstein in der Geschichte der Bahn wurde mit dem Projekt "Neue Bahn" gesetzt. Gemeinsam wurden von den Österreichischen Bundesbahnen und der Gewerkschaft der Eisenbahner die Weichen gestellt, um in Zukunft die Bahn attraktiver und leistungsfähiger zu gestalten und somit auch das Ansehen unserer Kollegen zu heben. Neue Berufsbilder werden entstehen und sind zum Teil bereits entstanden (EC-Betreuer, Streckenbetreuer, Stück-Gut-Manager, um nur einige zu nennen).

Wesentliche Aspekte für eine positive Einstellung zur Bahn sind sicherlich der immer mehr an Bedeutung gewinnende Umweltgedanke sowie die Bewältigung des Problems des Nord-Süd-Transitverkehrs durch Verlagerung des Verkehrs von der Straße auf die Schiene.

Wenn wir es schaffen - und ich bin sicher, daß es uns gelingen wird - die Vorteile der Bahn hervorzuheben und ein sinnvolles Nebeneinander von Schiene und Straße in Zukunft zu ermöglichen, dann braucht uns um die Zukunft der Bahn und der Eisenbahner nicht bange zu sein. Nützen wir also die Chance, denn die Zukunft gehört der Bahn, der "Neuen Bahn".

Dr. Gustav Hammerschmid
Präsident der Bundesbahndirektion Linz

Vorwort

Jubiläen fordern einen Blick zurück, zu gedenken, sich für Pionierleistungen zu bedanken. Sie fordern aber auch im Rückblick aus der Geschichte zu lernen, die Gegenwart richtig zu erkennen, um einen erfolgreichen Weg in die Zukunft gehen zu können.

Wurde 1894 in "Instruktionen über den Vorgang in Personal-Angelegenheiten", welche sich überwiegend mit den Pflichten des Personals befaßten, erstmals der Begriff des "VERTRAUENSMANNES" erwähnt, dauerte es noch 25 Jahre bis 1919, daß man von einer Personalvertretungsvorschrift sprechen konnte, in der "Mitbestimmung" und "Mitverantwortung" enthalten waren.

Diese Entstehungsgeschichte und der Verlauf bis zum heutigen Tag stellt ein Stück der Arbeiterbewegung dar.

Erst die Besinnung zur Organisation brachte die Kraft, die Wünsche und die Forderungen der Eisenbahner zum Durchbruch zu bringen.

In Solidarität mit gewerkschaftlich organisierten Eisenbahnern wurde es möglich, daß die Personalvertretung aus freigewählten Vertrauensmännern bestand, in der auch die Stärke des organisierten Personals zum Ausdruck kam.

Politische Wirren, Krieg, katastrophale wirtschaftliche Verhältnisse führten oft zum Überlebenskampf der österreichischen Eisenbahner.

Den Pionieren unserer Personalvertretung und der Opfer dieses Kampfes wollen wir besonders gedenken.

Dieser Kampf mahnt und läßt uns erkennen: mit Solidarität werden wir auch einen erfolgreichen Weg in die Zukunft gehen können!

Hehs Helmut
Obmann des Personalausschusses Linz

Vorwort

Die Eisenbahner haben seit der Gründung der Bahn in guten und in schlechten Zeiten maßgeblich zur Weiterentwicklung der Wirtschaft und des Fremdenverkehrs und damit zum heutigen Wohlstand Österreichs beigetragen.

Die schwierigen, oft gefährlichen Arbeitsbedingungen haben dazu geführt, daß sich die Eisenbahner beispielgebend in ihrer Gewerkschaft zusammengeschlossen haben - zu einer großen Gemeinschaft - ohne Rücksicht auf die unterschiedlichen Berufsbilder und Tätigkeiten. Nur so konnten sie den hohen Berufsanforderungen entsprechende arbeits- und sozialrechtliche Regelungen durchsetzen.

Die Eisenbahner haben durch ihre engagierte und solidarische Mitarbeit in der Arbeiterbewegung in ganz Österreich auch für die soziale Besserstellung aller Arbeitnehmer, für die Demokratie und für die Freiheit gekämpft. Dieses engagierte Einsetzen für den Fortschritt hat zu allen Zeiten den Widerstand und den Haß rücksichtsloser Kreise bewirkt - sie konnten aber die fortschrittliche Gesinnung der Eisenbahner nicht brechen.

Gewerkschaft und Personalvertretung wollen auch in Zukunft für soziale Sicherheit, für eine gute Einkommensentwicklung und bessere Aufstiegsmöglichkeiten, für Unfallverhütung und Gesundheitsvorsorge am Arbeitsplatz und für mehr Anerkennung der Leistungen der Eisenbahner eintreten.

Die Eisenbahner und ihre Gewerkschaft fordern aber auch eine rasche Modernisierung der Bahn, damit die "Neue Bahn" auch in Zukunft der gesamten Bevölkerung, der Wirtschaft und unserer Umwelt zeitgemäß nützen kann.

Auch dieses Buch wird durch Rückbesinnung und Ausblick dazu beitragen, daß unsere Ziele erreicht werden - für die Eisenbahner und für alle Österreicher!

Franz Hums
Vorsitzender der Gewerkschaft der Eisenbahner

Einführung

Der aufmerksame Leser wird bereits beim Untertitel dieser Schrift bemerken, daß es eigentlich nur ein vergebliches Bemühen sein kann, über die Geschichte der oberösterreichischen Eisenbahner zu schreiben. Denn viele von ihnen verrichten ihre Tätigkeit weit über die oberösterreichischen Landesgrenzen hinaus. Neben dieser besonderen beruflichen Mobilität wird von den Bediensteten zusätzlich Nacht- und Schichtarbeit verlangt. Bedingt durch die vielfältigen Einsatzorte außerhalb Oberöstereichs liegt daher dem Leser korrekterweise ein "Lesebuch zur Geschichte der Eisenbahner in Oberösterreich" vor.

Wer nun erwartet, daß auf den folgenden Seiten die großartigen Leistungen der Personalvertretung und der Gewerkschaft der Eisenbahner an der Mitwirkung und an der Verbesserung des Sozialrechtes, des Pensionsrechtes, des Dienst- und des Besoldungsrechtes oder des Stellenplanwesens, der Humanisierung des Arbeitsplatzes und der Reorganisation des Betriebes erschöpfend nachzulesen sind, der wird vielleicht enttäuscht sein, weil er hier nur Schwerpunkte dieser Entwicklungen finden kann. Dieses Lesegut ist umfassend der großartigen Dokumentation "*80 Jahre Gewerkschaft der Eisenbahner*" zu entnehmen.

Der Autor will mit diesem Lesebuch, das sowohl zum Lesen als auch zum Geschichte-Forschen anregen soll, kein wissenschaftliches Werk vorlegen. Es soll vielmehr zu Gesprächen und Diskussionen im Betrieb und wo auch immer, ermuntern. Ganz bewußt wurde von der in ähnlichen Werken üblichen Zitierweise Abstand genommen. Sie behindert - so die Meinung des Autors - die Leselust und ist daher hier nicht angebracht. Dafür ist am Ende der Schrift eine ausführliche Literaturliste, die mit einigen tausend Seiten an Protokollen, an Berichten, an Personalakten und sonstigen Dokumenten ergänzt werden müßte, zu finden.

Es wird auch kein Anspruch auf vollständige Bearbeitung der Geschichte der Eisenbahner in Oberösterreich erhoben, denn aufgrund der beabsichtigten Einschränkung der Seitenanzahl, ergaben sich automatisch Abgrenzungen in der Tiefe der Bearbeitung. Dagegen ist beabsichtigt, einen auf Oberösterreich beschränkten Beitrag zur Sozialgeschichte der Eisenbahner zu geben, wobei technische Entwicklungen nicht ausgeklammert bleiben können. Primär ging es dem Schreibenden darum, den Eisenbahner in ein wirtschaftliches, ein politisches und ein soziales Spannungsfeld zu stellen, um zu zeigen, daß Geschichte etwas "Gemachtes" und daher "Gestaltbares" ist. Der Leser soll angeregt werden, selbst aktiv, für eine gute Sache "Geschichte zu machen" - beispielsweise für die Gewerkschaft der Eisenbahner.

Da für die beabsichtigte Darstellung der Zeitabschnitt von 1918 bis 1945 besonders ergiebig ist, blieb diesen Kapiteln eine höhere Seitenanzahl vorbehalten. Aus persönlichen Neigungen gibt es eine Betonung für die Leistungen der Eisenbahner im Widerstand gegen die beiden elf Jahre dauernden faschistischen Diktaturen von 1934 bis 1945. Die Kapitel davor und dahinter dienen zur Abrundung des Geschichtsbildes. Durch den Blick bis zur Gegenwart soll der Leser sein Geschichtsbild mit dem des Autors vergleichen können.

Es soll an dieser Stelle auch den helfenden "Händen" und guten "Geistern" gedankt werden, die in der Gewerkschaft der Eisenbahner, in der Bundesbahndirektion Linz, im Personalausschuß Linz und in verschiedenen Dokumentationsstellen zu finden sind. Besonders bedanke ich mich bei Herrn Erwin Peterseil, der mich durch gedankliche Anregungen auf so manche Fährte lockte und bei Herrn Professor Gustav Hofinger, der durch seine differenzierte Sichtweise mein Gesichtsfeld öffnete, und der sich überdies als Lektor zur Verfügung stellte. Und zum Schluß ist auch noch der Familie zu danken, meiner Frau Brigitte, die gemeinsam mit ihrer Schwester Maria für die Manuskripte sorgte, den Kindern Gerald, Karin und Thomas, die vor allem mit Geduld und Verständnis den Papa arbeiten ließen.

Linz, Juli 1989

Zaghafter Beginn
1825 bis 1918

Die Geschichte der Eisenbahner in Oberösterreich reicht bis zum Beginn des neunzehnten Jahrhunderts zurück. Hinter ihrer Entwicklung standen, so wie bei vielen anderen technischen Neuerungen auch, vor allem wirtschaftliche Gründe. Jahrzehntelang wurden die Salzkufen entweder auf holprigen Strassen - die Traun entlang nach Linz und dann weiter durch den Haselgraben und über Freistadt - oder auf Flößen und Kähnen - von Gmunden auf der Traun zur Donau und dort von Mauthausen weiter mit Fuhrwerken auf der alten Salzstraße - aus dem Salzkammergut nach Böhmen gebracht.

Rückblickend wissen wir, daß der Ausbau und die Modernisierung des Eisenbahnwesens einen großen wirtschaftlichen Aufschwung einleitete, der die Wirtschaft des Landes grundlegend änderte und belebte. Obwohl durch den Eisenbahnbau viele neue Arbeitsplätze geschaffen werden konnten, brachte der Schienenverkehr für viele Menschen Not und Elend. In den Tagen der Revolution, im Jahre 1848, rissen die zu Bettlern verarmten Schiffsleute von Stadl-Paura, die durch die Errichtung der Pferdeeisenbahn ihre Arbeit verloren hatten, die Bahnschienen aus dem Bahnkörper. Zwischen Mauthausen und Wartberg rotteten sich böhmische Salzfuhrknechte zusammen, um die Pferdeeisenbahn zu zerstören. Dieses verzweifelte Aufbäumen der Salzfuhrleute konnte den "gewinnbringenden Siegeszug" der Eisenbahnen jedoch nicht mehr verhindern.

Seit dem 14. Jahrhundert gab es Pläne zur Verbindung der Flüsse Donau und Moldau durch eine künstliche Wasserstraße. Finanzierungsschwierigkeiten und der geringe Grad der Wirtschaftlichkeit verhinderten die Realisierung dieses Projektes. 1807 erhielt Professor Franz Josef Ritter von Gerstner, ein Fachmann auf dem Gebiete der Hydrotechnik, den Auftrag, die Wirtschaftlichkeit einer Kanalvariante zu überprüfen. Nach eingehenden Untersuchungen empfahl er vom Kanalprojekt Abstand zu nehmen und die Verbindung zwischen Donau und Moldau mittels einer Pferde-Bahn herzustellen. Sein Gutachten überzeugte und rund 15 Jahre später beauftragte die Wiener Kommerz-Hofkommission seinen Sohn, Franz Anton Ritter von Gerstner, zur Ausarbeitung eines geeigneten Projektes.

Die ersten Schritte

Mit der Planung der Pferdeeisenbahn von Linz nach Budweis durch Franz Anton Ritter von Gerstner, dem Spatenstich am 28. Juli 1825 in Nettrowitz in Böhmen sowie der feierlichen Eröffnung der Pferde-Bahn durch den Kaiser und die Kaiserin am 21. Juli 1832 in Linz, fand die Geschichte des Eisenbahnwesens in Kontinentaleuropa, insbesondere in Österreich, ihren Beginn. 1825 gründete die Regierung die "K.k. privilegierte Erste Österreichische Eisenbahngesellschaft" und 1832 deren Lokaldirektion in Urfahr, dem Ausgangsort der Pferde-Bahn nach Budweis.

Dienst- und Wohngebäude der "K.k. priv. Ersten Österr. Eisenbahngesellschaft in Urfahr - heute Hauptstraße 24, nach einer Lithographie von Johann Hardinger

Um die Salzlagerstätten in den Sudhäusern von Hallstatt, Bad Ischl und Ebensee wirtschaftlich besser erschließen zu können, schlug Gerstner die Verlängerung der Pferdeeisenbahn bis Gmunden vor. Mit der Projektierung und Bauleitung beauftragte man Matthias Ritter von Schönerer, der diese Strecke nach ähnlich kurzsichtigen Grundsätzen errichtete, wie den letzten Streckenabschnitt der Bahnlinie Linz-Budweis von Lest nach Linz. Durch diese finanzierungsbedingte "kleinere" Bauausführung war, wie sich später zeigte, die Umstellung auf Dampfbetrieb ohne größere Streckenumbauten nicht möglich. Nach rund einjähriger Bauzeit war die Verlängerung der Strecke bis Gmunden am 1. Mai 1835 fertiggestellt .

Obwohl noch Jahrzehnte später Pferde auf der Strecke Gmunden-Linz-Budweis Lasten transportierten, zeigten sich bald nach deren Eröffnung neue technische Möglichkeiten des Eisenbahnverkehrs. Am 23. November 1837 - rund 10 Jahre nach der ersten Fahrt einer Dampflokomotive in England und rund 12 Jahre nach der Eröffnung der Pferdeeisenbahn Linz-Budweis - zog erstmals eine Dampflokomotive einen planmäßigen Zug in Österreich, nämlich auf dem ersten errichteten Streckenabschnitt der Nordbahn, von Floridsdorf nach Deutsch-Wagram. Damit begann auch in Österreich eine neue technische Entwicklung, die den Ländern großen wirtschaftlichen Aufschwung brachte, der in erster Linie der aufkommenden Industrie zugute kam.

Den Bau der ersten Bahnlinien in der Monarchie übernahmen private Financiers. Erst mit dem Patent vom 19. Dezember 1841 verfügte die Regierung, daß die zu den Reichsgrenzen führenden Bahnen auf Staatskosten zu bauen oder zu erwerben sind. Durch diese Maßnahmen konnte der Anteil der in staatlicher Verwaltung stehenden Bahnen auf bis zu 68 Prozent zu Ende 1854 erhöht werden.

Die Entwicklung und der Ausbau des Eisenbahnwesens erfolgten bei weitem nicht so reibungslos wie sie geschichtlich rückblickend erscheinen. Über die Gründung der verschiedenen Bahnlinien in der chronologischen Reihenfolge informiert im Anhang das Kapitel "Betriebsbeginn Oberösterreichs Eisenbahnlinien". Es ergaben sich immer wieder große Probleme. Sehr oft mußte aus finanziellen Gründen der bereits begonnene Bahnbau unterbrochen werden, bis sich weitere Finanziers fanden. Die Betreiber der Bahnen waren häufig von Materiallieferungen aus dem Ausland, insbesondere aus

England, abhängig. Dessen Unternehmungen konnten aufgrund ihrer konkurrenzlosen Stellung die Preise - die in den Kostenvoranschlägen nicht gedeckt waren - beinahe willkürlich festsetzen. Bei den Grundstücksablösungen gab es immer wieder Schwierigkeiten, weil die Gutsbesitzer ihre Grundstücke nicht verkaufen wollten oder ihnen der angebotene Preis zu niedrig war. Immer wieder gab es Probleme bei der Versorgung mit hochwertiger Kohle. Oft blieb zur Beheizung der Dampfkessel nur minderwertiges Holz. Das begünstigte den für die Reisenden unangenehmen Funkenflug, der zahlreiche Brände verursachte. Die Brände und die Enteignung der für den Bahnbau notwendigen Grundstücke sowie das allgemeine Mißtrauen gegen das neue Beförderungsmittel förderten den Widerstand der Bevölkerung gegen den Auf- und den Ausbau des Eisenbahnwesens. Die obligaten, regelmäßigen Kontrollen der Reisenden durch die Polizei waren unangenehm und schadeten ebenfalls dem Image des jungen Verkehrsmittels.

Das im Jahre 1986 restaurierte Stationsgebäude des Bahnhofes Engelhof. Seit 1836 fährt die Eisenbahn am ältesten noch in Betrieb stehenden Bahnhof Kontinentaleuropas vorüber.

Bedingt durch die hohe Staatsverschuldung, entschloß sich die Regierung zum Verkauf ihrer Bahnanlagen. Bis zum Jahre 1860 verkaufte sie ihre staatlichen Bahnen, mit Ausnahme von 13,8 km Grenzanschlußstrecken - von Kufstein zur bayerischen Grenze und von Bodenbach zur sächsischen Grenze - zu Schleuderpreisen an vorwiegend französische Kapitalgruppen. In Oberösterreich wurde der - ebenfalls oft durch private Initiativen eingeleitete - Eisenbahnbau zügig vorangetrieben. Bald spannte sich von Nord nach Süd und von Ost nach West ein lockeres Eisenbahnnetz. Diese damals errichteten Hauptlinien gehören auch heute noch zu den Hauptverkehrsadern der Eisenbahnen.

Ansicht des alten Linzer Aufnahmegebäudes um 1860.
Im Vordergrund die ehemalige Abfahrtshalle. Dahinter die Werkstätten der "Kaiserin-Elisabeth-Westbahn"

Im Juni 1851 verpflichtete sich Österreich in einem Staatsvertrag mit Bayern zum Bau einer Eisenbahnlinie von Wien über Linz nach Salzburg. Im Jahre 1858 verkehrten erstmals auf der Westbahn - der Kaiserin-Elisabeth-Westbahn - Züge von Wien nach Linz. Den Reisenden standen täglich in jeder

Richtung ein Personenzug und ein Postzug zur Verfügung. Die Fahrzeit betrug sieben bis acht Stunden. Im selben Jahr, am 21. November 1858, wurde in Linz der prunkvolle Bahnhof beim Volksgarten eröffnet. Zwei Jahre später, im Jahre 1860, war die Strecke bis Salzburg befahrbar. 1861 konnte der Betrieb auf den Strecken Wels - Passau und Lambach - Gmunden aufgenommen werden.

Nach der Niederlage der Österreichischen Monarchie im Krieg gegen Preußen, 1866, setzte ein rascher wirtschaftlichter Aufschwung ein. Dieser war vorwiegend von der Industrialisierung und vom Eisenbahnbau ausgelöst worden.

1871 war die Strecke Neumarkt-Kallham - Braunau - Simbach befahrbar. Ein Jahr später verkehrten auf der umgebauten Trasse der Pferdeeisenbahn die ersten Dampfzüge. Ein weiteres Jahr später war die Bahnlinie von St. Valentin über Kleinreifling nach Selzthal fertiggestellt. 1877 wurde die Verbindung von Schärding nach Stainach-Irdning in Betrieb genommen. Im Jahr 1887 konnten die ersten Reisenden Aigen-Schlägl mit der Eisenbahn erreichen, ein Jahr später war die Kremstalbahn bis Klaus-Steyrling befahrbar und am 19. August 1906 bis Selzthal ausgebaut. 1893 eröffnete die Schafbergbahn ihren Betrieb.

Die Vorteile der schienengebundenen Verkehrsmittel für den innerstädtischen öffentlichen Verkehr führten frühzeitig zum Bau von Straßenbahnen. Im Juli 1880 fand die Eröffnung der Linzer Pferde-Tramway statt. Bereits 17 Jahre später ersetzte die elektrische Energie die Pferdekraft für den Betrieb der Straßenbahn. Mit der Eröffnung der Pöstlingbergbahn erhielt Linz im Mai 1898 Linz zu seinen Eisenbahnlinien eine zweite unabhängige Schienenbahn.

Neben der Errichtung von Schienensträngen, Bahnhofsanlagen und Fahrbetriebsmitteln waren besondere Werkstätten für Reparaturen am "rollenden Material" notwendig. Die an den Wagen der Pferdeeisenbahn notwendigen Reparaturarbeiten konnten noch an lokale Schmiedemeister vergeben werden; die für den Dampfbetrieb notwendigen Wartungs- und Reparaturarbeiten bedurften hingegen besonderer eingerichteter Werkstätten. Gleichzeitig mit dem Ausbau der "Kaiserin-Elisabeth-Westbahn" hat die Bahnverwaltung, nach Plänen aus dem Jahre 1858, mit der Bauausführung einer Reparaturwerkstätte in Linz begonnen. Mit der Verdichtung des Schienennetzes und der Modernisierung des Eisenbahnwesens in Oberösterreich war auch der schrittweise Ausbau dieser Werkstätten notwendig. Nach einer Betriebszählung im Jahre 1880 war die Maschinenwerkstätte mit ihren 200 bis 300 Beschäftigten nach der Tuchfabrik das zweitgrößte Unternehmen in Linz. Seit 1882 ist sie in staatlichem Besitz. 1888 erhielt sie den Status und die Funktion einer Zentralwerkstätte. Bis 1912 konnte ein großzügiges Investitionsprogramm verwirklicht werden. Das Werkstättengelände bedeckte eine Fläche von 40.000 Quadratmetern. Der Neubau für die Lokomotiv-Montierung konnte aufgrund der Pläne von 1912 erst nach dem 1. Weltkrieg errichtet werden.

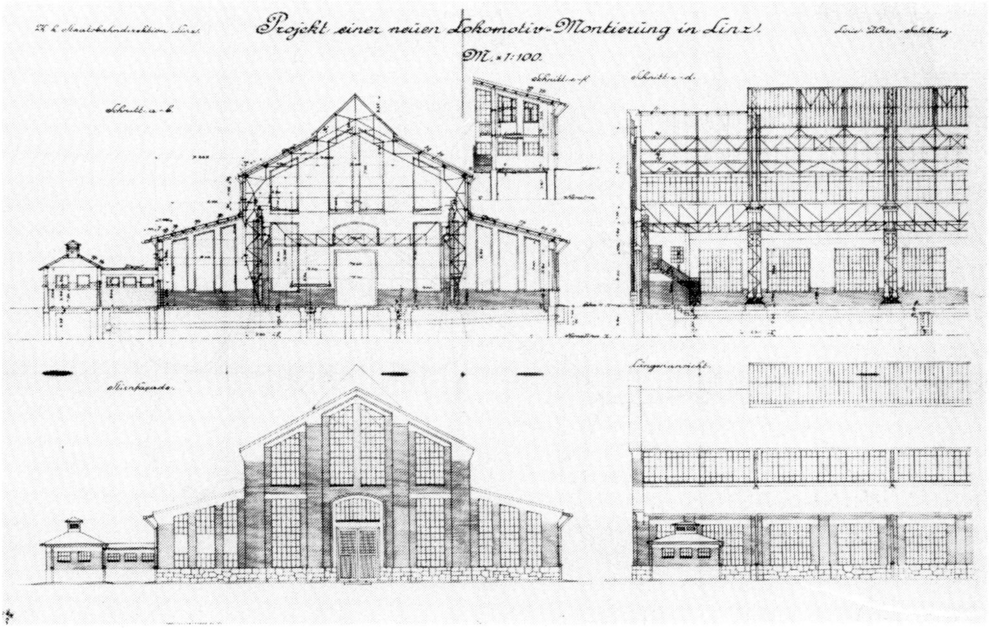

Planung der neuen Lokomotiv-Montierung aus dem Jahre 1912.

Eine eigene Direktion - 1884

Nachdem die Regierenden die strategische und die wirtschaftliche Bedeutung des Eisenbahnwesens erkannten, leiteten sie durch ein Gesetz vom Dezember 1877 die Verstaatlichung der Privatbahnen wieder ein. Als ihr Ziel erreicht war und zahlreiche Eisenbahnbetriebe verstaatlicht waren, bedurfte es für den geregelten Eisenbahnbetrieb einer einheitlichen Organisation. Diese schuf die Regierung mit dem Organisationsstatut vom 8. Juni 1884. In Linz übernahm noch im selben Jahr die "K.k. Eisenbahnbetriebsdirektion Linz" die Aufgabe des "Oberbahnbetriebsamtes Linz". Mit einem Gesamtpersonalstand von 1156 Mann verwaltete die Direktion Linz 547 Eisenbahn-Kilometer, wovon 472 in Oberösterreich zu betreuen waren.

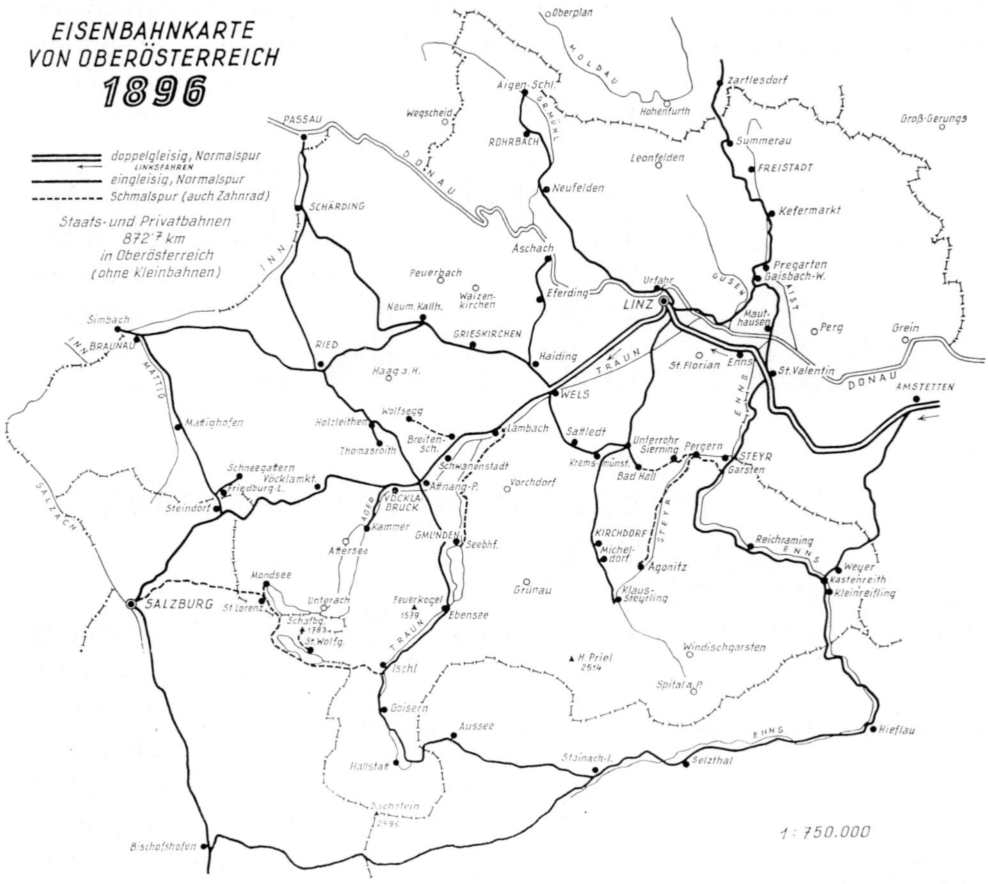

Mit dem Organisationsstatut vom 19. Jänner 1896 reformierte die Habsburger-Monarchie zum letzten Mal das Eisenbahnwesen. Erstmals wurde ein eigenes Eisenbahnministerium errichtet, die Generaldirektion aufgelöst und die Eisenbahnbetriebsdirektionen zu Staatsbahndirektionen erklärt. Diese erhielten wesentlich größere Kompetenzen und verwalteten ein Streckennetz mit insgesamt weit mehr als 7000 km Länge. Für die fachliche Ausbildung des "Höheren Eisenbahndienstes" sorgte die vierjährige Eisenbahnfachschule in Linz. Sie war die einzige derartige Schule in der ganzen Monarchie. Durch sie erhielten 303 Bedienstete in den Jahren 1899 bis 1913 ihre fachliche Ausbildung.

Die Grundsteinlegung für das heutige Gebäude der Bundesbahndirektion Linz erfolgte 1899. Mit dem Neubau, der bereits 1900 fertiggestellt werden konnte, war die organisatorische Zusammenführung der verschiedenen fachlichen Verwaltungsstellen der Staatsbahnen in Oberösterreich möglich.

Die "k.k. Staatsbahndirektion Linz" versorgte zu diesem Zeitpunkt ein Betriebsnetz von 15 Haupt- und Lokalbahnlinien mit einer Strecke von 858 km Länge. Der Anteil der Direktion Linz am Gesamtnetz der österreichischen Staatsbahnen betrug 9,5 Prozent. Am 1. März 1898 zeigte der Gesamtpersonalstand der Direktion Linz exakt 3083 Bedienstete.

Beamte, Unterbeamte und Diener, Arbeiter, Taglohnbedienstete

Seit der Gründung der Eisenbahnen bis zum Ende des 19. Jahrhunderts übernahmen abwechselnd - je nach wirtschaftlichen und strategischen Interessen - einmal der Staat und dann wieder Private, die Verwaltung der verschiedenen Bahnlinien. Anfangs betrieben vorwiegend private Gesellschaften den Bahnbau. Der Staat gewährte lediglich die für den Bau und den Betrieb notwendigen Konzessionen. Nicht selten mußte vom Staat eine abgewirtschaftete Bahnlinie von einem finanzschwachen Privataktionär - meistens zu großzügigen finanziellen Bedingungen - übernommen werden. Wenn dann die Regierung die Bahnlinie verbessert ausgebaut hatte, war diese für private Aktionäre plötzlich wieder von Interesse - die sie dann auch oft zu Schleuderpreisen wieder erwarben. Nachdem die Gewinne neuerlich abgeschöpft waren und die Bahnanlagen und die Bahnbetriebsmittel eine Erneuerung verlangten, "durfte" der Staat wiederum großzügig einspringen.

Die Leidtragenden dieser Entwicklung waren vielfach die in Klassen gespaltenen Bediensteten, die unter katastrophalen Arbeitsbedingungen - meist mangels einer anderen Beschäftigungsmöglichkeit - für einen kargen Lohn schuften mußten. Nur zögernd - anderen Berufsgruppen oft Jahre, manchmal Jahrzehnte nachhinkend - gewährte man den Eisenbahnern sozialpolitische Verbesserungen. Die Gewerbeordnung, die für Arbeitnehmer erste Schutzvorschriften vorsah, kam für die Eisenbahner ausdrücklich nicht zur Anwendung. Erst später, aufgrund häufiger Unfälle und wegen der zum Teil unmenschlichen Arbeitsbedingungen, gab es auch für Eisenbahnbedienstete schrittweise Verbesserungen im Arbeitnehmerschutz. Einer der schrecklichsten Unfälle geschah am 22. Mai 1905 beim Bau des Bosrucktunnels: Von 17 im Tunnel beschäftigten Arbeitern starben 14 bei einer Methangas-Explosion. Die Ursache der Katastrophe war ein Wassereinbruch, der seit 17. Mai pro Sekunde 1100 Liter Wasser in den Tunnel preßte. Bei den Bergungsarbeiten mußten noch zwei Helfer ihren Einsatz mit dem Leben bezahlen.

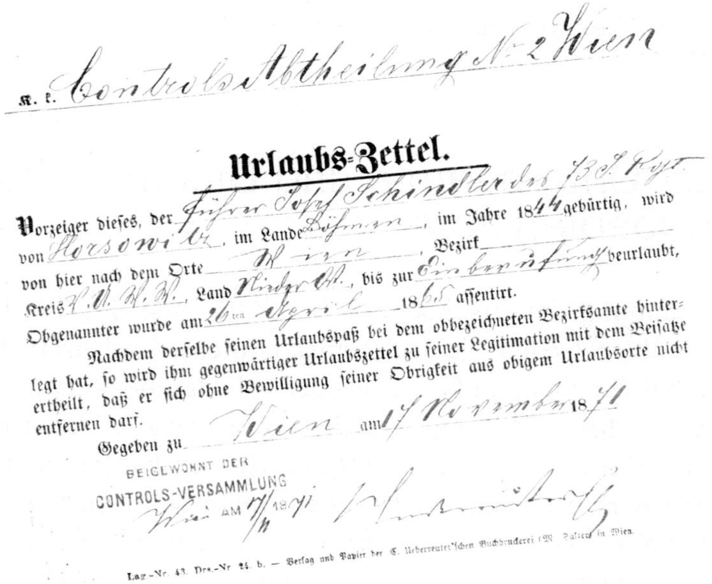
K. k. Controls-Abtheilung N. 2 Wien

Urlaubs-Zettel.

Vorzeiger dieses, der Führer Josef Schindler ..., im Jahre 1844 gebürtig, wird von Horsowitz, im Lande Böhmen, von hier nach dem Orte Wien, Bezirk ... beurlaubt, Kreis ..., Land Nieder Öst., bis zur Einberufung ...

Obgenannter wurde am 26ten April 1865 assentirt.

Nachdem derselbe seinen Urlaubspaß bei dem obbezeichneten Bezirksamte hinterlegt hat, so wird ihm gegenwärtiger Urlaubszettel zu seiner Legitimation mit dem Beisatze ertheilt, daß er sich ohne Bewilligung seiner Obrigkeit aus obigem Urlaubsorte nicht entfernen darf.

Gegeben zu Wien am 17 November 1871

BEIGEWOHNT DER CONTROLS-VERSAMMLUNG AM 7/11 1871

In der "guten alten Zeit" war die Bewegungsfreiheit der arbeitenden Menschen in jeder Beziehung eingeengt.

Da die Regierung um die besondere wirtschaftliche und militärische Bedeutung der Eisenbahnen wußte und eine gemeinsame gewerkschaftliche Organisation fürchtete, erließ sie neben einem ausdrücklichen Streikverbot für die Eisenbahner noch besondere Verhaltens-Vorschriften. Vorerst konnte die Regierung die Eisenbahner noch mit rechtlichen Maßnahmen einschüchtern. Gesetzliche Bestimmungen - wie die im "Polizeigesetz für Eisenbahner" vom 16. März 1847, wie die in der "Eisenbahnbetriebsordnung" von 1851 oder wie die in der "Instruktion über den Vorgang in Personalangelegenheit" vom Jahre 1878 - regelten die Pflichten der Eisenbahner; von Rechten war selbstverständlich keine Rede.

Die rechtliche und die soziale Benachteiligung einer ganzen Berufsgruppe war möglich, weil ihr eine gemeinsame gewerkschaftliche Kampforganisation fehlte. Viele Berufsgruppen hatten in der Zwischenzeit, seit 1867, bereits ihre eigenen Gewerkschaften gegründet. Die Gründung einer eigenen, alle Eisenbahner umfassenden Gewerkschafts-Organisation war jedoch aufgrund verschiedener, durch den Eisenbahndienst bedingter, Voraussetzungen erschwert. Beispielsweise wegen

- der geographisch weitläufigen Gliederung, verbunden mit den Sprachproblemen im Vielvölkerstaat und den dadurch bedingten schlechteren Kontakten zwischen den Dienststellen,
- der Politik der Monarchie mit ihren besonderen und strengen Vorschriften für die Eisenbahner,
- der bestehenden Klasseneinteilung zwischen den Eisenbahnern - sie waren in Beamte, Unterbeamte und Diener, Arbeiter sowie Taglöhner unterteilt.

Die Beamten privilegierte man durch die Dienstpragmatik aus dem Jahre 1867. Diese Privilegierung beruhte in erster Linie auf der hierarchischen Stellung im Unternehmen und auf der entsprechenden Uniformierung. Obwohl die Lokomotivführer seit jeher im Eisenbahndienst bevorzugt beschäftigt waren, litten sie unter den unnötig harten Arbeitsbedingungen. Als geringen Schutz gegen Ruß, Schnee, Regen und Kälte, hatten die Lokomotiven kurzzeitig eine kuppelartige Erhöhung der Feuerbüchse eingebaut. Diese "Bequemlichkeit" wurde später nicht mehr angebracht, weil die Verwaltung der Meinung war, sie könnte die Aufmerksamkeit des Lokführers beeinträchtigen.

Uniformen aus dem Jahre 1891
Oberbeamter der 1. Uniformklasse in Gala
Oberbeamter der k. k. öst. Staatsbahnen der 2. Uniformklasse in Dienstuniform
Oberbeamter der 3. Uniformklasse in Gala
Oberbeamter einer Privateisenbahn der 4. Uniformklasse in Dienstuniform
Oberbeamter der 5. Uniformklasse in Gala mit Paletot
Beamter der 6. Uniformklasse in Gala
Beamter der k. k. öst. Staatsbahnen der 7. Uniformklasse in Dienstuniform
Aspirant einer Privateisenbahn in Jacke
Beamter der k. k. öst. Staatsbahnen der 8. Uniformklasse in Dienstuniform
Beamter einer Privateisenbahn der 8. Uniformklasse in Dienstuniform mit Paletot
Unterbeamter der k. k. öst. Staatsbahnen der 1. Uniformklasse in Uniformrock
Unterbeamter der k. k. öst. Staatsbahnen der 2. Uniformklasse in Jacke
Unterbeamter einer Privateisenbahn der 3. Uniformklasse in Paletot
Diener der k. k. öst. Staatsbahnen der 1. Uniformklasse in Uniformrock
Diener einer Privateisenbahn der 3. Uniformklasse in Bluse
Diener der k. k. öst. Staatsbahnen der 2. Uniformklasse in Paletot

Die Arbeiter und Taglöhner hatten für ihre "Uniform" selbst zu sorgen.

Die strenge hierarchische Einteilung der Bediensteten in Rang und Stellung, die durch die Uniformierung ihren sichtbaren Ausdruck fand, behinderte deren Solidarisierung.

Die Diener, Arbeiter und Taglöhner stellten den höchsten Anteil unter den Eisenbahnbediensteten. Sie hatten den geringsten Schutz und mußten unter heute unvorstellbaren Bedingungen arbeiten. Die schwierigen Arbeitsbedingungen können am besten mit der niedrigen Lebenserwartung erklärt werden, die für Eisenbahn-Arbeiter 25 bis 36 Jahre betrug. Am schlechtesten waren die Taglöhner daran. Sie mußten oft unter der Knute ausgedienter k.u.k. Unteroffiziere und Feldwebel schuften, waren am ehesten von der Entlassung bedroht und konnten daher besonders leicht unterdrückt und ausgebeutet werden.

Zu jener Zeit nahm man als Bahnmeister gerne ausgediente Armee-Unteroffiziere, welche sich durch "forsches Verhalten" gegenüber den Bahnarbeitern auszeichneten....

Auch die Fahrgäste teilte man damals deutlicher als heute, nämlich in vier Wagenklassen, auf. Deren Ausstattung sah folgendermaßen aus:

- die Wagen 1. Klasse enthielten in drei Abteilen 18 Sitzplätze, waren wie Kutschen ausgestattet, gepolstert, mit Tuch überzogen und hatten Glasfenster,
- die Wagen 2. Klasse wiesen 24 mit Leder überzogene Sitzplätze ohne Abteile auf, hatten geschlossene Stirnwände, die offenen Fenster waren mit Ledervorhängen verschließbar,
- die Wagen 3. Klasse hatten 32 hölzerne Sitze, offene Stirnwände, ein Dach und seitliche Plachen und
- die Wagen 4. Klasse hatten weder ein Dach noch einen seitlichen Wetterschutz.

Der Leser soll sich nun selbst ein Bild verschaffen, wie die Arbeitsbedingungen in seinem Berufsstand vor rund 100 Jahren vermutlich ausgesehen haben.

Schrittweise konnten auch in der Monarchie "Österreich-Ungarn" die rechtlichen Voraussetzungen für sozialpolitische Verbesserungen geschaffen werden. Durch die Staatsgrundgesetze aus dem Jahre 1867 garantierte die Regierung den Staatsbürgern, die persönliche Freiheit, sicherte ihnen Gleichberechtigung, Religionsfreiheit, freie Meinungsäußerung innerhalb der durch Gesetze gezogenen Schranken sowie Vereins- und Versammlungsfreiheit zu. Aufgrund dieser neuen gesetzlichen Bestimmungen konnten Arbeiter in den Jahren 1868 bis 1874 in Hallstatt, Goisern, Linz, Wels, Steyr, Mauthausen, Perg, Enns, Ried und Reichraming Arbeiterbildungsvereine gründen. Aus diesen bildeten sich später vielfach die "Gewerkschafts-Vereine", die sich rasch entwickelten.

Nach langen Kämpfen hob die Regierung das Koalitionsverbot auf und erließ im April 1870 das "Koalitionsgesetz". Damit waren die rechtlichen Grundlagen für die Betätigung der Gewerkschaften gegeben. Ende 1873 bestanden bereits 237 Organisationen mit rund 83.000 Mitgliedern. Auf lokaler Ebene und in verschiedenen Dienstzweigen schlossen sich Eisenbahner bereits verstärkt zu Organisationen zusammen; bis zu einer einheitlichen Gewerkschaftsorganisation dauerte es allerdings noch knapp 20 Jahre.

Für die Gründung und den Aufbau einer zentralen Organisation der Eisenbahner leistete die Sozialdemokratische Arbeiterpartei entscheidende Unterstützung. Die Delegierten am "Einigungsparteitag" der Sozialdemokraten in Hainfeld, zum Jahreswechsel 1888/89, wußten um die große Bedeutung zentraler Gewerkschaften und erklärten, am Aufbau dieser Gewerkschaften mitwirken zu wollen. Mit dem Mut der Verzweifelten bereiteten einige Männer die Gründung einer eigenen zentralen Gewerkschaftsorganisation vor.

Endlich eine eigene Gewerkschaft

Von der ersten öffentlichen Fahrt eines dampfbetriebenen Zuges bis zur Gründung der gewerkschaftlichen Interessensvertretung der Eisenbahner dauerte es in Österreich 55 Jahre. Bis dahin gab es zwar auf lokaler Ebene und für verschiedene Dienstgruppen bereits einige wirkungsvoll arbeitende Organisationen - wie beispielsweise den 1855 gegründeten "Österreichischen Eisenbahnbeamten-Verein", den 1870 gegründeten "Unterstützungs- und Rechtsschutzverein der Lokomotivführer", den 1873 gegründeten "Kondukteursverein" oder den 1883 gegründeten "Club österreichischer Eisenbahnbeamten" - die jedoch die Ansprüche an eine gewerkschaftliche Organisation nicht erfüllten.

Am 2. April 1892 schufen 67 Verkehrsbedienstete, davon 18 Eisenbahner, im Wailandsaal in Wien den "Fach- und Unterstützungsverein der Verkehrsbediensteten Österreichs". Rudolf Müller, der Organisator für die Eisenbahner, erinnert sich,

> *"daß die Versammlungsteilnehmer meist ängstlich und verstärkt in der Nähe der Eingangstüre herumstanden und nicht wagten, in Anwesenheit des damals obligaten Polizeibeamten, den Ausführungen des großen sozialdemokratischen Gewerkschafters Karl Höger auch nur Beifall zu spenden".*

Mit welchem Mißtrauen die Regierung diese Gründung zur Kenntnis nahm, zeigt eine Notiz im "Neuen Wiener Tagblatt":

> *"Der Fach- und Unterstützungsverein ist der letzte einer Reihe von Gründungen aber einer der gefährlichsten, dem eine große Bedeutung für unser öffentliches Leben nicht abzusprechen ist. Möge die Regierung darüber wachen, daß er sich nicht zum Schaden des Staates entwickle".*

76/2

Nr. 225

Herr Rudolf Müller Beamter

Van der Nüllgasse 18 X

wird von den Unterzeichneten eingeladen, dem

I. österr. Eisenbahner-Congress

als Gast

beizuwohnen, welcher am 22., 23. und 24. März 1896 im Saale **„zur goldenen Birne“, Wien, VII., Mariahilferstrasse 30,** tagen wird.

Die Zusammenkunft ist auf Grund des § 2 des Versammlungsgesetzes einberufen und ist darum der Zutritt nur gegen Vorweisung dieser Karte gestattet. Uebertragung derselben ist unstatthaft.

Im März 1896. Die Einberufer:

Josef Tomschik, Wien (k. k. St.-B.)
Heinrich Wintersberger, Wien (S.-B.)
Ferdinand Hulka, Wien (St. E.-G.)
Josef Kunze, Wien (K. F.-N.-B.)
Josef Zeger, Wien (Oe. N.-W.-B.)
Johann Packfrieder, Wien (S.-B.)

Druck von Friedrich Martinek, Wien, X., Sennefeldergasse 7.

Wie die Karte zeigt, war Rudolf Müller nur als "Gast" beim Gründungs- Kongreß anwesend.

Dank der engagierten Funktionäre, wie Rudolf Müller und Josef Tomschik, konnte das Netz der Organisation rasch ausgebaut werden. Wegen der Repressalien der Eisenbahnverwaltung und der Behörden schwankten die Mitgliederzahlen ständig. Auch Rudolf Müller wurde ein Opfer dieser Repressalien - die Verwaltung entließ ihn.

Sitz in Wien auf Grund der §§ 24 und 6 des Gesetzes vom 15. November 1867, R.-G.-Bl. Nr. 134, aufzulösen gefunden, weil dieser Verein, wie es insbesondere anläßlich des in der Zeit vom 22. bis 24. März 1896 abgehaltenen Eisenbahnerkongresses, beziehungsweise des im Oktober 1896 stattgefundenen, allgemeinen Eisenbahnbeamten-, Hilfsbeamten- und Unterbeamtentages hervorgekommen ist, Tendenzen verfolgt, welche mit den Staatsinteressen unvereinbar sind.

Bezüglich des genannten Vereines, welcher sich am Eisenbahnerkongreß beteiligte, kommt überdies in Betracht, daß derselbe durch den Beschluß betreffend das Wahlrecht und durch den Anschluß an die Gewerschaftskommission auch seinen statutenmäßigen Wirkungskreis überschritten wird.

Hievon wird die Vereinsleitung zufolge des eingangs bezogenen hohen Erlasses mit dem Bemerken in Kenntnis gesetzt, daß jede Vereinstätigkeit sofort einzustellen ist.

Wien, am 16. März 1897

gez. Stejskal

An die geehrte Leitung des "Eisenbahnerbediensteten-Fach- und Unterstützungsvereines der österreichischen Staatsbetriebe" mit dem Sitz in Wien.

Wie folgenschwer der Einsatz zur Verbesserung der Lebensverhältnisse für die Eisenbahner sein konnte, kann am besten am Beispiel des Eisenbahnerfunktionärs Rudolf Müller gezeigt werden. Immer wieder versuchten seine Vorgesetzten ihn zur Niederlegung seiner Gewerkschaftsarbeit zu zwingen. Als dieses Bemühen vergeblich blieb, versprach man Rudolf Müller einen höheren Dienstposten. Doch auch diesem verlockenden Angebot beugte er sich nicht. Daraufhin versetzte man ihn nach Sollenau. Kurz darauf folgte seine Entlassung ohne Pensionsanspruch. Seine Kollegen vergaßen ihn nicht - ohne ihre Spenden hätte er seine Familie nicht ernähren können. Später, nachdem die Anzahl der Gewerkschafts-Mitglieder immer höher anstieg und für die organisatorische Arbeit eine eigene Arbeitskraft notwendig war, stellte die Gewerkschaft der Eisenbahner Müller als "Mädchen für alles" an. Eine seiner wesentlichen Aufgaben war die Redaktion des gewerkschaftlichen Mitteilungsblattes "DER EISENBAHNER". Sein Monatslohn in der Höhe von 30 Gulden entsprach dem Einkommen eines Streckenarbeiters.

Probe-Nummer!

Sonntag den 15. Oktober 1893.

Redaktion, Administration und Expedition:
X., Van der Nüllgasse 18
in Wien.

Erscheint jeden 1. und 15. eines jeden Monats.

Sprechstunden in der Redaktion von 11 Uhr vormittags bis 2 Uhr mittags und von 5 bis 6 Uhr abends, an Sonntagen von 10 bis 12 Uhr vormittags. — Manuskripte werden nicht retournirt. — Offene Reklamationen sind portofrei. Pränumerationspreis für Deutschland halbjährig M. 1.75, vierteljährig M. —.87 Für das übrige Ausland vierteljährig Frcs. 1.30. Bei allen Geldsendungen wolle man sich der Postanweisungen bedienen.

Pränumerations-Preise:

Ganzjährig	fl. 1.80
Halbjährig	„ —.90
Vierteljährig	„ —.45
Einzelne Nummern 7 kr.	

Wahlspruch: Was wir begehren von der Zukunft Fernen: Daß Brot und Arbeit uns gerüstet stehen, Daß unsere Kinder in der Schule lernen Und unsere Greise nicht mehr betteln gehen. G. Herwegh

Freunde und Collegen!

Wenn wir Rundschau halten über die verschiedenen Berufszweige, so werden wir die weitaus größte Zahl derselben bestrebt finden, bessere Lebensbedingungen zu erringen. Auch wir Eisenbahnbedienstete, deren Berufszweig sicher einer der aufreibendsten ist, haben es einsehen gelernt, daß wir gewiß Methusalems Alter erreichen müßten, wenn wir fernerhin auf das vielgepriesene Wohlwollen der Verwaltungen oder auf die Versprechungen einzelner Personen bauen würden. Wir wissen, daß wir ein Verbrechen an unserer Familie begehen, wenn wir noch länger die Hände ruhig in den Schoß legen, Alles über uns geduldig ergehen lassen und zusehen, wie unsere Frauen sich abhärmen und sammt unseren Kindern blutarm frühzeitig dem Siechthume verfallen; wir wissen ferner, daß wir der Noth und dem Elende preisgegeben sind, sobald Unglücksfälle und andere Krankheiten an unsere Thüre klopfen — nicht unbekannt ist uns auch das traurige Schicksal unserer Familie, wenn wir als Opfer unseres Berufes fallen — wir erkennen ferner mit fachmännischem Blicke, wie mit unserem Leben täglich in furchtbarer Weise Hazard gespielt wird: Alles dieses wissen, kennen und sehen wir. — Eine große Anzahl von Collegen jedoch sind in dieser Frage noch von dem Wahne befangen, daß es so war und so wie es ist stets sein wird! — Collegen seid keine Kinder!! Alles, daß was Ihr heut' als eine unabänderliche Form anschaut, hat sich erst im Laufe der Zeit entwickelt, ja selbst die Art der Ausnützung unserer Kräfte geschah noch nie auf solch' raffinirte Weise wie heute. — Legt die Hand auf's Herz Ihr älteren Collegen und sprecht wie Ihr früher gearbeitet und geruht?! Sprecht wie Ihr früher mit weniger Geld Eure Bedürfnisse befriedigt — sprecht es aus, Euer Staunen über die sinnlose Ausnützung menschlicher Kraft in der heutigen Betriebsform! — Doch was sagen wir? Ihr sollt es aussprechen?! Spricht da nicht der reine Wahn aus uns? Sollten wir — selbst Eisenbahner — es denn nicht wissen, daß wir uns auf Grund unserer famosen Dienstordnungen im steten Ausnahmszustand befinden? Sollten wir nicht wissen, daß wir eigentlich Staatsbürger III. Classe — ähnlich den wuthverdächtigen Thieren — den Maulkorbzwang unterliegen?? — Aber Freunde, Collegen! Genau wissen wir es! Denn nicht umsonst gründen wir den „Eisenbahner", nicht vielleicht des Profites halber, wie gewisse andere Blätter, schreiben wir die Fachzeitung, unsere Aufgabe sei eine hehre, unser Zweck ein edler — unser Ziel ein heiliges! Befreien wollen wir die weißen Sklaven des geflügelten Rades aus ihrer menschenunwürdigen Lage; — anstrebend eine Entlohnung, die hinreicht, uns und unsere Familie vor Entbehrung zu schützen, werden wir nicht unterlassen, unseren Humanitätsduslern und Gesetzesverächtern die Maske vom Gesichte zu ziehen und in dieser ihrer wahren Gestalt sie Eurem Urtheile, sowie dem Urtheile der ganzen Welt preisgeben! — Wir appelliren daher an Eure collegiale Pflicht, uns in diesem Unternehmen zu unterstützen — von Euch Collegen wird es abhängen, den Weg zum Ziele zu verkürzen, laßt Euch daher nicht bitten — nehmt wahr Eure Pflicht und unterstützt dieses collegiale Unternehmen durch Massenabonnements! Es sei das Blatt ein Band, das umschlingend uns zusammenhält, ferner ein Mittel zur gegenseitigen Verständigung ohne Verrath besorgen zu brauchen. — Es sage es Einer dem Andern: Ein Organ zur Wahrung und Förderung der Interessen des österreichischen Eisenbahnpersonales ist gegründet, in keiner Eisenbahner-Familie darf es fehlen — überall wo Eisenbahner verkehren, muß es aufliegen — so will es der collegiale Geist! — die Spalten dieses Blattes stehen jeden Eisenbahner offen — es gehört ja uns Allen, sendet ein, bringt Euer Anliegen zu Papier, wir werden nicht ermangeln soviel in unseren Kräften steht, Abhilfe zu treffen — Einer für Alle bis in den Tod — Alle für Einen in der Noth!! Daß sei unser Wahlspruch!

Mit collegialem Brudergruß:
Das Redactions-Comité.

Kollegen! Unterstützt und agitirt für Eure Presse!

Titelseite der ersten Probenummer des "EISENBAHNER" vom 15. Oktober 1893

Nach der Auflösung ihrer Organisation versuchten die Eisenbahner eine neue Vereinigung zu gründen. Die zuständige Behörde lehnte die Vereinsstatuten jedoch stets ab und konnte damit eine neue Vereinsgründung verhindern. Obwohl sozialdemokratische Abgeordnete - wie der Hauptredner der Sozialdemokraten im Österreichischen Reichstag, Dr. Leo Verkauf, der eine "dringende Überprüfung" der Art und Veranlassung der Auflösung des Fach- und Unterstützungsvereines "beantragte", - für die Eisenbahner kämpften, blieb ihr Bemühen ohne Erfolg. Die mehrheitlich bürgerlich-konservativen Regierungsmitglieder lehnten die Anliegen der Eisenbahner stets ab.

Um die Organisation dennoch weiter aufrecht zu erhalten, bedienten sich die Eisenbahner ihrer am 15. Oktober 1893 geschaffenen Gewerkschaftszeitung "DER EISENBAHNER". Während der Zeit des Verbotes der Gewerkschaftsorganisation war der Abonnentenbeitrag für das Fachblatt gleichzeitig Mitgliedsbeitrag zur Gewerkschaft. Damit behielten die Eisenbahner ihre finanzielle Grundlage für die Interventions- und Unterstützungstätigkeit ihrer Mitglieder und die Gewerkschaft konnte bis zur Neugründung "überleben".

Nach dieser Übergangslösung gelang es, 1898 den "Allgemeinen Rechtsschutz- und Gewerkschaftsverein für Österreich" zu gründen. Diese Gründung war nur deshalb möglich, weil in den Statuten das Wort "Eisenbahner" kein einziges Mal vorkam. Selbstverständlich stand die Regierung auch diesem neuen Verein mit Mißtrauen gegenüber. Die Behörde überwachte streng die Versammlungen und überprüfte die dabei gefaßten Beschlüsse hinsichtlich ihres Charakters.

Mit ihrer Gewerkschaftszeitung "DER EISENBAHNER" hatten die Verkehrsbediensteten ein Mitteilungsblatt, indem sie ihre großen Sorgen und Nöte der Öffentlichkeit mitteilen konnten. Obwohl sich seit der Gründung ihrer eigenen Gewerkschaft die Lebensbedingungen spürbar besserten, gab es viele Probleme, die sie in ihrem Mitteilungsblatt immer wieder berichteten.

Die Bezeichnung "Allgemeiner Rechtsschutz- und Gewerkschaftsverein für Österreich" blieb bis zu seinem Verbot am 13. Februar 1934 aktuell. Von 1898 bis zum Ersten Weltkrieg konnte die Organisationsdichte ständig verbessert werden. Sie war die Voraussetzung dafür, daß die Eisenbahner in dieser schwierigen Zeit wichtige sozialpolitische Errungenschaften erkämpfen konnten.

Ein Notschrei der k. k. Staatsbahner.

Die in größter Ruhe zur Schau getragene Gleichgültigkeit, mit der sowohl das k. k. Eisenbahnministerium wie die einzelnen Staatsbahndirektionen dem bescheidenen Verlangen der Eisenbahnerschaft nach einer durchgreifenden Reform ihrer trostlosen Verhältnisse seit Jahren gegenübersteht, zeitigt mit der Zeit ihre immer deutlicher sichtbar werdenden Wirkungen. Es mag scheinen, wenn in der Flucht wechselnder Erscheinungen der aufflammenden Empörung über die Ungerechtigkeit des heutigen Systems eine gewisse Ruhe im abflauenden Sinne zeitweilig nachfolgt, daß die Zufriedenheit und der Stumpfsinn vergangener, für die Bahnverwaltungen so idyllisch schöner Tage wieder unter das Personale eingekehrt ist. Aber es ist eben nur trügerischer Schein. Denn in der Tat sorgt ja unsere Staatsverwaltung und die ganze kapitalistische Gesellschaft so prächtig dafür, daß die Erkenntnis auch den Gleichgültigsten nicht vorenthalten bleibe, die durch die Vorgänge, wie wir sie gerade in der letzten Zeit zu verzeichnen haben, immer mächtiger sich im Gehirne [illegible]den einzelnen Bahn brechen muß. In einer Zeit, wo [illegible] Klerus und Militär- [illegible]forder[illegible] [illegible]ten

Im "EISENBAHNER" wurde immer wieder von der materiellen Not der Bediensteten berichtet.

Eine weitere wichtige Voraussetzung für das Erreichen menschenwürdiger Lebens- und Arbeitsbedingungen war die Verbesserung des Wahlrechtes. Im Jahr 1891 wohnten in der "österreichischen Reichshälfte" der Monarchie 26 Millionen Menschen, von denen lediglich 1,7 Millionen in vier "Kurien" wahlberechtigt waren. Der Stimmenanteil für ein Abgeordneten-Mandat, war - wie die Tabelle auf der nächsten Seite zeigt - von Kurie zu Kurie sehr unterschiedlich.

Die erste Landtagswahl in Oberösterreich, bei der es noch keine politischen Parteien gab, fand im März 1861 statt. Der Landtag bestand aus 50 Abgeordneten - 10 aus der Kurie Großgrundbesitz, 3 Handelskammer, 17 Städte und Industrieorte, 19 Landgemeinden und die Virilstimme des Bischofs. Die Interessen der Arbeiter blieben noch ungehört.

Kurien (K.) bis zur Wahl 1891	Wähler	Abgeordnete	Wähler für einen Abgeord.
1. K.: Großgrundbesitzer	5.402	85	64
2. K.: Kapitalisten	583	21	28
3. K.: Stadtbewohner	1,288.224	118	10.917
4. K.: Bauern	331.776	128	2.592

Daher forderte die Arbeiterschaft in der Monarchie jahrzehntelang das allgemeine Wahlrecht. Im Jahre 1897 wurde das Kurien-Wahlrecht dadurch verbessert, daß die Regierung neben den vier Wahlgruppen, eine fünfte allgemeine Wahlgruppe zuließ. Durch diese neue Wahlgruppe - der Wähler mußte die Wehrpflicht erfüllt haben und des Lesens und Schreibens kundig sein - wurden die ersten sozialdemokratischen Abgeordneten in den Reichsrat gewählt. Damit hatten die Eisenbahner erstmals "Verbündete", die in den folgenden Jahren für ihre Rechte und gegen ihre Unterdrückung an der Seite ihrer Gewerkschaft mitkämpften.

Da trotz der Verbesserung des Wahlrechtes die Stimmengewichtung zwischen den Kurien bestehen blieb, konnte die weit überwiegende Mehrheit der Bevölkerung nur einen geringen Anteil der Abgeordneten im Reichsrat stellen. Im Jahre 1907 - damals bereits unter Mitwirkung der Gewerkschaft der Eisenbahner - konnte dann das allgemeine, gleiche, direkte und geheime Wahlrecht, allerdings nur für Männer, erkämpft werden. Erst zwölf Jahre später, in der 1. Republik, durften auch Frauen erstmals nach diesem Wahlrecht wählen.

Obwohl den Eisenbahnern in der Monarchie das "Streikrecht" vorenthalten war - für sie gab es ein ausdrückliches Streikverbot - wußten sie bald ein Mittel zur Durchsetzung ihrer Forderungen: den "Dienst nach Vorschrift". Da auch heute noch für einen reibungslosen Betrieb der Eisenbahn der engagierte Einsatz der Bediensteten über die Bestimmungen der Vorschriften hinaus unbedingt notwendig ist, kann dadurch der Eisenbahnverkehr zum Erliegen gebracht werden. Um den Verkehr im Dienst tatsächlich nach Vorschrift abwickeln zu können, reichten weder damals noch reichen heute der Personalstand und die technischen Einrichtungen aus.

1905 arbeiteten die Bediensteten der Staatseisenbahnen und 1907 die der Privateisenbahnen "nach Vorschrift". Ihre Forderungen, wie beispielsweise die nach einer besseren Interessensvertretung durch Personalkommissionen und Arbeiterausschüssen sowie nach einem höheren Einkommen, konnten durchgesetzt werden. Weitere Verbesserungen, wie die Verkürzung der täglichen Arbeitszeit in der Werkstätte von 10,5 auf 10 Stunden, bessere Stellenpläne sowie eine Uniformpauschale hatte die Verwaltung ebenfalls zugesichert. Da die Eisenbahner ihren Dienst diszipliniert und ordnungsgemäß abwickelten - eben "streng nach Vorschrift" - konnte man sie wegen Arbeitsverweigerung nicht bestrafen. Diese Erfolge stärkten die junge Gewerkschaftsbewegung und ihre spürbare Solidarität sowie ihr geschlossenes Auftreten lernten den "Herrschenden" das Fürchten.

k. k. österr. Staatsbahnen.
Identitätskarte
für ... des
der k. k. österreichischen Staatsbahnen als Ergänzung zur Gültigkeit der dem selben gewährten Fahrbegünstigungsanweisungen.
Linz, am ... Jänner 1911 ... 191
Unterschrift des Inhabers:

Josef Liegl tritt 1917 der Gewerkschaft bei. Seine Mitgliedermarken sind bis einschließlich März 1934 geklebt. Im Jänner 1924 betrug die Beitrittsgebühr zur Gewerkschaft 3000 Kronen.

Josef Liegl ist nach seiner Ausbildung in der Lehrwerkstätte Linz, im Jahre 1917 dem Rechtsschutz- und Gewerkschaftsverein für Österreich beigetreten. Er ist einer der wenigen, heute noch lebenden Augenzeugen. Seine Erfahrungen werden in den folgenden Kapiteln berücksichtigt.

Die Gewerkschaft der Eisenbahner mußte dann im Ersten Weltkrieg bis zum Jahre 1916 aufgrund wirtschaftlicher Probleme und sozialer Spannungen einen starken Mitgliederschwund verzeichnen. Der Mitgliederstand des "Allgemeinen Rechtsschutz- und Gewerkschaftsvereines" bewegte sich um rund 60.000 herum. Ab 1917 traten wieder verstärkt Kollegen der Gewerkschaft bei, weil sie sich durch die Mitgliedschaft eine Verbesserung ihrer Lebensbedingungen erwarteten.

Personalkommissionen - Arbeiterausschüsse

Auch in der k.k. Staatsbahndirektion Linz wurden nach den Wahlen am 18. Juli 1907 Personalkommissionen und Arbeiterausschüsse eingerichtet. Ihr Erfolg war, daß eine Interessensvertretung der Bediensteten erstmals "gutachtliche Äußerungen in allgemeinen Personalfragen" abgeben durften. Es gab in Linz, Wels, Bad Ischl, Steyr, Ried und Freistadt eigene Ausschüsse für Bahnerhaltungs-Arbeiter; in Linz und Vöcklabruck Ausschüsse für die Bediensteten im Stationsdienst sowie in Linz je einen Ausschuß für die Heizhaus- und die Werkstättenarbeiter. Diesen Ausschüssen gehörten von den Bediensteten gewählte und vom Direktor der k.k. Staatsbahn bestellte Mitglieder an - siehe Anhang die "Mitglieder der Arbeiter-Lokalausschüsse".

Die Wahl in die Personalkommissionen erfolgte in drei Sektionen - für die Beamten, die Unterbeamten und die Diener. Sechs Jahre vor dem Zerfall der Monarchie wählten die Eisenbahner, am 18. September 1912, zum letzten Mal ihre "Vertrauensleute". Abgesehen von der Sektion Beamte, wo wieder die nicht-sozialistischen Parteien dominierten, waren die Erfolge bei den Dienern und Unterbeamten um so bedeutender. In Linz bekamen die sozialdemokratischen Gewerkschafter 70,6 Prozent der abgegebenen Stimmen. Die Wahlergebnisse mit den gewählten und den ernannten Mitgliedern sind in den Amtsblättern 40 und 41 der k.k. Staatsbahndirektion Linz aus 1912 zu finden.

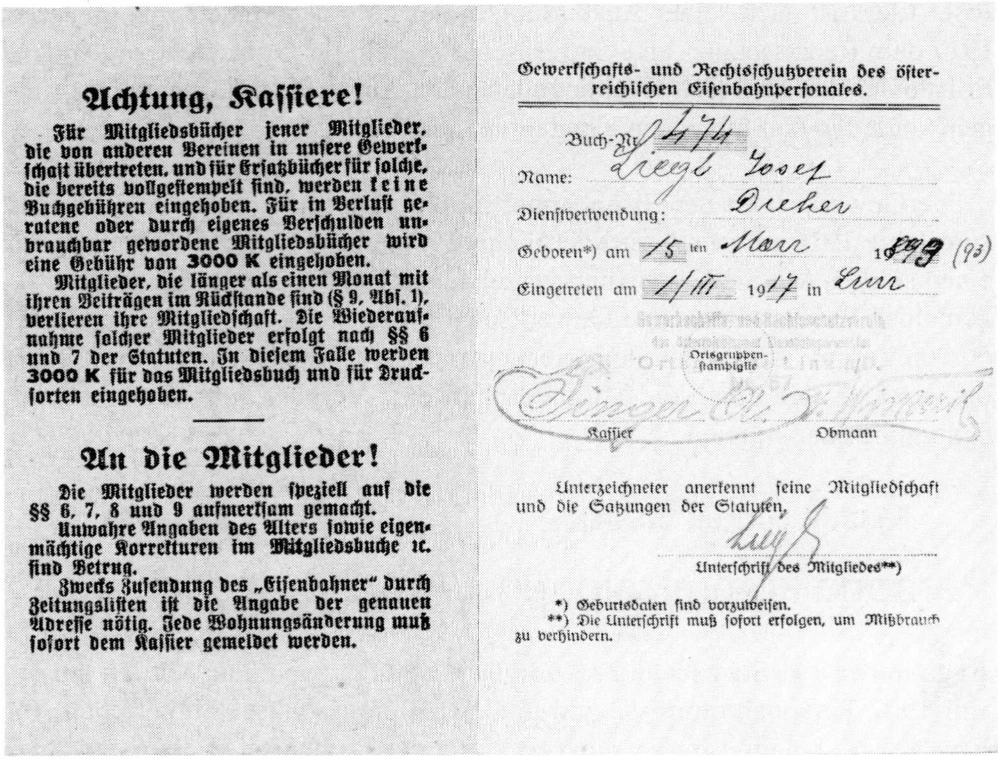

Achtung, Kassiere!

Für Mitgliedsbücher jener Mitglieder, die von anderen Vereinen in unsere Gewerkschaft übertreten, und für Ersatzbücher für solche, die bereits vollgestempelt sind, werden keine Buchgebühren eingehoben. Für in Verlust geratene oder durch eigenes Verschulden unbrauchbar gewordene Mitgliedsbücher wird eine Gebühr von 3000 K eingehoben.

Mitglieder, die länger als einen Monat mit ihren Beiträgen im Rückstande sind (§ 9, Abs. 1), verlieren ihre Mitgliedschaft. Die Wiederaufnahme solcher Mitglieder erfolgt nach §§ 6 und 7 der Statuten. In diesem Falle werden 3000 K für das Mitgliedsbuch und für Drucksorten eingehoben.

An die Mitglieder!

Die Mitglieder werden speziell auf die §§ 6, 7, 8 und 9 aufmerksam gemacht.

Unwahre Angaben des Alters sowie eigenmächtige Korrekturen im Mitgliedsbuche ꝛc. sind Betrug.

Zwecks Zusendung des „Eisenbahner“ durch Zeitungslisten ist die Angabe der genauen Adresse nötig. Jede Wohnungsänderung muß sofort dem Kassier gemeldet werden.

Gewerkschafts- und Rechtsschutzverein des österreichischen Eisenbahnpersonales.

Buch-Nr. 474

Name: Liegl Josef

Dienstverwendung: Dreher

Geboren*) am 15ten März 1893 (93)

Eingetreten am 1/III 1917 in Linz

Ortsgruppen-stampiglie

Kassier Obmann

Unterzeichneter anerkennt seine Mitgliedschaft und die Satzungen der Statuten.

Liegl

Unterschrift des Mitgliedes**)

*) Geburtsdaten sind vorzuweisen.

**) Die Unterschrift muß sofort erfolgen, um Mißbrauch zu verhindern.

"Regieausweis" aus dem Jahre 1911, Josef Liegl

Über die Geschichte der Gewerkschaft der Eisenbahner in Oberösterreich bis zum Ende des Ersten Weltkrieges kann aufgrund fehlender Dokumente kaum berichtet werden. Bekannt ist nur, daß die oberösterreichischen Eisenbahner sich um den Auf- und Ausbau ihrer Organisation stark bemühten.

Eisenbahner im Kriegsdienst

Der Erste Weltkrieg verlangte von den Eisenbahnern viele zusätzliche Opfer. Anfangs transportierten sie noch freudig und zuversichtlich die Soldaten an die Kriegsschauplätze. Bald jedoch litten sie unter den verschärften Arbeitsbedingungen, weil sie höhere Transportleistungen mit weniger Personal zu bewältigen hatten.

875 oberösterreichische Eisenbahner mußten zum aktiven Militärdienst einrücken. Die auswärtigen Dienstverwendungen von 169 Zugsbegleitern als Aushilfe zur Abwicklung der Truppentransporte für die Direktionen Villach und Innsbruck sowie die Abgabe von rund 200 Mann für die verschiedenen Heereskommanden an die Staatsbahndirektionen in Galizien, reduzierten zusätzlich den Personalstand. Insgesamt sank der Personalstand des Lokpersonals um 28 Prozent und der des Verkehrs- und des kommerziellen Dienstes um 18 Prozent.

Das in Oberösterreich tätige Eisenbahnpersonal war durch die Unterernährung in der Leistungsfähigkeit deutlich geschwächt. Der Einsatz von Frauen und Kriegsgefangenen konnte den Personalausfall nicht ausgleichen. Für einen einigermaßen reibungslosen Betrieb gaben viele von ihnen ihre letzten Kräfte.

Massive Einschränkungen im Bahnbetrieb gab es vor allem aufgrund des großen Kohlenmangels und der hohen Reparaturstände an Fahrzeugen - rund 30 Prozent der Lokomotiven waren außer Betrieb.

Mit Blumen und Blasmusik drängten "Einjährig-freiwillige Soldaten" in den Krieg.

Eisenbahner brachten die "Treu dem Kaiser" kämpfenden Soldaten an die Front.

Am 1. Oktober 1917 erließ die Staatsbahnverwaltung einen Aufruf, indem sie die Öffentlichkeit zum wiederholten Male "bittet, alle nicht unbedingt notwendigen Reisen zu unterlassen, weil sie ansonsten die Einführung von Reiselegitimationen als unerläßlich ansieht". Ein Jahr später hatten die Reisenden Bahnfahrten im Hinblick auf die Notwendigkeit schriftlich zu begründen.

Die Folge dieser massiven Betriebseinschränkungen war ein starkes Ansteigen der "Staufrachten" in den Bahnhöfen. Um den Eisenbahnverkehr nicht völlig zu blockieren, kam es ab dem Jahre 1916 zu Güterverkehrs- und Zivilverkehrseinstellungen damit die angesammelten Frachten rasch abtransportiert werden könnten.

Durch die kaiserliche Verordnung vom 28. Juli 1914 stellte die Regierung die Störung des öffentlichen Dienstes oder Betriebes sowie die Verletzung der

Lieferpflicht unter verschärfte Bestrafung. Trotz der angekündigten verschärften Bestimmungen, der Lebensmittelrationierungen und der erhöhten Arbeitsleistung versahen die Eisenbahner pflichtbewußt ihren Dienst.

Ernährungssituation

Die Versorgung mit Lebensmitteln gestaltete sich katastrophal. Die Lebensmittellieferungen nach Wien gingen im Verlauf des Krieges zurück (1914—1918)

		1914	1918
bei Rindfleisch (in t)	von	20.618	auf 7.500
bei Milch (in l)	von	727.542	auf 181.922

Die Preise für Lebensmittel stiegen rapide. Bei preisgeregelten Waren hatte man zu bezahlen (in Kronen)

	1914	1918
für 1 kg Mehl	0.44	2.76
für 1 l Milch	0.30	0.80
für 1 kg Butter	3.20	20.60

Die Versorgung über Lebensmittelkarten konnte nur zu geringen Teilen die Ernährung sichern. Die Bevölkerung war auf den Schleichhandel angewiesen. Die Schleichhandelspreise aber überstiegen das offizielle Preisniveau oftmals um 1000 Prozent. So verlangten Schwarzhändler im Jahre 1918

für 1 kg Mehl	30 Kronen
für 1 l Milch	6 Kronen
für 1 kg Butter	140 Kronen

Die Ernährungslage verschlechterte sich beständig. Der Kaloriengehalt der täglichen Mahlzeiten eines Schwerarbeiters sank gegenüber den nötigen mindestens 4000 Kalorien auf unter 1300 ab.

Kaloriengehalt der täglichen Mahlzeiten
eines Wiener Metallarbeiters

um 1916	1.725,6
um 1918	1.292,7

(nach: Hans Hautmann, Hunger ist ein schlechter Koch. Die Ernährungslage der österreichischen Arbeiter im Ersten Weltkrieg. In: Bewegung und Klasse)

Diese, für Wien erhobene Ernährungssituation, kann mit der in den übrigen städtischen Ballungsräumen verglichen werden.

Am 1. Oktober 1918 beschäftigte die Staatsbahndirektion Linz 12.271 Bedienstete und Arbeiter, hievon 1154 Frauen. Von dieser Anzahl gehörten 6258 Eisenbahner zu den ständig Bediensteten - 3 Staatsbeamte, 806 Staatsbahnbeamte, 1335 Unterbeamte und 4114 Diener. An Kriegsopfern hatte die Direktion Linz 154 Personen zu beklagen.

Die Republik - Hoffnung für viele
1918 bis 1933

Nach dem Ende des Ersten Weltkrieges blieb Österreich mit sechs Millionen Einwohnern als Rest des einst riesigen Habsburgerreiches mit 52 Millionen Einwohnern übrig. Rund ein Drittel von ihnen lebte in Wien. Hunger, Kälte, Wohnungsnot und Arbeitslosigkeit kennzeichneten die wirtschaftliche Seite der Nachkriegsjahre. Kaum ein Österreicher glaubte an die Lebensfähigkeit dieses kleinen "Reststaates".

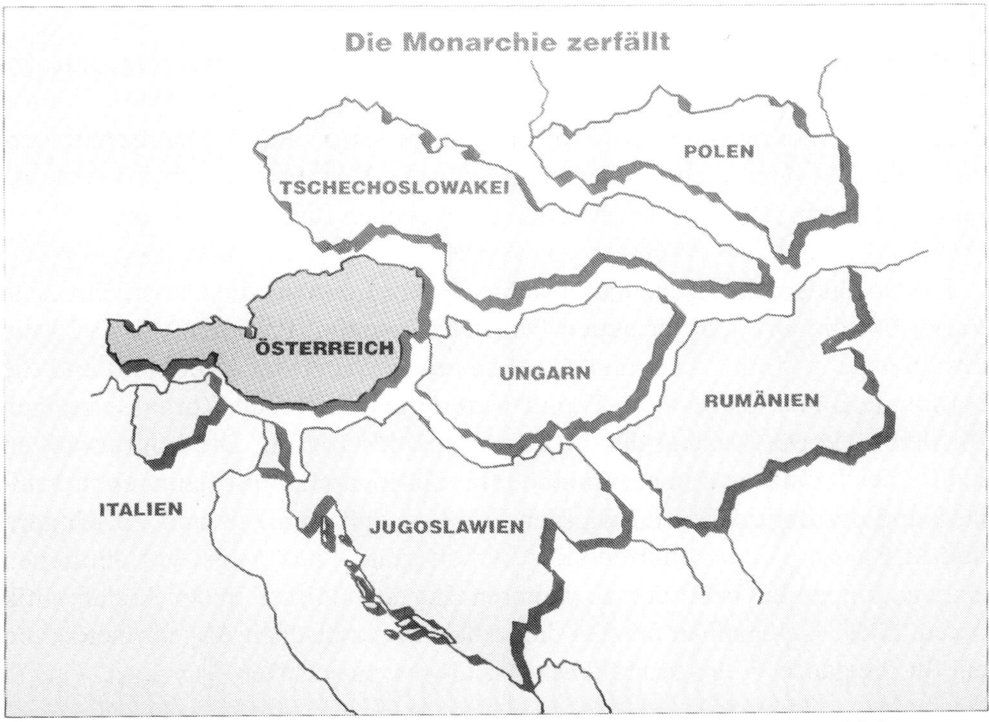

Das Staatsgebiet der österreichisch-ungarischen Monarchie zerfiel in sechs Nachfolgestaaten: Tschechoslowakei, Polen, Ungarn, Rumänien, Jugoslawien und Italien. Der siebente Staat war der Rest - Österreich.

Vom Traum zur Wirklichkeit

Der 12. November 1918, der Gründungstag der Republik, war für viele Arbeiter ein Freudentag. Für die Sozialdemokraten bedeutete er die Zuversicht, in einem zwar kleinen, dafür aber modernen Staatswesen, Freiheit, Gleichheit und soziale Gerechtigkeit verwirklichen zu können. Bereits in den ersten Tagen der Republik gab es Kämpfe zwischen der Arbeiterbewegung und Vertretern der "alten Gesellschaft". Die philosophische Einsicht der erstarkenden Arbeiterbewegung wird unter dem Begriff "Austromarxismus" bekannt. Seine Ideen beeinflußten besonders die Sozialpolitik und das Bildungswesen. Die Aufbruchstimmung in der Arbeiterbewegung, ihr demonstratives Selbstvertrauen, das in ihren Liedern, wie "Aufwärtsblicken! Vorwärtsdrängen!" oder "Wir sind das Bauvolk der kommenden Welt" und "Mit uns zieht die neue Zeit" zum Ausdruck kommt, verunsicherten zutiefst das katholisch-konservative Bürgertum und die Bauern.

Bei den Wahlen zur konstituierenden Nationalversammlung, am 16. Februar 1919 - bei dieser Wahl durften erstmals auch Frauen wählen - wurde die Sozialdemokratische Partei für die von ihr eingeleiteten gesellschaftsverändernden Maßnahmen, insbesondere für die Verbesserungen im Arbeits- und Sozialrecht, mit der Mehrheit der abgegebenen Stimmen belohnt.

Die Sozialdemokratische Partei stellte 72 Abgeordnete, die Christlichsoziale Partei 69, die Gruppe der neuen Deutschnationalen Parteien - ab 1920 die Großdeutsche Volkspartei und daneben etwas später der Landbund und die Nationale Bauernpartei - 26. Damit waren die politischen Voraussetzungen für den weiteren Ausbau des Sozialwesens geschaffen. Die konservativen Kräfte des Landes waren aufgrund der revolutionären Umwälzungen in Rußland und der politischen Entwicklung im benachbarten Ausland - in Ungarn und in Bayern "konstituierten sich" Arbeiterräte - aus Angst vor ähnlichen Entwicklungen in Österreich zu weiteren Zugeständnissen in der Sozialpolitik bereit. Diese Gelegenheit nützten die sozialdemokratischen Abgeordneten, um ein für die ganze Welt vorbildliches Sozialwerk zu schaffen.

Dr. Karl Renner führte die erste Regierung in der Republik, die sich den Namen Deutsch-Österreich gab, als Staatskanzler an. Ihm verdanken wir die von Hans Kelsen ausgearbeitete, österreichische Bundesverfassung, die bis auf wenige Abänderungen noch heute gültig ist.

Der 12. November 1918 vor dem Wiener Parlament.

Dr. Otto Bauer, einer der maßgeblichen Theoretiker des Austromarxismus, war erster Außenminister des Staates. Er versuchte durch eine wirtschaftliche Annäherung an Deutschland die Lebensverhältnisse in Österreich zu verbessern.

Dr. Julius Deutsch organisierte den Aufbau des Heerwesens. Er übernahm später den Aufbau und die Leitung des Republikanischen Schutzbundes.

Otto Glöckel, als oberster Leiter des Bildungswesens, sorgte für ein in der ganzen Welt anerkanntes modernes Schulwesen. Viele seiner Forderungen sind auch heute noch aktuell.

Ferdinand Hanusch errichtete als Staatssekretär für Soziales -heute würde man "Minister" sagen - ein Musterland der Sozialgebung.

Die Liste der sozialen Errungenschaften in den Jahren zwischen 1918 und 1920 kann sich sehen lassen: Für viele dieser Forderungen kämpfte die Arbeiterbewegung in der Monarchie jahrzehntelang vergeblich. Noch heute kommen jedem Arbeitnehmer diese Sozialgesetze zugute.

- 4. November 1918: Aufstellung der industriellen Bezirkskommissionen zur Organisierung der Arbeitsvermittlung.

- 4. November 1918: Errichtung von Einigungsämtern.

- 6. November 1918: Vollzugsanweisung über die staatliche Unterstützung der Arbeitslosen.

- 12. November 1918: Regelung der Sonn- und Feiertagsruhe in Gewerbebetrieben.

- 19. November 1918: Gesetz über den achtstündigen Arbeitstag in fabrikmäßig betriebenen Gewerbeunternehmungen.

- 20. November 1918: Ausdehnung der Arbeitslosenunterstützung auf Angestellte.

- 19. Dezember 1918: Regelung der Arbeits- und Lohnverhältnisse in der Heimarbeit.

- 25. Jänner 1919: Aufhebung der Arbeitsbücher und der Bestrafung des Kontraktbruches.

- 14. März 1919: Gesetz über die Vorbereitung der Sozialisierung.

- 3. April 1919: Bäckereiarbeitergesetz.

- 25. April 1919: Invalidenentschädigungsgesetz.

- 14. Mai 1919: Vollzugsanweisung betreffend die zwangsweise Einstellung von Arbeitern in gewerblichen Betrieben.

- 14. Mai 1919: Verbot der Nachtarbeit für Frauen und Jugendliche.

- 15. Mai 1919: Betriebsrätegesetz.

- 30. Juli 1919: Arbeiterurlaubsgesetz.

- 17. Dezember 1919: Gesetz über den achtstündigen Normalarbeitstag (Erweiterung auf kleingewerbliche Betriebe).

- 18. Dezember 1919: Gesetz über die Errichtung von Einigungsämtern und über Kollektivverträge.

- 26. Februar 1920: Errichtung der Kammern für Arbeiter und Angestellte.

- 24. März 1920: Gesetz über die Arbeitslosenversicherung.

Die Eisenbahner versammeln sich 1919 in Linz zum Mai-Aufmarsch in der Wienerstraße.

1. Mai 1919 in Linz, Hauptplatz. Zum ersten Mal ist der 1. Mai ein gesetzlicher Feiertag in Österreich.

Die Not, die in den ersten Jahren nach dem Ende des Weltkriegs in der jungen Republik herrschte, war aufgrund der wirtschaftlichen Schwierigkeiten, trotz der hervorragenden Sozialgesetze unvorstellbar groß. Zusammengedrängt in winzigen Wohnungen hungerten und froren tausende Menschen.

Bis zum 20. Oktober 1920 - also innerhalb weniger Monate - gelang es Sozialminister Ferdinand Hanusch eine Sozialgesetzgebung zu schaffen, die in der Welt einzigartig war.

Ein Erlaß des sozialdemokratischen Staatssekretärs Julius Deutsch führte zum Bruch der Koalitionsregierung. Die darauf folgenden Nationalratswahlen, vom Oktober 1920, endeten mit einem Sieg der Christlichsozialen Partei. Die Sozialdemokraten gingen in die Opposition, in der sie für den Rest der Ersten Republik auch verblieben.

Not und Elend

Das Friedensdiktat von St. Germain war für Österreich eine schwere finanzielle und ideelle Belastung. Insbesondere in den Städten mangelte es den Menschen an Nahrungsmitteln, an Brennmaterial und an Kleidung. Das ausdrückliche Anschlußverbot an Deutschland - später machten die Siegermächte auch ihre Wirtschaftshilfen davon abhängig - nahm den Österreichern, und zwar quer durch alle politischen Lager, endgültig die Hoffnung auf die Lebensfähigkeit des Landes.

Die Regierung - seit dem Bruch der Koalition mit den Sozialdemokraten mehrheitlich mit christlichsozialen Abgeordneten besetzt - nahm mit ihrer Wirtschaftspolitik den Menschen im Lande erst recht jede Hoffnung. Obwohl die Arbeitnehmer unter der wirtschaftlichen Not am meisten litten, versuchte Bundeskanzler Prälat Ignaz Seipel, den wirtschaftlichen Zusammenbruch gerade auf ihre Kosten zu verhindern. Durch deutliche Lohn- und Gehaltskürzungen sowie durch die Erhöhung der Preise wurden die Lebenshaltungskosten der Arbeitnehmer unerschwinglich in die Höhe getrieben. Die Folge war, daß viele Menschen zu Bettlern verarmten.

Bedingt durch die zurückgehende Kaufkraft sank das Konsumniveau. Damit fielen zwangsläufig auch die Produktionsziffern in der Industrie und im Gewerbe. Die Agrarier und die Industriellen sicherten durch Schutzzölle ihre Gewinneinkommen. Die Leidtragenden waren die Arbeiter und die Angestellten, die keine Gestaltungs-Möglichkeiten ihres Einkommens hatten.

Preissteigerungen gegenüber den Friedenspreisen

	November 1918	Februar 1922
bei Mehl um	7.500%	40.000%
bei Zucker um	2.300%	120.000%
bei Fett um	4.000%	137.500%
bei Fleisch um	1.700%	80.000%
bei Reis um	10.000%	200.000%
bei Grieß um	5.000%	160.000%
bei Kartoffeln um	1.600%	250.000%
bei Eier um	1.700%	240.000%
bei Kohle um	400%	125.000%
bei Holz um	1.000%	112.500%
bei Gas (per cbm) um	250%	67.000%
bei Textilwaren (Durchschnitt) um	2.500%	200.000%

Mindestbedürfnisse einer Person

	im Dez. 1921	Jan. 1922	Febr. 1922
Für Nahrung	9.663,00 K.	16.723,30 K.	25.372,08 K.
Für Kleidung	5.535,42 K.	7.855,00 K.	10.200,42 K.
Für Wohnung	7.746,58 K.	11.275,82 K.	17.303,02 K.
Für Sonstiges (Bücher, Zeitung, Theater)	1.670,00 K.	2.320,00 K.	2.870,00 K.
Zusammen	24.615,00 K.	38.174,12 K.	55.745,52 K.

Durchschnittslöhne

Dezember 1921	Jänner 1922	Februar 1922
8.000–10.000 Kronen	14.000–18.000 Kronen	20.000–30.000 Kronen

Wie zu sehen ist, stiegen die Preise wesentlich höher als die Löhne. Die Ausgaben für die Finanzierung der Mindestbedürfnisse wurden immer unerschwinglicher.

Die rapid ansteigende Inflation beschleunigte die wirtschaftlichen Probleme. Von Mitte Juni bis Mitte Juli 1922 stiegen die Lebenshaltungskosten um 41 %, von Mitte Juli bis Mitte August um 124 % an.

Mit der Währungsreform - die mit Wirkung vom 1. Jänner 1925 die Schilling-Währung brachte - versuchte die Regierung die Inflation zu stoppen. 10.000 Kronen entsprachen nunmehr im Wert einem Schilling.

Auch die Währungsreform konnte die wirtschaftlichen Probleme nicht beseitigen. Die schwache Kaufkraft der unter Hunger und Arbeitslosigkeit leidenden Menschen sowie die 1929 einsetzende Weltwirtschaftskrise führten zum Zusammenbruch vieler Betriebe.

Die Inflation brachte die Notwendigkeit immer höherer Banknoten, die aber immer weniger wert waren. Länder und Gemeinden gaben Notgeld aus, für dessen Einlösung sie garantierten.

Einige Wirtschaftszahlen können das eindrucksvoll verdeutlichen: Beispielsweise fiel von 1928 bis 1932 die Jahresförderung von Roherzen im Eisen- und Manganerzbau von 19,281.822 Zentner (1 Zentner = 100 kg) auf 3,067.992 Zentner. Die Erzeugung von Stahlroheisen sank im selben Zeitraum von 437.517 Tonnen auf 86.803 Tonnen. Die Anzahl der Betriebe der Eisen- und Metallindustrie, der Nahrungs- und Genußmittelindustrie, der Textil- und Bekleidungsindustrie sowie der Papier- und papierverarbeitenden Industrie zusammengenommen sank von 572 Betrieben im Jahre 1929 auf 477 Betriebe im Jahre 1932. Die Anzahl der Beschäftigten in diesen Industrien verringerte sich alleine in diesem Zeitraum von 158.054 auf 88.083. Ähnlich war die Entwicklung bei den Eisenbahnbediensteten.

Die Regierung änderte auch dann ihren fatalen wirtschaftspolitischen Sparkurs für die Arbeitnehmer nicht, als ab dem Jahre 1930 im umliegenden Ausland die Weltmarkt-Preise deutlich sanken. Der Kaufkraftschwund hatte ein weiteres Ansteigen der Arbeitslosigkeit zur Folge.

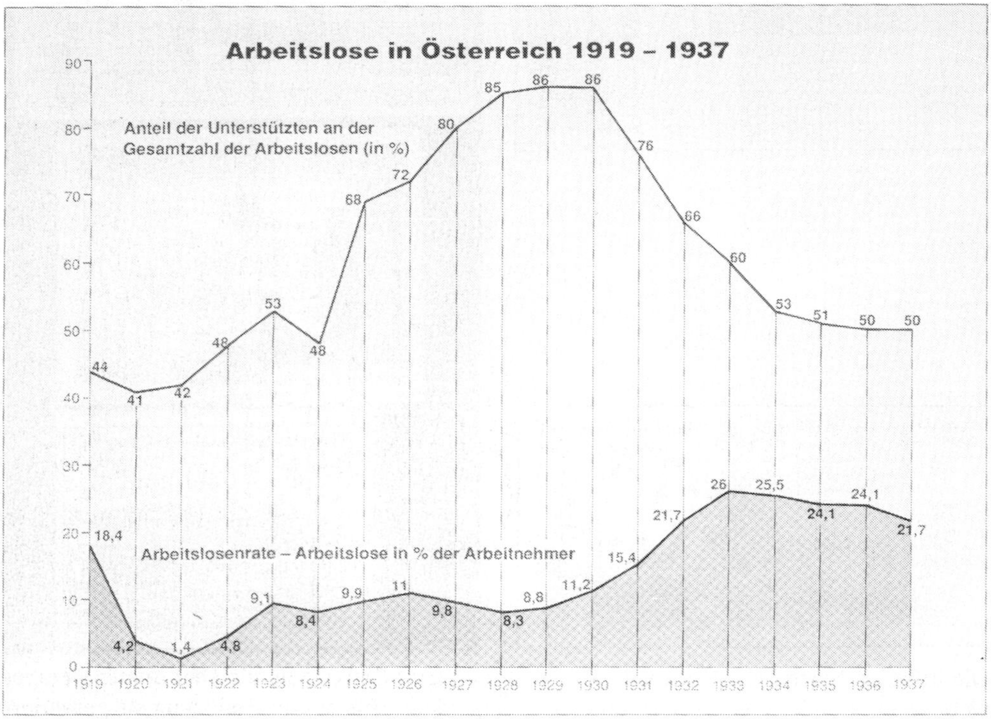

Der Anteil der Unterstützten an der Gesamtzahl der Arbeitslosen sank ab 1930.

Mit 600.000 Arbeitslosen wurde im Jahre 1933 ein trauriger Höchststand an Arbeitslosen erreicht. Verschlimmernd kam hinzu, daß der Anteil der Unterstützten ständig sank. 1927 erhielten von fünf Arbeitslosen noch vier eine Arbeitslosenunterstützung, 1933 hingegen nur mehr jeder zweite.

Im Vergleich zu anderen Bundesländern war in Oberösterreich der prozentuelle Anteil der Arbeitslosen an den Beschäftigten insofern geringer, als rund 55 % der berufstätigen Bevölkerung in der Landwirtschaft tätig war. Dennoch mußte die Arbeitsmarktstatistik für Oberösterreich im Februar 1933 exakt 48.466 Arbeitssuchende registrieren. Da nur rund die Hälfte von ihnen Arbeitslosenunterstützung bekam, stieg die Anzahl der Bettler rasch an und erreichte bald einige Tausend.

Parallel zu diesen wirtschaftlichen Verschlechterungen nahm die politische Radikalisierung zu. Immer verzweifelter kämpften die Sozialdemokraten und die Freien Gewerkschaften gegen den Abbau der Sozialleistungen.

Schutzbundübung am Gelände des Südbahnhofes in Linz

Für die Gewerkschaften sanken mit der Zunahme der wirtschaftlichen Probleme und dem Ansteigen der Arbeitslosigkeit die Möglichkeiten der Mitwirkung zur Durchsetzung gesellschaftlicher Anliegen. Durch den Terror gegen Gewerkschaftsmitglieder in vielen Betrieben und dem rapiden Ansteigen der Anzahl von Arbeitslosen nahmen die Mitgliederzahlen der Gewerkschaften deutlich ab. Maßnahmen, wie beispielsweise das im Jahre 1930 von der Regierung beschlossene "Antiterrorgesetz", sollten die Gewerkschaften zusätzlich schwächen - was auch gelang.

Politische Uneinsichtigkeit

Nach dem Bruch der Koalitionsregierung bemühten sich die konservativen Kräfte des Landes - nach den Neuwahlen 1920 Dr. Johannes Schober und ab 1922 Prälat Dr. Ignaz Seipel - den, wie sie sagten, "revolutionären Schutt" wegzuräumen. Bei der Wahl der Methode bedienten sie sich ausländischer Vorbilder, wie der der faschistisch regierten Länder Italien und Ungarn. Insbesondere Mussolini, dem "Duce" des faschistischen Italien, war es ein Anliegen, als Gegenleistung für seine Unterstützung der österreichischen Regierung, die österreichische Arbeiterschaft mit ihren Sozialeinrichtungen zu treffen.

Die wachsende, breite Unzufriedenheit der Arbeiterschaft, bedingt durch die Verschlechterung ihrer Lebensbedingungen und durch ständig neue Belastungen, förderte soziale Unruhen und Streiks.

Anfänglich versuchten die Parteien den Kampf um die politische Mehrheit noch mit demokratischen Mitteln zu führen. Mit der stärkeren Anerkennung der militanten Heimwehren innerhalb der Christlichsozialen Partei nahmen die politischen Auseinandersetzungen jedoch zu und wurden härter geführt. Dadurch verhärteten sich auch die Fronten zwischen den Parteien.

Die zahlreichen, nach politischen Motiven eingerichteten Wehrverbände, sollten die Ziele und Absichten der Parteien absichern. Auf der Seite der Sozialdemokratie sorgte der "Republikanische Schutzbund" für die Aufrechterhaltung der Grenzen Österreichs sowie für den Schutz der Veranstaltungen und der Organisationen der Sozialdemokraten sowie der Freien Gewerkschaften.

Anzahl der Opfer der politischen Gewaltanwendung 1918–1934

	Anzahl der Gewalttaten	Marxisten		davon: Kommunisten		Kath.-Konservative und Heimwehr		davon: Heimwehr		Nationalsozialisten und Deutschnationale		Sonstige Zivilisten		Staatliche Organe (meist Polizei und Gendarmerie)		davon: Sicherheitswache u. Volkswehr in Wien		Jahressumme		Jahressumme der Toten u. Verletzten	dasselbe* in % (n = 593)	Jahressumme* der Opfer in % nach gleitenden Dreierdurchschnitten††
		Tote	Verl.	Tote	Verl.	Tote	Verl.	Tote	Verl.	Tote	Verl.	Tote	Verl.	Tote	Verl.	Tote	Verl.	Tote	Verl.			
ab 12. 11. 1918	2	—	5	—	—	—	—			—	—	2	—	—	2	—	—	2	7	9	1,5 (10,9)**	
1919	16	26	61	24	60	—	2			—	1	6	5	7	16	6	15	39	85	124	20,9	14,9
1920	6	27	41	9	25	—	1			—	—	—	1	2	4	—	3	29	47	76	12,8	11,3
1921	2	—	1	—	—	—	1			—	—	—	—	—	—	—	—	—	2	2	0,3	4,6
1922	5	3	—	2	—	—	—			—	—	—	—	—	2	—	1	3	2	5	0,8	1,6
1923	13	2	11	—	5	1	3			—	—	1	1	—	3	—	3	4	18	22	3,7	2,1
1924	6	—	5	—	—	—	1			—	—	—	1	—	3	—	—	—	10	10	1,7	2,2
1925	11	1	—	—	—	1	2			—	3	1	—	—	—	—	—	3	5	8	1,4	1,0
1926	4	—	—	—	—	—	—			—	—	—	—	—	—	—	—	—	—	0	0	0,9
1927	3	1	4	—	—	—	—			—	—	1	1	—	1	—	—	2	6	8	1,4	0,9
ausgenommen: 15. 7. 1927	1	85	57	—	—	—	—			—	—	—	—	4	120	4	120	89	177	266		
1928	8	—	4	—	—	—	2	—	2	—	—	—	2	—	—	—	—	—	8	8	1,4	5,3
1929	28	4	21	—	6	3	48	3	48	1	—	—	—	—	—	—	—	8	69	77	13,0	7,0
1930	22	—	17	—	3	—	18	—	16	—	3	2	—	—	—	—	—	2	38	40	6,7	8,1
1931	7	5	7	—	—	2	1	2	1	—	7	—	—	1	4	—	3	8	19	27	4,6	9,9
1932	44	2	21	—	—	—	17	—	14	7	37	1	16	1	2	1	1	11	93	104	17,5	11,2
1933	56	1	10	—	—	3	21	2	4	8	14	3	7	—	2	—	—	15	54	69	11,6	11,7
bis 11. 2. 1934	6	—	—	—	—	—	—	—	—	2	—	—	—	—	2	—	1	2	2	4	0,7 (6,1)†	
Summe 1918–1934	240	157	265	35	99	10	117	7	85	18	65	17	34	15	161	11	147	217	642	859	100*	
Summe der Toten u. Verl.		422		134		127		92		83		51		176		158		859				
dass. in %		49,1		15,6		14,8		10,7		9,6		5,9		20,5		18,4		100				

* Ohne die Opfer des 15. Juli 1927

** Bezogen auf die 50 Tage von 12. 11. bis 31. 12. 1918

† Bezogen auf die 42 Tage von 1. 1. bis 11. 2. 1934

†† Da die bereinigten Werte von 1918 und 1934 in die Berechnung der gleitenden Dreierdurchschnitte einbezogen wurden, ergibt die Spaltensumme mehr als 100 %!

Politische Zusammenstöße in der Ersten Republik

Aufmarsch einer Heimwehrformation

Den Aufbau des Republikanischen Schutzbundes und seine Leitung in Oberösterreich hatte im Mai 1923 Richard Bernaschek übernommen. Mit der Gründung der Heimwehr sollte die Stärke der Sozialdemokratie in Schranken gehalten werden. Sie erhielt von der christlichsozialen Regierung, den Industriellen und von faschistisch regierten Nachbarstaaten massive Unterstützung.

Schutzbundausflug in Haag am Hausruck

Zwischen den beiden großen Wehrverbänden, dem Republikanischen Schutzbund und den Heimwehren, kam es immer wieder zu politischen Auseinandersetzungen. So auch am 30. Jänner 1927 im burgenländischen Ort Schattendorf. Bei einem Aufmarsch sozialdemokratischer Arbeiter erschossen Mitglieder der Frontkämpfervereinigung - einer Heimwehrorganisation - aus dem Hinterhalt ein Kind und einen Kriegsinvaliden. Es kam zu zahlreichen Trauerkundgebungen in ganz Österreich, an denen sich auch die Eisenbahner beteiligten. In Amstetten, Linz, Selzthal, Siegmundsherberg, Steyr, Villach und Vordernberg organisierten sie eigene Kundgebungen.

Nachdem das Gericht die Mörder von Schattendorf am 14. Juli 1927 freigesprochen hatte, legten die Arbeiter zahlreicher Betriebe spontan die Arbeit nieder. Auch die meisten Eisenbahner streikten in ihren Dienststellen. Mit Recht stellten sie die Frage: "Sind wir in der Republik Österreich, die von uns nach den verheerenden Zerstörungen des Weltkrieges unter schwersten Opfern aufgebaut wurde, zum Freiwild geworden? Gilt unter dem Bundeskanzler Prälat Seipel der Arbeitermord als Kavaliersdelikt?" Am 15. Juli 1927 zogen in Wien enttäuschte Arbeiter zum Justizpalast. Dort kam es trotz der Bemühungen des Schutzbundes zu gewaltsamen Zusammenstößen. Insbesondere der Wiener Bürgermeister Karl Seitz und der Schutzbundführer Julius Deutsch versuchten die Menschenmassen zu beruhigen. Doch aufgrund der Bewaffnung der Polizei und ihrer brutalen Reiterattacken auf die Demonstrierenden, konnte das Chaos nicht verhindert werden. 89 Tote und Hunderte Verletzte sowie der Brand des Justizpalastes waren das Ergebnis der Provokation.

Brand des Justizpalastes

Die Erkenntnisse aus diesen Ereignissen, aus der heutigen Sicht gesehen, waren beschämend. Anstatt auf einen Abbau der Gegensätze hinzuarbeiten, sah man einen Ausweg nur in der Eindämmung der Rechte der Arbeiter und dem forcierten Ausbau der rechtsradikalen Heimwehrbewegung.

Als Antwort auf die Radikalisierung hatte sich die sozialdemokratische Parteiführung unter der Bedingung, daß das bürgerliche Lager auf ihre Wehrverbände verzichtete, mehrmals zur Auflösung des Republikanischen Schutzbundes bereiterklärt. Auf derartige Vorschläge reagierte die Regierung nur mit Provokationen. Diese wollte mit allen Mitteln die Sozialdemokratische Partei und die Freien Gewerkschaften zerschlagen. Dazu erhielten die konservativen Kräfte maßgebliche Hilfe und Unterstützung von Mussolini, der dafür die Zerstörung der demokratischen Ordnung nach seinem Beispiel forderte. Die christlichsoziale Regierung nahm die Hilfe gerne an. Neben der Unterstützung für die Heimwehr erhoffte sich die Regierung durch die starke Verbrüderung mit Italien eine Rückendeckung im Falle einer militärischen Intervention Deutschlands. Heute wissen wir, daß dieses Hoffen vergeblich war und daß mit der "Anbiederung" an Italien der Weg zum faschistischen Ständestaat geebnet und später die Unabhängigkeit Österreichs geopfert wurde.

Bei der letzten Nationalratswahl, am 9. November 1930, erhielt die Sozialdemokratische Partei unter den kandidierenden Parteien eindeutig die meisten der abgegebenen Stimmen. Mit 72 Abgeordneten im Nationalrat stellte sie um sechs Mandatare mehr als die Christlichsoziale Partei. Dennoch blieb den Sozialdemokraten die Regierungsbeteiligung verwehrt, weil bürgerliche Parteien eine Koalition bildeten; ab 20. Mai 1932 regierte Dollfuß mit nur einer Stimme Mehrheit im Nationalrat.

Die Angst vor der Sozialdemokratie war so groß, daß die christlichsoziale Regierung alle sozialdemokratischen Regungen und Bewegungen bekämpfte. Letztlich zerschlug sie mit Waffengewalt die von jener und den Freien Gewerkschaften eingerichteten Organisationen.

Seit die Christlichsozialen im Jahre 1920 mit der Regierungsbildung betraut waren, wechselten sie im Durchschnitt alle zwei Jahre den Bundeskanzler aus. Nach der Regierung unter Bundeskanzler Dr. Johannes Schober, von 1929 bis September 1930, waren aufgrund der internen Konflikte die Amtsperioden noch kürzer. Von Ende September 1930 bis Anfang Dezember 1930 bekleidete Karl Vaugoin das Amt des Bundeskanzlers, anschließend bis Mitte Juni 1931 Dr. Otto Ender, ihm folgte bis zur Regierung Dollfuß im Mai 1932, Dr. Karl Buresch. Von 1930 bis 1932 wurden also fünfmal die Bundeskanzler gewechselt.

Österreich grenzt an die faschistischen Staaten Deutschland, Italien und Ungarn.

Dr. Engelbert Dollfuß, der von 1930 bis 1931 Präsident der Verwaltungskommission der Österreichischen Bundesbahnen war, regierte ab Mai 1932 mit nur einer Stimme Mehrheit im Parlament, die er durch die Koalition der Christlichsozialen mit dem Landbund und dem Heimwehrblock erhielt. Jedem demokratisch denkenden Menschen mußte klar sein, daß diese Regierungszusammensetzung wiederum nicht von Dauer sein konnte. Auch Dollfuß wußte das, und suchte daher eine geeignete Möglichkeit seine Macht zu sichern.

Oberösterreich

In Oberösterreich gab es trotz der wirtschaftlichen Probleme und der politischen Spannungen eine verhältnismäßig vernünftige Zusammenarbeit. Das politische Kräfteverhältnis blieb bis zum Verbot der Sozialdemokratischen Partei einigermaßen konstant. In der Landespolitik dominierte die Christlichsoziale Partei. Als Landeshauptleute regierten von 1908 - 1927 Prälat Nepomuk Hauser und von 1927 - 1934 Dr. Josef Schlegel.

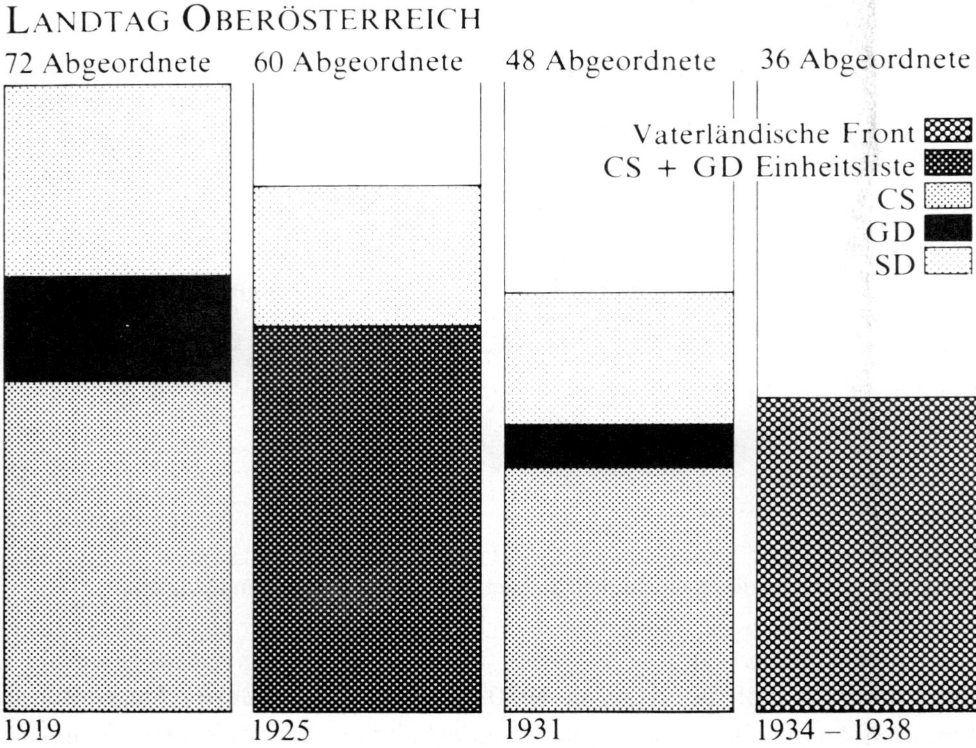

Der verschärfte autoritäre Kurs der Bundesregierung, die gegen die Sozialdemokratie angeheizte klerikale Kirchenpolitik - insbesondere des Linzer Bischofs Gföllner - und die Radikalisierung der Heimwehren, behinderten die liberale politische Zusammenarbeit in Oberösterreich und zerstörten sie letztlich.

In der Ersten Republik wählten die Oberösterreicher im Jahre 1931 das letzte Mal auf demokratischen Wegen ihren Landtag. Die nachfolgenden Landtage ernannte der Landeshauptmann 1934 und 1938 nach Anhörung der berufsständischen Organisationen.

Bis zum Jahre 1933 dominierten zahlreiche kirchliche Würdenträger die Landespolitik. Aber auch die Eisenbahner saßen mit Sitz und Stimme im oberösterreichischen Landtag; ab 1918 sechs, ab 1919 fünf, ab 1925 drei, ab 1931 zwei und ab 1934 nur mehr ein Eisenbahnbediensteter.

Bahn ohne Hoffnung

Nach der Aufteilung der Habsburger-Monarchie blieb Österreich als Rest des alten, historisch gewachsenen Wirtschaftsraumes "Österreich-Ungarn" übrig. Damit zerbrachen das weitverzweigte 22.624 km lange Eisenbahnnetz der Monarchie und die ersten mühsam geschaffenen Organisationen der Eisenbahner.

Die am 12.November 1918 gegründeten "Deutsch-Österreichischen Staatsbahnen" hatten vom ersten Tage ihres Bestehens an große Probleme zu bewältigen. Bis zum Jahre 1918 verliefen die aus historischen und wirtschaftlichen Gründen geschaffenen wichtigsten Eisenbahnlinien von Norden nach Süden. Nach der Teilung der Habsburgermonarchie verblieben von diesen Strecken nur mehr geringe Teile im österreichischen Eigentum. Beispielsweise entfielen von der Franz-Josefs-Bahn und der Nordwestbahn 233 km auf die österreichische Staatseisenbahngesellschaft und 1.127 km auf die tschechoslowakische Eisenbahnverwaltung. Trotz dieser gewaltsamen Amputation verblieben den österreichischen Bahnen die für die Monarchie eingerichteten finanziell belastenden zentralen Verwaltungsstellen sowie die Mehrzahl der Eisenbahnwerkstätten. Diese unglückliche, für Österreich unwirtschaftliche Aufteilung, behinderte die Reorganisation des Eisenbahnwesens erheblich.

Aber nicht nur diese strukturellen Probleme belasteten den regelmäßigen Eisenbahnbetrieb. Auch der Mangel an Betriebsmitteln, der schlechte Oberbau, die katastrophale Finanzlage, die unsicheren Rechtsverhältnisse gegenüber den Nachfolgestaaten der Monarchie sowie die schlechte Versorgung mit Steinkohle erschwerten und verhinderten manchmal den ordnungsgemäßen Bahnbetrieb. Insbesondere der große Kohlenmangel bereitete riesige Probleme. Die Lieferungen aus den Kohlenrevieren der nunmehrigen Tschechoslowakei blieben vielfach aus. Österreich selbst konnte nur 13 Prozent seines Eigenbedarfes an Kohle decken. Diese Förderquote reichte nicht einmal aus, um den Bedarf für den Betrieb der Eisenbahnen sicherzustellen. Die Kohlennot war im Dezember 1919 so groß, daß nach schrittweisen Einschränkungen des Bahnbetriebes der Eisenbahnverkehr fast zur Gänze eingestellt werden mußte. Um den Kohlenmangel zu beheben, beschlagnahmte man vom 2. bis einschließlich 18. November 1918 für die Staatsbahndirektion Linz die gesamte Tagesförderung der Wolfsegg-Traunthaler-Kohlenwerke. Hinzu kam, daß der Preis für 1 Tonne Steinkohle von 19,8 Kronen im Jahre 1914 auf 3.141,84 Kronen bis zum Ende des Jahres 1920 anstieg.

Eine wirtschaftliche Alternative sah die Verwaltung in der Elektrifizierung der Bahnlinien, wie beispielsweise im Jahre 1921 der Strecke Stainach-Irdning - Attnang-Puchheim. Das Fehlen der notwendigen Investitionsmittel und die Maßnahmen der "Kohlenbarone" bremsten die Elektrifizierungsarbeiten.

Die Energieprobleme führten zwangsweise zu Einschränkungen des Bahnbetriebes und zu Defiziten bei den erwarteten Verkehrseinnahmen. Auch der desolate und unzureichende Wagenpark bereitete der Verwaltung Kopfzerbrechen. Hiezu kam, daß im grenzüberschreitenden Verkehr die Italiener und die Tschechen die Waggons vielfach als Kriegsbeute zurückbehielten.

Der Friedensvertrag von St. Germain vom 10. September 1919 enthielt auch Forderungen gegenüber den österreichischen Eisenbahnen. Durch diese Forderungen wurden die Siegermächte und die Nachfolgestaaten stark begünstigt. Österreich erhielt beispielsweise die Verpflichtung auferlegt, alle Eisenbahnanlagen, die den Nachfolgestaaten der Donaumonarchie zufielen, in vollständigem und gutem Zustand zu übergeben. Das bedeutete, daß die in Österreich verbliebenen Betriebsmittel, von den Werkzeugen bis zum Wagenpark, auf die Nachfolgestaaten aufgeteilt und im guten Zustand zu übergeben waren. Eine persönliche Note von Staatskanzler Dr. Karl Renner zur Unterstützung der Eisenbahnen lehnten die Siegermächte brüsk ab.

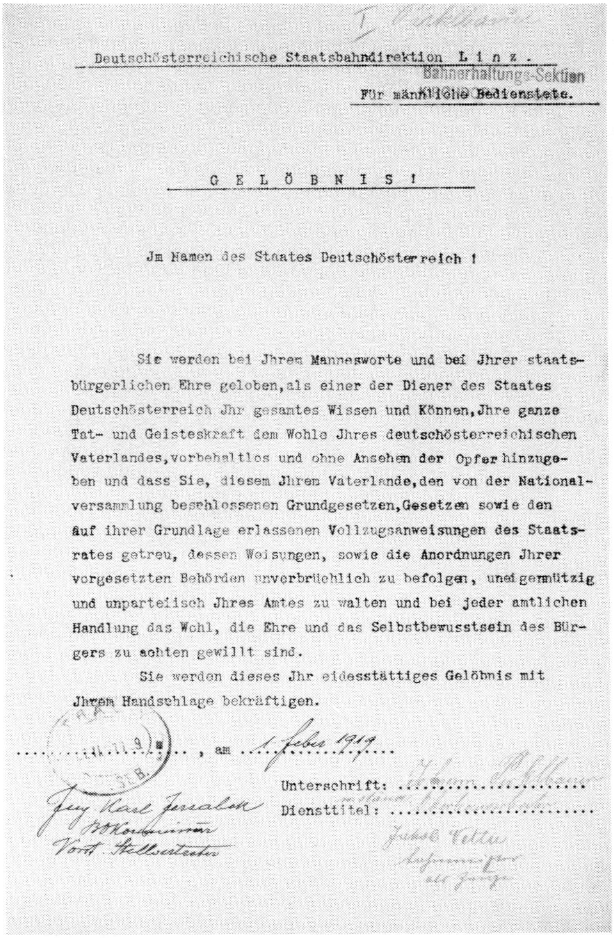

Deutschösterreichische Staatsbahndirektion Linz.
Bahnerhaltungs-Sektion
Für männliche Bedienstete.

G E L Ö B N I S !

Jm Namen des Staates Deutschösterreich !

Sie werden bei Jhrem Manneswort und bei Jhrer staatsbürgerlichen Ehre geloben, als einer der Diener des Staates Deutschösterreich Jhr gesamtes Wissen und Können, Jhre ganze Tat- und Geisteskraft dem Wohle Jhres deutschösterreichischen Vaterlandes, vorbehaltlos und ohne Ansehen der Opfer hinzugeben und dass Sie, diesem Jhren Vaterlande, den von der Nationalversammlung beschlossenen Grundgesetzen, Gesetzen sowie den auf ihrer Grundlage erlassenen Vollzugsanweisungen des Staatsrates getreu, dessen Weisungen, sowie die Anordnungen Jhrer vorgesetzten Behörden unverbrüchlich zu befolgen, uneigennützig und unparteiisch Jhres Amtes zu walten und bei jeder amtlichen Handlung das Wohl, die Ehre und das Selbstbewusstsein des Bürgers zu achten gewillt sind.

Sie werden dieses Jhr eidesstättiges Gelöbnis mit Jhrem Handschlage bekräftigen.

.................., am 1. Feber 1919.

Unterschrift: ....

Diensttitel: ....

Ein Jahr zuvor mußten die Eisenbahner noch dem Kaiser die Treue schwören.

Nach der endgültigen Aufteilung der Habsburger-Monarchie drängten viele Eisenbahner, die ihren Dienst außerhalb der neuen Landesgrenzen versahen, aus den deutschsprachigen Gebieten der Nachfolgestaaten nach Österreich; diese mußten in den österreichischen Bahndienst aufgenommen werden. Dadurch war der akute Personalmangel knapp vor Ende des Ersten Weltkrieges - der nur durch die Beschäftigung von Frauen, Halbwüchsigen und Kriegsgefangenen überbrückt werden konnte - rasch gedeckt. Alsbald stieg der Personalstand für das geschrumpfte Eisenbahnnetz unnatürlich hoch an.

Kommando der Eisenbahnerschutz-Wache, 1918

Militäreinfahrt im Bf. Linz im Jahre 1918

Die Not und das Elend nach dem Ersten Weltkrieg waren unvorstellbar. Es mangelte der Bevölkerung an allen Gütern des täglichen Bedarfes, insbesondere an Lebensmitteln und Heizmaterial. Was nicht "niet- und nagelfest" war, konnte für den Schleichhandel mit Kriegsheimkehrern und der hungernden Bevölkerung bedeutsam sein. Für manche Menschen bot der Schleichhandel eine Möglichkeit um zu überleben.

Die Eisenbahnen konnten den Reisenden nur unzureichend, wenn überhaupt, Platz bieten. Die Fahrbetriebsmittel waren völlig überlastet. Die Reisenden hingen oft in Trauben an den Zügen.

Die "Militärzüge" und die Lebensmitteltransporte bedurften einer besonderen Bewachung. Die Militärzüge deshalb, weil die hungernden, enttäuscht zurückkehrenden Soldaten noch bewaffnet waren. Aufgrund des Mangels an Lokomotiven und an Lokomotiv-Mannschaften mußten Heimkehrerzüge oft stundenlang in Stationen anhalten. Mitunter kam es zu bedrohlichen Situationen, zu Schießereien und zu Plünderungen. Die eingesetzten Entwaffnungskommandos waren vielfach hilflos. Bis 4. Dezember 1918 beförderten die Eisenbahnen rund 1,000.000 Soldaten; den allergrößten Teil davon über den Linzer Hauptbahnhof.

Wachablöse der Eisenbahnerschutz-Wache

Wachposten zur Sicherung der Hauptwerkstätte

Maschinengewehrabteilung der Eisenbahnerwache 1918

Auch die übrigen Bahnanlagen, wie die Material-Lagerstätten, die Werkstätten und die Heizmaterial-Lager bedurften einer besonderen Bewachung. Spezielle, teilweise bewaffnete, Eisenbahnerschutz-Einheiten hatten die Anlagen vor Plünderungen zu schützen.

Josef Liegl, 1893 geboren, in dieser Zeit als Werkmann in der Hauptwerkstätte Linz tätig, erinnert sich:

"Wir wurden in der Werkstatt zusammengerufen. Nachdem man uns für die verschiedenen Bewachungsdienste einteilte, bekamen wir Gewehre. Ich mußte zum Linzer Bahnhof. Wenn Militärzüge einfuhren, bekamen wir scharfe Munition. Wir mußten aufpassen, daß niemand den Zug verläßt oder etwas rauswirft".

Die Österreichischen Bundesbahnen

Am 21. Oktober 1919 wurden aus den "Deutsch-Österreichischen Staatsbahnen" die "Österreichischen Staatsbahnen" und ab dem 1. April 1921 aus diesen die "Österreichischen Bundesbahnen". Aus den Staatsbahndirektionen wurden Bundesbahndirektionen. Die Bundesbahndirektion Linz betreute im Jahre 1924 ein Streckennetz in der Länge von 1.109,4 km und beschäftigte ohne die Hilfskräfte 10.767 Bedienstete.

Mit den Namensänderungen waren noch lange nicht die großen wirtschaftlichen Probleme gelöst. Diese vergrößerten sich von Jahr zu Jahr. Das wachsende Mißverhältnis, steigende Ausgaben und sinkende Einnahmen, bedingten finanzielle Unterstützungen durch Anleihen und Kredite. Aufgrund der allgemeinen großen wirtschaftlichen Not wandte sich die Regierung um eine Finanzhilfe an den Völkerbund.

Nach langen Verhandlungen erklärte sich der Völkerbund bereit zu helfen. Die Bedingungen, die an diese Wirtschaftshilfe gebunden waren, unterwarfen Österreich einer internationalen wirtschaftlichen und finanziellen Kontrolle. Kommissäre überwachten den österreichischen Staatshaushalt und überprüften die Einhaltung der verpflichtenden Maßnahmen zur Budgetsanierung. Von den Österreichischen Bundesbahnen verlangte man Reorganisation und einen forcierten Beamtenabbau.

Die Regierung meinte, alleine durch eine Umwandlung in einen eigenen Wirtschaftskörper, ohne grundlegende organisatorische Änderungen - die ihrerseits wieder einer finanziellen Absicherung bedurft hätten - das Problem "ÖBB" bewältigen zu können. Zu spät erkannten die Verantwortlichen, daß die Organisation der Eisenbahnen durch kaufmännische Reformen alleine nicht umzustruktieren und zu entbürokratisieren ist.

Regieausweis 1920

Wie sich später zeigte, führte das - von den sozialdemokratischen Gewerkschaftern abgelehnte! - "Bundesbahngesetz 1923", zur totalen Verschuldung der Österreichischen Bundesbahnen, weil ihr Betrieb mit teuren Krediten und Anleihen finanziert werden mußte. Die Regierung wollte sich mit der Schaffung eines eigenen Wirtschaftskörpers im wesentlichen nur der Probleme und der wirtschaftlichen Sorgen entledigen. Eine konstruktive Sanierung, im Interesse einer Reorganisation des Eisenbahnbetriebes auf die Bedürfnisse des nunmehr kleinen Österreich, war nicht beabsichtigt und blieb aus. Der Schuldendienst stieg von 1,5 Millionen Schilling im Jahre 1924 auf 63,5 Millionen Schilling im Jahre 1931. Diese ständig wachsenden Defizite konnten nur durch Anleihen und Kredite abgedeckt werden. Die Verschuldung trieb die Eisenbahner letztlich zum verhängnisvollen Proteststreik am 1. März 1933.

Es darf und soll nicht unerwähnt bleiben, daß sich einige Fachleute tatsächlich um die Sanierung der Bundesbahnen bemühten. Ebenso unbestreitbar ist, daß sich die österreichische Regierung mit dem Bundesbahngesetz ein Alibi schuf, den größten Wirtschaftskörper auf Jahre hinaus sich selbst zu überlassen - bis es zu spät war.

Das Verkehrsministerium versuchte, durch eine rigorose Sparpolitik die Bahn zu sanieren; Personaleinsparungen und Tariferhöhungen sollten primär dazu beitragen. Durch Einsparungen alleine - ohne begleitende organisatorische Änderungen - war die Bahn nicht zu sanieren. Es stellten sich auch beachtliche Folgekosten ein:

- Die frühzeitig pensionierten Beamten senkten zwar die Ausgaben für "Aktiv-Bezüge", haben aber andererseits die Ausgaben für "Pensionsleistungen" erhöht.
- Die Tariferhöhungen führten zu einem drastischen Rückgang im Personen- und Güterverkehr. Dadurch konnte sich der Straßenverkehr stärker und kostengünstiger anbieten und es sanken die Verkehrseinnahmen.
- Die desolaten Bahnanlagen erhöhten die Anzahl der Unfälle und verursachten Totalschäden an Fahrzeugen und Betriebsmitteln. Die notwendigen Investitionen erhöhten den Betriebsaufwand spürbar.

Trotz dieser erschreckenden Entwicklung wichen die Verantwortlichen von ihrem wirtschaftspolitischen Kurs nicht ab. Mit dem Beginn der Weltwirtschaftskrise im Jahre 1929, die ab dem Jahre 1930 zu weiteren drastischen wirtschaftlichen Verschlechterungen bei den Eisenbahnen und den Eisenbahnern beitrug, verschlechterte sich auch die Bereitschaft der Verwaltung zur Zusammenarbeit mit der Gewerkschaft.

Besonders nachteilig wirkte sich der Druck der radikalen Heimwehren auf die Bundesregierung aus. Er führte auch bei den Österreichischen Bundesbahnen zu einer politischen Radikalisierung, die personelle Konsequenzen forderte.

Der erste Präsident des selbständigen Wirtschaftskörpers "Österreichische Bundesbahnen", Herr Dr. Georg Günther, der seine Aufgabe seit dem 1. Oktober 1923 mit Fairneß und gutem Willen erfüllte, mußte Ende 1929 weichen, weil er den Wunsch der Bundesregierung, die sozialdemokratischen Gewerkschafter "mit dem Messer" zu bekämpfen, nicht erfüllte. Dr. Günther schrieb dazu in seiner Streitschrift "Die Bundesbahnen als Wahlparole":

> *"Erst im fünften Jahre des Unternehmens traten immer vornehmlicher Wünsche hervor, das bürgerliche Element zu fördern und zu stützen, da die Sozialdemokratische Partei eine zu große Macht entfalte. Demgegenüber mußte ich den Standpunkt vertreten, daß die gewünschte Systemänderung mangels zu Gebote stehender Handhaben unmöglich, ja mit der vom Gesetze gewiesenen Richtung geradezu im Widerspruch stünde".*

Nach dem Abtreten Dr. Günthers dauerte es Monate bis die Präsidentenstelle nachbesetzt werden konnte. Der radikale Heimwehrflügel wollte mit aller Gewalt und Korruption ihre "Vertrauensmänner" in die leitenden Positionen der Eisenbahnverwaltung bringen. Schrittweise gelang ihnen dieses Vorhaben. Manche ihrer "Vertrauenspersonen" waren aufgrund deren Skandale und Betrügereien für die Öffentlichkeit bald nicht mehr vertrauenswürdig genug und mußten daher in rascher Folge abdanken. Mit dieser "verpolitisierten Personalpolitik" schadete die Regierung zusätzlich den Eisenbahnen, weil die Skandale auch den gläubigsten Österreichern das Vertrauen in eine wirtschaftliche Betriebsführung bei den Österreichischen Bundesbahnen nahmen.

So sorgte beispielsweise Dr. Engelbert Dollfuß in seiner kurzen Amtszeit als Präsident der Österreichischen Bundesbahnen dafür, daß Dr. Franz Strafella zum Generaldirektor des Unternehmens bestellt wurde. Seine Qualitäten zur Führung der Eisenbahnen waren bestimmt nicht fachlicher Art; er brachte andere Qualitäten mit, die die Christlichsoziale Regierung von einem Generaldirektor erwartete: In einer Zeitung der Heimwehren vom Oktober 1929 wird Dr. Strafella insbesondere deshalb als Generaldirektor für geeignet gehalten, weil er

Preis im Einzelverkauf
an Wochentagen
18 Groschen
an Sonn- u. Feiertagen
24 Groschen

Bezugspreis
für die Bundesländer:
Monatlich . . . . S 4·20
für das Ausland:
[illegible]

Arbeiter-Zeitung

Zentralorgan der Sozialdemokratie Deutschösterreichs

Erscheint täglich um 6 Uhr morgens, Montag um 1 Uhr mittags

Schriftleitung
Verwaltung
Druckerei u. Verlag:
V. Rechte Wienzeile 97
Telephon:
B 29-5-10 Serie
Alleinige
Anzeigenannahme
„Ausoreklo"
Annoncen-, Reklame-
u. Verlags-Gesellschaft
I. Schulerstraße 13
Tel. R 23-5-70 bis 73 und
R 20-4-70 bis 71.
Bezugsbedingungen
für Wien:
[illegible]
Monatlich . . . . S 4·20
[illegible]

Nr. 260. Wien, Samstag, 20. September 1930. 43. Jahrgang.

Strafella gerichtet!

Die Arbeiter-Zeitung in den entscheidenden Punkten freigesprochen. – Der Wahrheitsbeweis für Inkorrektheit, Unsauberkeit und politische Protektion erbracht.

Nun haben es also die Herren Vaugoin und Rintelen, die den Herrn Strafella zum seiner „starken Hand" wollen mit Nachsicht jeder sachlichen Eignung zum Gebieter der Bundesbahnen haben machen wollen, nun haben sie es schwarz auf weiß im Urteil des Gerichtes, welcher Qualitäten ihr „junger Mann" ist! Man kann, so hat es das Gericht gestern entschieden, dem Herrn, den sie zum Gebieter des größten Unternehmens in Oesterreich machen wollten, mit Fug und Recht Unsauberkeit und Inkorrektheit vorwerfen; man kann es ihm vorwerfen, denn man kann es beweisen und man hat es bewiesen. In dem Saustall der Bundesbahnen soll Ordnung gemacht werden, und die Vaugoin und Rintelen haben zum Ordnungmachen niemanden andern gewußt, als einen Mann, der durch Geschäfte reich geworden ist, die, wie nun gerichtsordnungsmäßig feststeht, unsauber und unkorrekt sind. Wenn anders in Oesterreich noch der einfachste Sinn für Reinlichkeit besteht, so hat der christlichsoziale Vizebürgermeister von Graz jetzt eine große Zukunft hinter sich! Die Bundesbahnen werden von diesem Präsidenten bewahrt bleiben! Die Herren mögen sich einen andern mit der „starken Hand" gegen die Eisenbahner suchen! Wenn die Hand schon stark sein soll, so muß sie halt wenigstens sauber sein!

Daß Herr Bowalatz unseren verantwortlichen Redakteur wegen einiger konkreter Vorwürfe gegen den Herrn Strafella verurteilt hat, braucht uns dabei nicht weiter zu bekümmern. Es gibt halt in Geschäften Dinge, an die man je nach seiner Weltanschauung verschiedenes Maß legt. Dem Richter, der in den Vorstellungen der bürgerlichen Welt lebt, mag manches als gerade noch erlaubt erscheinen, was dem Sozialisten als unerlaubt gilt. Aber nicht das ist das Wichtige; ungleich wichtiger ist, daß der bürgerliche Richter bestätigt hat, daß die Vergangenheit des Herrn Strafella Dinge enthält, die auch nach bürgerlichem Urteil, auch im Rahmen bürgerlicher Anschauungen unsauber und unkorrekt sind.

Man wird sich mit den Einzelheiten dieses Prozesses noch zu beschäftigen haben. Heute sei nur eines noch festgestellt: Besiegt ist aus diesem Gerichtssaal nicht nur der Herr Strafella gegangen. Besiegt sind die beiden Herren, deren „junger Mann", deren Kandidat für die Bundesbahnen er war. Dem Herrn Rintelen kann nichts mehr schaden; über den Herrn der Steirerbank und ihrer Skandale schwankt das Urteil längst nicht mehr. Herr Vaugoin aber, der die Ernennung des Parteifreundes aus Graz zum Präsidenten der Bundesbahnen zur Kabinettsfrage gemacht hat, Herr Vaugoin, der die Regierung, deren Vizekanzler er ist, sprengen wollte, wenn sie davor zurückschreckt, dieser Unsauberkeit und Unkorrektheit die Bundesbahnen auszuliefern, Herr

Das Urteil.

Knapp vor halb 12 Uhr nachts zog sich Landesgerichtsrat Dr. Bowalatz zur Urteilsberatung zurück. Die Stiegen und Gänge des Strafbezirksgerichtes I waren mit Menschen überfüllt, so daß die Sicherheitswachebeamten des Strafbezirksgerichtes zur Aufrechterhaltung der Ordnung Sukkurs anfordern mußten. Im Verhandlungssaal selbst waren Vertreter aller Wiener Tageszeitungen anwesend.

Wenige Minuten vor 12 Uhr erschien Landesgerichtsrat Bowalatz und verkündete unter ungeheurer Spannung und lautloser Stille das Urteil: Der verantwortliche Schriftleiter der Arbeiter-Zeitung Dr. Oskar Pollak wird von der Uebertretung der Ehrenbeleidigung freigesprochen in den Punkten, in denen er den Kläger „den jungen Mann des Herrn Rintelen" nannte, und freigesprochen auch, eine Ehrenbeleidigung durch den Vorwurf der Inkorrektheit und der Unsauberkeit begangen zu haben.

In den andern Punkten der Anklage wurde Pollak verurteilt, und zwar zu einer Geldstrafe von 5000 Schilling, im Nichteinbringungsfall zu einem Monat Arrest.

Die Urteilsbegründung.

In der Urteilsbegründung heißt es: Der Privatankläger hat angegeben, es handle sich bei seinen Häuserkäufen um keine Spekulationskäufe. Es ist dies eine Angabe, über die sich an und für sich reden ließe. Nun ist aber heute weiter zur Sprache gekommen, und das hat der Privatankläger auch nicht bestritten, daß er in eben diesem Zeitpunkt auch Häuserkäufe in Deutschland getätigt hat

Ich muß hier dem Verteidiger des Beschuldigten recht geben, wenn er erklärt hat, es sei notorisch, daß zu dieser Zeit Häuserkäufe in Deutschland eine Tätigkeit waren, die als nicht korrekt und nicht sauber zu verurteilen waren. Es ergibt sich aber aus dieser Tätigkeit des Privatanklägers ein meiner Meinung nach zwingender Rückschluß auf die Häuserkäufe in Oesterreich. Ich bin mit Rücksicht auf das gesamte Ergebnis des Beweisverfahren zur Ueberzeugung gekommen, daß dem Privatankläger der Vorwurf der Häuserspekulation mit Recht gemacht wurde.

Aber das ist nicht die einzige Handlung, die ich unter das Kapitel unsaubere Geschäfte subsumieren will. Darein beziehe ich auch die Frage des Wohnungsverkaufes und bin der Meinung, daß es nicht korrekt ist, eine Ablöse von irgend jemand anderm zu verlangen. Es kommt dann noch ein drittes hinzu, das unter das Kapitel der Unsauberkeit und Unkorrektheit fällt, und das ist die Frage der Option bezüglich der 770.000 Kronen. Diesbezüglich schließe ich mich den Ausführungen des Verteidigers vollinhaltlich an.

Schließlich ist auch die Behauptung, daß der Privatankläger der junge Mann des Rintelen sei, durch das Beweisverfahren bestätigt worden,

da nach der klaren Zeugenaussage des Sektionschefs Enderes Rintelen ihn auch noch zu einer Zeit protegiert und seine Kandidatur aufrechterhalten hat, als er wußte, daß seine fachliche Eignung bestritten wurde.

In den übrigen Punkten ist der Wahrheitsbeweis nicht erbracht worden und der Beschuldigte war daher zu verurteilen

---

Vaugoin, der gestern noch mit einer Unwahrheit, die besonders kurze Beine hatte, in den Kampf um die Bundesbahnen eingegriffen hat, Herr Vaugoin hat sich jetzt vor der ganzen Oeffentlichkeit als das demaskiert, was er ist: als ein Protektor der Unsauberkeit und Unkorrektheit!

Gerichtstag über Strafella.

In dem Prozeß, den der Strafella gegen unseren verantwortlichen Redakteur geführt hat, gab es einen juristisch Angeklagten: unseren Genossen Dr. Oskar Pollak; ihm gegenüber aber saß der moralisch Angeklagte: verkörpert durch den Herrn Strafella saß da der Antimarxismus auf der Anklagebank. Er verläßt den Gerichtssaal auch mit der gerichtlichen Bescheinigung, daß er inkorrekt und unsauber ist; hinter ihm aber noch ein Gestank von Geheimfonds, von politischer und wirtschaftlicher Korruption, von Steuerschen und Spekulation, in deren Schmutz und Sumpf die Persönlichkeit des Herrn Strafella völlig untergeht. Diese kapitalistischen „Wirtschaftsführer", die das größte Unternehmen Oesterreichs in einen beispiellosen Skandal hineingeführt haben, diese „starken Hände", die zugleich schmutzige Hände sind, die zugleich Arbeiter niederhalten und Häuser schieben — sie sind in der dreitägigen Verhandlung gründlich entschleiert worden. Dieser Prozeß und dieser Artikel der Arbeiter-Zeitung, dessentwegen er geführt wurde, bleibt verbunden mit der Aufdeckung der Geheimfonds bei den Bundesbahnen, von denen die Arbeiter-Zeitung den Schleier riß und deren Unsauberkeit nun in allen Einzelheiten erwiesen ist: und diese Geheimfonds sollten, ob er vorher davon wußte oder nicht, einem Manne wie dem Herrn Strafella ausgeliefert werden!

Unser verantwortlicher Redakteur hat einen umfangreichen Wahrheitsbeweis geführt, um die moralischen Qualitäten des Herrn Strafella und die politischen Hintergründe seiner Kandidatur für die Leitung der Bundesbahnen klarzustellen. Es war nicht leicht, diesen Beweis zu führen: handelte es sich doch darum, Leute vor Gericht zu bringen, die entweder Strafellas politische Parteifreunde oder aber seine Geschäftsfreunde sind, die mit ihm in derselben Welt des Heimatschutzes, der mit ausländischen Häusern schiebt, in derselben Welt der aufgewerteten Aktien leben und profitieren. Sie alle, Bahn- und Bankdirektoren, antimarxistische Minister und Börsenjuden: da standen sie, um einem aus ihrer Klasse zu bescheinigen, daß er in der bürgerlichen Welt, wo man Geschäfte und Karriere macht, ein Erfolgreicher und ein Angesehener sei — und eine schier übermenschliche Anstrengung war es, aus ihren Aussagen, die alle nur Lob und Glückwunsch für den Großaktionär Strafella enthielten, gerade aus diesen Aussagen nachzuweisen, daß der Freund der Vaugoin und Rintelen, der Liebling der Aktionäre, ein Schädling der Wirtschaft und des Staates ist. Auf dem Gebiet des Gegners, in der Welt der Geschäfte, mußte dieser Wahrheitsbeweis geführt werden; und es ist kaum ein Wunder, daß der bürgerliche Richter diesen Beweis, der mit den Personen der kapitalistischen Welt gegen die kapitalistische Welt unternommen wurde, in einigen Punkten als mißlungen erklärte. Nichts bezeichnender für diesen Beweis, als daß von allen Zeugen nur die drei Angestellten, die aussagen sollten, durch einen Terrorakt ihres Unternehmers im offenen Gerichtssaal, vor den Augen und Ohren der bürgerlichen Justiz, mundtot gemacht wurden! Und nichts bezeichnender für den Fall Strafella, über den es Beweis zu führen galt, als die Feststellung der Sachverständigen, er, der Großaktionär der Grazer Tramway, habe durch eine kunstgerechte Aufwertung die Stadt, in der ihn die Bürgerlichen auf Grund seiner „Erfolge" bei der Tramway zum Vizebürgermeister wählten, auf das schwerste geschädigt. Da habt ihr sie, die Korrekten, die Erfolgreichen der bürgerlichen Welt! Worin bestanden die Verdienste des Herrn Strafella, die ihn zu Ansehen und politischen Würden brachten? Er hatte viele Aktien gekauft und er hat einen Streik niedergeworfen. Das genügte; von da an hat er Karriere gemacht … Was tut es, daß er, der patriotische Heimatschützer, von seinem Besitz fast keine Steuern zahlte und *"ein Mann der Tat ist, der sich auch schon im Kampfe gegen den marxistischen Wirtschaftsboykott verdient hat, weshalb er sicherlich auch der geeignete Mann ist, bei den Bundesbahnen Ordnung zu machen und der roten Personalvertretung den Herrn zu zeigen".*

Wegen zweifelhafter Aktiengeschäfte und Steuerhinterziehung mußte der Spekulant und Großaktionär Dr. Strafella bald abdanken.

Zu seinem Nachfolger bestellte man Dr. Seefehlner. Seine Funktionsperiode dauerte von 1931 bis 1933. Dann mußte auch er abdanken, nachdem er über den "Hirtenberger Waffenskandal" stolperte. In Verträgen zwischen den faschistisch regierten Ländern Italien und Ungarn verpflichteten sich die Italiener zu größeren Waffenlieferungen nach Ungarn. Mit diesen Waffen wollte Ungarn die Expansionspolitik der Italiener unterstützen. Aufgrund der Friedensverträge waren derartige Waffenlieferungen jedoch untersagt. Die Eisenbahner sollten die aus Verona eingetroffenen, in Hirtenberg abgestellten Waggons - deren Inhalt als Eisenwaren deklariert war - nach Ungarn bringen. Dazu brauchte die Regierung die Unterstützung der sozialdemokratischen Gewerkschafter. In einem persönlichen Gespräch bot der Generaldirektor Dr. Seefehlner dem Zentralsekretär der sozialdemokratischen Freien Gewerkschaft, Berthold König, 150.000 Schilling für die Gewerkschaftskasse an und zwar dann, wenn die Eisenbahner diesen Transport übernähmen.

Die Eisenbahner transportierten die 65.000 Gewehre und Maschinengewehre nicht! Berthold König informierte den Parteivorstand der Sozialdemokratischen Partei, diese teilte der "Arbeiter-Zeitung" den Bestechungsversuch mit und brachte damit den Skandal an die Öffentlichkeit. Die von den Sozialdemokraten geforderte restlose Aufklärung des Waffenschieberskandals blieb aus, weil mit der Ausschaltung des Nationalrates, am 4. März 1933, die Affäre totgeschwiegen wurde.

Neben der Personalpolitik versuchte die Regierung durch Gesetze den Einfluß der sozialdemokratischen Freien Gewerkschaften auszuschalten. Die Bundesbahngesetznovelle 1930 sollte, wie man sagte, die Mängel des Bundesbahngesetzes 1923 beseitigen. Die wirkliche Triebfeder war, und das ist dem Motivenbericht der Regierung zu entnehmen, den staatlichen Einfluß bei den Bundesbahnen zu stärken.

Die Leidtragenden, dieser für die Österreichischen Bundesbahnen folgenschweren Entwicklung, waren die Eisenbahner und ihre Gewerkschaft. Ihnen trug man die Lasten für die vergebliche Sanierung auf. Auch das ab Jänner 1932 wirksame Bundesbahn-Budgetsanierungsgesetz belastete vorwiegend die Bediensteten.

Das "Sanierungsgesetz" sah im wesentlichen Kürzungen der Bezüge, der Pensionen und der Nebenleistungen sowie die Erhöhung der Tarife vor. Damit allein konnte - und das sollten die Regierung und die Verwaltung eigentlich aus der Vergangenheit gelernt haben - das ständig wachsende Defizit, das immer wieder durch Fremdkredite und Anleihen kurzfristig abzudecken war, nicht beseitigt werden.

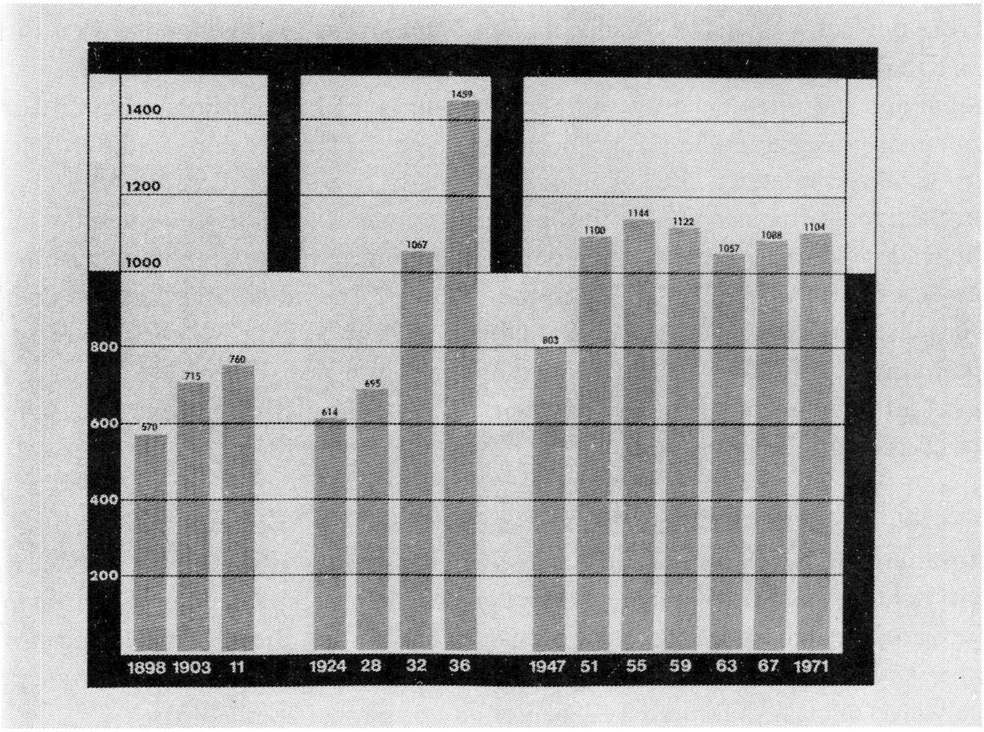

Auf 1000 aktive Bedienstete entfallen an Pensionisten

Ab 1929 ist ein ständiger Rückgang der Beförderungszahlen zu verzeichnen. Diese sanken von 1929 bis 1931 um 26 Prozent; die Jahres-Verkehrseinnahmen fielen in diesem Zeitraum um 22 Prozent. Die Anzahl der Reisen pro Kopf sank von 18 im Jahre 1928 auf 14 im Jahre 1931. Ebenso deutlich sanken die Transportzahlen im Güterverkehr. Der Einnahmenrückgang von 1932 bis 1933 betrug 22 Prozent. 1924 beförderten die Österreichischen Bundesbahnen noch 120 Millionen Personen, im Jahr 1933 hingegen nur mehr 60 Millionen. Ohne Zweifel trägt die Regierung auch durch ihre gesamt-österreichische Wirtschaftspolitik eine maßgebliche Verantwortung an dieser schicksalshaften Entwicklung der Eisenbahnen. Wer kann sich schon eine Bahnfahrt leisten, wenn seit Jahren die Einkommen der Arbeiter und Angestellten gekürzt werden und rund jeder vierte arbeitsfähige Arbeitnehmer seit Monaten, viele seit Jahren, vergeblich Arbeit sucht?

Die Prellböcke

Trotz der schwierigen wirtschaftlichen Nachkriegsbedingungen waren die Eisenbahner nicht mutlos. Sofort, nach dem Ende des Ersten Weltkrieges, begannen sie mit den notwendigen Aufbau- und Erneuerungsarbeiten für einen ordnungsgemäßen Bahnbetrieb. Insbesondere in den ersten Nachkriegsjahren leisteten die oft hungernden und frierenden Eisenbahner eine großartige Aufbauarbeit. Damit die Interessen der Beschäftigten nicht "unter die Räder" kamen, bemühte sich der sozialdemokratische "Rechsschutz- und Gewerkschaftsverein" um die Durchsetzung der Rechte und Forderungen der Bediensteten. Er erkannte auch die Notwendigkeit aktiver Mitsprache-Möglichkeiten für die Gewerkschaft bei der Verwaltung des Eisenbahn-Betriebes und kümmerte sich daher um verbesserte Rechte für die Interessensvertretung im Dienste der Bediensteten.

Noch im Jahre 1918, am 13. November, konnten Mitsprache und Mitbestimmungsmöglichkeiten durch die Gründung eines Eisenbahnerrates verwirklicht werden. Dem Eisenbahnerrat gehörten die Obmänner der koalitierten Gewerkschaften an, die bereits damals wußten, daß diese Einrichtung nur eine vorübergehende sein kann, denn sie wollten nicht nur mitreden können, sie waren auch bereit, ihren Teil an Verantwortung zu übernehmen.

Wahlen in die Personalvertretung der deutschösterreichischen Staatsbahnen!

Eisenbahner, Kollegen und Genossen!

Am 11., 12. und 13. Juni l. J. finden die Wahlen zur Personalvertretung für die Eisenbahnbediensteten und Arbeiter statt. Eine Personalvertretung soll gewählt werden, die mit Rechten ausgestattet wird, welche es ermöglichen, daß die Interessen des Personals nun wirklich mit allem Nachdruck gewahrt werden können.

Vertrauensmänner-, Direktions- und Zentralausschüsse sollen die Eisenbahner der deutschösterreichischen Staatsbahnen wählen.

Versäume keiner seine Pflicht, gehe jeder zur Wahl; jeder Eisenbahner agitiert und stimmt für die Kandidaten der größten und mächtigsten Organisation der deutschösterreichischen Eisenbahnbediensteten, für die Kandidaten der sozialdemokratischen Gewerkschaftsorganisation, des Allgemeinen Rechtsschutz- und Gewerkschaftsvereines.

Zu wählen sind für die Zentralvertretung:

a) In der Sektion I für Beamte.

I. Dienstgruppe: Zentraldienst.

Mitglieder:	Ersatzmänner:
1. **Ilgner Edmund**, Bahnoberkommissär, St. B. Dion. Wien VII	1. **Frantzl Karl**, Oberstaatsbahnrat, T. A. B. II
2. **Trnik Otto, Ing.**, Baukommissär, St. E. G. Dion. III	2. **Böhm Erich, Ing.**, Bauoberkommissär, Nordwestbahn III
3. **König Bertold**, Oberrevident, Nordwestb. Dion. V	3. **Kanamiller Ludwig**, Revident, T. A. B.
4. **Klebinder Ludwig**, Oberrevident, T. A. B. I	4. **Seehofer Ludwig**, Revident, Hauptwagenamt II
5. **Eglauer Franz**, Oberrevident, St. B. Dion. Linz V	5. **Herbatschek Fr., Ing.**, Oberrevident, Nordb. Dion. III
6. **Magel Marie**, Offiziantin, St. B. Dion. Wien III	6. **Beranek Margarete**, Offiziantin, Hauptwagenamt

III. Dienstgruppe: Verkehrs- und kommerzieller Dienst.

Mitglieder:	Ersatzmänner:
1. **Hufnagel Otto**, Revident, B. B. A. Wien II	1. **Freschl Robert**, Revident, B. B. A. Wien, Nordb…
2. **Kunewälder Adolf**, Oberrevident, B. B. A. Wien, Nordbahn	2. **Laßnig Walter**, Oberrevident, B. B. A. Badgast…
3. **Benisch Josef**, Revident, B. B. A. Floridsdorf-Jedlesee	3. **Dobrucki Arno**, Revident, B. B. A. Wien II
4. **Cerny Josef**, Adjunkt, B. B. A. Stadlau	4. **Enzelmüller Otto**, Adjunkt, B. St. A. Breitenlee
5. **Jirak Ignaz**, Adjunkt, B. B. A. Floridsdorf, Nordbahn	5. **Watzinger Franz**, Adjunkt, B. St. A. Grieskirchen
6. **Mehr Robert**, Adjunkt, B. B. A. Linz	6. **Franz Gustav**, Adjunkt, B. B. A. Floridsdorf, Nordbah.
7. **Anders Marie**, Offiziantin, B. St. A. Praterstern	7. **Soukup Mathilde**, Offiziantin, B. St. A. Michelbeuern

IV. Dienstgruppe: Zugförderungs-, Werkstätten- und Materialdepotdienst.

Mitglieder:	Ersatzmänner:
1. **Nußbaum Otto, Ing.**, Staatsbahnrat, Heizhaus Wien II	1. **Haas Salomon, Ing.**, Staatsbahnrat, Heizhaus Wien, Nordb.
2. **Bild Gustav, Ing.**, Staatsbahnrat, Lokomotivwkst. Floridsd.	2. **Keßler Moriz, Ing.**, Staatsbahnrat, Werkstätte Linz
3. **Müller Heinrich**, Adjunkt, Materialmag. Floridsd.-Jedlesee	3. **Link Vinzenz**, Adjunkt, Lokomotivwerkstätte Floridsdorf
4. **Homa Friedrich**, Adjunkt, Heizhaus Villach	4. **Brix Wilhelm**, Adjunkt, Heizhaus Villa…

b) In der Sektion II für Unterbeamte und Diener.

I. Dienstgruppe: Zentraldienst.

Unterbeamte:	Diener:
Mitglied: **Schwab Josef**, Kanzleiexp., Wien, Nordwestb.	Mitglied: **Honamichl Josef**, Kanzleidiener, Wien, Ostb.
Ersatz: **Sobel Abraham**, Kanzleiexp., Wien, Nordwestb.	Ersatz: **Geer Karl**, Drucker, Wien, Nordbahn

II. Dienstgruppe: Bahnaufsichts- und Bahnerhaltungsdienst.

Unterbeamte:	Diener:
Mitglied: 1. **Bellan Franz**, Bahnmeister, Wien I	Mitglied: 1. **Schodl Jos.**, Bahnwärter, P. 15, B. E. S. Mistelbach
„ 2. **Merth Franz**, Signalmeister, Linz	„ 2. **Schubert Josef**, Bahnrichter, Wien
Ersatz: 1. **Ditscher Franz**, Gebäudem., Wien, Fr. Jos. B.	Ersatz: 1. **Jeserer Johann**, Signalschlosser, Wien
„ 2. **Krumpschmied Johann**, Kanzleiexp., Wien, Franz-Josefs-Bahn	„ 2. **Blöttmüller Al.**, Streckenbegeher, Kefermarkt, Oberösterreich.

III. Dienstgruppe: *a)* Stationsdienst.

Unterbeamte:	Diener:
Mitglied: 1. **Giebel Franz**, Magazinsmst., Wien, Ostbahn	Mitglied: 1. **Decker Johann**, Oberverschieb., Wien, Fr. Jos. B.
„ 2. **Hartmann Ferd.**, Stationsmst., Wien, Westb.	„ 2. **Sommerfeld Jos.**, Blocksignald., Wien, Westb.
Ersatz: 1. **Fleischinger Fritz**, Stationsaufs., Wien, alte St. B.	Ersatz: 1. **Sowa Franz**, Wagenschreib., Wien, Nordwestb.
„ 2. **Gänsdorfer Franz**, Stationsdien. Wien. Stadtb.	„ 2. **Gollerstepper Jos.**, Bel.-Aufs., Wien, Hauptzoll…

Mit dem "Erlaß des deutsch-österreichischen Staatsamtes für Verkehrswesen" vom 19. April 1919, erließ die Regierung die "Dienstvorschrift über die Errichtung von Vertretungskörpern des Personals der deutsch-österreichischen Staatsbahnen und die Wahlordnung hiezu". Seither haben die Eisenbahner nicht nur ein Mitspracherecht sondern sie tragen auch bereitwillig die Mitverantwortung in Personalangelegenheiten. Um diese neuen Rechte nach der Personalvertretungsvorschrift wahrnehmen zu können, war als erster Schritt das Einrichten von Personalausschüssen notwendig.

Bei den Wahlen in die Personalvertretung vom 11. bis 13. Juni 1919 kandidierten in drei Sektionen - Sektion I für Beamte, Sektion II für Unterbeamte und Diener sowie Sektion III für Arbeiter - neben den acht großen Gewerkschaften verschiedene Gruppen und Grüppchen, die sich um die Interessen der Eisenbahner sorgten. Beispielsweise gab es eine eigene Standesvertretung für die Lokomotivführer, nämlich den "Lokomotivführerverein", oder den "Bahnmeister- und Werkstättenverein". Bereits in den frühen Zwanziger-Jahren konnten diese Gruppen im wesentlichen in drei Organisationen zusammengefaßt werden: In den sozialdemokratischen "Allgemeinen Rechtsschutz- und Gewerkschaftsverein", in die "Deutsch-Nationale Verkehrsgewerkschaft" und in die "Christlichsozialen Eisenbahner". Bei der konstituierenden Sitzung der zentralen Personalvertretung, vom 12. bis 14. August 1919 wählten die Delegierten Josef Tomschik zum Vorsitzenden der Gewerkschaft der Eisenbahner. Damit waren die personellen und organisatorischen Voraussetzungen einer wirkungsvollen Personalvertretung geschaffen.

Am 23. August 1920 wurde die aufgrund einer Resolution der 1919 in Wien durchgeführten ersten Reichskonferenz der Deutsch-österreichischen Eisenbahner erkämpfte "Besoldungsordnung für die Bediensteten der Österreichischen Staatseisenbahnverwaltung" mitgeteilt. Diese Besoldungsreform - ein voller Erfolg für den sozialdemokratischen Rechtsschutz- und Gewerkschaftsverein, der bei der Durchsetzung dieses Gesetzeswerkes den größten Einfluß geltend machte - brachte den österreichischen Eisenbahnern große Fortschritte.

Schritt für Schritt konnten in den ersten Jahren der Republik die Rechte der Eisenbahner gefestigt werden. Die Realisierung der Besoldungs- und Dienstordnung der Österreichischen Bundesbahnen brachten auch Reformen der Personalvertretungsvorschrift. Die demütigende Unterscheidung zwischen "Beamte, Unterbeamte und Diener sowie Arbeiter" konnte endlich beseitigt werden. Für das Bundesgebiet richteten die Eisenbahner einen Zentralausschuß mit 18 Mitgliedern, für die Direktionen einen Personalausschuß mit 12 Mitgliedern und bei den Dienststellen Vertrauensmännerausschüsse ein.

Nach dem Ende der Koalitionsregierung im Herbst 1920, waren die sozialdemokratischen Gewerkschafter bis zu Ihrer Zerschlagung die gestalterische Kraft in der Arbeiterbewegung. Sie standen bei ihrem Kampf in der Regel in Opposition zur regierungstreuen Christlichsozialen Gewerkschaft. Daher ist es ihnen zu verdanken, daß die Eisenbahner eine funktionierende Interessensvertretung hatten, die lange Zeit hindurch maßgebliche Verschlechterungen von den Bediensteten abwenden konnte. Das wußten die Eisenbahner und organisierten sich daher mehrheitlich im sozialdemokratischen Rechtsschutz- und Gewerkschaftsverein. Ihre politische Kraft ist am besten durch einen Vergleich der Mitgliederzahlen zwischen den einzelnen Gewerkschaften zu zeigen. Eine Gegenüberstellung der Mitgliederzahlen ist jedoch aufgrund der besonderen Nachkriegswirrnisse erst ab dem 1. Jänner 1923 informativ. Damals zählten

- der "Allgemeine Rechtsschutz- und Gewerkschaftsverein" des österreichischen Eisenbahnpersonals 111.000 Mitglieder,
- die "Deutsche Verkehrsgewerkschaft" 26.000 Mitglieder,
- die Gewerkschaft der "Christlichen Eisenbahner" 5.000 Mitglieder,
- die Freie Union der Eisenbahner - eine christliche Organisation - 1.000 Mitglieder,
- der Bahnmeisterverein 350 Mitglieder und
- der Kondukteurverein 7.600 Mitglieder.

Die politische Zugehörigkeit der Gewerkschaften zeigt sich im besonderen aber erst bei den Personalvertretungswahlen. Auch hier konnte die sozialdemokratische Gewerkschaft die besten Erfolge erzielen. Bereits im Jahre 1919 - Jahrzehnte vor einem gemeinsamen Gewerkschaftsbund und einer gemeinsamen Gewerkschaft der Eisenbahner für alle politische Fraktionen - wußten die Eisenbahner, wer ihre Interessen am besten vertrat. Bei der ersten Personalvertretungswahl erhielten die sozialdemokratischen Gewerkschaften von den abgegebenen 59.321 Stimmen allein 46.143. Sie erhielten 77,8 Prozent - die Deutsche Verkehrsgewerkschaft 16,7 Prozent und die Christlichen Gewerkschaften 5,5 - Prozent der zu vergebenden Mandate und besetzten dadurch 14 der 18 Sitze im Zentralausschuß. Dieser Wahlerfolg wurde auch bei der Personalvertretungswahl 1923 bestätigt. Im Gegensatz zu den anderen Diensten dominierte in der Generaldirektion und in den Direktionen vielfach die Deutsche Verkehrsgewerkschaft. Bei den Wahlen Ende 1924 erhielt sie in der Generaldirektion 980 Stimmen, die sozialdemokratische Gewerkschaft 498, die christliche Gewerkschaft 170. Das Stärkeverhältnis zwischen den einzelnen Gewerkschaften blieb bis zum Jahre 1934 annähernd gleich.

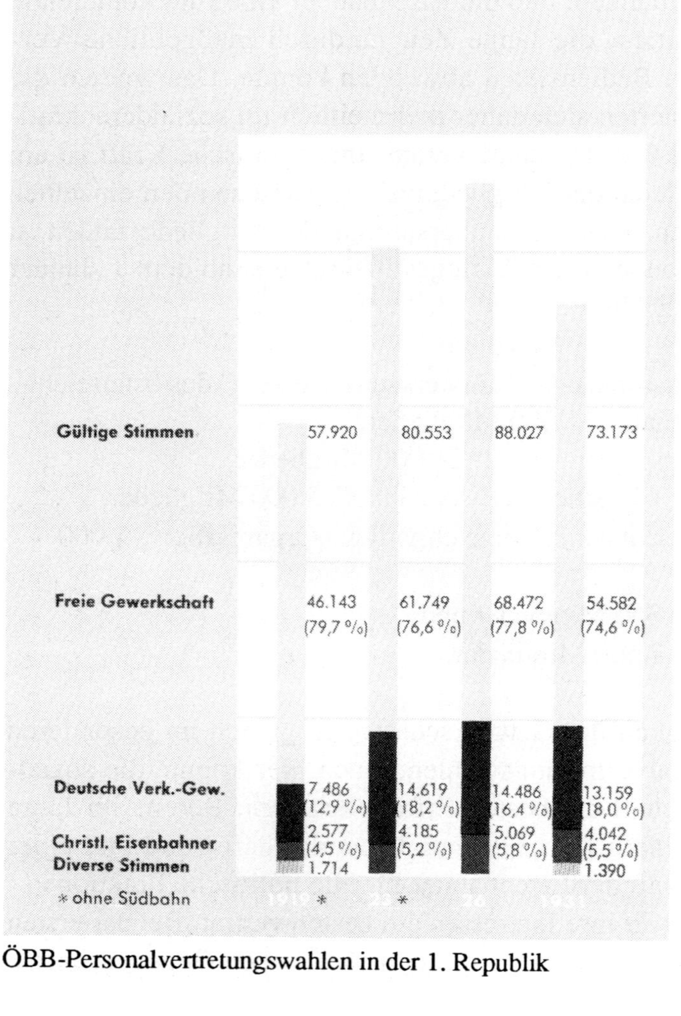

ÖBB-Personalvertretungswahlen in der 1. Republik

Nach dem Ende der Koalitionsregierung von Sozialdemokraten und Christlichsozialen regierten nachher meist Koalitionen zwischen Christlichsozialen und Deutschnationalen. Ihre Politik wurde von Jahr zu Jahr arbeitnehmerfeindlicher. Der Regierungschef, Prälat Ignaz Seipel, war - wie er selbst sagte - ein erklärter Gegner der sozialdemokratischen Organisationen und so versuchte er, diese mit allen Mitteln zu bekämpfen. Obwohl das Mitspracherecht der Personalvertretung in der Personalvertretungsvorschrift verankert war, wollte er es mit allen Mitteln beseitigen. Doch das Personalvertretungsrecht der österreichischen Eisenbahner - eines der fortschrittlichsten Personalvertretungsgesetze der Welt - hielt auch den schärfsten Überprüfungen stand. Im Oktober 1929 wird das Personalvertretungsrecht vom Verfassungsgerichtshof bestätigt und eineinhalb Jahre später, im März 1931, vom Obersten Gerichtshof. Und dennoch blockierte die Verwaltung die Personalvertretung wo und wie es nur ging. Sie weigerte sich, die für das Jahr 1930 fällige Personalvertretungswahl durchzuführen. Erst unter dem Druck der Sozialdemokraten - die bei der Nationalratswahl im November 1930 einen hervorragenden Wahlerfolg erzielen konnten - und dem Druck der Entscheidung des Obersten Gerichtshofes mit der Bestätigung des Personalvertretungsrechtes der Eisenbahner, schrieb die Verwaltung die Personalvertretungswahlen für 16. bis 18. Juni 1931 aus. Bei diesen Wahlen ist es den Freien Gewerkschaften, trotz der Schikanen der Bundesbahn-Geschäftsführung gelungen, rund 75 Prozent der abgegebenen Stimmen zu erhalten.

Die sozialdemokratischen Gewerkschafter stemmten sich in all den Jahren mit großem Einsatz gegen die dienstlichen Verschlechterungen für das Personal. Ihr härtestes Kampfmittel, den Streik, setzten die Eisenbahner sehr sorgsam und verantwortungsbewußt ein. In den ersten Jahren nach der Gründung der Republik versuchten die Eisenbahner meist durch kleinere "Brotstreiks" auf ihre prekäre Notsituation aufmerksam zu machen, während sie sich später - mit dem Erstarken der rechtsradikalen Kräfte - durch Abwehrmaßnahmen gegen einen Raub an ihren Rechten zur Wehr setzten.

Im Juni 1922 fand der erste große Streik der Eisenbahner statt. Wegen der Geldwertentwicklung, durch die explosionsartig ansteigende Inflation, forderten die Eisenbahner einen entsprechenden Ausgleich für die rasch sinkende Kaufkraft. Nachdem die Regierung ursprünglich nur die fünffachen Märzbezüge im Juli 1922 zur Auszahlung bringen wollte, konnten die Eisenbahner durch ihren Streik die Auszahlung von sieben Monatsbezügen durchsetzen.

Im November 1924 kam es zum größten Streik der Eisenbahner. Vom 7. November bis zur Nacht vom 12. auf den 13. November streikten 60.000 Eisenbahner, um ihre Lohnforderungen durchzusetzen. Dieser Streik hatte schwerwiegende innenpolitische Folgen, die zum Rücktritt von Bundeskanzler Dr. Ignaz Seipel führten. Im Gegensatz zu den meisten anderen Streiks unterstützte diesen auch die Christlichsoziale Gewerkschaft; dafür wurde sie von der christlichsozialen Parteileitung gerügt und zur Ordnung gerufen.

Die Karikatur in einer Wiener Tageszeitung versinnbildlicht treffend die Auswirkungen des Streiks von 1924.

Durch die Kriegsheimkehrer und die aus den deutschsprachigen Gebieten der Habsburger-Monarchie zugewanderten Bediensteten, stieg der Personalstand der Österreichischen Staatsbahnen auf 125.183 im Jahre 1923. Das aufgrund der Interventionen des Völkerbundes im Jahre 1922 beschlossene Beamtenabbaugesetz sollte für einen radikalen Beamtenabbau sorgen. Die Verwaltung reduzierte den Personalstand nicht dort, wo es zielführend gewesen wäre, nämlich bei den reinen Verwaltungsstellen, sondern bei den Dienststellen der Arbeiter. Das war kein Zufall: Dahinter stand die Absicht, das in den Zentralstellen und Ämtern sitzende "Bollwerk" gegen die sozialdemokratischen Gewerkschafter zu schützen. Wieder einmal, wie so oft in dieser Zeit, wurde auf Druck der Regierung der "Kleine Mann" auf der Strecke und in der Werkstätte geopfert. Innerhalb eines Jahres, bis zum 1. Jänner 1924, reduzierte die Verwaltung den Personalstand um rund 26.000 Beschäftigte auf 98.789. Durch diesen radikalen Abbau - 1927 beschäftigten die Österreichischen Bundesbahnen nur mehr 83.216 Bedienstete - stieg die Anzahl der Pensionisten sprunghaft an und erreichte in diesem Jahr bereits eine Quote von 67 Prozent der Aktiven. 1932 war es soweit, daß die Anzahl der Pensionisten den Stand der aktiv beschäftigten Eisenbahner überschritt; in diesem Jahr standen 71.501 Pensionisten 67.029 Bediensteten gegenüber.

Die Regierung trieb den Personalabbau nicht bei allen Bundesbediesteten mit dieser Schärfe voran. Obwohl der Personalstand bei den Eisenbahnern von 1923 bis 1929 praktisch halbiert wurde, betrug er bezogen auf 1929 im Jahr 1935 nur noch 64,7 Prozent. Im selben Zeitraum blieb der Personalstand der regierungstreuen, vorwiegend christlichsozial organisierten Bundesbediensteten praktisch konstant und betrug 101,1 Prozent. Gleichzeitig kürzte die Verwaltung radikal die Bezüge der Bediensteten. Das jährliche Durchschnittseinkommen der Eisenbahner sank im Jahre 1929 von 4162 Schilling auf nur mehr 3570 Schilling im Jahre 1935. Diese großen finanziellen Einbußen waren insbesondere deshalb möglich, als die direkten Einfluß-Möglichkeiten der sozialdemokratischen Gewerkschafter ab dem Jahr 1933 - nach dem Proteststreik der Eisenbahner - deutlich schwanden. Ab Februar 1934 - nach dem verzweifelten Aufstand der Arbeiter - verbot die Regierung den sozialdemokratischen "Rechtsschutz- und Gewerkschaftsverein des österreichischen Eisenbahnpersonals" überhaupt.

Angesichts des drastischen Personalabbaues ist es auch nicht verwunderlich, daß sich viele Eisenbahner von der christlichsozialen Regierung einschüchtern ließen und die stark steigende Arbeitsbelastung, die Verschlechterungen bei den Dienstplänen und die Gehaltskürzungen, gezwungenermaßen, als das kleinere Übel im Vergleich zur drohenden Arbeitslosigkeit, hinnahmen. Parallel zu den massenhaften Entlassungen bei den Eisenbahnen stieg von Jahr zu Jahr österreichweit die Anzahl der Arbeitslosen. Daher war es entlassenen Eisenbahnern kaum möglich, anderswo eine geregelte Arbeit zu finden. Annoncen, wie beispielsweise

> *"Ein seit 5 Jahren ausgesteuerter Familienvater mit einem 7 Monate alten Buben, der mit Frau und Kind in einer Schrebergartenhütte wohnt, die keine Kochgelegenheit hat, bittet um einen Ofen.",*

waren häufig in den Tageszeitungen zu finden.

Aufgrund der tristen wirtschaftlichen Situation in Österreich und im besonderen bei den Österreichischen Bundesbahnen, schwebte über jedem Bediensteten das Damoklesschwert der Entlassung. Die Aktionsmöglichkeiten der zur Regierung in Opposition stehenden sozialdemokratischen Gewerkschaften waren aufgrund der wirtschaftlichen Situation eingeschränkt. Gesetze, wie das Antiterrorgesetz aus 1933, schwächten die Gewerkschaften zusätzlich und sollten sie zerbrechen. Diese Maßnahmen förderten die politische Radikalisierung - auch unter den Eisenbahnern.

Personalausschuß Linz

Bei den ersten Wahlen in die Personalvertretung der Deutsch-Österreichischen Staatsbahnen wählten die Eisenbahner in drei Sektionen die Vertrauensmänner-, Direktions- und Zentralausschüsse für die verschiedenen Dienstgruppen.

Bei der ersten konstituierenden Vollversammlung des Personalausschusses Linz, am 31. Juli 1919, im Speisesaal des Kaufmännischen Vereinshauses in Linz, beschäftigten sich die Personalausschuß-Mitglieder bereits intensiv mit den wichtigsten Problemen der Eisenbahner. Die Personalausschuß-Mitglieder waren - wie aus dem Protokoll zu entnehmen ist - nicht nur um die tristen Arbeits- und Lebensverhältnisse besorgt, sie beschäftigten sich auch damit, welchen Beitrag die Eisenbahner zur Bewahrung der "jungen" Republik leisten könnten. Beispielsweise beschäftigten sich die Mitglieder mit dem Problem, daß sich aufgrund der neuen Staatsform und des kollegialeren Arbeitsklimas die Disziplin zahlreicher Eisenbahner lockerte. Bei dieser ersten Sitzung bekennt der Personalausschuß einmütig:

Nr. 33. **Amtsblatt** 1919.

der

d. ö. Staatsbahn-Direktion in Linz.

Ausgegeben am 5. Juli 1919.

Dienstbefehle.

Nr. 161.

An alle Dienststellen.

Ergebnis der Wahlen für die Personalausschüsse der Staatsbahndirektion Linz.

Gemäß Punkt 42 der Wahlordnung für die Wahlen in die Vertretungskörper des Personals der d. ö. Staatsbahnen wird das Ergebnis der Wahlen in die Personalausschüsse des h. ä. Direktionsbezirkes nachstehend verlautbart:

Sektion I. Beamte. Abgegeben 809 Stimmen.

Dienstgruppe	Kategorie	D. ö. Eisenbahnbeamten-Verein	Rechtsschutz- u. Gewerkschaftsverein	Zersplittert	Leer	Ungültig
I. Dienstgruppe	a) Hochschüler	78	—	1	1	1
	b) Mittelschüler	159	11	2	2	—
	c) Bahn-Offiziantinnen u. Manipulantinnen	42	—	—	1	—
II. Dienstgruppe	a) Hochschüler	25	6	1	1	—
	b) Mittelschüler	7	—	—	—	—
III. Dienstgruppe	a) Beamte	318	34	—	4	—
	b) Bahn-Offiziantinnen u. Manipulantinnen	36	3	1	—	—
IV. Dienstgruppe	a) Hochschüler	25	1	2	—	—
	b) Mittelschüler	43	4	—	—	—
Summe		733	59	7	9	1

"Der jetzige Staat ist ein Volksstaat, es ist unser Staat und weil es unser Staat ist, müssen wir auch diesem Staat mit unserer Kraft und unserem ganzen Wissen helfen".

Dazu wird weiters protokolliert, daß die Vertrauensmänner nicht nur Rechte, sondern auch Pflichten hatten und daß es eine ihrer wichtigsten Pflichten sei, darauf hinzuwirken, daß die Bediensteten wieder zur Arbeit zurückkehrten. Als Ergebnis dieser Diskussionen hat der Personalausschuß nachfolgende Entschließung einstimmig angenommen:

"An alle Eisenbahner der d.ö. Staatsbahndirektion Linz.

Die am 31. Juli 1919 tagende Vollversammlung der drei Sektionen des Personalausschusses der d.ö. Staatsbahndirektion Linz hat den einstimmigen Beschluß gefaßt, die Eisenbahner aufzufordern den schwierigen Verhältnissen entsprechend, in dem sich der freie Volksstaat, die Republik Deutsch-Österreich befindet, Rechnung zu tragen und zu verlangen, daß alle Eisenbahner, soweit dies ohnedies nicht schon der Fall ist, zur Erfüllung ihrer Dienstpflicht zurückkehren und alle ihre Kräfte dem Wiederaufbau des staatlichen Eisenbahnwesens zu widmen. - Damit tragen sie nicht nur dazu bei, diesen Zweig der Staatsverwaltung auf die höchste Stufe zu erheben, sondern sie leisten damit auch für den Wiederaufbau der Republik Deutsch-Österreich, die allenthalben von Feinden bedroht ist, das Beste. Der Personalausschuß wird auf das Nachdrücklichste diesem seinen Programm Rechnung zu tragen wissen und auf alle Kollegen im angeführten Sinne einwirken. Er ist gewillt, alle Elemente, die den Willen der Gesamtheit widerstreben, als unwürdige Glieder der Eisenbahnerschaft, wenn es nicht anders möglich wäre, auszuscheiden; da nur die Rückkehr zur Arbeit, Pflicht und Disziplin geeignet ist, das hohe Ziel zu erreichen, daß sich das Volk Deutsch-Österreichs gestellt hat, in Mittel-Europa ein Bollwerk der Freiheit und des gleichen Rechtes zu werden.

Der Personalausschuß wird selbstverständlich stets auf der Warte sein, dem Personal seine Rechte zu wahren und wird er auch von der Verwaltung und dem Staate verlangen, daß dem Pflichtbewußten und arbeitsfreudigen Eisenbahnerstande unbedingt in jeder Beziehung sein gerechter Lohn zuteil werde.

Die Bedachtnahme auf Recht und Pflicht ist der Leitstern aller Sektionen des Personalausschusses und fordert er alle Kollegen auf, ihn in dieser schwierigen Aufgabe in jeder Beziehung zu unterstützen. Wenn dies geschieht, wird sich die Eisenbahnerschaft als der höchste Kulturfaktor im Staate erweisen und sich den Dank der Allgemeinheit verdienen.

Der Personalausschuß der d.ö.Staatsbahndirektion Linz".

Diese Entschließung, brachte man den oberösterreichischen Eisenbahnern im Amtsblatt der österreichsichen Staatsbahn-Direktion in Linz, vom 25. August 1919, zur Kenntnis.

Allgemeiner Rechtsschutz- und Gewerkschafts-Verein

Einladung

zu der Donnerstag den 30. Oktober 1919 um 8 Uhr abends im Gasthause „zum Stahlrad", Unionstraße, stattfindenden

Versammlung

der

Taglohnbediensteten aller Kategorien

mit folgender Tagesordnung:

1. Bericht über die Tätigkeit des Vertrauensmänner-ausschusses.
2. Bericht der Personalvertretung.
3. Bericht des Vertreters bei der Wirtschaftsgruppe.
4. Allfälliges.

In Anbetracht der Wichtigkeit der Sache und um sich ein Bild über die Tätigkeit der drei Vertretungen machen zu können, sowie Anregungen zu geben, ist es Pflicht aller zu erscheinen.

Der Vertrauensmännerausschuß. **Die Personalvertretung.**

Verleger: J. Miesbauer. – Druckerei „Gutenberg", Linz.

Um die vielfältigen sozialen, beruflichen und wirtschaftlichen Aufgaben wirkungsvoller bearbeiten zu können, beschlossen die Anwesenden, einen Wirtschaftsbeirat und einen Wirtschaftsausschuß einzurichten. Diese haben sich insbesondere um die wirtschaftlichen Angelegenheiten der Bediensteten zu kümmern. Im Bericht zum letzten Tagesordnungspunkt beschäftigte sich der Personalausschuß mit der Schaffung einer ständigen Personalvertretung durch die Obmänner der drei Sektionen des Personalausschusses. Sie beschlossen, daß Kollege Hauer in der Sektion I für Beamte, Kollege Miesbauer in der Sektion II für Unterbeamte und Diener sowie Kollege Razinger in der Sektion III für Arbeiter, im Personalausschuß hauptberuflich die ständige Personalvertretung bilden sollen. Zum Vorsitzenden der drei Obmänner wählten sie Revident Hauer.

In den folgenden Sitzungen hatte sich der Personalausschuß immer wieder mit der Not der Eisenbahner sowie mit der schlechten Ausstattung an Dienstbehelfen und Arbeitskleidung zu beschäftigen. Vor allem die große finanzielle Not der Bediensteten spiegelt sich in den Berichten der Vertrauensmännerausschüsse und in den Protokollen des Personalausschusses immer wieder. Beispielsweise unterstützte der Personalausschuß einen Antrag des Vertrauensmänner-Ausschusses der Hauptwerkstätte Linz, der sich um eine zusätzliche finanzielle Abgeltung für die Taglohnbediensteten bemühte. Aufgrund der steigenden Preise konnten die Bediensteten mit ihrem geringen Einkommen ihre Familien nicht mehr versorgen. Um auf ihre schwierige Situation aufmerksam zu machen, legten sie am 14. November 1919 die Arbeit nieder. Aber nicht die Verwaltung, sondern der Vertrauensmänner-Ausschuß konnte die Beschäftigten schließlich zur Weiterarbeit bringen. Derartige, regional abgegrenzte, auf Dienststellen beschränkte Streiks - man nannte sie aufgrund der großen Not der Arbeiter auch "Brotstreiks" - waren in dieser Zeit in Oberösterreich sehr häufig.

Aufgrund der oftmals ausweglosen Not bedienten sich die Eisenbahner am Eigentum der Staatsbahnen. In einem Aufruf an die Bediensteten im Amtsblatt der Eisenbahner warnt die Personalvertretung die Arbeiter vor den zunehmenden Diebstählen und dem Schleichhandel. In Anbetracht der außergewöhnlichen Verhältnisse und der aus Not begangenen Vergehen, erteilte nach Intervention der Personalvertretung das Staatsamt für Verkehrswesen "großmütig" eine Amnestie für die bis zur Veröffentlichung dieses Amtsblattes im Januar 1920 "erwischten" Eisenbahner.

Auch Josef Liegl erinnert sich an diese schwierige Zeit, in der die Eisenbahner meist hungernd den schweren Eisenbahndienst verrichteten:

"Es hat ghasn mir ham an Hunga, und jetzt streik ma, und ab jetzt arbeit ma nix mehr, und mir gengan a nimmer zu die Zig umie, aber jetzt hama Erdöpfien griagt; a Mehl und a Brot hama net kriagt. Nur Erdöpfie wai a Zug draust gschtanden is, mit Erdöpfie, den hams einazogn, und die san verteut wurdn, da worm ma froh, daß ma des kriagt ham".

Immer wieder hatten sich der Personalausschuß und selbstverständlich vorher die Vertrauensmännerausschüsse mit Problemen bei der Beistellung von Werkzeugen, der Ausfolgung von Kleidern und Holzstiefeln, der Zuerkennung von Zulagen und der schlechten Ernährungssituation beschäftigt. Besonders belastend war die Mitwirkung beim "Abbau" des Personals. Der Personalausschuß hatte gemeinsam dafür eigene, für alle Bediensteten sichtbare Kriterien festgelegt. Seine Entscheidungen traf er nach rein sachlichen und sozialen Gesichtspunkten und zwar unabhängig von der Parteizugehörigkeit.

Dieser Einblick in die Gründungsgeschichte des Personalausschusses Linz soll zeigen, mit welch großem Verantwortungsbewußtsein die Eisenbahner an den Aufbau "ihrer" Eisenbahnen herangingen. Es gibt wohl kaum eine Berufsgruppe in Österreich, die mit einem derartigen Standes- und Verantwortungsbewußtsein gegenüber dem neuen Staat, der Demokratischen Republik, und dem Volke ihrer Arbeit nachging.

Nach der kurzen Gründungsgeschichte soll den Funktionären des Personalausschusses Linz, stellvertretend für alle anderen Personalvertreter und Vertrauensmänner - siehe auch Anhang - für ihre aufopfernde Arbeit, im Interesse der Republik und der Eisenbahn in dieser schwierigen Zeit gedankt werden.

Bei der ersten konstituierenden Sitzung des Personalausschusses Linz, am 31. Juli 1919, wurde von den Obmännern der drei Sektionen Hans Hauer zum ersten Vorsitzenden gewählt; er legte aus gesundheitlichen Gründen am 12. Mai 1921 sein Mandat als Personalausschußmitglied zurück. Ihm folgte als Vorsitzender Johann Miesbauer. Er wurde am 7. August 1923 bei der konstituierenden Sitzung nach der letzten Personalvertretungswahl - bei der erstmals die Änderungen des Personalvertretungsrechtes wirksam wurden - bestätigt. Als stellvertretender Obmann unterstützte ihn Rudolf Benedikovics.

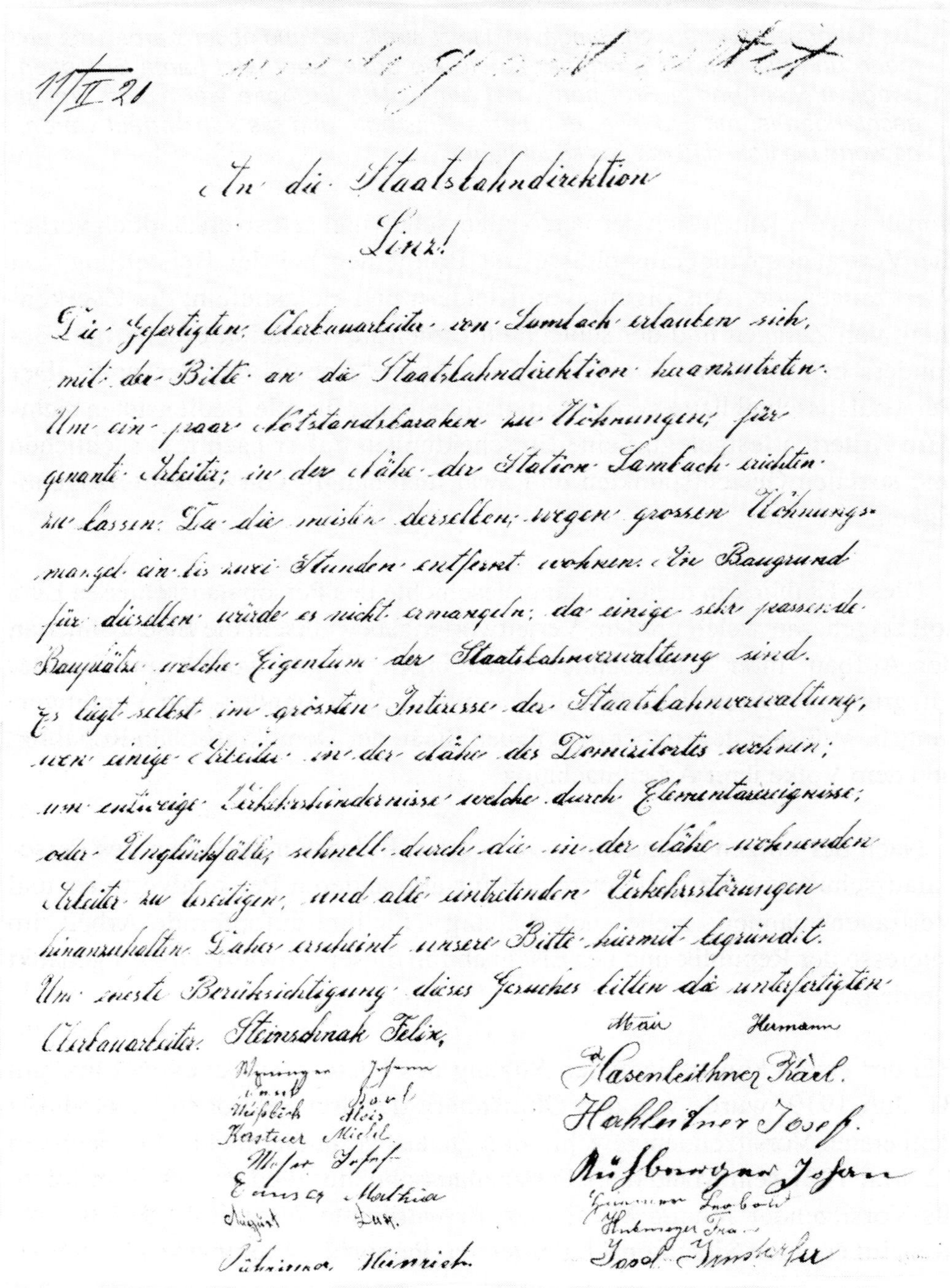

11/II 21

An die Staatsbahndirektion
Linz!

Die Gefertigten Oberbauarbeiter von Lambach erlauben sich, mit der Bitte an die Staatsbahndirektion heranzutreten. Um ein paar Notstandsbaraken zu Wohnungen, für genante Arbeiter, in der Nähe der Station Lambach errichten zu lassen. Da die meisten derselben, wegen grossen Wohnungsmangel ein bis zwei Stunden entfernt wohnen. Ein Baugrund für dieselben würde es nicht ermangeln, da einige sehr passende Bauplätze, welche Eigentum der Staatsbahnverwaltung sind. Es liegt selbst im grössten Interesse der Staatsbahnverwaltung, wen einige Arbeiter in der Nähe des Domizilortes wohnen; um etwaige Verkehrshindernisse welche durch Elementarereignisse, oder Unglücksfälle, schnell durch die in der Nähe wohnenden Arbeiter zu beseitigen, und alle eintretenden Verkehrsstörungen hinanzuhalten. Daher erscheint unsere Bitte hiermit begründet. Um ernste Berücksichtigung dieses Gesuches bitten die unterfertigten

Oberbauarbeiter: Steinschnak Felix, Mair Hermann
Weininger Johann
Karl
Weißböck Alois
Karstner Michel
Moser Josef
Emmser Mathias
August
Pühringer Heinrich
Hasenleithner Karl.
Hahlentner Josef.
Außerberger Johann
Zimmermann Leopold
Hubmayer Franz
Josef Imsterfer

Da Johann Miesbauer infolge der Personal-Abbaubestimmungen mit Ende des Jahres 1923 entlassen wurde, nahm seine Stelle Franz Razinger ein, der allerdings mit Ende der Funktionsperiode im Oktober 1926 aufgrund einer Verwaltungsstrafe wegen Aufruhrs zum Streik aus dem Bundesbahndienst entlassen wurde und daher aus dem Personalausschuß Linz ausschied. Johann Miesbauer blieb der Gewerkschaft der Eisenbahner als Funktionär treu und übernahm die Aufgabe des Organisationsvertreters des Rechtsschutz- und Gewerkschaftsvereins der österreichischen Eisenbahner in Linz. Diese Aufgabe war mit dem heutigen Direktionssekretär zu vergleichen.

Am 21. Oktober 1926 übernahm Vinzenz Übeleis die Funktion des Obmannes im Personalausschuß. Sein Stellvertreter Rudolf Benedikovics, der seit 1919 im Personalausschuß mitgewirkt hatte, schied am 15. Jänner 1931 aus dem Personalausschuß aus. Als Nachfolger wurde einstimmig Franz Razinger, der wieder in den Bundesbahndienst aufgenommen wurde, gewählt. Beide Gewerkschafter wurden bei der konstituierenden Sitzung nach der Personalvertretungswahl am 3. Juli 1931 in ihren Funktionen bestätigt.

Am 1. Juli 1932 wurde Vinzenz Übeleis in den Zentralausschuß berufen. Nun folgte als Obmann sein bisheriger Stellvertreter Franz Razinger und diesem als Stellvertreter Theodor Fabler. Beide leisteten mit Unterstützung der übrigen Mitglieder des Personalausschusses bis zur Zerschlagung der "Freien Gewerkschaften" eine großartige Arbeit im Interesse der Beschäftigten. Franz Harringer, der 1926 in den Personalausschuß gewählt wurde, übernahm 1933 als Nachfolger von Johann Miesbauer die politische Funktion des Organisationsvertreters des Rechtsschutz- und Gewerkschaftsvereines der österreichischen Eisenbahner.

Der Personalausschuß beschäftigte sich in der Zeit seines Bestehens bis zum Jahre 1934 mit den vielfältigsten Problemen. Insbesondere der radikale Personalabbau - den die Regierung und die Verwaltung von Jahr zu Jahr massiver forderten - die Versorgung mit Brennmaterialien, ob Kohle oder Holz, die Wohnungsnot sowie die ungenügende Versorgung mit einfachsten Schutzkleidern und Arbeitsbehelfen, gaben immer wieder Anlaß zu heftigen Auseinandersetzungen mit der Verwaltung. Um sich mit diesen Angelegenheiten fachlich besser beschäftigen zu können, richtete der Personalausschuß je einen dienstrechtlichen, einen sozialpolitischen und einen betriebswirtschaftlichen Ausschuß sowie einen Besoldungsausschuß ein. Diese Aufgabenteilung ermöglichte eine effiziente Arbeitsweise, die sich in dieser schwierigen Zeit gut bewährte, weshalb auch heute noch der Personalausschuß im wesentlichen nach fachlichen Schwerpunkten in Ausschüssen arbeitet.

Die katastrophale Entwicklung der Österreichischen Bundesbahnen sowie die politische Radikalisierung überrollte auch den Personalausschuß Linz. Dienstrechtsverletzungen, unzumutbare Arbeitsbedingungen, Gehaltskürzungen und letztlich die etappenweise Auszahlung der Monatsbezüge provozierten den Warnstreik am 1. März 1933.

Der Proteststreik

Obwohl die Bediensteten "im Interesse der wirtschaftlichen Sanierung" der Österreichischen Bundesbahnen von Jahr zu Jahr zusätzliche Belastungen hinnahmen, zuletzt ertragen mußten - die Verwaltung kürzte ihre Bezüge, vor allem die Nebengebühren, ihre Sonderzahlungen wurden eingestellt und eine Beförderungs- und Vorrückungssperre bis Ende 1933 erlassen - stieg der Betriebsabgang auf jährlich 80 Millionen Schilling an.

Wenngleich die Einsparungen beim Personal jährlich 290 Millionen Schilling einbrachten, waren die Bundesbahnen mit einer restriktiven Personal- und Tarifpolitik alleine nicht zu sanieren. Durch die Tariferhöhungen sanken die Transportzahlen, die einen Rückgang der Betriebseinnahmen von rund 14 Prozent jährlich bewirkten. Die Skandale der Präsidenten und der Generaldirektoren trugen das ihre dazu bei, daß die Eisenbahn auch ihre Kreditwürdigkeit verlor, sodaß nicht einmal mehr die für den laufenden Betrieb notwendigen finanziellen Mittel bereitstanden.

Dr. Anton Schöpfer - ein verläßlicher Gefolgsmann der radikalen Heimwehr - der dem wegen der Hirtenberger Waffenschieberaffäre zurückgetretenen Generaldirektor Dr. Seefehlner folgte, hatte am 24. Februar 1933 ein schweres Erbe angetreten: Unmittelbar nach seinem Amtsantritt informierte man ihn, daß die Österreichischen Bundesbahnen, die für den 1. März fälligen Gehälter und Pensionen nicht auszahlen können. Bereits vorher brachte die Verwaltung die Bezüge in zwei Raten, jeweils am 1. und 15. jeden Monats, zur Auszahlung; mit 1. März 1933 war auch das nicht mehr möglich. Anstatt den Bankrott anzumelden, verfügte er, daß die Bezüge im März nicht in zwei, sondern in drei Etappen auszuzahlen seien, wobei er allerdings betonte, daß die Auszahlung der dritten Rate keineswegs gesichert sei.

Diese Dienstanweisung lehnte der Zentralausschuß einstimmig ab. Entsprechend der Personalvertretungsvorschrift hätte Dr. Schöpfer nämlich vor dieser Dienstanweisung das Einvernehmen der Personalvertretung einholen müssen, weil gemäß § 1 dieser Vorschrift, alle Dienst- und Verdienstangelegenheiten im Einvernehmen mit der Personalvertretung festzulegen sind. Dennoch verfügte die Verwaltung, daß für den 1. März nur 40 Prozent der Bezüge anzuweisen seien. Diesen Beschluß der ÖBB-Generaldirektion lehnten alle Gewerkschaften strikt ab. Sogar das Informationsblatt der Christlichen Eisenbahner, "Der österreichische Eisenbahner", schrieb am 1.März 1933:

> *"Wir Eisenbahner verkennen gewiß nicht die Notlage, in der sich heute der Bund befindet. Aber der Standpunkt der Regierung, daß sie kein Geld habe, um den Bundesbahnen beizuspringen, obwohl sie den Bundesbahnen nachgewiesenermaßen 180 Millionen Schilling schuldet, ist jedenfalls unverständlich. Und es ist noch unverständlicher, wenn man bedenkt, daß derselbe Bund, der Schuldner der Bundesbahn ist, seinen Angestellten die Bezüge in der gesetzmäßig festgelegten Weise auszahlt, aber trotz der im Bundesbahngesetz vorgesehenen Verpflichtung, für den Abgang der Bundesbahnen aufzukommen, den Bundesbahnen den Zuschuß verweigert, der notwendig ist, die Bezüge auch den Eisenbahnern in der vereinbarten Weise zur Auszahlung bringen zu können."*

Die drei Gewerkschaften - der sozialdemokratische "Rechtsschutz- und Gewerkschaftsverein", die "Christlich-soziale Gewerkschaft" und die deutschnationale "Deutsche Verkehrs-Gewerkschaft" - sowie die Personalvertretung wollten keine weiteren Belastungen für die Bediensteten mehr hinnehmen und beschlossen nach internen Diskussionen, am 1. März 1933 einen zweistündigen Demonstrationsstreik zu halten. Der Beschluß der Zentralleitung wurde in zahlreichen Massenveranstaltungen diskutiert und überall gutgeheißen.

Da die Verwaltung bei ihrer Absicht blieb, die Gehälter in drei Etappen auszubezahlen, gab der Zentralausschuß der Personalvertretung am 28. Februar die Anordnung zum Streik an die Vertrauensmänner aus.

Wiener Bilder
Illustrierte Wochenschrift
WEGEN
VERKEHRS-
STREIK
GESCHLOSSEN

Die Bundesbahnverwaltung wollte diesen Streik auf jeden Fall verhindern und brachte in der Nacht vom 28. Februar auf den 1. März den Eisenbahnern eine kaiserliche Verordnung, die die Eisenbahner einschüchtern und vom Streiken abhalten sollte, zur Kenntnis. Dieser kaiserliche Erlaß, vom Juli 1914 hatte auszugsweise folgenden Wortlaut:

> *"Gemäß kaiserlicher Verordnung vom 25. Juli 1914, RGBI Nr. 155, wird der Bedienstete einer Eisenbahn, der im Verein mit anderen in der Absicht, den Dienst oder Betrieb zu stören, die Pflichten ganz oder zum Teil verweigert oder unterläßt, wegen Vergehens mit strengem Arrest von sechs Wochen bis zu einem Jahr bestraft."*

Trotz dieser Drohungen streikten die Eisenbahner beinahe lückenlos. Über den Streik in Linz schreibt die "Tages-Post" vom 1. März 1933:

> *"Der Eisenbahnerstreik.*
> *Die Demonstration am Linzer Hauptbahnhof. - Im äußeren Bild ruhiger Verlauf - zahlreiche Verhaftungen und Dienstenthebungen."*

Im Text ist unter anderem zu lesen:

> *"Der auf den Österreichischen Bundesbahnen heute in der Zeit von 9.00 bis 11.00 Uhr durchgeführte Streik begann in Linz unter dem Zeichen von Sirenengeheul und dem Pfeifen der im Bahnhof unter Dampf stehenden Lokomotiven. /.../ Verstärkt war durch die Bundespolizeidirektion Linz die Bahnhofwache. /.../ Das Personal, sowohl der gesamten Bahnhofsanlage, als auch in den Werkstätten und die Beamtenschaft verblieben während der Streikzeit auf ihren Posten, unterbrachen jedoch für diese Zeit vollkommen den Dienst. Um 10.58 Uhr gab die Sirene der Bundesbahnwerkstätte das Zeichen für das Streikende, worauf sofort alle Lokomotiven mit langgezogenem Pfeifen einsetzten. Punkt 11.00 Uhr verließ als erster Zug der Personenzug Nr. 613, der um 9.26 Uhr hätte ausfahren sollen, in der Richtung Selzthal den Bahnhof."*

Im Betriebsdienst streikten 95 Prozent des Personals. Das Streikziel, die Aufhebung der Dienstanweisung, das die etappenweise Auszahlung der Gehälter regelte, konnte nicht erreicht werden. Nun schlugen die konservativen Machthaber mit voller Härte zu. Jetzt wollten sie es den "roten" Eisenbahnern zeigen. Dabei ging es ihnen nicht nur um die sozialdemokratische Gewerkschaft. Es ging ihnen um die Bewegung, die Solidarität, die Partei, die dahinter stand. Denn die sozialdemokratische Bewegung war untrennbar mit den Eisenbahnern verbunden. Sie waren es ja, die die "Sozialdemokratie" aufs Land brachten, bis hin in die entlegentsten konservativ eingestellten Landesteile. Sie boten damit dem christlichsozialen, klerikalen Bürgertum eine Opposition, die immer mehr Menschen auf ihre Seite zog.

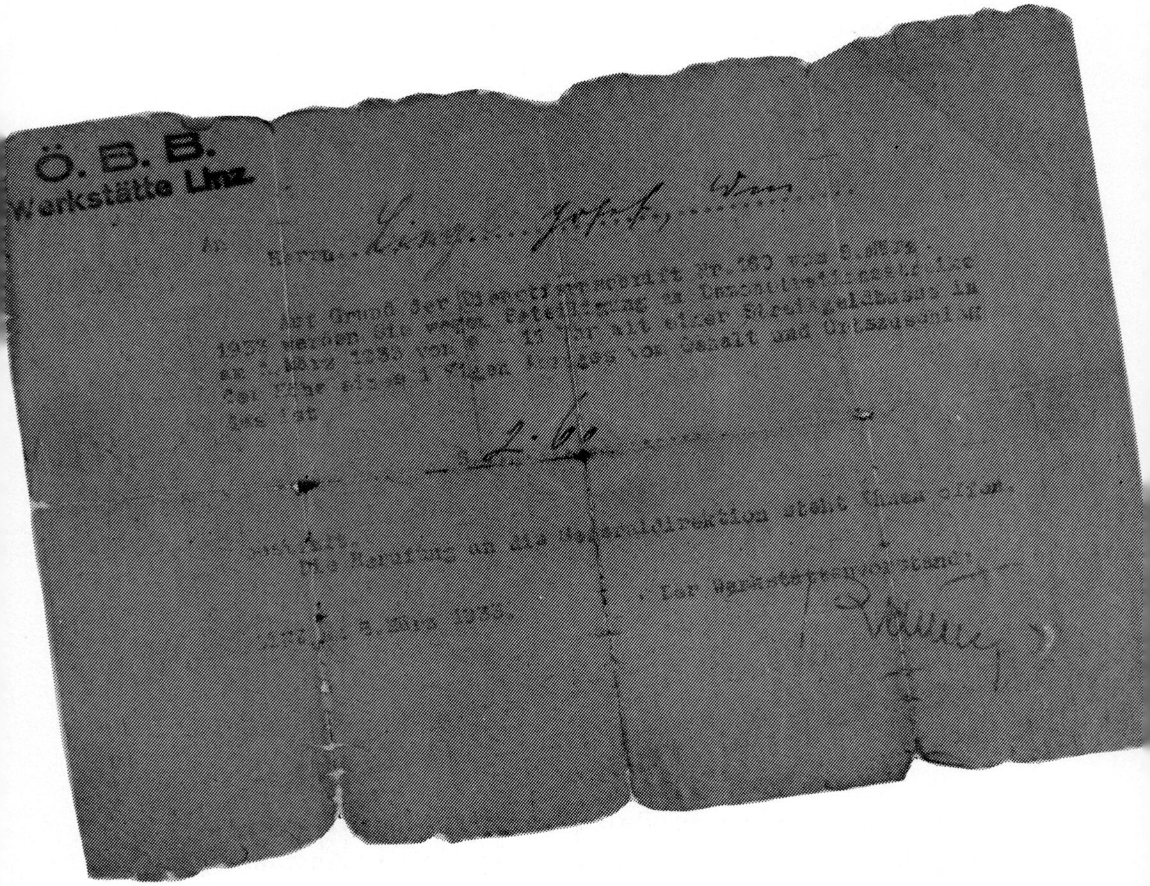

Ö. B. B.
Werkstätte Linz

Auch Josef Liegl beteiligte sich am Proteststreik. So wie viele seiner Arbeitskollegen hatte er dafür zu bezahlen.

Abschrift.

Bundesbahndirektion Linz, am 17. Mai 1933.

Zl. 31/Disz.
b

An den

Oberwerkmann Herrn Franz R a z i n g e r in

L i n z .

Disziplinarerkenntnis:

Auf Grund des gegen Sie durchgeführten Disziplinarverfahrens hat die Disziplinarkammer in Linz in ihrer Sitzung am 15. Mai 1933 erkannt:

Sie werden von der Beschuldigung, dadurch Ihre Dienstpflichten in leichtfertiger Weise verletzt und Ihre dienstliche Vertrauenswürdigkeit im Sinne des § 95 der Dienstordnung beeinträchtigt zu haben, dass Sie entgegen den Bestimmungen der §§ 18 und 21 der Dienstordnung, als vom Dienste enthobener Personalvertreter (Obmann des Personalausschusses) am 1. März 1933 [illegible] die Durchführung des von den Gewerkschaften beschlossenen Demonstrationsstreikes dadurch Einfluss nahmen, dass Sie in Kanzleien der Bundesbahndirektion herumgingen und Bedienstete über ihre Einstellung zum Streik kontrollierten, – l o s g e s p r o c h e n .

Da jedoch der Disziplinarausschuss in Ihrem Verhalten eine Ordnungswidrigkeit als erwiesen angenommen hat, hat er gemäss § 112 der Dienst- [illegible]

G r ü n d e :

Das Erkenntnis gründet sich auf das Ergebnis der Voruntersuchung und der mündlichen Verhandlung, sowie auf Ihre Verantwortung. Demnach ist erwiesen, dass Sie trotz des Streikverbotes, das Ihnen als Obmann des Personalausschusses nicht unbekannt sein konnte, als Vertreter Ihrer Gewerkschaft durch die Kanzleien der Bundesbahndirektion gingen und die Bediensteten hinsichtlich ihrer Einstellung zum Streik kontrollierten. Der Disziplinarausschuss konnte aber hierin eine ausschlaggebende, von Erfolg begleitete Einwirkung auf Mitbedienstete zur Teilnahme am Streik, – welcher Teil der gegen Sie erhobenen Beschuldigung die Grundlage für die Einleitung [illegible] Disziplinarverfahrens gemäss § 95 D.O. bildete, – nicht erblicken und ist daher zu einem lossprechenden Erkenntnis gelangt.

Da ich dieses Erkenntnis in der Schuldfrage für verfehlt erachte, finde ich demselben gemäss § 114 der Dienstordnung die Bestätigung zu versagen. Es wird daher das Erkenntnis gemäss § 115 der Dienstordnung der Disziplinaroberkammer in Wien zur Entscheidung vorgelegt werden.

Gegen die vom Disziplinarausschuss über Sie verhängte Ordnungsstrafe steht Ihnen gemäss § 116 der Dienstordnung eine Berufung <u>nicht</u> zu.

Wenn Sie die Beistellung eines Verteidigers von <u>amtswegen</u> zur Verhandlung vor der Disziplinaroberkammer in Wien wünschen, so haben Sie innerhalb einer Frist von 14 Tagen darum anzusuchen.

Der Bundesbahndirektor:

Hohenbühel e.h.

Der Obmann des Personalausschusses erhielt für seine Beteiligung am Streik eine Ordnungsstrafe in Form einer Geldbuße, zusätzlich erhielt er von der Disziplaroberkammer Wien einen Verweis.

Nach dem berüchtigten Straferlaß des Generaldirektors wurden Geldbußen, Dienststrafverfahren und Dienstsuspendierungen für die am Streik beteiligten Eisenbahner verhängt. Dabei hatten insbesondere die Streikführer zu leiden, die man teilweise bereits während des Streiks inhaftierte.

Vergebliche Hoffnung

Angesichts der drakonischen Strafen gegen die Streikführer und die am Streik beteiligten Eisenbahner sowie angesichts der innerpolitischen Erregung, verlangte die Sozialdemokratische Partei die sofortige Einberufung des Nationalrates. Präsident Dr. Karl Renner berief für den 4. März 1933 das Parlament ein.

Nr. 919/N.R.IV.G.P.

An die

Mitglieder des Nationalrates.

Auf Verlangen von mehr als einem Viertel der Mitglieder des Nationalrates berufe ich auf Grund des Artikels 28, Absatz 5, des Bundes- Verfassungsgesetzes in der Fassung von 1929 den Nationalrat zur Erörterung der von der Generaldirektion der Bundesbahnen verfügten Massregelung von Verkehrsbediensteten für Samstag, den 4. März 1933, um 3 Uhr nachmittags zu einer Sitzung ein.

Wien, am 1. März 1933.

Ein Zeitzeuge, Dr. Ernst Koref, der 1930 in den Nationalrat gewählt worden war und der in der Zweiten Republik lange Zeit hindurch als Bürgermeister der Stadt Linz wirkte, erinnert sich:

"Ich traf am 4. März mittags in Wien ein und kam zeitgerecht in den Klub, wo ich Näheres erfuhr. Im Sitzungssaal herrschte höchste Erregung. Sie galt dem Dringlichkeitsantrag unserer Partei, die Disziplinierungsmaßnahmen gegenüber den Eisenbahnern zu annullieren, und einem Mißtrauensantrag gegen die Regierung Dollfuß. Die Debatte verlief begreiflicherweise äußerst stürmisch. Abgeordneter König begründete ruhig und sachlich den Antrag auf Rücknahme aller verfügten Maßregelungen. Die Großdeutschen, die nicht mehr der Regierung angehörten, unterstützten durch einen vom Abgeordneten Dr. Schürff eingebrachten eigenen Antrag die streikenden Eisenbahner. Die beiden Heimwehrabgeordneten Neustädter-Stürmer und der primitive Hetzer Lichtenegger bemühten sich in provozierender Weise, den Streik als einen politischen Willkürakt hinzustellen. Tatsache war, daß der Generaldirektor der ÖBB - ohne Fühlungnahme mit der Eisenbahnergewerkschaft - die monatliche Auszahlung der Löhne und Gehälter in drei Raten angeordnet hatte. Der Antrag Königs wurde zwar abgelehnt, für den großdeutschen Antrag ergab die Auszählung der Stimmen aber das überraschende Resultat von 81 zu 80 für den Antrag. Es wurde von den Großdeutschen und den Sozialdemokraten stürmisch akklamiert. Doch gab es - nach einer bestürzenden Unterbrechung der Sitzung - noch eine Überraschung. Bei der Nachkontrolle stellte sich heraus, daß zwei Stimmzettel auf den Namen des Abgeordneten Abram, aber dafür keiner auf den Namen des Abgeordneten Scheibein abgegeben worden waren. Die beiden Abgeordneten saßen nebeneinander. Im Pulte jedes Abgeordneten lagen auf seinen Namen vorgedruckte Stimmzettel mit Ja beziehungsweise Nein. Da beide Abgeordnete unserer Partei angehörten und Scheibein sich offenbar in der Lade vergriffen hatte, erklärte der Präsident Dr. Renner, daß keine Korrektur des Abstimmungsergebnisses notwendig sei.

Nun gab es auf der rechten Seite des Hauses lebhaften Widerspruch. Trotz des Proteststurmes wollte Renner die Abstimmung nicht wiederholen lassen, weil er der Meinung war, daß sich an dem Abstimmungsresultat auch bei einer Wiederholung nichts ändern würde. Außerdem war bei einer anderen Abstimmung am selben Tag ein ähnlicher Fehler passiert. Der Kärntner Priester Paulitsch hatte irrtümlicherweise zwei Stimmzettel erwischt. Eine Wiederholung des für die Christlichsozialen positiv ausgegangenen Abstimmungsvorganges hatte das Hohe Haus nicht für notwendig befunden. Gegen Renners Entscheidung gab es nun, da die Rechte das für die Regierung äußerst bedrohliche Resultat zu annullieren hoffte, tumultösen Einspruch. Dr. Renner deklarierte nun, was sein Recht war, ex präsidio: "Die Sache ist für mich erledigt. "Und als der Lärm noch größer wurde, fügte er in erregtem Zustand hinzu: "Es ist unmöglich, das Präsidium zu führen, wenn ein so großer Teil des Hauses den Entscheidungen des Präsidenten widerspricht... Ich lege meine Stelle als

Präsident nieder." (Die linke Seite des Hauses spendet lebhaften Beifall, der Lärm ist groß.)
Dr. Ramek, der zweite - von der Christlichsozialen Partei entsandte - Präsident, übernimmt nun ordnungsgemäß den Vorsitz. Doch das war seiner Partei offenkundig wider den Strich gegangen, weil nun Renner stimmberechtigt gewesen wäre, Dr. Ramek aber nicht. Ob abgekartetes Spiel oder nicht, Ramek kann sich kaum Gehör verschaffen und demissioniert gleichfalls. Nun übernahm der 3. Präsident, der Großdeutsche Dr. Straffner, den Vorsitz, und unter dem Eindruck des andauernden Tumultes und der Verwirrung übt er - ohne weitere Überlegung mit seinen beiden Präsidialkollegen Solidarität und demissioniert gleichfalls, ohne daß er die Sitzung offiziell und formal geschlossen hatte.

Nun aber kam die Stunde des Kanzlers Dollfuß, eine in Wahrheit für Österreich tragische Stunde. Er und seine getreuen, bedenkenlosen Scharfmacher sehen in dieser Situation die langersehnte Gelegenheit, das Parlament auszuschalten, da es sich - nach gezielter Interpretation - "selbst ausgeschaltet" habe. Renner und Straffner prüfen gemeinsam die Lage und sind entschlossen, die Agenden des Präsidiums bis zur Neuwahl fortzuführen. Doch der Heimatblock und die Christlichsozialen blockieren auch die Ausschüsse durch Abstinenz und Obstruktion."

Dies ist der Anfang der offenen Diktatur. Die Regierung führt mit Notverordnungen zum "Kriegswirtschaftlichen Ermächtigungsgesetz" von 1917 die Vorzensur für Zeitungen ein und erläßt ein Aufmarsch- und Versammlungsverbot. Ein letzter Versuch die Demokratie in Österreich zu retten, wird von Dollfuß am Nachmittag des 15. März 1933 verhindert, indem er die vom Vizepräsidenten des österreichischen Nationalrates einberufene Sitzung mit Unterstützung der Exekutive als "ungesetzlich" verhindern läßt.

"Heute bestreitet kaum mehr ein objektiver Verfassungsjurist oder Historiker, daß es sich damals um den brutalen Akt eines folgenschweren Rechtsbruches gehandelt habe. Als ob ein vom Volk frei gewähltes Parlament zu existieren aufhören würde, sollten zum Beispiel die drei Präsidenten bei einem gemeinsamen Dienstflug oder einer gemeinsamen Zugs- oder Autofahrt zugrunde gehen: Der gesunde Menschenverstand müßte die einfache Lösung finden, daß das an Jahren älteste Mitglied der Nationalversammlung befugt, ja verpflichtet sei, diese einzuberufen und die Neuwahl des Präsidiums zu leiten. Dollfuß aber erlag dem "dolus": 'die Gelegenheit ist günstig, hier vollend' ich's!' - den auf die Verfassung geleisteten 'heiligen Eid' bedenkenlos mißachtend."

So die Meinung von Dr. Ernst Koref. Mit der bewußten "Ausschaltung des Parlamentes" war der Weg zur politischen Willkür der christlichsozialen Regierungspartei geebnet.

Entmachtung der "Freien Gewerkschaften"

Die Konsequenzen der Auseinandersetzung hatten wieder einmal die Eisenbahner, besonders die sozialdemokratischen, und ihre Interessensvertreter zu tragen und das, obwohl auch die christlichen Gewerkschafter den Streik unterstützten. Doch diese wußten wieder einmal sich rechtzeitig zurückzuziehen. Einer ihrer maßgeblichen Gewerkschafter, Leopold Kunschak - er war auch Sprecher der Christlichsozialen Partei - distanzierte sich im Nationalrat nachträglich von diesem für die Eisenbahner und ganz Österreich folgenschweren Streik.

Nach der Entmachtung der frei gewählten Personalvertretung - durch eine Notverordnung wurde der im Zentralausschuß einstimmig abgelehnte Entwurf einer geänderten Personalvertretungsvorschrift durchgesetzt - verschärfte die Generaldirektion mit 1. Oktober 1933 die Abbaubestimmungen. In ihrer Personalabbau-Verordnung bediente sich Generaldirektor Schöpfer gesetzes- und sittenwidriger Maßnahmen: Er bestimmte:

"Sämtliche Bedienstete, die einen monatlichen, ohne Kinderzulagen den Betrag von 200 Schilling netto übersteigenden Ruhegenuß erreichen, werden jeweils unverzüglich der zeitlichen Ruhestandsversetzung zugeführt, soferne sie entbehrlich sind.

Bedienstete, deren letzte Dienstbeschreibung ein dritt- oder viertklassiges Ergebnis aufweist, werden unverzüglich in den dauernden Ruhestand versetzt.

Bedienstete, welche wegen eines Eigentumsdeliktes oder einer die Sittlichkeit verletzenden Handlung oder wegen Trunkenheit gerichtlich oder disziplinär bestraft worden sind, gleichgültig, wann diese Strafe erfolgt ist und ohne Rücksicht darauf, ob sie getilgt oder amnestiert wurde oder bedingt erfolgte, ferner Bedienstete, welche wegen staatsfeindlichem Verhalten nicht mehr das Vertrauen der Verwaltung genießen, werden, soferne keine strengere Behandlung Platz zu greifen hat, unverzüglich der Ruhestandsversetzung zugeführt."

Insbesondere der letzte Punkt sollte die Personalvertretung und die sozialdemokratischen Eisenbahner einschüchtern. Durch die abgeänderte Personalvertretungsvorschrift schaltete die Verwaltung der Österreichischen Bundesbahnen das Mitspracherecht der Eisenbahner praktisch aus, weil ab sofort Angelegenheiten des Dienstrechtes auch ohne Einvernehmen mit der Personalvertretung durch die Verwaltung geändert werden konnten.

V. d. b. **Unter verschärfter Vorlagepflicht**

Der Eisenbahner

Zentralorgan des deutschösterreichischen Eisenbahn-Personales

Margaretenstraße Nr. 166 — Telephonnummern: A-35-3-30, A-35-3-31, A-35-3-32

/ Sprechstunden: An Wochentagen von 10 Uhr bis halb 16 Uhr / Unverlangte Manuskripte werden nicht zurückgestellt / Bezugsbedingungen: Ganzjährig für Mitglieder 3 Schilling, für Nichtmitglieder 6 Schilling / Scheckkonto 38.415

Nummer 33 — **Wien, den 10. September 1933** — **41. Jahrgang**

Die neue Personalvertretungsvorschrift

Die von der Verwaltungskommission beschlossene neue P. V. V. ist mit der Verlautbarung im G. D. N. Bl., 44. Stück von 1933, in Kraft getreten. Aber gleichzeitig mit der P. V. V. wurden auch Durchführungsbestimmungen verlautbart, in denen festgesetzt wird, daß jene Bestimmungen der P. V. V., die sich auf die Gliederung und Zusammensetzung der P. V. V. beziehen, erst bei Durchführung der Neuwahl in Kraft treten. So wird zunächst der § 2 nicht in Wirksamkeit gesetzt, der die Sektionierung der Personalvertretung vorschreibt. Erst nach vollzogener Neuwahl wird die P. V. sektioniert werden. Bis dahin amtiert die 1931 gewählte P. V. unverändert weiter — freilich mit einschneidend geändertem Wirkungskreis. Es treten daher alle ferneren Bestimmungen der P. V. V., welche auf die Sektionen bezogen sind, gleichfalls nicht in Kraft. Daher erlangen bei Z. A. und P. A. zunächst die Bestimmungen über getrennte Geschäftsführung und Abstimmung der Sektionen keine Wirksamkeit.

Ebenso bleiben — obwohl in der neuen P. V. V. nicht vorgesehen — **die Vertrauensmännerausschüsse weiter bestehen**, da in diesen Belangen die Bestimmungen von 1928 weiter angewendet werden.

Auch bei der **Verschwiegenheitspflicht** gilt die alte Fassung, wonach wegen Verletzung der Verschwiegenheitspflicht durch einen Personalvertreter **das Mandat nur durch die P. V. aberkannt werden kann.**

Die ganzen komplizierten Bestimmungen über Wahlrecht, Wahlverfahren, Mandatsermittlung, Zusammensetzung treten aus den oben angeführten Gründen gegenwärtig nicht in Kraft.

Ebenso erlangen alle jene Bestimmungen, welche sich auf die Mandatsdauer, Abfertigung und Auflösung beziehen, keine Wirksamkeit. Auch hier gelten noch die §§ 11, 12 und 13 der früheren P. V. V. Damit haben die Bestimmungen über die Rücktrittspflicht über Verlangen, sowie über die bedingte Nichtwählbarkeit eines abberufenen Vertrauensmannes — und die schon besprochene Mandatsaberkennung wegen Verletzung der Verschwiegenheitspflicht — keine augenblickliche Bedeutung. Auch für den Eintritt des Ersatzmannes gilt der bisherige Vorgang. Ebenso bei den Enthebungen von Mitgliedern des Z. A. und der P. A.

Auch die Rahmenbestimmungen für die Geschäftsführung der P. V. werden bis zur Neuwahl aus der alten P. V. V. übernommen.

Sofort in Kraft getreten ist nur die Bestimmung, welche zur Abwehr des eventuellen „Anschlages" geschaffen worden ist, den Wirkungskreis der P. V. auf dem Umweg über seine autonome Geschäftsordnung von „hintenherum" zu erweitern. Höchst unwesentlich, aber bezeichnend für die Mentalität der Bürokratie.

Selbstverständlich können auch bei den Bestimmungen über die Schlichterstelle derzeit jene Bestimmungen nicht in Kraft treten, welche sich auf die Erstellung der Beisitzer durch die Sektionen beziehen. Wichtig ist, daß damit der Z. A. in der Auswahl der Beisitzer zur Schlichterstelle völlig frei ist.

Aus all dem ergibt sich, daß sich **an dem äußeren Bild** der Personalvertretung wenig ändert. Freilich, **nur** an dem äußeren Bild. Wie wir eben in dieser Nummer mitteilen müssen, hat die Verwaltung schon neue Abbau- und Postenbesetzungsvorschriften erlassen, ohne die P. V. auch nur zu befragen. Ob sie berechtigt ist, in diesen Fragen der P. V. nicht einmal Gelegenheit zur Abgabe einer gutachtlichen Äußerung einzuräumen, soll hier nicht weiter untersucht werden. Aber es zeigt den Kurs, der hier gesteuert wird. Freilich wird damit die Verwaltung in **unmittelbaren** Kontakt mit den Bediensteten gebracht.

Da die Personalvertretung ihr Mitbestimmungsrecht verloren hat, so muß es die große Masse des Personals selbst sein, welche ihr Recht unmittelbar zu verteidigen hat, wenn es angegriffen wird.

Ob die weisen Herren von der Verwaltung bedacht haben, was dies eines Tages alles heißen kann?

Der Kampf, der jetzt beginnt, ist schwer, aber er wird ausgefochten werden!

*

Nachstehend veröffentlichen wir jene Abschnitte der neuen P. V. V., **welche bisher in Kraft sind.**

*

Vorschrift über die Vertretung der Bediensteten der Unternehmung „Österreichische Bundesbahnen" (Personalvertretungsvorschrift)

§ 1

Allgemeine Bestimmungen

Bei der Unternehmung „Österreichische Bundesbahnen" (im folgenden kurz „Unternehmung" genannt) wird eine Vertretung der Bediensteten (Personalvertretung) errichtet. Sie ist berufen, die wirtschaftlichen und sozialen Interessen der im aktiven Dienste und der im Ruhestand befindlichen Bediensteten der Unternehmung im Rahmen dieser Vorschrift wahrzunehmen und zu fördern sowie die Unternehmung in der Erfüllung ihrer Aufgaben zu unterstützen.

(4) Die einzelnen Mitglieder des Zentralausschusses, der Personalausschüsse und die Vertrauensmänner werden im folgenden als Personalvertreter bezeichnet.

§ 4

Sachlicher Wirkungskreis des Zentralausschusses

(1) Der Zentralausschuß wirkt bei der Erlassung der allgemeinen Personalvorschriften innerhalb der nachstehenden Grenzen in folgender Weise mit:

a) Mit dem Zentralausschuß sind, soweit ihm nicht gemäß Buchst. b und c nur Gelegenheit zur Äußerung gegeben wird, zu vereinbaren:

1. Die Vorschriften über die grundsätzliche Regelung des Dienst- und Arbeitsverhältnisses (z. B. die Dienstordnung der angestellten Beamten);

2. die Vorschriften über die Bezüge;

3. die Vorschriften über die Ruhe- und Versorgungsgenüsse;

4. die Personalvertretungsvorschrift samt Wahlordnung;

5. die Vorschriften über Erfindungen von Bediensteten. Falls der Zentralausschuß innerhalb einer von der Generaldirektion festgesetzten, mindestens dreitägigen und höchstens dreimonatigen Frist nach erfolgter Zuteilung zu einer Angelegenheit, die die Generaldirektion nach diesen Bestimmungen mit dem Zentralausschuß zu vereinbaren beabsichtigt, nicht Stellung nimmt, so gilt mit Ablauf der Frist die Zustimmung des Zentralausschusses zur Hinausgabe der beabsichtigten Verfügung als gegeben. Kommt eine Vereinbarung nicht zustande, so kommen die Bestimmungen des § 28 über den Instanzengang zur Anwendung.

b) Dem Zentralausschuß ist Gelegenheit zur Abgabe einer Äußerung zu geben vor Erlassung der allgemeinen Vorschriften, betreffend:

1. das Prüfungswesen;

2. die Diensttitel;

3. die Festlegung des Ranges;

4. den Vorgang bei Dienstbeschreibungen;

5. den Geschäftsgang bei Durchführung des Disziplinarverfahrens (Geschäftsordnung);

6. die Dienst- und Ruhezeiten;

7. die Aufstellung der Stellenpläne;

8. die Dienstkleider;

9. die Dienst- und Personalwohnungen;

10. die Fahr- und Frachtbegünstigungen sowie den Brennstoffbezug.

c) Vor Erlassung sonstiger Vorschriften kann die Generaldirektion nach ihrem freien Ermessen dem Zentralausschuß Gelegenheit zur Abgabe einer Äußerung geben.

In den unter den Buchst. b und c angeführten Fällen bestimmt die Generaldirektion fallweise die Frist, innerhalb der der Zentralausschuß die Gelegenheit zur Äußerung wahrnehmen kann.

(3) Dem Zentralausschuß kommt weiter noch folgender Wirkungskreis zu:

a) Die Herstellung der Geschäftsordnung für die Personalvertretung (§ 24);

b) die Mitwirkung bei der Aufrechterhaltung der Disziplin;

c) die Beschwerdeführung bei der Generaldirektion über Nichteinhaltung der vereinbarten Vorschriften (Abs. 1, Buchst. a, und § 28, Abs. 3 und 4);

d) die Anrufung der Schlichterstelle in den im § 28, Abs. 1, Buchst. b und c, vorgesehenen Fällen;

e) die Entsendung von Beisitzern (Ersatzmännern) in die Schlichterstelle (§ 29, Abs. 1 und 3);

f) die Ausübung des Vorschlagsrechtes gemäß § 10, Abs. 2, des Gesetzes vom 19. Juli 1923, BGBl. Nr. 407 (Bundesbahngesetz).

§ 5

Sachlicher Wirkungskreis der Personalausschüsse.

(1) Den Personalausschüssen kommt folgender Wirkungskreis zu:

a) Die Mitwirkung bei der Aufrechterhaltung der Disziplin;

b) die Beschwerdeführung bei der zuständigen Bundesbahndirektion über Nichteinhaltung der von der Generaldirektion mit dem Zentralausschuß vereinbarten Vorschriften (§ 4, Abs. 1, Buchst. a, und § 28, Abs. 3 und 4);

c) die Beschwerdeführung beim Zentralausschuß über eine erfolglose Beschwerdeführung bei der Bundesbahndirektion (Buchst. b);

d) die Unterstützung des Zentralausschusses in der Erfüllung seiner Aufgaben;

e) die Anrufung der Schlichterstelle in dem im § 28, Abs. 1, Buchst. c (§ 9, Abs. 3), vorgesehenen Falle.

§ 6

Sachlicher Wirkungskreis der Vertrauensmänner

(1) Den Vertrauensmännern kommen die im § 5, Abs. 1, aufgezählten Aufgaben mit der Maßgabe zu, daß die hienach zulässigen Beschwerden an den zuständigen Dienstvorstand, beziehungsweise an den zuständigen Personalausschuß zu leiten sind und die Vertrauensmänner auch den zuständigen Personalausschuß in der Erfüllung seiner Aufgaben zu unterstützen haben. Solche Beschwerden der Vertrauensmänner der Bediensteten der Generaldirektion und der der Generaldirektion unmittelbar unterstehenden Dienststellen (mit Ausnahme der Bundesbahndirektionen) sind an die Generaldirektion, beziehungsweise an den Zentralausschuß zu leiten.

(2) In den Wirkungskreis der Vertrauensmänner fällt auch die Mitwirkung bei der Erstellung der Dienstpläne für die dienstplanmäßig verwendeten Bediensteten. Die Dienstvorstände haben zu diesem Behuf den Vertrauensmännern Gelegenheit zu geben, sich innerhalb einer fallweise von den Dienstvorständen festgesetzten Frist zu den erstellten Dienstplänen zu äußern.

§ 7

Anwendung der Dienstvorschriften

Die Anwendung der Dienstvorschriften auf die einzelnen Bediensteten (konkrete Personalangelegenheiten) erfolgt ohne Mitwirkung und ohne Vermittlung der Personalvertreter.

§ 8

Besondere Aufgaben der Personalvertretung

Der Personalvertretung steht nach Maßgabe der jeweiligen Bestimmungen der Satzungen der Unfallversicherungsanstalt der Österreichischen Eisenbahnen das Recht zur Entsendung von Delegierten zur Delegiertenversammlung dieser Anstalt zu. Außerdem kann die Personalvertretung einen Vertreter zu den von den politischen Behörden auf Grund des § 81 des Unfallversicherungsgesetzes zu pflegenden Erhebungen entsenden, insolange den Arbeitnehmern von den zuständigen Behörden das Recht zur Entsendung von Vertretern zu diesen Erhebungen eingeräumt ist.

§ 9

Pflichten der Personalvertreter

(1) Die Personalvertreter bleiben den Dienstvorschriften unterworfen; Übertretungen dieser Vorschriften durch Personalvertreter werden nach Maßgabe der Bestimmungen des § 21, Abs. 3, verfolgt.

(2) Die Tätigkeit der Personalvertreter hat sich ohne jede Störung des Betriebes und der Verwaltung zu vollziehen.

(3) Die Personalvertreter haben in Ausübung ihres Mandates die Interessen der von ihnen vertretenen Bediensteten mit den Erfordernissen des Dienstes in Einklang zu bringen.

(4) Die Personalvertreter sind außer ihrer dienstlichen Verschwiegenheitspflicht zur Verschwiegenheit gegen Unberufene auch in allen Angelegenheiten verpflichtet, die ihnen auf Grund der von einzelnen Bediensteten vorgebrachten Anliegen oder Beschwerden zur Kenntnis kommen. Diese besondere Verschwiegenheitspflicht erstreckt sich auch auf die Zeit nach Ablauf ihres Mandates.

§ 21

Schutz der Wahlen und der Personalvertreter

(1) Die Unternehmung darf die Bediensteten in der Ausübung des Wahlrechtes zur Personalvertretung oder als Mitglieder der Wahlkommission und in der durch diese Vorschrift umschriebenen Tätigkeit als Personalvertreter nicht behindern.

(2) Versetzungen von Personalvertretern während ihrer Mandatsdauer zu einer anderen Dienststelle ohne ihr Einverständnis sind nur mit Zustimmung der Schlichterstelle (§ 28, Abs. 1, Buchst. a) gestattet, sofern nicht die Versetzung im Zusammenhang mit einer organisatorischen Maßnahme, in Vollziehung einer Disziplinarstrafe, einer eisenbahnbehördlichen Verfügung oder deswegen erfolgt, weil der Personalvertreter die Eignung für seinen bisherigen Dienstposten verloren hat und ein entsprechender anderer freier Dienstposten bei seiner Dienststelle nicht verfügbar ist.

(3) Die Personalvertreter können wegen einer außerhalb einer geschäftsordnungsmäßigen Sitzung des Zentralausschusses oder eines Personalausschusses begangenen Übertretung der Dienstvorschriften so wie jeder andere Bedienstete zur Verantwortung gezogen und bestraft werden. Läßt sich ein Personalvertreter eine solche Übertretung im Verlauf einer geschäftsordnungsmäßigen Sitzung des Zentralausschusses oder eines Personalausschusses zuschulden kommen, so kann er wie jeder andere Bedienstete zur Verantwortung gezogen, jedoch nur nach vorheriger Zustimmung der Schlichterstelle (§ 28, Abs. 1, Buchst. a) bestraft werden. Die Kompetenz der Schlichterstelle beschränkt sich auf die Frage der Zulässigkeit der Bestrafung.

(4) Ein im kündbaren Dienstverhältnis stehender Personalvertreter darf nur entlassen werden, wenn er sich einer Handlung oder Unterlassung schuldig macht, die nach den bestehenden Dienstvorschriften die Entlassung rechtfertigt. Kündigungen solcher Personalvertreter dürfen nur mit Zustimmung der Schlichterstelle (§ 28, Abs. 1, Buchst. a) erfolgen.

§ 22

Ausübung des Mandates, Dienstfreistellung

(1) Das Mandat eines Personalvertreters ist ein unbesoldetes Ehrenamt.

(3) Die nicht enthobenen Personalvertreter dürfen ihr Mandat tunlichst nur ohne Beeinträchtigung ihrer dienstlichen Leistung ausüben. Personalvertreter dürfen Beschwerden und Anliegen nur in ihrer dienstfreien Zeit und nur von dienstfreien Bediensteten entgegennehmen.

(4) Sitzungen des Zentralausschusses und der Personalausschüsse während der vorgeschriebenen Dienst- (Arbeits-) Zeit der einzelnen Mitglieder sind grundsätzlich zu vermeiden. Nur in unbedingt notwendigen Ausnahmefällen dürfen Sitzungen nach Dienstesmöglichkeit auch während der Dienst- (Arbeits-) Zeit der einzelnen Mitglie-

Unter diesen massiven Verschlechterungen hatte auch der Personalausschuß Linz zu leiden. Am 14. Dezember 1933 berichtete der Obmann des Personalausschusses Linz, Franz Razinger, daß die Anzahl der dienstfrei gestellten Mitglieder von sieben auf fünf reduziert und daß einer der beiden Bediensteten von der Verwaltung in Verwendung genommen wird, sodaß das Büro des Personalausschusses nur mehr mit einem Bediensteten besetzt ist. Auch die Verschlechterungen bei den Bediensteten durch Streichen von Stellenplanposten sowie Verschlechterungen in der Wertung der Posten und der Diensteinteilungen standen auf der Tagesordnung. Weiters berichteten Mitglieder des Personalausschusses Linz, daß die Generaldirektion in den Werkstätten Anschläge anbringen läßt, in denen sie die Arbeiter um weitere finanzielle Solidaritätsopfer ersucht. Diese Anschläge mußten durch persönliche Unterschrift mit "ja" oder "nein" zur Kenntnis genommen werden. Wenn die Mehrzahl der Bediensteten mit dem finanziellen Opfer einverstanden ist, versprach die Verwaltung als Gegenleistung, für das Jahr 1934 einen weiteren "Massenabbau" an Werkstättenbediensteten zu verhindern. Obwohl viele Bedienstete unterschrieben, wurde der Personalstand weiter reduziert. Mit dieser Aktion wollte sich die Generaldirektion die Zustimmungen für finanzielle Opfer von den Bediensteten selbst holen, weil der Zentralausschuß weitere finanzielle Einschränkungen abgelehnt hatte.

Neben den wirtschaftlichen und sozialen Verschlechterungen nahm in den Dienststellen der politische Druck der Christlichsozialen Partei und der Heimwehren stark zu - und das mit Unterstützung höchster Verwaltungsstellen. Immer offener zwangen Vorgesetzte ihre Bediensteten in die Vaterländische Front. Mit der Ankündigung "Wenn Du der Vaterländischen Front nicht beitrittst, stehst Du in allernächster Zeit wieder draußen" wurden viele Eisenbahner eingeschüchtert, berichtete ein Mitglied des Personalausschusses bei der Sitzung am 14. Dezember 1933. Angesichts der drohenden Personalsituation war die Empfehlung des Generaldirektors Dr. Schöpfer und des Bundesbahnpräsidenten Vaugoin blanker Gesinnungsterror und oft "nackte" Erpressung.

Das Mitteilungsblatt der Eisenbahner-Gewerkschaft, "DER EISENBAHNER", wurde bis zum Februar 1934 unter "Vorlagepflicht" und später unter "Verschärfte Vorlagepflicht" gestellt. Dadurch konnte die Verwaltung oder die Regierung unliebsame Artikel zensurieren. Später wurde das Fachblatt der

"Freien Gewerkschaften" generell verboten. Dennoch blieb die Regierung vor Kritik nicht verschont. Vielfach verpackten geschickte Redakteure ihre Kritik in verschlüsselte, satirische Glossen. Die nachstehende kleine Geschichte einer Eisenbahnfahrt ist ein solcher versteckter Angriff und erschien am 8. Oktober 1933 in der "Arbeiter-Zeitung".

Den letzten Rest einer demokratischen Interessensvertretung beseitigte die Regierung nach dem Aufstand der Arbeiter, am 12. Februar 1934.

Abfahrt ins Grünweiße

Jetzt geht's endlich ins Totale! Der Bahnsteig ist schwarzgelb von Menschen, die den Anschluß nicht versäumen wollen. Noch wird auf den Nebengleisen fleißig verschoben; Mittelspersonenzüge werden nach Deutschland abgelassen, soziale Lastenzüge abgekoppelt und die Bagage versorgt. Zug um Zug verläßt pünktlich die Halle, entsprechend dem autoritären Kursbuch. Wo bleibt der Überraschungszug ins Grünweiße?

Inzwischen setzt man, nach lebhaftem Kesseltreiben, die schwere Maschine unter Dampf. Dann gibt es auch noch einen kleinen Betriebsunfall: Infolge einer Entgleisung kommt ein gewisser Herr Winkler unter die Räder. Erst bis das Manometer genügend Druck anzeigt, kann der Zug, begleitet von schrillen Pfiffen, einfahren. Die Reiseleitung erklärt, daß die Fahrt ins Grünweiße trotz geringer Beteiligung stattfindet.

Die Passagiere steigen ein, und erste und zweite Klasse weisen einen verhältnismäßig guten Besuch auf. Es war ursprünglich geplant, durch Mitführen von Aussichtswaggons breite Massen des Volkes für die Reise zu interessieren; aber niemand war auf die schönen Aussichten neugierig. Daher bleibt die dritte Klasse, abgesehen von einigen Schwarzfahrern, vollständig leer. Die bürgerlich-liberale Presse hat sich einen eigenen Wagen reservieren lassen, der am Ende des Zuges angehängt ist, damit sie, wie gewöhnlich, die Aussicht von hinten hat.

Der Lokomotivführer gibt der Maschine die letzte Ölung, der Vizeheizer schürt das Feuer, die Funken sprühen aus dem Rauchfang, knapp am Pulverfaß vorbei. »Abfahren, abfahren!« tönt es vom Perron, aber noch setzt sich der Zug nicht in Volksbewegung.

Da plötzlich geht ein Ruck nach rechts durch die Garnitur; pfauchend rollt der Zug aus dem Bahnhof, rückwärts ins Unfreie. Die Teilnehmer an der abenteuerlichen Fahrt verabschieden sich von der Demokratie, die auf dem Bahnsteig steht und ihnen keine Träne nachweint.

Wie wird die Fahrt enden? Wird es nicht einen Zusammenstoß mit dem Schnellzug der Zeit geben? **Karo**

Der grüne Faschismus - Austrofaschismus 1933 bis 1938

Nachdem die Christlichsoziale Regierung mit ihrem Bundeskanzler Engelbert Dollfuß die parlamentarische Ordnung zerstört hatte, versuchte sie mittels Notverordnungen ihre Staatsmacht abzusichern. Dabei bediente sich der Bundeskanzler des "Kriegswirtschaftlichen Ermächtigungsgesetzes" aus dem Jahre 1917, das die kaiserliche Regierung zur Versorgung der Bevölkerung mit Bedarfsgütern für die Dauer der durch den Krieg verursachten außergewöhnlichen Verhältnisse erließ, obwohl er sich auf das in der Bundesverfassung von 1929 festgelegte Notverordnungsrecht des Bundespräsidenten hätte stützen können. Dadurch wäre die rasche Einberufung des Nationalrates möglich und die sich abzeichnende Katastrophe zu verhindern gewesen.

Die Kompetenzen des "Kriegswirtschaftlichen Ermächtigungsgesetzes" gestatteten nur einen inhaltlich eng begrenzten Anwendungsbereich und wurden daher bei weitem überschritten. In nur 14 Monaten erließ die Regierung 471 Notverordnungen. Beispielsweise das Verbot der sozialdemokratischen Vereinigungen, die Ausschaltung des Verfassungsgerichtshofes, die Beseitigung der richterlichen Unabhängigkeit, die Einführung des Standrechtes, verbunden mit der Todesstrafe für Mord, Brandlegung und öffentliche Gewalttätigkeit durch boshafte Sachbeschädigung sowie die Stände-Verfassung. Neben diesen Notverordnungen erweiterte die Regierung die gerichtliche Kompetenz von Verwaltungs- und Polizeibehörden und schränkte die Pressefreiheit ein. Damit hatte Bundeskanzler Dollfuß die Grundlage des autoritären Ständestaates geschaffen, der weltweit unter dem Namen "Austrofaschismus" bekannt wurde.

Da Dollfuß wußte, daß er mit dem Widerstand der österreichischen Bevölkerung, insbesondere mit dem der Arbeiterschaft rechnen muß, verstärkte er die Exekutive mit Heimwehrverbänden, denen er später den Status der Hilfspolizei gewährte. Mit ihnen hoffte er, notfalls mit brutaler Waffengewalt das Volk zur Ruhe zu zwingen.

Um die Widerstandskraft der Arbeiterschaft zusätzlich zu schwächen,
- löste die Regierung am 31. März 1933 den Republikanischen Schutzbund auf,
- verbot sie am 26. Mai 1933 die Kommunistische Partei,
- verbot sie am 19. Juni 1933 die Nationalsozialistische Deutsche Arbeiterpartei und den Freidenkerbund,
- gründete sie am 16. Mai 1933 die Vaterländische Front.
- führte die Regierung am 10. 11. 1933 die Todesstrafe ein,
- wurden am 1.1.1934 die von den Arbeitern und Angestellten frei gewählten Funktionäre der Arbeiterkammern - die Kammerräte, der Vorstand und das Präsidium - durch eine von der Regierung bestellte regierungstreue Verwaltungskommission ersetzt.

Da die Regierung den Heimwehren starke Rückendeckung gab, agierten diese immer frecher. Sie provozierten und denunzierten ihre politischen Gegner, störten deren Veranstaltungen und durchwühlten Häuser und Räume sozialdemokratischer Vereinigungen unter dem Vorwand, sie suchten Waffen. Unter dem Schutz der Regierung nahmen sie sich auch das Recht in Betriebe zu dringen, um dort "Waffen" zu suchen. So beispielsweise am 26. April 1933 in Linz, im Heizhaus II und in verschiedenen Lokomotiven. Alle diese Entwicklungen - die ersten Verbote traditioneller Arbeiterorganisationen, die gesetzlichen Änderungen, die der Regierung "Willkür" ermöglichten, und die massive Förderung der Heimwehren - unterstützten die politische Radikalisierung. Bereits 1929 warnt der christlichsoziale Arbeiterführer Leopold Kunschak vor der Heimwehrbewegung, in dem er feststellt, daß "die Heimwehrbewegung eine Entwicklung nimmt, die sie als Gefahr für das parlamentarische System erscheinen läßt". Doch die Regierung hatte sich bereits auf den Kurs der Gewalt und des Terrors festgeschworen.

Die innenpolitischen Spannungen nahmen durch die zunehmenden nationalsozialistischen Umtriebe verstärkt zu. Die Nationalsozialisten fanden ihren Rückhalt bei Hitler, der am 30. Jänner 1933 zum deutschen Reichskanzler ernannt wurde. In Oberösterreich gründete Alfred Proksch, ein Eisenbahner, am 13. Mai 1919 die erste Ortsgruppe der Nationalsozialistischen Deutschen Arbeiterpartei; im Jahre 1920 trifft er erstmals mit Hitler zusammen. Sechs Jahre später unterstellten die österreichischen Nazis Hitler die Partei. Am 31. Jänner 1933 organisierten Nationalsozialisten einen Fackelzug und eine Festversammlung in Linz; einen Tag später in Wels. Am 7. Februar 1933 demonstrieren 10.000 Sozialdemokraten in Linz gegen die Gefahr des Nationalsozialismus. Bei "Anschluß-Kundgebungen" in Linz, Wels und Steyr kommt es zu schweren Auseinandersetzungen zwischen Sozialdemokraten und Nationalsozialisten. Am 5. März 1933 gibt es nach einer schweren Auseinandersetzung zwischen Sozialdemokraten und Nationalsozialisten im Welser Bahnhofsgebäude drei Schwerverletzte. Bezeichnend für das Verhalten der damaligen Regierung war, daß die Nazis bei Bestrafungen eher mit der Milde der Exekutive rechnen konnten als die "Roten", obwohl diese durch ihre Gegenwehr die Republik zu schützen versuchten. Auch nach dem Verbot der Nationalsozialistischen Partei blieb die Regierung mit ihrer antimarxistischen Grundhaltung den Nazis gegenüber eher nachsichtig.

Die schwere Mißachtung der Rechte der Arbeitnehmer, ihre politische und wirtschaftliche Unterdrückung sowie die ständigen Provokationen und Denunziationen der Regierung und der Heimwehren führten letztlich zum verzweifelten Aufstand der Arbeiter im Februar 1934. Dieser verzweifelte Versuch zur Rettung der österreichischen Demokratie nahm in Linz seinen Ausgang, verbreitete sich rasch in ganz Österreich und wurde von der Exekutive mit Unterstützung der Heimwehren und des Militärs blutig niedergeschlagen.

Der "12. Februar 1934"

"Herr Landeshauptmann, ich erbitte ihre Intervention. Im 'Hotel Schiff' ist Polizei. Bitte rufen Sie die Polizei zurück, sonst geschieht Schreckliches".

Mit diesen Worten versuchte der Schutzbundführer und Landesparteisekretär der Sozialdemokratischen Partei für Oberösterreich, Richard Bernaschek, am Montag, dem 12. Februar, um 7.15 Uhr den "blutigen" Zusammenstoß noch zu verhindern. Kurze Zeit später verhaftete die ins Hotel Schiff eindringende Polizei Bernaschek.

Dem bewaffneten Widerstand der Arbeiter gingen eindeutige Maßnahmen der Regierung voran. Vizekanzler Major Fey verkündete am 11. Februar 1934: *"Morgen werden wir an die Arbeit gehen - und wir werden ganze Arbeit tun"*. Da die Heimwehren offen die Zerschlagung der sozialdemokratischen Organisationen verlangten, wußten die Arbeiterfunktionäre, welches Ziel Fey mit der Losung anstrebte. Sein Ziel war die Zerschlagung der "Sozialdemokratie", die den autoritären, nach Anerkennung suchenden Heimwehren schon lange ein Dorn im Auge war. Bernaschek wußte das und ging zum Angriff über. In einem Brief, den der pensionierte Eisenbahner Alois Jalkotzy überbrachte, informierte Bernaschek mit fünf seiner engsten Vertrauten noch am 11. Februar 1934 Otto Bauer, Theodor Körner und Johann Schorsch, den Sekretär der Freien Gewerkschaften, über die Absicht, künftige Hausdurchsuchungen nach Waffen nicht ohne bewaffneten Widerstand hinzunehmen.

Im Hotel Schiff in Linz begann im Februar 1934 der bewaffnete Aufstand des Schutzbundes.

Mit der Hausdurchsuchung am 12. Februar im Hotel Schiff begannen die Kampfhandlungen, die sich rasch auf Oberösterreich und Österreich ausbreiteten. In Linz konzentrierten sich die Kämpfe beim Wirtschaftshof, bei der Diesterwegschule, bei der Dorfhalle, auf dem Polygonplatz (dem heutigen Bulgariplatz), bei der Eisenbahnbrücke, in Steeg und am Freinberg beim Gasthof Jägermayr. In Oberösterreich kam es außerdem in Steyr, in Attnang-Puchheim, in Ebensee und im Hausrucker Kohlenrevier bei Holzleithen zu Kämpfen. Widerstand und Verhaftungen gab es in ganz Oberösterreich, vom Mühlviertel bis ins Salzkammergut. Einen Überblick über die Kampfgebiete und über die Bewegung der Regierungstruppen zeigt der "Atlas zur Geschichte Österreichs":

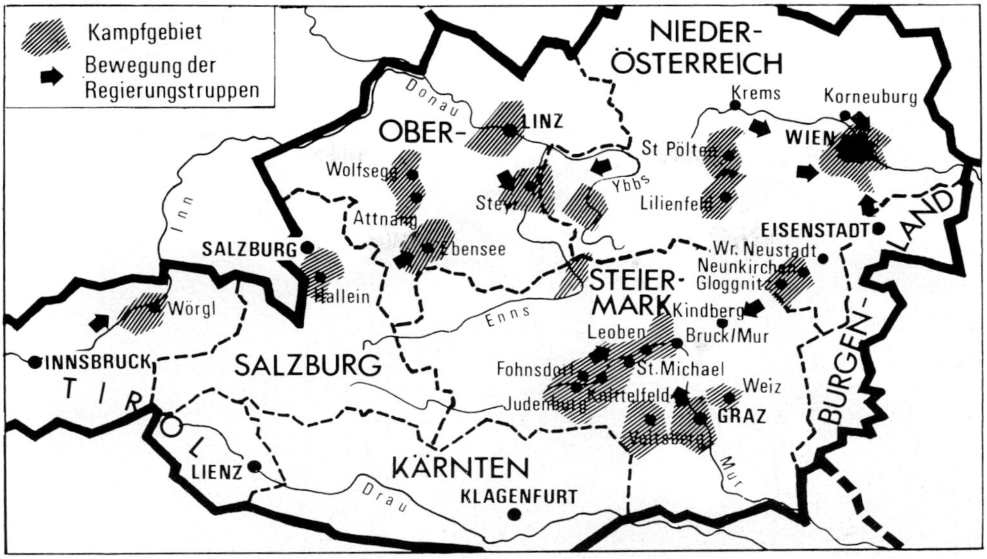

Die Zentren der Kämpfe im "blutigen Februar" in Österreich.

Unverständlich und unerklärlich bleibt der Haß zahlreicher Heimwehrler, die bar jeden Verstandes, geleitet von der augenblicklichen Emotion über Leben und Tod entschieden. In Holzleithen beispielsweise, ließ ein gewisser Dr. Frühwirt sechs Sanitäter, ein jeder von ihnen hatte die Sanitätstasche mit dem Roten Kreuz umgehängt, auf der Bühne des Arbeiterheimes erschießen. Einer der beiden Überlebenden Josef Zaribnicky, erzählte, daß nach dem Gemetzel dieser Dr. Frühwirt auf die Frage: *"Warum haben sie die Sanitäter erschießen lassen?"* geantwortet hat: *"Ja ich hab gesagt, 'an die Wand mit ihnen!' Nicht 'erschießen'. 'Zu blöd, zu blöd"*.

Dennoch meinte die Regierung, daß das Unheil noch zu gering gewesen war. Auch nach dem 17. Februar, also bereits zwei Tage nach den letzten Kampfhandlungen, hielt die Regierung am Standrecht fest. Insbesondere in Oberösterreich, dem Ursprungsland der Kampfhandlungen, fehlten ihr noch Todesurteile zur Abschreckung der Bevölkerung. Unter dem Motto "je härter die Urteile, desto gerechter" gingen die Verantwortlichen gegen die Arbeiter vor Gericht mit aller Schärfe vor.

Ein Gefangener wird abgeführt. Heimwehr und Polizei Seite an Seite.

Am 17. Februar 1934 richteten sich im Kreisgericht Steyr die Aggressionen gegen den sechsundzwanzigjährigen Eisenbahnersohn Josef Ahrer. Er war bereits seit drei Tagen in Haft, als ihn das "Standgericht" Steyr schuldig sprach, einen jungen Mann bei den Kampfhandlungen erschossen zu haben.

Und das, obwohl Ahrer stets seine Unschuld beteuerte. Die Zeugenaussagen ergaben ein verwirrendes Bild voller Unsicherheiten und Widersprüchlichkeiten, das den gesamten Prozeßverlauf prägte. Ein Gutachten darüber, ob der Erschossene durch eine Pistolenkugel oder durch eine Gewehrkugel getötet wurde - und das die Schuld oder die Unschuld von Ahrer geklärt hätte - lehnte das Gericht ebenso ab wie einen klärenden Lokalaugenschein. Am späten Abend verkündete das "Gericht" das Todesurteil durch den Strang. Der Bundespräsident lehnte das an ihn gerichtete Gnadengesuch ab. Nach Mitteilung des bei der Hinrichtung anwesenden Gendarms, mußten sich zwei Gendarmen so lange an die Beine des Verurteilten hängen, bis der Tod eintrat.

Einige Tage später, am 22. Februar, vollstreckte der Henker das Todesurteil an dem Linzer Brauereiarbeiter Anton Bulgari. Auch er beteiligte sich am Aufstand. Da er sich vor dem Standgericht rhetorisch nicht ordentlich verteidigen konnte, war er ein willkommenes Opfer. Mit seinen letzten Worten "Es lebe die Sozialdemokratie!" gab er seiner Gesinnung überzeugten Ausdruck.

Die Kampfhandlungen mußten mit einem hohen Preis bezahlt werden. Alleine in Oberösterreich starben 60 Menschen bei den Kämpfen - 28 auf Seiten der Exekutive und der Heimwehr sowie 32 auf Seiten des Schutzbundes und der Zivilbevölkerung - es gab Hunderte Verletzte und nach amtlicher Meldung 2808 Verhaftungen. Die Zahlen für Österreich sind um ein Mehrfaches höher anzusetzen. Die genaue Anzahl der Opfer ist bis heute nicht festgestellt worden. Dollfuß und Fey gaben offiziell 314 Tote - 118 der Exekutive und 196 des Schutzbundes - an. Diese Zahl mag für die Regierungstruppen stimmen; für die Arbeiter ist sie auf jeden Fall zu niedrig. Die Sozialdemokraten schätzen ihre eigenen Verluste auf 1200 Tote und 5000 Verwundete. Neun Österreicher, davon zwei aus Oberösterreich, wurden durch das Standgericht hingerichtet. Viele Menschen - nicht nur Schutzbündler - wurden verhaftet, vor Gericht gestellt oder in Anhaltelagern, wie beispielsweise in Wöllersdorf, eingesperrt. Viele Arbeiter, Angestellte und Beamte verloren ihren Arbeitsplatz, weil sie sich öffentlich als "Sozialdemokraten" oder "Kommunisten" bekannten.

Für die Regierung waren die Kampfhandlungen ein willkommener Anlaß, um die Sozialdemokratische Arbeiterpartei - die stimmenstärkste Partei des Landes - die Freien Gewerkschaften und alle anderen sozialistischen Organisationen der österreichischen Arbeiterbewegung, vom Briefmarkenverein bis zum Sportclub, zu verbieten.

Die Freizeit

Das Organisationsnetz der sozialistischen Arbeiterbewegung in der ersten Republik

		Mitglieder 1927	1932
I. Politische, berufliche und wirtschaftliche Interessenvertretung			
1. Sozialdemokratische Partei		669 586	648 497
2. Freie Gewerkschaften		772 762	520 162
3. Konsumvereine		255 177	267 669
4. Verband der sozialdemokratischen Gewerbetreibenden und Kaufleute		20 272	19 600
5. Vereinigung sozialdemokratischer Rechtsanwälte und Juristen		153	642
6. dasselbe, Ärzte		ca. 800	ca. 1 100
7. dasselbe, Tierärzte		86	
8. Kleinbauernbewegung	1925:	6 150	
9. Verband der Fürsorgevereine Societas		10 760	10 361
10. Mietervereinigung		231 195	214 733
II. Kulturorganisationen			
a) Jugend-, Eltern-, Pädagogenverbände			
11. Arbeiterjugend		28152	28 036
12. Freie Schule-Kinderfreunde		95 308	91 385
13. Mittelschüler		1 650	2 526
14. Mittelschullehrer			480
15. Studenten		2 797	1 576
16. Schulpolitische Arbeitsgemeinschaft			
17. Verein für sozialistische Hochschulpolitik; Wirtschaftshilfe für Arbeiterstudenten			
18. Zentralstelle für Jugend- und Erziehungsarbeit; Arbeitskreis sozialistischer Pädagogen			
b) Sonstige Kultur- und Sportorganisationen			
19. Abstinentenbund	1926:	ca. 4 500	
20. Arbeiterfilmer			
21. Arbeiter-Alpine-Gebirgstrachten-Erhaltungs- und Volkstänzervereine			ca. 1 000
22. Briefmarkensammlerverein			1 091
23. Esperantobund		1 197	1 829
24. Feuerbestattungsverein „Die Flamme"		102 495	167 315
25. Freidenkerbund		41 705	30 406
26. Kleingärtner-, Siedler- und Kleintierzüchterverband		25 603	34 887
27. Kunststelle Wien		15 200	16 840
28. Musikvereine-Zentralverband		1 632	ca. 2 000
29. Politisches Kabarett			
30. Radiobund		3 150	18 865
31. Religiöse Sozialisten			
32. Rote Spieler (Theatergruppe)			
33. Sängerbund		15 106	11 624
34. Schachbund		1 932	1 862
35. Stenographenbund		2 869	1 232
36. Tierfreunde- und Tierschützer			2 000
37. Arbeiterbund für Sport und Körperkultur (Askö)		206 490	240 216
38. Fischereivereine		1 132	ca. 6 500
39. Flugsportverband	1926 gegründet		372
40. Fußballvereine		ca. 10 000	23 775
41. Handballvereine		1 147	1 086
42. Jäger- und Schützenbund		6 654	ca. 6 500
43. Jiu-Jitsuvereine		490	
44. Kraftsportvereine		1 196	1 378
45. Naturfreunde		69 000	75 048
46. Radfahrvereine		17 069	ca. 20 000
47. Samariterbund	1927 gegründet		523
48. Schwimmvereine		6 778	6 415
49. Tennis- und Eissportvereine		454	ca. 1 000
50. Turn- und Sportbund		57 557	27 624

Wenn keine Mitgliederzahlen genannt werden, so enthalten die angegebenen Quellen keine Werte oder es handelt sich um Verbände mit Kollektivmitgliedschaften. Die Zuordnung der einzelnen Verbände zu den Kulturorganisationen entspricht der Selbsteinschätzung durch die Arbeiterbewegung.

(Dieter Langewiesche: Die Freizeit des Arbeiters, Wien 1979)

Die Liste der sozialdemokratischen Freizeitorganisationen zeigt die vielfältigen kulturellen Aktivitäten der Arbeiterbewegung.

Nach dem blutig niedergeschlagenen Aufstand der Arbeiter im Februar 1934, zeigten sich deutlich die unterschiedlichen Machtinteressen der Christlichsozialen Partei und der Heimwehr. In Oberösterreich bedurfte es für die bundespolitischen Gewaltakte eines neuen Landeshauptmannes. Der demokratisch gesinnte Landeshauptmann Dr. Schlegel, unter dem eine gedeihliche Zusammenarbeit möglich war, mußte als Konsequenz für seine liberale Politik - vor allem aufgrund der massiven Interventionen der Heimwehren - abdanken. Als seinen Nachfolger bestellte die Landesregierung Dr. Heinrich Gleißner - einen Regimentskameraden von Bundeskanzler Dollfuß.

Eisenbahner im Aufstand

Am 12. Februar 1934 rief die Sozialdemokratische Parteileitung für ganz Österreich den Generalstreik aus. Die Arbeiter vieler Betriebe, insbesondere der größeren, folgten diesem Aufruf. Bis auf wenige Ausnahmen befolgten die Eisenbahner den Aufruf zum Generalstreik nicht. Aus diesem Grunde lasten bis heute zahlreiche Augenzeugen den Eisenbahnern eine maßgebliche Schuld an der blutigen Niederwerfung der österreichischen Arbeiterbewegung an, obwohl viele von ihnen am Aufstand maßgeblich beteiligt waren. So zum Beispiel der Trauner Schutzbundfunktionär Alois Haslinger, der mit seiner Schutzbundgruppe am 12. 2. 1934 an der Bundesstraße 1 bis Hörsching Stellung bezog. Als er auf der Westbahnlinie einen Zug vorbeifahren sah, meinte er: *"Diese Revolution haben wir verloren; wir müssen für die nächste rüsten!"*

Warum hatte man dem Verhalten der Eisenbahner so große Bedeutung beigemessen?

- Die Eisenbahner waren auf Grund ihrer Organisationsdichte und ihrer politischen Kampfbereitschaft als Elitetruppe der Arbeiterschaft bekannt und akzeptiert. Daher demoralisierte das Fahren der Züge die Streikbereitschaft der kämpfenden Arbeiter, weil ihnen die Hoffnung auf einen gemeinsamen Sieg genommen war.
- Durch den planmäßigen Eisenbahnbetrieb konnten die Exekutive und das Militär ungehindert ihre Truppen transportieren.

Ob dieser oft zu hörende Vorwurf, daß die Eisenbahner an der Februar-Niederlage mit schuldig sind, berechtigt ist, kann und soll hier nicht geklärt werden. Bevor jedoch ein nicht gerechtfertigtes Urteil gefällt wird, soll sich der Leser einen Einblick in die besondere Situation verschaffen.

Die Eisenbahner waren in den Augen der reaktionären Regierung der größte Gegner der Staatsgewalt. Sie waren es, die immer wieder bewiesen haben, daß unter der Parole *"Alle Räder stehen still, wenn dein starker Arm es will!"* große wirtschaftliche und soziale Ziele zu erreichen sind. Auf ihren Gleisen rollten sie die "Sozialdemokratie aufs Land und schwächten damit den christlich-klerikalen Einfluß". Das verstärkte die Aggression der reaktionären und faschistischen Kräfte dieses Landes, die mit allen Mitteln die solidarische Kraft der Eisenbahner zu brechen versuchten. Das Zurückweichen der Arbeiterbewegung vor den immer aggressiver auftretenden Gegnern war ein Ausdruck der gesamten Politik. Durch das Zurückweichen gingen der Glaube an die eigene Bewegung und die Hoffnung um die Chancen gegen den Faschismus verloren. So konnte auch bei einem großen Teil der Bediensteten der Verteidigungswille gebrochen werden. Die Maßnahmen der Verwaltung und der Regierung, die politische Lage sowie die wirtschaftlichen Zustände, zwangen so manchen Eisenbahner zu einem angepaßten Verhalten. Die Maßregelungen nach dem Proteststreik, der Druck der Heimwehren und der Zwang der Verwaltung, die Eisenbahner in die Vaterländische Front zu bringen, machte viele Eisenbahner mutlos. Die Gewerkschaft der Eisenbahner war sich über die geänderte Situation im Klaren. Bereits Ende Jänner teilte der Zentralsekretär der Eisenbahner, Berthold König, dem Führer des Republikanischen Schutzbundes, Dr. Julius Deutsch, mit, daß er den Eisenbahnern keinen neuerlichen Generalstreik zumuten kann.

Am 12. Februar 1934, richtet der Generaldirektor der Österreichischen Bundesbahnen namens des Vorstandes nachstehenden Dienstbefehl an alle Dienststellen:

> *"Streik, Sabotage, passive Resistenz sind bei Gesetz verboten. Wer sich zu einer derartigen Handlung hinreißen läßt, hat unnachsichtlich mit der sofortigen Entlassung, ohne jeglichen Anspruch für sich und seine Familie zu rechnen. Wir appelieren an die vaterlandstreue Bedienstetenschaft, ihren ganzen Einfluß auf ihre Kollegen auszuüben und jedem Streikversuch auf das schärfste entgegenzutreten."*

Und dennoch folgten viele dem Aufruf zum Generalstreik oder beteiligten sich als Mitglied des Schutzbundes am bewaffneten Aufstand. Weiters ist zu berücksichtigen, daß viele Eisenbahner dem Streikaufruf nicht mehr folgen konnten, weil sie schon vorher verhaftet oder entlassen wurden. Zahlreiche Schutzbundführer - und sehr viele Eisenbahner hatten diese Funktion - wurden schon Tage vorher verhaftet. Damit waren bereits vorbeugend ein Großteil der verläßlichsten Kämpfer eingesperrt und die Organisationskraft für einen Streik geschwächt. Vielfach, wie zum Teil auch in Linz, beseitigte die Eisenbahner-Heimwehr Behinderungen des Eisenbahnbetriebes; dadurch konnten die Züge planmäßig fahren. Auch wenn die Züge in Oberösterreich größtenteils ungehindert verkehrten, waren die Eisenbahner maßgeblich am Aufstand beteiligt.

Die wahllos genommenen Beispiele aus Linz und ein Bespiel aus Attnang-Puchheim sollen den Einsatz der Eisenbahner zeigen:

Linz

Am Vormittag des 12. Februar zogen Eisenbahner in der Bundesbahn-Hauptwerkstätte Linz die Dreiklang-Sirene. Ihr Geheul war das Signal zum Generalstreik. Soweit die Eisenbahner dem Schutzbund eingeteilt waren, bezogen sie ihre Positionen nach den gegebenen Weisungen. So auch der Eisenbahner, Arbeiter-Sportler und Schutzbündler, Max Lotteraner.

Nachdem man ihn am 12. Februar 1934 im Betrieb von den Kampfhandlungen verständigte, eilte er zu seinem Einsatzort, dem Hotel Schiff. Für den Zeitraum seiner Abwesenheit vom Dienst nahm er Urlaub. Das Hotel Schiff war zu dieser Zeit von Militär, Polizei und Heimwehrlern bereits abgeriegelt. Daher eilte er zur zentralen Sammelstelle des Schutzbundes, zum Wirtschaftshof, in der unteren Derfflingerstraße. Dort half er bei der Bereitstellung der Waffen, dann an den Vorbereitungen zur Abwehr des herankommenden Bundesheeres, das vom Gelände des ATSV-Sportplatzes und vom Seidelgütl, anrückte. Nach Aufgabe der Position im Wirtschaftshof beteiligte er sich bis zum Ende der Abwehrkämpfe, am Morgen des 13. Februar (Zit. nach Kammerstätter). Die Bundesbahndirektion Linz entließ Max Lotteraner aus dem Bundesbahndienst. So wie ihm erging es auch vielen anderen Eisenbahnern, die sich in irgendeiner Form am Abwehrkampf gegen die soziale und wirtschaftliche Unterdrückung beteiligten. Insgesamt hatte die Verwaltung 180 Eisenbahner entlassen oder mit einem reduzierten Pensionsanspruch in Pension geschickt.

Disziplinaroberkammer der Generaldirektion der Österr. Bundesbahnen.

G.D.Zl. 1115 - R- 1934.
D.A.Nr. 95

E r k e n n t n i s .

Auf Grund der am 2. August 1934 in Anwesenheit des Beschuldigten und seines Verteidigers Inspektor Johann M a r i a n vor der Disziplinaroberkammer durchgeführten Verhandlung und der Entscheidung des Herrn Stellvertreters des Herrn Generaldirektors vom 10. August 1934 wird zufolge Nichtbestätigung des Erkenntnisses und über die Berufung des Beschuldigten gegen das Erkenntnis der Disziplinarkammer der Bundesbahndirektion L i n z vom 30. Mai 1934, G.D.Zl. 51.499-1934, mit dem der Schlosser

Maximilian L o t t e r a n e r

der Werkstätte Linz wegen Teilnahme am Streik und Aufruhr am 12. Feber 1934 mit Minderung des Gehaltes um 5 % mit gleichzeitiger Versetzung in den dauernden Ruhestand bestraft wurde, wie folgt erkannt:

Das vom Beschuldigten hinsichtlich Schuld und Strafe durch Berufung angefochtene und vom Herrn Maschinendirektor als im Strafausmass zu milde nicht bestätigte Erkenntnis wird im Schuldspruch bestätigt, im Strafausmass aber auf D i e n s t e s e n t - l a s s u n g v e r s c h ä r f t .

Auch der bereits bekannte Josef Liegl beteiligte sich am bewaffneten Aufstand. Er erinnert sich:

"Da is der Genosse einakuma, 'Sepp wos dats den da, beim Hotel Schiff schiassns do scho'. Naja, dan miaßma do a hoffn, ja dan hama si zamgsitzt und hama uns geinigt wir gengan obe, und lassn die Sirene brülln. Des hast, die Eisenbahner miassn ausa. Wir gengan obi, auf amoi steht dort bei der Sirene mei Vorstand e a Sch....kerl, I hab gsogt, jogts do davo und wia i des sag, rent er mitn Revolver davo. Und wir habn brüllt, und da san die Leit ausa, und wir habn uns gsammit und san aus zu der Potschacherwiesn.
Und bevor ma zu der Wiesn kuma san, samma zu aner Schul (Dürnbergerschule) zuwi, da hamma die Waffn ausa und verteut, und die Leit verteut, dan sama zum Sportplatz in der Potschacher, auf der drübern Seitn von der Wienerstraßn, und von durt samma eini in die Potschacher, durt samma aufteut worn, und i hab sofort die Sanität übakriagt, die Leit san schon in die Schützengräbn glegn. Ja mir habn schon an dawischt, e an von die Gegner, der hat den Mantel auszogn, den hat a unsriger kriagt, den hat schon gfrorn, den es hat ja schon grieselt und gregnt.
Gegn abends, kummt Meldung aussa wir miaßn an vabindn, verletzt is aner, wia ma ausekumman steht a Auto dort, an Offizier, den hat aner mitn Kraumbm an üban Schädl gebn, da hama net mehr helfn kena, den hams dan eine in d'Stadt und wir san dann zruck von der Wienerstraßn.
Und dort hats dan g'haßn, Mitternacht war scho vorbei, mir miaßn Stellung rama, von Wien aus is die Meldung kema, die Kämpfe sofort abbrecha, wieder zruck, na dan hama Leit hamgschickt, mir hamd' Waffn versteckt, des Maschinengwehr und des andere, da wars schon Fruah.
Dann sama a ham und dan bin i ham, und da hab i dacht, in die Bude derf i net ham. Da bin i bei der Direktion vorbei und da is a Heimwehrler außabuart, 'Halt stehn bleibn!' und hab eini miaßn in die Direktion. Na mi hams dan eini transportiert in d'Rathausgassn, dort war die Polizeistation".

Heimwehrler verhaften Josef Liegl vor der Bundesbahndirektion Linz

Gefangenenhof im Linzer Rathaus

Für die Beteiligung am Streik wurde Josef Liegl mit der Disziplinarstrafe der Versetzung in den dauernden Ruhestand bestraft: Seine Berufung wurde von der Disziplinaroberkammer abgewiesen und das vom Maschinendirektor, wegen des in seinen Augen zu milden Strafausmaßes, nicht bestätigte Erkenntnis auf die Strafe der Dienstentlassung verschärft. Gnadenhalber wurde seiner Gattin eine jährliche Witwenpension in der Höhe von 699,91 Schilling gewährt sowie 279,96 Schilling Erziehungsbeitrag für den unversorgten Sohn Herbert.

In dieser Zeit tagten Disziplinar-Schnellgerichte bei der Linzer Bundesbahndirektion. Das "Linzer Volksblatt" schreibt von einer dieser Verhandlung:

"Die Einvernahmen zu denen eine Reihe von Beschuldigten aus dem Polizeiarrest vorgeführt wurde, begannen um 8 Uhr früh, die Verhandlung selbst um 12 Uhr mittags, sie dauerte bis halb zwölf Uhr nachts. Von den 26 Beschuldig–

Generaldirektion
der
Oesterreichische Bundesbahnen.

Zahl: 5 1 5 1 1 aus 1934.

W i e n , am 30. M a i . 1934.

An

den Dreher Herrn Josef L i e g l .
in

L I N Z.

D i s z i p l i n a r e r k e n n t n i s :

Auf Grund des gegen Sie durchgeführten Disziplinarverfahrens hat die Disziplinarkammer in Linz in ihrer Sitzung am 24. Mai 1934 erkannt:

Sie sind schuldig, dadurch Ihre Dienst-und Standespflichten in leichtfertiger Weise verletzt und Ihre dienstliche Vertrauenswürdigkeit im Sinne des § 95 der Dienstordnung verwirkt zu haben, dass Sie sich entgegen den Bestimmungen der §§ 18,28 und 34 der Dienstordnung am 12.Feber 1934 am Streik beteiligten und dass Sie auch am Aufruhr teilnahmen, indem Sie in der Poschacher-Brauerei bis zum Morgen des 13.Feber 1934 im Dienste des republikanischen Schutzbundes Sanitätsdienste versahen .

Sie seien deshalb mit der Disziplinarstrafe der Versetzung in den dauernden Ruhestand (§ 91, 4 , f) der D.O.) zu bestrafen.-

G r ü n d e :

Das Erkenntnis gründet sich auf das Ergebnis der Vorerhebung, der Voruntersuchung und der mündlichen Verhandlung, sowie auf Ihr Geständnis des Tatsächlichen, wodurch der Tatbestand vollkommen klargestellt und Ihre Schuld erwiesen wurde.- In Ihrer Teilnahme am Generalstreik

-/-

ten des Werkstättenpersonals wurden 17 sofort, ohne Anspruch auf Ruhegenuß entlassen, 9 dem ordentlichen Verfahren überwiesen, von den 8 Beschuldigten des Verkehrspersonals wurden 7, darunter ein Revisor und ein Pensionist entlassen bzw. ihnen die Bezüge eingestellt, einer wurde dem ordentlichen Verfahren überwiesen."

Über ein weiteres Disziplinar-Schnellverfahren in Linz vom September 1934 berichtet die Nummer 1 der illegalen Flugschrift "Das Signal", dem Organ für die Eisenbahner, Transport- und Verkehrsarbeiter.

Martin Erlinger, der am 14. und am 15. Februar 1934 vor mehreren Leuten erklärte *"Es ist eine Schande von der Regierung, daß sie für diese paar tausend Schutzbündler eine so große Macht aufgeboten hat"*, wurde zu drei Wochen Arrest verurteilt. Dieser Bedienstete war an den Februarkämpfen in keiner wie immer gearteten Weise beteiligt. Die Disziplinaroberkommission der Generaldirektion bestrafte ihn zusätzlich mit der fristlosen Entlassung.

am 26. Feber 1934.

Zahl: 110-P / 75a

An den

Werkmann der Oesterreichischen B u n d e s b a h n e n

H e r r n Franz R a z i n g e r

in

L i n z .

Sie werden gemäß Art.I der Verordnung der Bundesregierung vom 12.Oktober 1933, B.G.Bl.Nr.475, (G.D.N.Bl.58.Stück -1933 Nr.216) mit Ablauf des 28. Feber 1934 in den zeitlichen Ruhestand versetzt und demgemäß mit 28.Feber 1934 außer Stand und Gebühren gebracht.

Die Anweisung Ihres Ruhegenusses wird durch uns veranlaßt werden.

Da die Flüßigmachung des Ruhegenusses nicht rechtzeitig erfolgen kann, wird Ihnen auf den Ruhegenuß für März 1934 ein Vorschuß von S 170.- angewiesen, der Ihnen in Teilbeträgen am 1., 10. und 21.März 1934 durch den Bahnhof Linz ausgezahlt werden wird.

Die in Ihrem Besitze befindlichen Dienstbehelfe, sowie die Ihnen und Ihren Familienangehörigen ausgefolgten Fahrbegünstigungsausweise haben Sie an Ihren Dienstvorstand abzuführen.

Ihre allfällige Verfolgung im Wege des besonderen Disziplinarverfahrens nach Art.II der Verordnung vom 12.Oktober 1933, B.G.Bl. Nr.475 (G.D.N.Bl. 58.Stück -1933) behalten wir uns vor.

Der Bundesbahndirektor :

Auch der letzte Obmann des Personalausschusses Linz, Franz Razinger, beteiligte sich am bewaffneten Aufstand. Die Ratskammer beim Landesgericht Linz wirft ihm vor, daß er die Eisenbahner zum Streik aufforderte und in der Nähe der Dorfhalle als Posten gestanden sei. Zeugen gibt es dafür keine, doch wird Razinger vom 14. Februar bis 27. Februar 1934 vorsorglich in Untersuchungshaft genommen. Einen Tag vorher, am 26. Februar, teilte ihm der Bundesbahndirektor die Versetzung in den zeitlichen Ruhestand mit.

Diese drei Beispiele zeigen - und es könnten noch viele mehr vorgebracht werden - daß weder die Regierung noch die Generaldirektion Widerspruch, geschweige den Widerstand duldeten.

Attnang-Puchheim

Attnang-Puchheim war einer der wenigen Eisenbahnstätten, an denen die Eisenbahner den Aufruf zum Generalstreik befolgten. Karl Sulzberger, den die Bundesbahn bereits anläßlich des Streiks am 1. März 1933 kurzfristig außer Dienst gestellt hatte und der am Vorabend in einer Aussprache mit Richard Bernaschek über die geplanten Maßnahmen des Schutzbundes im Falle weiterer Waffendurchsuchungen durch die Heimwehren und der Polizei informiert war, organisierte den Aufstand in Attnang-Puchheim. Er berief eine Versammlung in der Werkstätte ein, und erklärte den Genossen und den Arbeitern, wieso und warum was momentan zu geschehen habe. Das Sirenengeheul informierte die Arbeiter am Bahnhof zusätzlich über den Streik. Bis auf jene Züge, die Lebensmittel transportierten, hielten die Attnanger Eisenbahner alle Züge an. Rund 150 Schutzbündler, die zum Teil von Vöcklabruck und von Lenzing kamen, besetzten die Post, die Gemeinde und die Gendarmerie. Das Eintreffen des 11-Uhr-Zuges von Wien, mit kaum 10 Minuten Verspätung, verunsicherte Karl Sulzberger. Er wußte, daß der Generalstreik weder in Wien noch in St. Pölten, Amstetten, Linz und Wels befolgt werden konnte. Nach einer schweren Entscheidung, ob sie den Streik fortsetzen oder den Kampf absagen sollten, entschied er, einen Teil der Waffen abzugeben. Anschließend gab er "den Rat und Befehl" sich zurückzuziehen. Um seine Kollegen im Salzkammergut über seine Entscheidung zu informieren, machte er sich sofort auf den Weg nach Gmunden. Bald danach verhaftete ihn die Gendarmerie, die Sulzberger dem Bezirksgericht Gmunden überstellte. Nach einem Monat Haft in Gmunden erfolgte die Überstellung in das Kreisgericht Wels. Das Gericht verurteilte ihn zu sieben Monaten schwerem Kerker. Am 23 . Mai 1934 teilte die Generaldirektion Karl Sulzberger die Entlassung gemäß § 120 der Dienstordnung mit. Karl Sulzberger ist nur einer von 34 Eisenbahnern aus Attnang, die sich vor dem Gericht und der Disziplinarkammer der Bundesbahndirektion Linz zu verantworten hatten.

Eisenbahner - Schuld an der Niederlage?

Obwohl auch in Oberösterreich der Bahnverkehr weitgehend reibungslos verlief, darf nicht vergessen werden, daß sich mehr als 1000 Eisenbahner an den Kämpfen im Februar 1934 beteiligten. Viele von ihnen, wie die Beispiele aus Linz und Attnang-Puchheim zeigten, suchten sofort nach dem Beginn der Kampfhandlungen die Schutzbund-Sammelstellen auf, egal ob sie nun Dienst oder dienstfrei hatten. Gerade deswegen, weil sie sich an den Kampfhandlungen beteiligten und ihre Dienststellen verließen, war es erst möglich, daß die Bahn, oft unter dem Druck der Eisenbahner-Heimwehren, ihren Betrieb fortsetzen konnte. Wären diese Eisenbahner in ihren Dienststellen geblieben, so hätte der Bahn-Betrieb sicher besser behindert werden können und die Truppentransporte der Regierung zu den Orten der Kampfhandlungen hätten nicht so reibungslos funktioniert. Wäre deshalb der Aufstand zu gewinnen gewesen?

Es gab weder von der sozialdemokratischen Parteileitung noch vom Republikanischen Schutzbund ein Konzept für einen Generalstreik. Die Aufstände waren daher vielfach regional und lokal beschränkt und von der jeweiligen Schutzbundleitung abhängig. Zwischen den einzelnen Kampfplätzen fehlten die notwendigen koordinierenden Verbindungen, die für ein strategisches Gesamtkonzept notwendig gewesen wären. Unabhängig von der Beteiligung der Eisenbahner am Generalstreik ist sicher, daß der Aufstand für die österreichische Arbeiterbewegung zu diesem Zeitpunkt nicht mehr zu gewinnen war. Zu uneinig und unentschlossen war die sozialdemokratische Führung, um sich rechtzeitig gegen den schrittweisen "Rechtsraub" an den Einrichtungen der Arbeiterschaft zu wehren. Auch bei einer lückenlosen Beteiligung am Generalstreik, war zu diesem Zeitpunkt ein Bürgerkrieg nicht mehr zu gewinnen. Aus all diesen Gründen, und dazu könnten noch eine Reihe weiterer genannt werden - wie die jahrelangen Repressionen gegen die Eisenbahner oder die Entlassungen und Verhaftungen aus gewerkschaftlichen und politischen Motiven bereits vor dem Feburar 1934 - kann wohl niemand den Eisenbahnern eine Schuld an der Niederlage am bewaffneten Aufstand der Arbeiterschaft zuweisen. Keine andere Berufsgruppe hatte ähnlich viele Opfer zu beklagen wie die der Eisenbahner.

Die Eisenbahner und der 12. Februar 1934

In der Geschichte der österreichischen Sozialisten und der Arbeiterbewegung wird der 12. Februar 1934 als Ehrentag des heroischen Kampfes für die demokratische Verfassung der ersten Republik auch kommenden Geschlechtern noch Mahnmal sein.

Unsere oberösterreichischen Eisenbahner haben auch an diesem Tage ihren Mann gestellt. Schon in den ersten Vormittagsstunden wurde bekannt, daß die Polizei das Arbeiterheim im Hotel Schiff belagert und die Schutzbündler sich weigern, die Waffen herauszugeben, die zur Verteidigung der Demokratie und Verfassung bereitgestellt waren.

Es kam zum bewaffneten Widerstand gegen die Staatsgewalt der verfassungsbrüchigen Regierung. Um 11 Uhr 10 wurde in der Bundesbahn-Hauptwerkstätte Linz die Dreiklang-Sirene gezogen. Sie war das Signal zum Generalstreik. So weit die Eisenbahner beim Schutzbund eingeteilt waren, bezogen sie ihre Positionen nach den gegebenen Weisungen.

Der staatlichen Uebermacht gelang es unter Einsatz schwerer Waffen, die Erhebung niederzuschlagen. Für unsere Eisenbahner folgten schwere Zeiten der Demütigungen, Verfolgungen und Maßregelungen. Besonders die Eisenbahner von Linz und Attnang-Puchheim mußten große Opfer bringen. Gegen eine Anzahl wurden gerichtliche Verfahren wegen Verbrechens des Aufruhrs eingeleitet und schwere Kerkerstrafen verhängt. Gegen 180 Eisenbahner wurde das berüchtigte Schnell - Disziplinarverfahren durchgeführt, das in über 100 Fällen mit sofortiger Entlassung unter Aberkennung aller Rechte endete.

Der Faschismus feierte Orgien wütenden Hasses gegen die aufrechten Demokraten, die für ihr Ideal, Freiheit, Existenz und Leben opferten. Und doch lebte die Idee in den Herzen und Hirnen der Eisenbahner weiter. Der tiefe Glaube an die Freiheit ging nicht unter.

Zum zwölften Male kehrt der Tag wieder, an dem die Eisenbahner mit der sozialistischen Arbeiterschaft Oesterreichs Schulter an Schulter für Demokratie und Freiheit auf die Barrikaden gingen.

Zum ersten Male können wir diesen Ehrentag in gebührender Weise begehen und seiner heldenhaften Opfer gedenken. An diesem 12. Jahrestag wollen wir den noch lebenden Kämpfern Dank sagen für ihre Treue und ihren Mut. Ihr Kämpfer: Eure Opfer waren nicht umsonst. Durch sie seid ihr, euer Glaube und euer Bekenntnis erst groß geworden. Durch eure Tat ist die Idee, für die ihr zum Kampfe angetreten seid, alles zu opfern und zu erdulden bereit waret, unsterblich geworden und siegreich wieder erstanden!

Im stillen Gedenken wollen wir mit reinem Herzen und edler Gesinnung vor unsere Gefallenen und Gemordeten hintreten. Wir wollen ihnen an diesem Tage den Schwur leisten:

„Brüder, ihr seid nicht umsonst gestorben! Ihr gabt das Höchste, das Leben, für die Idee, auf daß sie lebe in Ewigkeit! Wir werden uns eures Opfertodes als würdig erweisen und der Idee mit fanatischer Ueberzeugung und Liebe dienen, die euch die Kraft und den Mut gab, für sie zu sterben!"

So wollen wir oberösterreichischen Eisenbahner in feierlicher Erhabenheit den 12. Februar als Gedenktag begehen und uns immerbar des Opferganges bewußt sein, den so viele von uns am 12. Februar 1934 antreten mußten. H. K.

"Tagblatt", vom 12. Februar 1946, Nr. 35.; erst 12 Jahre später findet das Verhalten der Eisenbahner die entsprechende Würdigung.

Am 14. Februar 1934 schlugen die Militärs, die Exekutive und die Heimwehren den verzweifelten Aufstand der Arbeiter mit übermächtiger Waffengewalt blutig zusammen. Am 13. Februar verbot die Regierung alle sozialdemokratischen Vereine und Organisationen. Von diesem Verbot waren auch die Organisationen und Einrichtungen der Eisenbahner betroffen. Die meisten der gewählten Vertrauenspersonen ließen sich nicht unterkriegen: Obwohl sie die christlichsoziale Regierung aus ihren Funktionen enthob, arbeiteten sie illegal weiter und kümmerten sich während der Zeit der austrofaschistischen Diktatur um die Interessen der Eisenbahner und um die Versorgung ihrer Opfer.

Die Ständeverfassung - der Ständestaat

Nach der blutigen Niederwerfung der Arbeiter im Februar 1934, und dem Verbot der sozialdemokratischen Organisationen, versuchte die Regierung, ihre Staatsmacht auch rechtlich abzusichern. Am 24. April 1934 erließ Bundeskanzler Dollfuß auf der Grundlage des Kriegswirtschaftlichen Ermächtigungsgesetzes eine Stände-Verfassung. Sie sah den Grundsatz der berufsständischen Ordnung vor; es sollten alle in einem Berufstand werktätigen Personen, ohne Rücksicht auf ihre soziale Position - Arbeitnehmer und Arbeitgeber - zusammengefaßt werden. Mit dieser Ständestaatsidee bezweckte die Regierung die Verschleierung der sozialen Gegensätze, die Überwindung des Klassenkampfes und die Bekämpfung des politischen Gegners - der Sozialdemokratie.

Die im Jahre 1933 eingerichtete "Vaterländische Front" war ab sofort die einzige anerkannte Partei; in sie sollten auch die Arbeiter gedrängt werden. Sie war nach dem Muster faschistischer Parteien autoritär geführt. Sie organisierte ebenso Massenveranstaltungen mit ihren Ritualen wie die Nationalsozialisten, nur führte sie nicht das Hakenkreuz als ihr Parteiabzeichen, sondern das Kruckenkreuz.

Die hauptsächliche Macht der Vaterländischen Front bestand im Interventions- und Vorschlagsrecht bei Behörden und bei der Postenvergabe in den von der Regierung beeinflußten Einrichtungen. Ihre Mitgliederzahl war wegen der erzwungenen Mitgliedschaft ganzer Berufsgruppen, wie beispielsweise der Eisenbahner, verhältnismäßig hoch, der Anteil der aktiven Mitglieder jedoch klein. Da die Regierung über die Schwächen ihrer Vaterländischen

Front Bescheid wußte, stützte sie sich bei der Ausübung ihrer Macht eher auf die Exekutive, die Heimwehren und die katholische Kirche.

Die Gründer der Republik wurden mit Kruckenkreuz-Fahnen verhängt.
Sie mußten Dollfuß weichen.

Als Ersatz für die zerschlagenen Gewerkschaften gründete die Regierung am 2. März 1934 den "Gewerkschaftsbund der Österreichischen Arbeiter und Angestellten". Zum Präsidenten dieser im Regierungsauftrag gegründeten Gewerkschaft ernannte sie den christlichen Gewerkschafter Johann Staud. Er sollte im Geiste des Christentums, der sozialen Gerechtigkeit und der Liebe zum Vaterland, den Arbeitern und den Angestellten eine wirksame Interessensvertretung sichern und ihre Eingliederung in den berufsständischen Aufbau der Gesellschaft vorbereiten. Mit einer demokratisch gewählten Interessensvertretung hatte diese Organisation nichts gemeinsam. Aus diesem Grunde, und weil Dollfuß nur diese eine Gewerkschaft zuließ, gaben ihr die Arbeiter den Namen "Einheitsgewerkschaft".

Obwohl die Mitgliederzahlen weit unter den Erwartungen des Gewerkschaftsbundes blieben, nahm dieser nicht jeden Arbeitnehmer auf. Ausgeschlossen von der Mitgliedschaft in den "Einheits-Gewerkschaftsbund" waren:

- Ansuchende, die wegen staats- und regierungsfeindlicher Betätigung zu einer Verwaltungsstrafe verurteilt worden waren und
- Ansuchende, die unter begründetem Verdacht standen, ihre Mitgliedschaft zu klassenkämpferischer oder politischer Agitation innerhalb des Gewerkschaftsbundes zu mißbrauchen.

JÄNNER 1935

Der Gewerkschafter

ORGAN DES GEWERKSCHAFTSBUNDES DER ÖSTERREICHISCHEN ARBEITER UND ANGESTELLTEN

Die herzlichsten Neujahrswünsche

allen Mitgliedern und Freunden des Gewerkschaftsbundes entbieten

der Vorstand des Gewerkschaftsbundes d. öst. Arbeiter u. Angestellten / die Schriftleitung „Der Gewerkschafter"

Zur Jahreswende.

Von Johann Staub.

Es ist üblich und wohl auch notwendig, an der Jahreswende Rückschau über das vergangene Jahr zu halten und zu versuchen, im Spiegel der Ereignisse eines solchen Zeitabschnittes die Zukunft zu deuten. Wenn je eine Jahreswende einen solchen Rückblick lehrreich machen konnte, so ist es wohl diese von 1934. Dieses Jahr hat unserem Vaterlande Ereignisse voll unerhörter Wucht gebracht. Mit atemberaubender Geschwindigkeit haben sich Phasen der Entwicklung vollzogen, die sonst Jahre und Jahrzehnte zu ihrer Reife gebraucht hätten. Das Jahr 1934 war ein Jahr des Zusammenbruches, aber auch ein Jahr des Aufbaues. Erst eine spätere Zeit wird die Bedeutung der Ereignisse dieses Jahres voll verstehen und würdigen können.

Die Arbeiterschaft wurde von den Ereignissen des abgelaufenen [illegible] ganz besonders berührt. Die [illegible] Verblendung und Haß [illegible]

zur Verteidigung ihrer Rechte. Sie hat von diesen Waffen Gebrauch gemacht und im Gewerkschaftsbund ein uneinnehmbares Bollwerk geschaffen, das die Abwehr aller Angriffe auf die sozialen und wirtschaftlichen Rechte ermöglicht, und darüber hinaus den Stützpunkt für den weiteren Ausbau der Sozialpolitik und die Erzielung besserer Lebensverhältnisse abzugeben vermag. Es wird immer ein unvergängliches Verdienst des großen Kanzlers Dr. Dollfuß bleiben, verhindert zu haben, daß die gewaltigen Erschütterungen des gesamten Staatslebens sich auf das soziale Gebiet auswirken konnten.

Das Jahr 1934 hat die neue Verfassung als Grundlage für den weiteren Aufbau unseres Staatswesens und der berufsständischen Ordnung gebracht. Die Auswirkungen dieser Verf[illegible] noch gar nicht ab[illegible]

Wie zu erwarten war, konnte der berufsständisch organisierte Gewerkschaftsbund für die Arbeiter kaum Verbesserungen durchsetzen. Im Gegenteil, die Arbeiternehmer mußten zahlreiche berufliche, soziale und wirtschaftliche Verschlechterungen hinnehmen.

Mit dem Werksgemeinschaftsgesetz, vom 12. Juli 1934 hob die Regierung das Betriebsrätegesetz aus dem Jahre 1919 auf. Diese Änderung bedeutete, daß die in den Betrieben freigewählten Betriebsräte von der im Auftrag der Ständestaats-Regierung kommissarisch verwalteten Arbeiterkammern bestätigt werden mußten.

Mit der Gründung der "Sozialen Arbeitsgemeinschaft" (SAG), am 31. März 1935, einer Unterorganisation der Vaterländischen Front, sollten die Arbeitnehmer verstärkt am Aufbau des Ständestaates beteiligt sowie die wirtschaftlichen und sozialen Interessen der Arbeitnehmer besser als in der "Eintopfgewerkschaft" vertreten werden, weil die Regierung mit ihren bisherigen Maßnahmen das Vertrauen der Bevölkerung nicht gewinnen konnte. Die Soziale Arbeitsgemeinschaft versuchte Kontakt mit den ehemals freigewählten Gewerkschaften zu knüpfen und diese in ihre Organisationsarbeit einzubinden. Dieses Ziel gelang ihr jedoch sehr selten und wenn, dann stand bei den Funktionären die bewußte Absicht dahinter, diese Organisation durch den sozialistischen Einfluß von innen her zu beeinflussen.

Der Mitgliederstand der Einheitsgewerkschaft blieb im Vergleich zu den Mitgliederzahlen der Gewerkschaften in der Ersten Republik weit zurück. Hinzu kommt, daß von den rund 354.000 Mitgliedern im Sommer 1936 rund 30 Prozent arbeitslos waren. Viele der Arbeitslosen erhofften sich durch die Mitgliedschaft bei der Gewerkschaft die Zuweisung einer Beschäftigung. Beispielsweise zählte die Gewerkschaft der Bau- und Holzarbeiter Ende Juni 1936, also in der Hochsaison, 15.105 beschäftigte und 27.920 arbeitslose Mitglieder.

Bei der Wahl der Vertrauensmänner im Herbst 1936 hatten sich trotz der Schikanen der autoritären Kräfte des Landes zahlreiche Freigewerkschaftler beteiligt. Von den 9.358 Kandidaten wählten die Arbeitnehmer 5719 Vertrauensmänner, die sich bereits vor der Zeit des Ständestaates als Betriebsräte aktiv betätigten. Und das, obwohl politisch Vorbestrafte - selbst dann, wenn sie nur eine Verwaltungsstrafe durch die Polizei erhalten hatten - vom aktiven und passiven Wahlrecht ausgeschlossen waren. Die Kandidaten mußten Mitglied der Einheitsgewerkschaft sein und konnten nur im Einvernehmen mit dieser Gewerkschaft und der Vaterländischen Front aufgestellt werden. In vielen Betrieben, wie beispielsweise in der Floridsdorfer Lokomotivfabrik wählten die Arbeiter und die Angestellten wieder die ehemaligen freigewerkschaftlichen Vertrauensmänner. Der vorher ernannte Betriebsratsobmann erhielt lediglich 130 von 400 Stimmen und wurde mit 270 Gegenstimmen daher nicht mehr gewählt. Eine ähnliche Situation gab es in Linz, hier wählten die Busschaffner ihren ehemaligen Freigewerkschaftler wieder zu ihrem Vertrauensmann.

Der Gewerkschaftsbund der Österreichischen Arbeiter und Angestellten blieb nicht die einzige gewerkschaftliche Interessensvertretung. Im Oktober 1934 erließ die Regierung ein Gesetz für den Berufsstand "Öffentlicher Dienst". Dieser gesetzlichen Zwangsorganisation gehörten auch die Bundesbahner an. Die Bundesbeamtenkammer, die Dachorganisation dieser Interessensvertretung gliederte sich in Kameradschaften. Die Eisenbahner waren in der Kameradschaft der Eisenbahner organisiert. Die Funktionäre der Kameradschaften, bis hin zu den kleinsten Betriebszellen, wurden von den einzelnen Direktionen ernannt. In den Kameradschaften gab es keine Möglichkeit der Mitbestimmung. Ihre Tätigkeit wurde durch Zwangsbeiträge der Bediensteten finanziert, die die Dienststellen einzogen. Eine echte Interessensvertretung konnten die unter Beamtendisziplin stehenden und von den Dienstbehörden selbst eingesetzten Kameradschaften nicht sein. Die Erfolge, besser die Mißerfolge, ihrer Tätigkeit, bestätigen diese Behauptung.

All diesen gewerkschaftlichen und politischen Entwicklungen zum Trotz blieben die Arbeiter und die Angestellten in ihren Betrieben meistens ihren ehemaligen freigewählten Betriebsräten treu. Das stärkte die Zuversicht, der ab dem Februar 1934 verbotenen und daher illegal arbeitenden Gewerkschaften und motivierte sie zur gewerkschaftlichen, politischen Arbeit im "Untergrund".

Politische Willkür

Seit dem Verbot der Sozialdemokratischen Partei konzentrierte sich der politische Wille in einer Hand. Um jedwede Opposition auszuschalten, verfolgten die Regierung und ihre Handlanger die sozialistischen Funktionäre der Partei, der Gewerkschaften, der Betriebsratskörperschaften sowie der Selbstverwaltungseinrichtungen der Sozialversicherung.

Dr. Engelbert Dollfuß, der seit Mai 1932 die Regierungsgeschäfte als Bundeskanzler führte, wußte von der Bedrohung der Unabhängigkeit Österreichs durch Nazideutschland.

Wenngleich er in den Sozialdemokraten den gefährlicheren Gegner als in den Nationalsozialisten sah, nahm er gegen die national-sozialistischen Untriebe eine entschiedenere Haltung ein als sein Nachfolger. Das Scheitern seiner totalitären Politik erlebte er nicht mehr. Am 25. Juli 1934 drangen Angehörige der illegalen SS-Standarte 89 in das Bundeskanzleramt ein und ermordeten den Bundeskanzler. Der beabsichtigte Putschversuch ging noch einmal daneben. In Oberösterreich gab es zahlreiche Aufstandsversuche, wobei die Zentren der nationalsozialistischen Aktionen im Pyhrn-Priel-Gebiet und im Salzkammergut festzustellen waren.

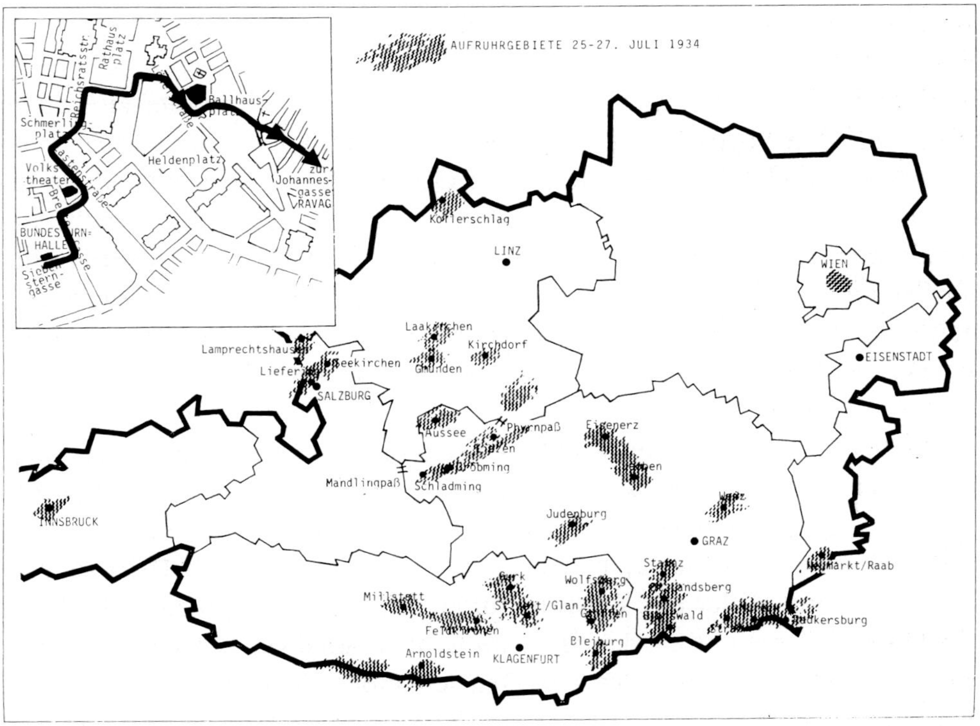

Nach Wahlerfolgen bei Landtagswahlen verbot Dollfuß die nationalsozialistische Partei. Die Nazis machten immer wieder durch Sprengstoffanschläge auf sich aufmerksam. Am 25. Juli versuchten sie die Macht an sich zu reißen.

Nach Dollfuß übernahm der bisherige Justizminister Dr. Kurt Schuschnigg als Bundeskanzler die Regierung; zusätzlich war er stellvertretender Bundesführer der Vaterländischen Front. Zum Vizekanzler bestellte die Regierung den Führer der Heimwehren, "Fürst" Starhemberg, dieser gehörte zum radikalen Flügel der Heimwehren und war gleichzeitig Bundesführer der Vaterländischen Front. So wie Dollfuß stützte sich auch Schuschnigg im Inneren auf die Heimwehren, die als Verstärkung der Exekutive für die Durchsetzung seiner politischen Ziele sorgen sollten.

In der Außenpolitik hielt Schuschnigg am südlichen Bündnispartner Italien fest. Mussolini verlangte für seine Unterstützung ein radikales Vorgehen gegen den Marxismus und die Sozialdemokratie. Obwohl sich die Christlichsoziale Regierung diese Rückendeckung durch zahlreiche politisch Zugeständnisse teuer erkaufte, war später Mussolini bereit, um den Preis Südtirols und der Unterstützung Deutschlands bei den eigenen Expansionsplänen, von der Vereinbarung mit Österreich abzuweichen. Der neue Bundeskanzler suchte indessen in Österreich einen Ausgleich mit den nationalen Kreisen.

Grundlegende politische Veränderungen ergaben sich für Österreich durch den Krieg, den Mussolini gegen Abessinien (Äthiopien) im Oktober 1935 entfachte. Die westlichen Länder, außer Österreich und Deutschland, verurteilten das Vorgehen Mussolinis auf das schärfste. Mussolini wußte die Loyalität Hitlers zu schätzen. Die Stärkung der politischen Annäherung Italiens an Deutschland gefährdete damit aber die Unabhängigkeit Österreichs, weil mit der Unterstützung Mussolinis im Falle einer militärischen Intervention Deutschlands nicht mehr so ohne weiters zu rechnen war.

Als Reaktion auf diese Entwicklung verstärkten die Nazis ihre Terrortätigkeit in Österreich; immer wieder waren Bahnanlagen das Ziel von Sprengstoffanschlägen. Um die Gefahr des übermächtigen deutschen Nachbarn einzudämmen, ließ sich Bundeskanzler Schuschnigg am 11. Juli 1936 zu Verhandlungen mit Hitler ein. Obwohl Hitler bei diesen Gesprächen die Selbständigkeit Österreichs anerkannnte, wünschte er eine verstärkte wirtschaftliche und politische Annäherung an Deutschland. Schuschnigg verpflichtete sich gegenüber Hitler für eine Amnestie zahlreicher politischer Straftaten und in einem streng geheim gehaltenen Zusatzprotokoll vereinbarten sie die Zusammenarbeit der Vaterländischen Front mit den Nationalsozialisten. Die Zusicherungen gingen so weit, daß den Nationalsozialisten das Tragen des Parteiabzeichens und das Hissen ihrer Fahnen innerhalb der Vaterländischen Front zu gestatten war. Durch die Bestellung von Nationalsozialisten in Teilen der christlichsozialen Organisationen nahm der Einfluß der Nazis auf die Tagespolitik weiter zu. Beispielsweise akzeptierte der Bundeskanzler die Altnationalsozialisten Dr. Jury und Dr. Tavs als Spitzenfunktionäre innerhalb der Vaterländischen Front. Mit der Bestellung von Dr. Seyß-Inquart erhielten die Nationalsozialisten sogar eine Sammelstelle im "Volkspolitischen Referat".

Charakteristisch für diese Zeit war, daß Schuschnigg in all den Jahren der ernsten Krise des Staates kein einziges Mal das Gespräch mit den Sozialdemokraten gesucht hatte. Stattdessen verhandelte er lieber mit den Nationalsozialisten. Daß der gewaltsame Anschluß Österreichs an Deutschland stattfinden wird, war auch im Ausland allgemein bekannt. Mussolini warnte den österreichischen Militärattache in Rom bereits 1937 vor dem für 1938 geplanten Einmarsch. Hitler hatte im Jahre 1936 bereits auf Südtirol verzichtet und sich damit das Stillhalten Mussolinis bei einer militärischen Intervention gegen Österreich gesichert.

Aufgrund der weiter eskalierenden innenpolitischen Entwicklung kam es am 12. Februar 1938 zu einem neuerlichen Treffen zwischen Schuschnigg und Hitler am Obersalzberg bei Berchtesgaden. Hitler stellte weitere Forderungen, die eine noch engere Bindung an Deutschland und eine NS-Regierungsbeteiligung in Österreich bedeuteten. Obwohl der Reichskanzler den Bundeskanzler demütigend behandelte, stimmte die Regierung und auch Bundespräsident Miklas den Forderungen Hitlers zu. Damit verlor die Regierung völlig die Kontrolle über die innenpolitische Lage. Die Sozialdemokraten blieben ungehört, obwohl sie immer wieder ihre Zusammenarbeit zur Abwendung der nationalsozialistischen Gefahr anboten. Andererseits standen die nationalsozialistische Übergriffe, denen die Regierung hilflos und mehr oder weniger tatenlos zusah, an der Tagesordnung.

Auf Kosten der Arbeitnehmer

Der Höchststand an Arbeitslosen wurde im Jahre 1933, mit rund 600.000 erreicht. In den folgenden Jahren sanken die Arbeitslosenzahlen geringfügig; deshalb waren die wirtschaftlichen Probleme aber nicht geringer. Insbesondere das rapide Ansteigen der Langzeitarbeitslosigkeit zwang viele Arbeitnehmer in drückende Not. Im Jahre 1927 erhielten noch vier von fünf Arbeitslosen eine Unterstützung; zehn Jahre später, 1937, bekam nur mehr jeder zweite eine solche.

In Oberösterreich war aufgrund des hohen Anteils der erwerbstätigen Bevölkerung in der Landwirtschaft die Arbeitslosigkeit nur halb so hoch wie im österreichischen Durchschnitt. Aufgrund der geringeren wirtschaftlichen Not zog es zahlreiche "Fechter" (Bettler), vor allem aus Wien, nach Oberösterreich. Dennoch betrug der Anteil der registrierten Arbeitslosen in Oberösterreich rund 10 Prozent der Arbeitnehmer. Unter Berücksichtigung der finanziell nicht unterstützten Arbeitslosen ist die Quote rund doppelt so hoch anzusetzen. Aus diesem Grunde blieb vielen Tausenden Östereichern - geschätzt werden rund 6000 - nichts anderes übrig, als sich bettelnd am Leben zu erhalten.

Arbeitslose vor der Unterstützungsstelle in der Linzer Arbeiterkammer

Die Lasten der vergeblichen wirtschaftlichen Stabilisierung hatten eindeutig die Arbeitnehmer zu tragen. Obwohl ihr Lebensstandard seit Jahren sank, mußten sie durch ihre Arbeit weiterhin für die Gewinne der Unternehmer sorgen. Das Pro-Kopf-Einkommen der Arbeitnehmer sank in den Jahren 1934, 1935 und 1936 um jährlich netto von fünf bis acht Prozent; andererseits stiegen die Preise ständig an. Durch die gestiegenen Lebenshaltungskosten der Arbeitnehmer sank die Kaufkraft, was zwangsweise zu einer reduzierten Nachfrage nach Konsumgütern führte. Dieser Rückgang wirkte sich wiederum negativ auf die Produktion aus. Dadurch verloren zusätzlich viele Arbeitnehmer ihren Arbeitsplatz. Die Regierung hätte einen sozialen Lastenausgleich zwischen Arbeitnehmern und Unternehmern herbeiführen können. Doch auch sie förderte mit konkreten Maßnahmen die Umverteilung der Einkommen zugunsten der Unternehmer. Sie erhöhte die Massensteuern - die überwiegend die Arbeitnehmer zu leisten hatten - im Zeitraum von 1929 bis 1936 um 87 Prozent, während im selben Zeitraum der Anteil der Vermögens–, Tantiemen- und Körperschaftssteuern der Unternehmen an den Gesamteinnahmen zurückging. Neben den erhöhten finanziellen Belastungen mußten die Arbeitnehmer zusätzlich verschlechterte Arbeitsbedingungen, wie eine Arbeitsverdichtung oder die Flexibilisierung der Arbeitszeit hinnehmen.

Um die Arbeitslosigkeit zu senken, versuchten einige Länder durch Staatsausgaben gezielt beschäftigungspolitische Maßnahmen zu finanzieren. Mit einem Großteil dieser finanziellen Mittel ist als scheinbare Alternative eine Rüstungs-Hochkonjunktur provoziert worden. Im Durchschnitt stiegen in den europäischen Staaten die Rüstungsausgaben um das Dreifache.

In Österreich erkannten die Bundesregierung und die Landesregierungen die Notwendigkeit beschäftigungspolitischer Investitionen zu spät. Die Sockelarbeitslosigkeit war bereits so hoch, daß diese Programme kaum wirksam wurden. Vor allem die große, steigende Anzahl der Langzeitarbeitslosen blieb bestehen. Davon waren in Oberösterreich insbesondere ältere und jugendliche Arbeitnehmer betroffen. Zu den Investitionsprogrammen zählten in Linz der Umbau des Domplatzes, der Bau der Höhenstraße über den Freinberg und die Errichtung einer Unterführung der Westbahn beim Blumauerplatz.

Umbau des Linzer Hbf. von 1931 bis 1936, Errichtung der Fundamente.

Bau der Höhenstraße am Freinberg - eine "Fürsorgearbeit" der Stadt Linz.

Angesichts des Elends ist es nicht verwunderlich, daß die Nazi-Propaganda bei den entrechteten und hoffnungslos verarmten Bevölkerungsschichten zunehmend Anklang fand. Dennoch blieb während der Zeit des Ständestaates der Anteil der Arbeiter unter den Nationalsozialisten relativ gering. In einem Bericht der Generaldirektion für öffentliche Sicherheit, vom April 1936, ist festgehalten, daß als Träger und Führer der Nationalsozialisten in erster Linie die arbeitslose Intelligenz und die Angehörigen der nationalen Burschenschaften zu finden sind. Als weitere empfängliche Gruppe werden arbeitslose Privatangestellte und kleinere Gewerbetreibende sowie ehemalige Offiziere gezählt. Im besonderen ist angemerkt, daß Arbeiter und Bauern im geringeren Maße unter den Nationasozialisten zu finden sind.

Die "Blumauer-Übersetz"; im Hintergrund das Gebäude der Bundesbahndirektion Linz.

Die neue Unterführung bringt Erleichterung im Verkehr und vorübergehend Arbeit.

Die wirtschaftlichen Probleme im Lande wurden durch ausländische wirtschaftspolitische Maßnahmen zusätzlich verschärft. Die von Hitler für nach Österreich einreisende deutsche Touristen verhängte Tausend-Mark-Sperre, schädigte die österreichische Fremdenverkehrswirtschaft schwer. Mit dieser Maßnahme wollte Hitler die Abhängigkeit Östereichs gegenüber Deutschland zusätzlich erpressen. Unter dem Rückgang der deutschen Urlauber hatten auch die Bundesbahnen zu leiden., weil deren Fahrgastzahlen weiter sanken.

Zusammenfassend kann festgehalten werden, daß es angesichts der politischen und der wirtschaftlichen Unterdrückung breiter Schichten der Arbeiterschaft, der generellen großen wirtschaftlichen Not, der immer provokanter und ungestraft auftretenden Nationalsozialisten sowie durch die Entwicklungen in Deutschland, nicht weiters verwunderlich ist, daß der Anteil der nationalsozialistischen Sympathisanten in Österreich immer weiter stieg. Die Nazis versprachen Arbeit - und sie konnten auf die Beschäftigungslage des Deutschen Reiches verweisen, wo seit der Machtergreifung Hitlers die rund sechs Millionen Arbeitslosen durch die verstärkte Kriegsrüstung wieder Arbeit bekamen. In Deutschland gab es ab 1937 in einigen Wirtschaftszweigen bereits einen Arbeitskräftemangel. Obwohl Hitler mit der Kriegsproduktion - die nur mehr auf den Einsatz wartete - die Konjunktur teuer erkaufte, waren Millionen von Menschen froh, endlich wieder Arbeit zu haben. Nichts sehnlicher wünschten sich Hunderttausende Österreicher.

Österreich ist ein

Dreckstaat

Diese scharfe Äußerung des Herrn Apold ist rasch zum geflügelten Wort geworden. In unserer

Massen-Versammlung

Mittwoch, den 22. Oktober 1930, um 8 Uhr abends, in der Gastwirtschaft „Zur güldenen Waldschnepfe“, 17., Dornbacherstraße 88

wird zu der Frage Stellung genommen:

Ist Österreich ein Dreckstaat oder nicht?

Kostenbeitrag (Arbeitslose und Jugendliche ermäßigt). — Juden Eintritt verboten!

Leset den „Kampfruf“! um 30 Groschen überall erhältlich.

Eigentümer, Verleger und Herausgeber: N. S. D. A. P. Hitlerbewegung, für den Inhalt verantwortlich: Josef Müller, beide Wien, 7., Schottenfeldgasse 41—43. — Buchdruckerei P. Strobal, Wien, 15., Staglgasse 4.

Nach Ausschaltung der Sozialdemokraten glaubte Dollfuß den Nationalsozialisten entgegentreten zu können. Er war erfolglos.

Die "rote Brut"

Auch in dieser schwierigen Zeit blieben die Eisenbahner der "Sozialdemokratie" treu. Aus diesem Grunde waren die roten Eisenbahner der schwarzen Regierung weiterhin ein Dorn im Auge. Sie brachten die "Sozialdemokratie aufs Land" und drangen damit in die christlich-klerikale Domäne der Austrofaschisten ein. Wo sie hinkamen leisteten sie politische Arbeit und knüpften ein Netz sozialdemokratischer Organisationen.

Die Eisenbahner wußten, warum sie ihrer Partei treu blieben. Sie hatten am eigenen Leibe verspürt, wer sich um ihre Interessen kümmerte. Seitdem sie Personen und Güter auf Schienen tranportierten, versuchten Unternehmer,

Regierungen oder die Verwaltung ihre ohnehin harten Arbeitsbedingungen zu verschärfen. An dieser Situation änderte sich auch seit der Gründung der Gewerkschaft der Eisenbahner im Jahre 1892 nichts. Nur, daß seither ihre Organisation als Kampforganisation der Verwaltung und der Regierung gegenüberstand und nicht mehr der Einzelne um sein Schicksal bangen mußte. Die Eisenbahner erkannten aber auch, daß sich von den verschiedenen Gewerkschaften stets die Vertrauensleute des sozialdemokratischen "Rechtsschutz- und Gewerkschaftsvereins" am ehrlichsten und wirkungsvollsten um ihre Rechte kümmerten. Die Eisenbahner dankten ihnen für ihre Arbeit bei den Personalvertretungswahlen. Sie litten auch im "Austrofaschismus" unter dem weiteren radikalen Personalabbau. Die Christlichsozialen Regierungen reduzierten den Personalstand bis 1937 auf 55.000 Bedienstete; das entsprach einer Halbierung des Personalstandes im Vergleich zu 1920.

Bei der Reichskonferenz der Freien Gewerkschaft der Eisenbahner, ab 8. März 1933 in Wien, besprachen die Delegierten ausführlich die soziale Lage der Eisenbahner. Der Zentralsekretär Berthold König klagte das gegen die Eisenbahner errichtete Terrorsystem an. Mit dem Druck der drohenden Entlassung legte die Verwaltung den Eisenbahnern schwere finanzielle Opfer auf. Folgende finanzielle und ideelle Opfer preßten die Regierung und die Verwaltung von den Eisenbahner ab:

- Aufhebung der Unkündbarkeit
- Pensionsberechtigung erst ab dem 60. Lebensjahr
- Aufhebung der Familienzulage
- Erhöung der Pensionsbeiträge
- Kürzung der bis dahin ungekürzten Nebengebühren um 15 Prozent
- Herabsetzung der Pensions-Bemessungsgrundlage von 90 auf 78,3 Prozent
- Kürzung der anrechenbaren Zulagen um zwei Drittel
- Verschlechterung der Dienstkleiderverordnung
- Eingriffe in die Erholungsurlaube
- Abschaffung der Personalvertretung

Diese Änderungen bewirkten bei vielen Eisenbahnern eine Kürzung der Pensionsansprüche um bis zu 40 Prozent. Nach Berechnung der Generaldirektion sank das durchschnittliche Monatseinkommen um 60 Schilling. Das entsprach einer Lohneinbuße von rund 20 Prozent. Abschließend forderte König bei dieser "außerordentlichen Reichskonferenz" die delegierten Eisenbahner auf, für die Wiederherstellung der Demokratie und damit für die Wiederherstellung der vollen Freiheitsrechte der Arbeiterschaft zu kämpfen. Auch die christlichen Gewerkschafter konnten sich vor der ungerechten Behandlung ihrer christlichsozialen Regierungskollegen nicht mehr verschließen. In ihrem Fachblatt vom 1. April 1933 ist nachzulesen:

> *"Die Vorlage enthält für die unteren und mittleren Kategorien und im besonderen für die Pensionisten, der Unternehmung ganz untragbare Härten. Die Tendenz des Entwurfes geht ihrem Inhalt nach dahin, gerade den unteren Kategorien, den kleinen Leuten und somit den schwächsten Schultern die größten Lasten auflegen. Das ist im höchsten Grade unsozial und ungerecht!"*

Dennoch ging der Rechtsraub bei den Eisenbahnern weiter. Am 1. März 1935 schufen die Österreichischen Bundesbahnen eine "Bundesfachleitung", die die alte Personalvertretung ersetzen sollte. Da auch diese Personalvertretung ernannt und nicht gewählt wurde, konnte von einer echten, freigewählten Personalvertretung nicht mehr die Rede sein.

Personalausschuß-Mitglieder 1934
v.l.n.r.: Theodor Gabler, Otto Tröls, Julius Grau, Franz Harringer, Franz Razinger, Albin Gebhart, Johann Steindl

Über die Benachteiligung der Eisenbahner wußte auch das Linzer Tagblatt vom 7. Oktober 1937 zu berichten:

"Vor kaum einer Woche haben wir in einem Leitartikel "Die Bundesbahner melden sich" darauf hingewiesen, daß die Sparmaßnahmen bei den Bundesbahnen, soweit sie auf besoldungs- und dienstrechtlichen Gebieten für die Krisenverhältnisse bei den Bahnen erlassen wurden, fallen müssen. Wir haben aufgezeigt, wie sehr man die Bundesbahner damit schlechter gestellt hat als alle übrigen öffentlichen Angestellten und darauf verwiesen, daß diese befristeten Notmaßnahmen mit den heutigen wirtschaftlichen Verhältnissen bei den Bahnen in keinem Verhältnis mehr stehen. Die Lage der Bundesbahnen hat sich in den letzten Jahren so sehr gebessert, daß die große Zahl der Eisenbahner mit Fug und Recht eine Aufhebung oder eine Milderung der seinerzeit getroffenen Sanierungsmaßnahmen verlangen."

Die Eisenbahner warteten vergeblich auf eine Milderung der Sanierungsmaßnahmen.

Die Illegalen

Nach der demütigenden Zerschlagung der Demokratie und dem Verbot der sozialdemokratischen Einrichtungen suchten die nicht eingekerkerten Vertrauenspersonen, Betriebsräte und Gewerkschafter neue Wege, wie sie die beruflichen, die sozialen und die wirtschaftlichen Interessen der Arbeiterschaft wahren könnten. Durch das Zusammenwirken der ins Ausland geflüchteten Funktionäre und der im Lande gebliebenen Vertrauensmänner gelang es verhältnismäßig rasch, ein illegales Organisationsnetz aufzubauen. Beim Aufbau stellten sich zahlreiche, bisher unbekannte Probleme. Sollte das illegale Netz eine Massenbewegung mobilisieren oder sollte die illegale Arbeit nur von einer kleinen Kaderorganisation organisiert werden? Auch in der Methode der illegalen Arbeit gab es Auffassungsunterschiede. Die einen wollten passiven Widerstand leisten und die anderen suchten den offenen Kampf gegen das Regime. Zwangsläufig entwickelten sich daher verschiedene Organisationsformen der illegalen Arbeit. Im wesentlichen gab es zwischen 1934 und 1938 innerhalb der Arbeiterbewegung zwei Gruppen. Die "Wiederaufbaukommission" und das "Zentralkomitee". Beide schlossen sich im Frühjahr 1935 im illegalen "Bund Freier Gewerkschaften Österreichs" zusammen.

In der "Wiederaufbaukommission" organisierten sich in erster Linie die Kommunisten; sie suchten die legalen Möglichkeiten zur Zusammenarbeit mit der Regierung. Die zweite Gruppe organisierte sich im "Zentralkomitee"; ihm gehörten in erster Linie Sozialisten an. Sie lehnten die unzureichenden Mitwirkungsmöglichkeiten in den angebotenen "Regierungsorganisationen" ab, weil sie befürchteten, daß ein derartiges Vorgehen von den Arbeitern und den Angestellten mißverstanden werden könnte und weil die "Machtpositionen" in der Einheitsgewerkschaft ohnehin nur "Ohnmachtpositionen" seien. Trotz all dieser Gegensätze und Widersprüche gelang dem Zentralkomitee rasch der Aufbau einer illegalen freigewerkschaftlichen Organisation. Nach langwierigen Verhandlungen mit den ehemals rund 50 selbständigen Organisationen entschieden sich die Gewerkschaften zu folgender Industriegruppenorganisation:

1. Eisenbahn, Verkehr und Transport
2. Lebensmittelindustrie
3. Metallindustrie und Bergbau
4. Chemische, Papier-, Gummi-, Glasindustrie, Grafiker
5. Bau- und Holzindustrie
6. Bekleidungs- und Textilindustrie
7. Hotel-, Gast- und Kaffeehausgewerbe und Vergnügungsindustrie
8. Landwirtschaft
9. Angestellte aller Kategorien

Die freien Gewerkschaften konnten vor allem aufgrund der ihr bezeugten Sympathien mit einer starken Rückendeckung der Arbeiter in den Betrieben rechnen. Die von der Regierung angebotenen Organisationen - die "Einheitsgewerkschaft", die "Werksgemeinschaften" und die "Soziale Arbeitsgemeinschaft" mit ihren bestellten Funktionären - konnten sich die Sympathien der Arbeiter und der Angestellten nicht erschleichen, obwohl die Regierung mit allen Mitteln versuchte, die Arbeiter und die Angestellten in ihre Organisationen, insbesondere in die Vaterländische Front und in die Einheitsgewerkschaft, zu pressen. Denn die Arbeitnehmer wußten genau, wem sie ihren sinkenden Lebensstandard zu verdanken hatten und blieben daher den nun verbotenen illegalen Organisationen treu. Diese konnten über den Druck auf die legalen Organisationen indirekt zu den gewünschten Verbesserungen für die Arbeiterschaft beitragen.

DER PRELLBOCK

Organ der Eisenbahner, Handels-, Verkehrs- und Transportarbeiter.

3. Jahrgang, Nr. 4 April 1937

Wir fordern unser Organisationsrecht!

So rechtlos die Arbeiter und Angestellten in der Privatwirtschaft sind, die Eisenbahner und Strassenbahner, überhaupt alle, die den ernannten und völlig unfähigen Kameradschaften preisgegeben sind, sind die rechtlosesten unter allen österreichischen Sklaven.

Sie haben weder Einfluss auf die Auswahl ihrer „Vertreter", sie haben keinen Einfluss auf ihr Dienstrecht, auf ihre Arbeitszeit, die Diensteinteilung!

Es ist allgemein bekannt, dass die hohe Bürokratie der Bundesbahnen die ernannte „Personalvertretung" absolut ausschaltet. Unter dem Vorwand des „berufsständischen Aufbaues" hat man die Zwangsorganisation für den öffentlichen Dienst geschaffen, ein organisatorisches Monstrum, das nicht leben und nicht sterben kann. An die Stelle der Richtungsgewerkschaften sollte die einheitliche „Kameradschaft" treten. Aber das ist ja gar nicht wahr!

Neben der berufständischen Zwangsorganisation hat die Regierung die Richtungsgewerkschaften bestehen lassen. Die christlich-deutsche Eisenbahnerorganisation besteht ebenso wie die christliche Strassenbahnerorganisation, die Deutsche Verkehrsgewerkschaft besteht weiter als Sammelpunkt für die Nazi, die Heimwehrorganisationen der Eisenbahner und der Strassenbahner bestehen — nur für die übergrosse Mehrheit des Personales sowohl der Bundesbahnen, wie der Wiener Strassenbahnen, für die Freigewerkschafter gibt es kein Organisationsrecht!

So gibt es zweierlei Recht im selben Betrieb: für die Antimarxisten und für die grosse Mehrzahl der Bediensteten, die sich ihre Gesinnung nicht aus der Seele reissen lassen! Aber so kann es nicht weiter gehen: Ueberall muss die Frage gestellt werden:

Warum für die Mehrheit der Eisenbahner und Strassenbahner nicht dasselbe Recht, wie für die christliche und nazistische Minderheit?

Warum keine legale Organisation, in der sich die freigewerkschaftlich gebliebenen Eisenbahner und Strassenbahner sammeln können, um ihre primitivsten Rechte zu schützen? Und wenn Wahlen in den Privatbetrieben — wenn auch nach einem völlig ungenügenden und verfälschenden Wahlrecht — warum aber Fortdauer der schrankenlosen Diktatur bei der Eisenbahn, der Strassenbahn, in allen Gemeinde- und Bundesbetrieben?

Wir lassen uns nicht länger als Parias behandeln!

Das muss der Ruf sein, mit dem wir unser Organisationsrecht erkämpfen! Der Ruf muss überall laut werden, so lange, bis wir durchgesetzt haben, was in keinem Kulturstaat den Arbeitern und Angestellten streitig gemacht werden kann.

Die illegalen Gewerkschaften sahen ihre wesentliche Aufgabe in der Bereitstellung sachlicher Informationen. Durch persönliche Gespräche, durch Mitgliederzeitungen und Flugblätter informierten sie die Arbeitnehmer über aktuelle gesellschaftspolitische Entwicklungen sowie über die "Tagespolitik". Diese Informationen erschienen nicht durch die Regierung zensuriert und waren daher sehr begehrt. Die Druckwerke wurden in der Regel von ins Ausland geflüchteten Funktionären dort hergestellt und anschließend illegal nach Österreich gebracht. Finanziert werden konnten die Schriften durch die ins Ausland geretteten Gewerkschaftskassen sowie durch finanzielle Unterstützungen ausländischer Gewerkschaftsorganisationen. Bei all diesen Aktivitäten haben die Eisenbahner große Verdienste erworben. Sie nutzten ihre breite Organisationsdichte sowie ihre Verkehrsmöglichkeiten und halfen auch den anderen Gewerkschaften beim Transport illegaler Schriften und beim Aufbau ihrer illegalen Organisationen.

Die Eisenbahner nützten die Schlupfwinkel des ihnen so vertrauten Verkehrsmittels, um darin Schriften, wie Flugblätter und Zeitschriften, manchmal auch Geld oder sogar Personen zu verstecken und über die Grenze zu schmuggeln. Wenn sie erfuhren, daß eine Zugsgarnitur von der Exekutive durchsucht werden sollte, um Freigewerkschafter bei ihren "illegalen Fahrten" zu ertappen, dann nahmen die Eisenbahner bereits bei der Zusammenstellung des Zugpersonals darauf Rücksicht, daß diese versteckt beziehungsweise rechtzeitig gewarnt werden konnten.

Eisenbahner im Widerstand

Am 12. Februar 1934 löste die Regierung den "Rechtsschutz- und Gewerkschaftsverein der Eisenbahner" auf. Noch bevor die Eisenbahner-Heimwehrler das Eisenbahnerheim in Wien besetzten, konnte der Zentralsekretär der Eisenbahnergewerkschaft, Berthold König, aus seinem Büro in die Tschechoslowakei flüchten. Von Brünn aus knüpfte er gemeinsam mit den im Lande gebliebenen Funktionären das Netz der illegalen Eisenbahner. Ihre leitenden Funktionen übten in Österreich Andreas Thaler und Richard Freund aus, aufgrund der im Herbst 1934 erfolgten Wahl bei einer aus ganz Österreich beschickten geheimen Konferenz der illegalen Gewerkschaft der Eisenbahner.

In Oberösterreich hatte der ab 1933 bis zum Verbot des "Rechtsschutz- und Gewerkschaftsvereines der österreichischen Eisenbahner" im Februar 1934 tätige oberösterreichische Landessekretär Franz Harringer die Leitung der illegalen Organisation übernommen. Er und Franz Razinger sowie einige Kollegen besuchten im Frühjahr 1938 ihren ehemaligen Zentralsekretär Berthold König in Böhmen.

Den Eisenbahnern war es bereits Monate vor den Kämpfen 1934 gelungen, durch Geld-Transaktionen mit einer großen Versicherungsgesellschaft das Gewerkschaftsvermögen zu retten. Rund 1,8 Millionen Schilling - im damaligen Goldwert gemessen - konnten so geschickt ins Ausland gebracht werden, daß sie dem Zugriff der österreichischen Behörden entzogen waren. Mit diesem Geld konnte die illegale Arbeit in Österreich wesentlich unterstützt werden. Als erste und wichtigste Aufgabe versuchten die "Illegalen", das zerstörte Organisationsnetz aufzubauen. Ein Großteil der freigewerkschaftlich aktiven Eisenbahnern war aufgrund ihrer Beteiligung an Streiks entweder zwangspensioniert oder aus dem Bundesbahndienst entlassen worden. Für einen raschen Aufbau der Organisation und für die effektive Arbeit im Untergrund kam den Eisenbahnern das weitverzweigte Eisenbahnnetz, die hohe "freigewerkschaftliche" Organisationsdichte sowie ihre berufliche Mobilität zugute. Sie waren praktisch in ganz Österreich zu Hause und konnten daher ihre beruflichen Kontakte für den Aufbau des illegalen Netzes nutzen. Viele von ihnen fuhren in ihrer Freizeit mit den wenigen kostbaren Freifahrausweisen die Strecken ab und leisteten durch Botendienste wertvolle Arbeit. An dieser gefährlichen Arbeit beteiligten sich viele Eisenbahner. Aber jeder, der im Widerstand gegen die Regierung oder gegen die Verwaltung erwischt wurde, mußte mit schweren Strafen rechnen. Wie das bereits beschriebene Beispiel des 28-jährigen Heizers Martin Ehrlinger aus Oberpuchenau bei Linz zeigte, genügte nur eine unachtsam geäußerte Kritik gegen die Regierung, um in den Arrest gesperrt zu werden. Doch die Eisenbahner ließen sich von ihrem Vorhaben nicht abbringen. Sie arbeiteten für eine demokratische Ordnung und für eine bessere Zukunft. Bereits wenige Monate nach dem Verbot der Freien Gewerkschaft konnte die illegale Organisation 20.000 Mitglieder zählen. Ende 1936 waren die organisatorischen Arbeiten beendet und die Gewerkschaft konzentrierte sich stärker auf die eigentliche Gewerkschaftsarbeit.

Obwohl die Verwaltung der Österreichischen Bundesbahnen die ehemaligen Freigewerkschafter zur Mitarbeit in der Kameradschaft des "Berufsstandes Öffentlicher Dienst" zu pressen versuchte, gelang ihr dies kaum. Es gab bei keiner Berufsgruppe so wenige Überläufer oder ehemalige Freigewerkschafter, die in der von der Regierung geschaffenen Organisationen mitarbeiteten, wie bei den Bundesbahnen.

Nach dem Aufbau der illegalen Gewerkschaft sahen die Funktionäre in der finanziellen Versorgung der gemaßregelten Eisenbahner die erste und wichtigste Aufgabe. Es gelang ihnen bereits bis Ende 1934, eine erste Übersicht über ihre Opfer aufzustellen. Ende April erhielten die "Gemaßregelten" erstmals Gelder der Internationalen Transportarbeiterförderation ausbezahlt. Rund 200 Eisenbahner in ganz Österreich bekamen in den ersten Monaten des Jahres 1934 eine finanzielle Unterstützung. Auch jene Eisenbahner, die die Verteilung der Gelder an die Gemaßregelten oder deren Familien überbrachten, nahmen ein großes Risiko auf sich. Wurden sie ertappt, kostete das vielfach ihre Existenz, sofern sie nicht bereits ohnedies arbeitslos waren. Um das Risiko einzuschränken, überbrachte man vielfach anstatt des Geldes Lebensmittel. Oftmals wurden auch Kinder von aktiven Eisenbahnern zur Verteilung der Lebensmittel eingesetzt, weil diese, unverdächtig leichter Hilfe leisten konnten.

Es ist bekannt, daß der damals zwangspensionierte Gewerkschaftssekretär der Eisenbahner in Linz, Franz Harringer, regelmäßig Gelder der Internationalen Transportarbeiterförderation aus Amsterdam, an die nach den Februarkämpfen entlassenen Eisenbahner verteilte. Diese Gelder wurden nach einem in Amsterdam festgelegten Schlüssel und nach vorgefertigten Listen gemaßregelter Eisenbahner in Oberösterreich verteilt. Eine beim pensionierten Bundesbahn-Bediensteten Franz Obermayr gefundene Liste sieht folgendermaßen aus:

Name:	Adresse:	Betrag:	Unterschrift
Dorfner Alois	v/2 * Droutstraße 7/1	(50,--S)	
Sturm Emil	v/2 Lastenstraße 21	(70,--S)	
Eppensteiner Rud.	v/2 Franckstraße 6	(erheben ob hier)	
Kreci Heinrich	v/2 Füchselstraße 5/2	(46,--S)	
Dannerer Josef	v/-Hagenauergut 75	(50,--S)	
Ehn Josef	v/-Droutstraße 8	(50,--S)	
Lang Josef	v/1 Wr. Reichstraße 3	(60,--S)	
Maurer Franz	v/2 Spaunstraße 54	(25,--S)	ausbez.

Name:	Adresse:	Betrag:	Unterschrift
Mayer Franz	v/2 Grillparzerstr. 68	(70,--S)	
Freundlinger Leop.	v/2 Salzburgerstr. 114	(26,--S)	ausbez.
Gruber Emmerich	v/2 Au 41b.Ebelsberg	(70,--S)	ausbez.
Weinmayr Franz	v/1 Kleinmünchen 206		
Rosenauer Alex.	v/1 Kleinmünchen 374	(60,--S)	ausbez.
Schindlbauer Joh.	v/1 Eignerstraße 17	(33,--S)	
Lotteraner Max	v/2 Wr. Reichstras. 17/2	(66,--S)	
Höglinger Fritz	v/- Raimundstr. 4	(50,--S)	
		726,--S	

* (v = verheiratet)
(2 = Kinderzahl)
ausbez. = ausbezahlt

Franz Harringer erklärt, daß bei Verheirateten ohne Kinder als Existenzminimum 130 Schilling angenommen wird, hievon wird die Arbeitslosenunterstützung und die Witwenpension in Abzug gebracht. Wenn diese Beträge, in diesem Falle beispielsweise zusammen 110 Schilling ausmachen, erhält die Familie 20 Schilling Unterstützung. Für Familien mit Kindern wird die Bemessungsgrundlage um 10 Schilling pro Kind erhöht. Die Gesamtunterstützung des einzelnen darf aber nie mehr ausmachen als höchstens 50 plus 10 Schilling für jedes Kind. Er gab weiters an, daß die Anzahl der unterstützten Personen in Linz rund 30 betrug. Franz Harringer verteilte die durch Kuriere nach Linz gebrachten Gelder für die Bundesbahner aus ganz Oberösterreich, bis er im Frühjahr 1935 verhaftet wurde.

Die illegale freie Gewerkschaft war aber nicht nur um die finanzielle Unterstützung ihrer Kollegen bemüht. Sie kämpfte vor allem um deren Wiedereinstellung. Dieses Anliegen fand die breite Unterstützung vieler anderer Eisenbahner, sodaß die ernannte Personalvertretung diese Forderungen häufig unterstützte. Obwohl in den seltensten Fällen die Wiedereinstellung des Bediensteten durchgesetzt werden konnte, gelang es doch sehr häufig, die Verwaltung dazu zu zwingen, daß wenigstens die Frauen der Gemaßregelten die Witwenpension zugestanden bekamen.

Nach Weisung der Personalabteilung der Hauptwerkstätte Linz, hatte er mit der Wiedereinstellung bei den Österreichischen Bundesbahnen seinen Dienst in der Hauptwerkstätte St. Pölten zu versehen.

Österreichische Bundesbahnen
Pensionsstelle
Wien X., Ghegaplatz 4

Wien, am 4. Oktober 1934.

G. Z. 55655u97
Betreff: **Witwenpensionsbemessungsbescheid.**

An Frau Stefanie Liegl

in Linz a/Donau

Figulystrasse 8.

Anläßlich des am 14. August 1934 erfolgten ~~Ablebens~~ [Ausscheiden] Ihres Gatten, des Herrn Josef ~~i. R. Herrn~~ Liegl aus den Diensten d.Oesterr.Bundesbahnen, [wird] ~~werden~~ Ihnen ~~im Sinne~~ [gem.Pkt.49.] der Dienstvorschrift A 5 (Pensionsvorschrift) im Zusammenhalte mit der Bundesbahnbudgetsanierungsverordnung vom 10. April 1933, B. G. Bl. Nr. 122, eine Witwenpension von jährlich S 699.91, in Worten Schilling Sechshundertneunzigneun 91/100, und für Ihr Kind Herbert für die Dauer der Unversorgtheit,*) spätestens aber bis zur Vollendung des 21. Lebensjahres Erziehungsbeitrag von jährlich je S 279.96 in Worten Schilling Zweihundertsiebzigneun 96/100 mit Wirksamkeit vom 1. September 1934 ~~zuerkannt~~ [bewilligt].

Der Bemessung der Witwenpension liegt folgende Berechnung zugrunde:

Letzter Jahresgehalt des verstorbenen Gatten	S 2748.--
Vorrückungsbetrag	S
Anrechenbare Zulage	S
Zusammen	S
Ortszuschlag (24 %)	S 659.52
Anzahlung auf die Wirtschaftsprämie	S 168.--
Zusammen	S 3575.52
Bemessungsgrundlage (78·3 %)	S 2799.63
½ Witwenpension (~~50%~~ 25% der Bemessungsgrundlage)	S 699.91
Erziehungsbeitrag (~~1/4 der Witwenpension~~)	S 279.96

270.87.1

*) Siehe „Bestimmungen"!

Auch die Gattin des uns bereits bekannten Josef Liegl bekam auf diesem Weg ihre um 50 Prozent reduzierte Witwenpension.

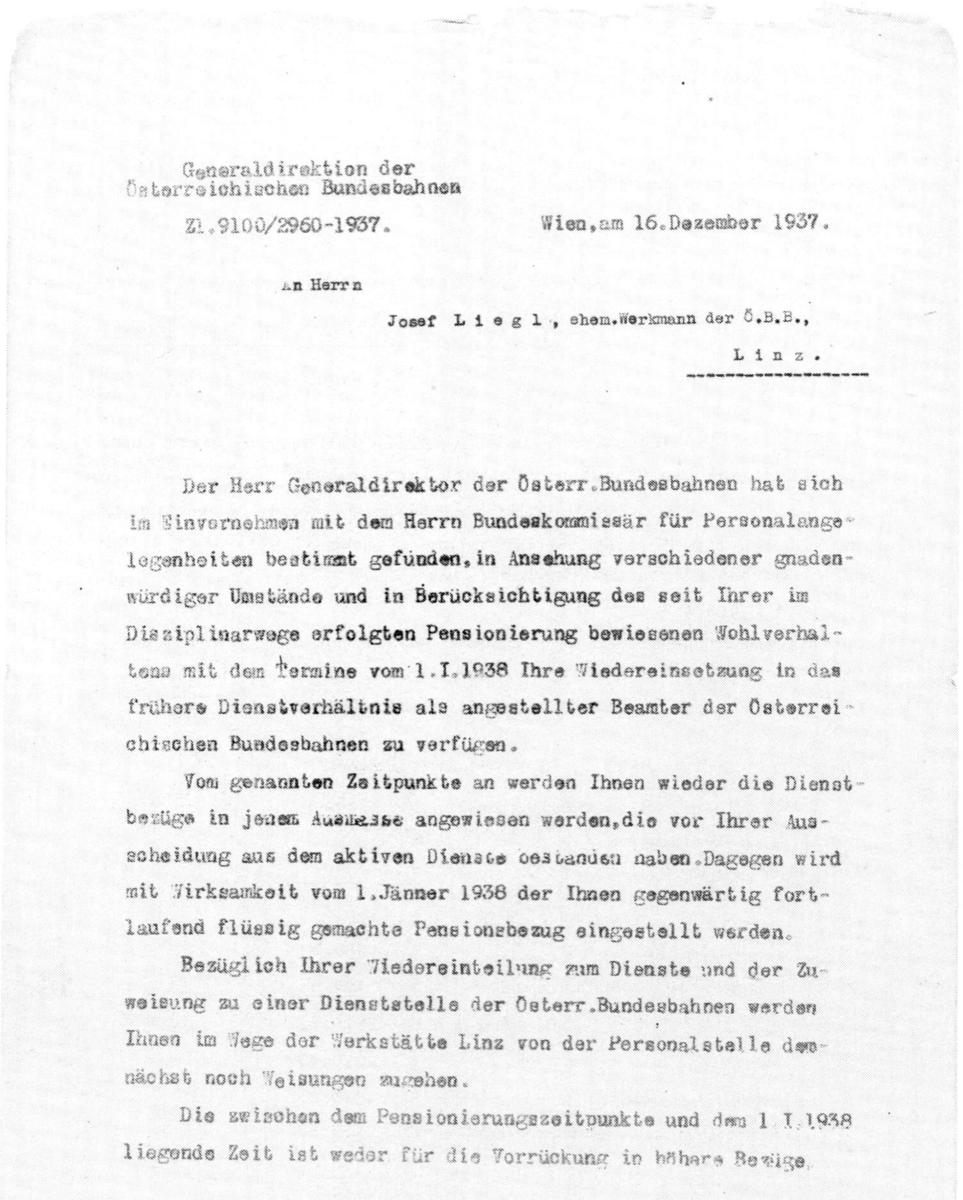

Generaldirektion der
Österreichischen Bundesbahnen

Zl.9100/2960-1937. Wien,am 16.Dezember 1937.

An Herrn

Josef L i e g l , ehem.Werkmann der Ö.B.B.,

L i n z .

Der Herr Generaldirektor der Österr.Bundesbahnen hat sich im Einvernehmen mit dem Herrn Bundeskommissär für Personalangelegenheiten bestimmt gefunden, in Ansehung verschiedener gnadenwürdiger Umstände und in Berücksichtigung des seit Ihrer im Disziplinarwege erfolgten Pensionierung bewiesenen Wohlverhaltens mit dem Termine vom 1.I.1938 Ihre Wiedereinsetzung in das frühere Dienstverhältnis als angestellter Beamter der Österreichischen Bundesbahnen zu verfügen.

Vom genannten Zeitpunkte an werden Ihnen wieder die Dienstbezüge in jenem Ausmasse angewiesen werden,die vor Ihrer Ausscheidung aus dem aktiven Dienste bestanden haben.Dagegen wird mit Wirksamkeit vom 1.Jänner 1938 der Ihnen gegenwärtig fortlaufend flüssig gemachte Pensionsbezug eingestellt werden.

Bezüglich Ihrer Wiedereinteilung zum Dienste und der Zuweisung zu einer Dienststelle der Österr.Bundesbahnen werden Ihnen im Wege der Werkstätte Linz von der Personalstelle demnächst noch Weisungen zugehen.

Die zwischen dem Pensionierungszeitpunkte und dem 1.I.1938 liegende Zeit ist weder für die Vorrückung in höhere Bezüge

Josef Liegl wird mit einem Schreiben der Generaldirektion der Österreichischen Bundesbahnen, vom 16. Dezember 1937 von seiner "gnadenweisen" Wiedereinstellung für 1. Jänner 1938 informiert.

Die Funktionäre der verbotenen Freien Gewerkschaft kämpften nicht nur für die eigene Organisation und ihre Mitglieder, sie organisierten auch Abwehrmaßnahmen gegen weitere Verschlechterungen der Arbeitsbedingungen. Dabei versuchten sie, die nicht in der illegalen Gewerkschaft organisierten Arbeitskollegen zu einer gemeinsamen Vorgangsweise zu bewegen. In vielen Fällen ist das auch gelungen. Durch gemeinsame Aktionen konnte auf die bestellten "Arbeitervertreter" Druck ausgeübt werden, die dann für den gewünschten Erfolg sorgten. Damit konnten eine Reihe von kleinen Verbesserungen, wie beispielsweise die Bereitsstellung von Schutzkleidern, auf Umwegen erreicht werden. Es gab aber auch eine Reihe größerer Erfolge, wie beispielsweise im Herbst 1934, als durch den Druck der illegalen Eisenbahnergewerkschaft und der Mobilisierung der Eisenbahner Verschlechterungen des Dienstrechtes abgewendet werden konnten. Oder die erfolgreiche Aktion im Frühsommer 1936 bei der die Eisenbahner gegen die langen Dienstturnusse des Zugbegleit- und Verschubpersonals agitierten. Leider mußten vorher zwei tödliche Arbeitsunfälle passieren, die eindeutig auf die Überanstrengung der Bediensteten, die wie so viele andere Eisenbahner auch einen zwölf- bis vierzehnstündigen Dienst zu verrichten hatten, zurückzuführen waren.

Ob bewußt oder unbewußt, gaben die Freigewerkschafter ihren Arbeitskollegen moralischen Halt. Durch ihr Verhalten und durch die ständigen Gespräche über die Ziele und die Vorstellungen der Sozialdemokratie gaben sie vielen ihrer Arbeitskollegen die Hoffnung auf eine bessere Zukunft. Zu viele von ihnen standen bereits resignierend abseits. Andere wiederum schlossen sich radikaleren Gruppierungen an und beteiligten sich aktiv am Kampf gegen die Regierung; ein nicht unwesentlicher Teil von ihnen in kommunistischen Zellen. Zu groß war für viele die jahrelange wirtschaftliche Not und zu weit entfernt schien eine Verbesserung ihrer Lebensverhältnisse. Obwohl die illegale Gewerkschaft der Eisenbahner in ständiger Konfrontation mit der Christlichsozialen Regierung stand, war für sie der Nationalsozialismus der größere Feind. Ihre Besorgnis vor der nationalsozialistischen Gefahr ist in ihren zahlreichen Schriften nachzulesen. Beispielsweise in der Nummer 10 der illegalen Schrift "Der Prellbock" weiter unten.

Doch die Ständestaats-Regierung, die autoritäre Generaldirektion, die Dienststellenorganisationen der Vaterländischen Front sowie die falsche Politik der "Christlich-deutschen Gewerkschaft" schafften es, daß sie so manchen

Eisenbahner in die Hände der Nationalsozialisten trieben. Während die Regierung am 12. Februar 1934 den "Rechtsschutz- und Gewerkschaftsverein der Eisenbahner" auflöste, blieb die "Deutsche Verkehrs-Gesellschaft" trotz des Nazi-Putsches im Juni 1934 unangetastet. In dieser Gewerkschaft organisierte sich von 1918 bis 1933 die betont nationale Beamtenschaft. Diese Organisation blieb nach dem Verbot der Nationalsozialistischen Partei unter dem Schutz der Regierung das Sammelbecken für die ÖBB-Nazis.

Der Faschismus richtet uns zugrunde!

Im »Neuen Wiener Tagblatt« vom 4. Oktober veröffentlichte der Sektionschef Solvis eine amtliche Statistik, aus der hervorgeht, daß im Jahre 1930 auf den Bundesbahnen 100·9 Millionen Personen befördert wurden, aber 1935 nur 54·4 Millionen. Der Personenverkehr ist also von 1930 bis 1935 um 46·5% also beinahe um die Hälfte zurückgegangen. Die Gesamteinnahmen der Bundesbahnen aus dem Personen- und Gepäckverkehr sind in dieser Zeit um 37·3% gesunken.

Wichtig ist vor allem, daß der Rückgang im Verkehr der Bundesbahnen nicht nur in der Zeit der schärfsten Weltwirtschaftskrise, sondern auch nachher, in der Zeit der Abschwächung der Krise in der Welt und des angeblichen »Wirtschaftsaufschwungs« im »neuen Österreich« angehalten hat. Seit 1934 sinkt der Verkehr ununterbrochen weiter. Auch im Jahre 1936 hat der Rückgang im Personenverkehr angehalten!

Bei der Wiener Straßenbahn, bei den Lokalbahnen sind die Verhältnisse nicht besser. Die Wiener Straßenbahndirektion wagt es gar nicht, einen Verkehrsausweis über das heurige Jahr zu veröffentlichen, weil aus ihm hervorgehen würde, wie die Wirtschaft in Wien unter der glorreichen Regierung des Herrn Schmitz immer weiter zurückgeht. Die Arbeitslosigkeit ist heuer beträchtlich größer als im vorigen Jahr, infolgedessen sinkt auch der Verkehr auf der Wiener Straßenbahn, die ja hauptsächlich von Arbeitern und Angestellten benützt wird.

Bei der Post ist dieselbe rückläufige Entwicklung zu beobachten. Der Generalpostdirektor hat kürzlich einen Appell an die Postbediensteten gerichtet, für die Benützung der Post eine Werbeaktion einzuleiten, da der Postverkehr ständig, auch im heurigen Jahr, im Rückgang begriffen ist. Auch das ist ein bedenkliches Anzeichen für die ununterbrochene wirtschaftliche Verschlechterung.

Ununterbrochen trifft die Regierung Maßnahmen, die auf eine Senkung der Kaufkraft der Arbeiter und Angestellten, auf einen Verdienstrückgang bei den öffentlichen Bediensteten hinauslaufen. Es ist selbstverständlich, daß diese volks- und wirtschaftsfeindliche Politik auch eine Verschlechterung der allgemeinen wirtschaftlichen Lage zur Folge haben muß. Der Konsum geht zurück, den Bauern und den Gewerbetreibenden geht es schlechter — ist es da ein Wunder, wenn der Verkehr auf den Bundesbahnen immer mehr zurückgeht? Und die Eisenbahner sollen hereinbringen, was den Bundesbahnen durch die schlechte Gesamtwirtschaftspolitik entgeht?

Jetzt droht eine neuerliche Verschlechterung unserer wirtschaftlichen Situation. Rings um uns ist eine Währungsabwertung vorgenommen worden. Die österreichische Regierung hat sich zunächst — wenigstens in ihren offiziellen Erklärungen — dieser Politik nicht angeschlossen, obwohl die Währungsabwertung gerade in den Staaten vorgenommen wurde, die als Konkurrenten für Österreich in Betracht kommen.

Der Fremdenverkehr, der für die Bundesbahnen lebenswichtig ist, wird unter der starken Konkurrenz der Schweiz und Norditaliens zu leiden haben. Unser Export wird durch die Abwertung in der Tschechoslowakei und in Italien zu Schaden kommen. Das bedeutet aber auch für die Bundesbahnen und für den Postverkehr eine arge Beeinträchtigung!

Und zu alldem kommen ununterbrochene Lohnkürzungen, ununterbrochene Aussteuerungen, die wieder einen Konsumrückgang und eine neuerliche Wirtschaftsschrumpfung zur Folge haben! Wo gibt es endlich eine Befreiung aus diesem verhängnisvollen Zirkel?

Es gibt keine andere Lösung der krisenhaften Verschärfung der wirtschaftlichen Lage als die Aufgabe der volksfeindlichen, arbeiter- und angestelltenfeindlichen Wirtschaftspolitik, die immer nur abbaut, immer wieder drosselt und kürzt!

Wenn die Arbeiter und Angestellten wieder das Recht haben werden, ihr wirtschaftliches Schicksal selbst zu bestimmen, wenn die Löhne wieder steigen, wenn die Arbeitszeit verkürzt werden wird, dann wird auch die Wirtschaft wieder in Schwung kommen. Eine andere Wirtschaftspolitik fordern heißt auch eine Politik der inneren Freiheit und der Selbstbestimmung der Arbeiterschaft verlangen. Mehr denn je gilt für uns das Wort:

Brot ist Freiheit, Freiheit Brot!

Heraus mit wirklich freien Wahlen!

Stärkste Aktivität in allen Betrieben für die Vertrauensmännerwahlen!

Die Wahlbewegung für die Vertrauensmännerwahlen hat begonnen. Die Freien Gewerkschaften haben den Kampf mit solcher Entschiedenheit aufgenommen, daß der Erfolg ihnen

Achtung auf die Nazi!

Sie biedern sich an die Regierung als Vorkämpfer gegen die Roten an!

Sie bieten sich zu Spitzeleien an!

In Linz haben sie in einem Flugblatt ihre Leute aufgefordert, die Roten bei dem Polizeibeamten Dr. Konrad zu denunzieren! Sie fordern zu Gewalttaten gegen die Roten auf und behaupten, daß sie straflos bleiben würden!

Warnt alle anständigen Menschen vor den braunen Spitzeln!

Schärfster, unerbittlicher Kampf gegen die Nazi!

nicht versagt werden darf. Überall hat unsere Parole Anklang gefunden, die Parole, die selbstverständlich auch für uns gilt:

Wählt zu Vertrauensmännern nur Kollegen, die ihrer freigewerkschaftlichen Gesinnung die Treue gehalten haben!

Wir wählen keine Überläufer und Seicherln!

Wir wählen keine Gelben, gleichviel ob sie von den Christlichen oder den grünen Faschisten kommen!

Wir wählen keine Nazi, sondern sagen ihnen überall den schärfsten Kampf an!

Wir benützen die Wahlbewegung, um überall in Verbindung mit den Betrieben zu kommen und die Arbeiter und Angestellten darüber aufzuklären, was ihnen das gegenwärtige Regime geraubt hat!

In den öffentlichen Betrieben

müssen wir jetzt mit um so größerem Nachdruck wirklich freie Wahlen fordern und auf den beschämenden Zustand verweisen, daß die Bundesbahner und Straßenbahner, die Gemeindebediensteten und die Angestellten der öffentlichen Spitäler, die Postler und die Telegraphenangestellten nicht einmal die bescheidenen Rechte haben, die die Arbeiter und Angestellten in Privatbetrieben haben. Bei uns herrscht noch der schrankenlose Absolutismus der Verwaltungen, die die »Vertrauensmänner« willkürlich ernennen und abberufen und sie zu Hampelmännern der hohen Bürokratie degradieren.

Wir haben allerdings kein Bedürfnis nach Wahlen, bei denen die VF. in Wirklichkeit den entscheidenden Einfluß hat, sondern wird fordern wirklich freie Wahlen!

Solange man uns nicht frei wählen läßt, lehnen wir jede Mitwirkung im Betrieb ab. Wir sind zu stolz dazu, uns als »Wedeln« der Verwaltung mißbrauchen zu lassen!

Bei den Bundesbahnen werden jetzt wieder die Turnusse neu aufgestellt. Es gibt Dienstvorstände, die zu dieser unter den heutigen Verhältnissen besonders unangenehmen Arbeit gern die erfahrenen und tüchtigen Vertrauensmänner aus der früheren Zeit heranziehen möchten. Aber jeder anständige und kluge Eisenbahner wird es selbstverständlich ablehnen, heute an der Turnusaufstellung mitzuwirken, wo er für die Eisenbahner ohnedies nichts durchsetzen kann, weil hinter einem ernannten und von der Verwaltung abhängigen »Vertrauensmann« nicht die Kraft der Eisenbahner steht!

Wenn sich die Vorstände an Kollegen wegen der Mitwirkung bei der Turnusaufstellung wenden, so muß man verlangen, daß die Eisenbahner in einer freien und unkontrollierten Versammlung zu der Frage Stellung nehmen und ihre Vertrauensmänner unbeeinflußt wählen können. Außerdem muß eine Sicherung dagegen verlangt werden, daß der freigewählte Turnusfunktionär von der Verwaltung abberufen oder gar zurückgesetzt oder gemaßregelt werde.

Die offene Ablehnung des Systems sowie der aktive und der passive Widerstand der Eisenbahner blieb der Verwaltung nicht verborgen. Sie versuchten daher die "Feinde des Systems" zu finden, doch sie rechnete nicht mit der Einigkeit der demokratisch gesinnten Arbeiter. Auch die wenigen für die Verwaltung Spitzeldienste leistenden Eisenbahner konnten manchesmal auf Vermutungen basierende Verdächtigungen, nicht aber den Kern der Widerstandsbewegung erfassen. Die Generaldirektion der Österreichischen Bundesbahnen suchte daher die Unterstützung der Regierung, die sie von der

Generaldirektion für die öffentliche Sicherheit (G.D.f.d.ö.S.) selbstverständlich auch gefällig bekam. Sie suchte insbesondere den harten Kern "der sozialdemokratisch und kommunistisch gesinnten Bediensteten". Dafür ein Beispiel, diesmal aus dem Bezirk Steyr: Die Generaldirektion für die öffentliche Sicherheit berichtete am 13. Februar 1935 an die Generaldirektion der Österreichischen Bundesbahnen betreffend sozialdemokratisch eingestellter Bundesbahner:

"Das BKA (G. D. f. d. ö. S.) beehrt sich mitzuteilen, daß im Zuge von Erhebungen über das staatsbürgerliche Verhalten einer Anzahl von Bediensteten der österreichischen Bundesbahnen nachstehende Berichte von Sicherheitsbehörden eingelangt sind, die für die Generaldirektion der österreichischen Bundesbahnen von Interesse sein dürften:

Karl Topf (am 28. 6. 1891 in Garsten geb., nach St. Ulrich z., verh.), Bahnangestellter, in Ramingsteg Nr. 36 wohnhaft, in St. Valentin bedienstet, war bis zur Auflösung der soz. dem. Partei ein äußerst radikales Mitglied derselben und wird derzeit als das Haupt der Illegalität bezeichnet;

Johann Enzenebner (am 19. IV. 1893 in Ternberg geb., nach Garsten zust., kath., verh.), Bundesbahnangestellter, in Steyr, Ennsleitenstraße Nr. 1,

Franz Ettlinger (am 13. V. 1888 in Kronstorf geb., nach St. Ulrich zust., konfessionslos, verh.), Bundesbahnangestellter, in St. Ulrich, Hauptstraße Nr.23, wohnhaft,

Karl Forster (am 4. 1. 1890 in Ternberg g., nach Wartberg z., k., v.), BB.-Angest., in St. Ulrich, Neuhausstraße Nr. 25, wohnhaft,

Friedrich Gschwandtner (am 28. 11. 1887 geb.), Bundesbahnangestellter, in Winkling Nr. 20, Gemeinde Gleink, wohnhaft,

August Hegenbart (am 31. 1. 1889 in Graben g., nach St. Ulrich z., k., v.), BB. Ang., in Steyr, Ennsleitenstr. Nr. 1, wohnhaft,

Michael Oppenauer (am 29. 8. 1888 in Lost g., nach Steyr z., konfessionslos, v.), Bundesbahnangest., in Steyr, Ennsleitenstr. Nr. 1, wohnhaft,

Ludwig Raaber (am 22. 5. 1896 in Hagenberg g., St. Ulrich z., k., v.), BB.Ang., in St. Ulrich, Neubaustraße Nr. 25, wohnhaft,

Alois Raml (am 24. 2. 1880 in Weinberg g., nach Steyr z., k., v.), BB. Ang., in Steyr, Ennsleitenstr. Nr. 1, wohnhaft,

August Penninger (am 19. 9. 1884 in Eberschwang g., nach Steyr z., k., v.), BB. Ang., in Steyr, Ennsleitenstr. Nr. 18, wohnhaft, dessen Sohn seit längerer Zeit in der Sowjetunion lebt und radikaler Kommunist ist,

Roman Stubauer (am 18. 4. 1890 g., k., v.), BB. Ang., in St. Ulrich, Neubaustraße Nr. 25, wohnhaft,

Heinrich Schreiner (am 13. 6. 1886 in Lichtenegg, Bez. Wels g. u. z., konfessionslos, 1.), BB.-Ang., in Steyr, Schlossergasse Nr. 5, wohnhaft, und

Josef Wasl (am 26. 1. 1900 in Els g., nach Steyr, z., k., v.), BB. Ang., in Steyr, Grillparzerstr. Nr. 3, wohnhaft,

sind als ehemals radikale Sozialisten bekannt und stehen im dringenden Verdachte, daß sie im geheimen für die Wiederaufrichtung der sozialistischen Bewegung arbeiten.
Roman Ruttenstorfer (am 23. 12. 1894 g., k., v.) Revident der Bundesbahnen, in St. Ulrich, Ramingsteg Nr. 58, wohnhaft, war seinerzeit eifriges Mitglied der soz. dem. Partei und wird derzeit für die Seele des Widerstandes der Eisenbahnerschaft in Steyr gehalten.
Wenngleich konkrete Beweise für eine verbotene politische Betätigung in allen diesen Fällen bisher noch nicht erbracht und sohin ein Strafverfahren nicht durchgeführt werden konnte, erachtet es das Bundeskanzleramt (G. D. f. d. ö. S.) doch für geboten, die Gen. Dion. d. öst. Bundesbahnen hievon zur allfälligen Verwertung in streng vertraulicher Weise in Kenntnis zu setzen."

Ein weiteres Beispiel, eines der zahlreichen aus dem Vorfallenheitsbereicht der Polizeidirektion Linz, das belegt, daß Eisenbahner, auf die bloße Vermutung hin für die Freie Gewerkschaft zu arbeiten, in Haft genommen wurden.

"Am 12.5.1937 wurden bei folgenden Personen Hausdurchsuchungen wegen Betätigung für die "Revolutionären Sozialisten" vorgenommen.

Albin Gebhardt, Bundesbahnschlosser i. R., 19. 1. 1886 Linz geboren und zust., rk., vh., Linz, Hyrtlstraße Nr. 19, wohnhaft; die Durchsuchung verlief ergebnislos.

Franz Obermayr, entlassener Bundesbahner, 20. 11. 1892 Linz geboren und zust., rk., vh., Linz, Wr. Reichsstraße Nr. 5, wohnhaft. Bei der Durchsuchung wurde ein Zettel mit Aufzeichnungen vorgefunden, die sich als Verteilerliste von Unterstützungen an entlassene Eisenbahner herausstellte.

Franz Harringer, Bundesbahner i. R., 1. 3. 1894 Waldburg, Bez. Freistadt, geboren, Linz zust., kfl., vh., Linz, Bockgasse Nr. 37, wohnhaft. Bei der Durchsuchung wurden bedenkliche Aufzeichnungen vorgefunden. Sämtliche werden in Haft genommen.

Nikolaus Steiner, Maschinführer, am 10. 1. 1889 in Liefering, Salzburg, geboren, nach Attnang zust., kath., verh., in Attnang wohnhaft. Die Durchsuchung verlief negativ. Er wurde im Zusammenhang mit obigen RS in Haft genommen und in das Gefangenenhaus der Polizeidirektion Linz eingeliefert."

Franz Harringer wurde wegen seiner illegalen Tätigkeit häufig, meist kurzfristig, in Untersuchungshaft gezogen. Vom 7. bis 15. Dezember 1934 war er 14 Tage in Polizeihaft. Zweieinhalb Jahre später, vom 12. Mai bis 30. November 1937, im Anhaltelager Wöllersdorf, weil er *"gemeinsam mit dem Schlosser i.R. Albin Gebhardt, den Aufbau einer illegalen Eisenbahnerge-*

werkschaft auf revolutionär sozialistischer Grundlage" fördert sowie "*unter den Bundesbahnbediensteten Werbearbeit leistet und den für ihre Ziele interessierten Personen auch sozialistische Werbeschriften vermittelt."* Aufgrund eines Besonderen Disziplinarverfahrens der Besonderen Disziplinarkammer der Österreichischen Bundesbahnen, verliert er für sich und seine Angehörigen den Anspruch auf Ruhe- und Versorgungsgenüsse. Seine Berufung wies das Bundeskanzleramt - Generaldirektion für die öffentliche Sicherheit - ab.

Besondere Disziplinarkammer der Österreichischen Bundesbahnen

Zahl : 1 4 / Pol / 1937

An den

Schlosser i.R, Herrn Franz H a r i n g e r

dzt. Anhaltelager Wöllersdorf.

D i s z i p l i n a r e r k e n n t n i s :

Auf Grund des gegen Sie durchgeführten Besonderen Disziplinarverfahrens hat die Besondere Disziplinarkammer in ihrer am 18.November 1937 im Kreisgerichte Wr.Neustadt abgehaltenen Sitzung wie folgt erkannt :

Sie sind im Sinne des Artikels II, § 1 der Verordnung der Bundesregierung vom 12.10.1933, B.G.Bl.Nr.475, in der Fassung des Bundesgesetzes vom 29.Dezember 1936, B.G.Bl.Nr.455, schuldig, dadurch geflissentlich staats- oder regierungsfeindliche Bestrebungen gefördert zu haben, dass Sie in den Jahren 1935 und 1936 zum Zwecke des Aufbaues einer illegalen Eisenbahnergewerkschaft die Versendung von illegalem Schriftenmaterial, die tatsächlich erfolgt ist, an Bundesbahnbedienstete vermittelt haben.

Im Sinne des Artikels II, § 5, Absatz 2 der bezogenen Verordnung verlieren Sie mit diesem Erkenntnis für sich und für Ihre Angehörigen den Anspruch auf Ruhe- und Versorgungsgenüsse und auf sonstige, Ihnen aus dem Ruhestandsverhältnisse von der Unternehmung " Österreichische Bundesbahnen " gewährte Vorteile.

G r ü n d e :

Das Erkenntnis gründet sich auf Ihr Geständnis und das

./.

Trotz des Gesinnungsterrors ließ sich der Großteil der Eisenbahner nicht entmutigen. Die konspirative Arbeit erforderte allerdings verläßliche, geschickte und unerschrockene Leute. Ihre Arbeit war vielfach nur möglich, weil sie aktive und passive Unterstützung ihrer Arbeitskollegen erhielten.

Die illegale Gewerkschaftspresse

Ein wesentlicher Schwerpunkt der illegalen Arbeit war die Herstellung und der Vertrieb der illegalen Schriften. Diese boten außer den Gesprächen unter vertrauten Kollegen meist die einzige objektive Information. Sie informierten die Arbeiter in den Betrieben über die tatsächlichen wirtschaftlichen und politischen Verhältnisse in Österreich und Europa. Mit den illegalen Schriften gab die Untergrundgewerkschaft ein kräftiges Lebenszeichen von sich und bewies, daß die verbotene Gewerkschaftsbewegung weiterlebte. Durch sie konnten die Arbeiter in den Betrieben angesprochen sowie die politischen und gewerkschaftlichen Diskussionen in den Betrieben beeinflußt werden. Wie sehr die Verwaltung diese Schriften gefürchtet hatte, zeigt ein Beispiel aus der Hauptwerkstätte Linz. Der Werkstättenvorstand ließ folgende Kundmachung anschlagen:

> *Bundesbahnhauptwerkstätte Linz.*
> *Z. 74/K. Linz, am 14. Juni 1935.*
>
> *Betreff: Illegale Propaganda!*
>
> *Kundmachung!*
>
> *Sehr wichtig!*
>
> *In letzter Zeit mehren sich die Anzeigen über Funde von illegalen Flugschriften in den Werkstättenräumen, insbesondere in den Aborten.*
> *Ich mache alle Bediensteten aufmerksam, daß jeder, der solche Flugschriften in Empfang nimmt, bei sich verwahrt oder weitergibt, eine Handlung begeht, die durch das besondere Disziplinarverfahren mit Entlassung bestraft wird.*
> *Sollte auch weiterhin illegales Propagandamaterial dieser Art in der Werkstätte vertrieben werden, so werde ich mit rücksichtsloser Schärfe durch geeignete Veranlassungen in der Werkstätte, wenn nötig auch mit Unterstützung der Polizei, die Schuldigen zu finden wissen!*
> *Alle, die es angeht, mögen sich diese letzte Warnung gesagt sein lassen.*
>
> *Der Werkstättenvorstand:*
>
> *Ing. Reining e.h.*

Noch in derselben Woche, in der die Kundmachung angeschlagen wurde, verbreiteten "Illegale" große Mengen an illegalen Flugblättern. Diese Kundmachung sowie der ergänzende Hinweis über die neuerlichen illegalen Aktivitäten mit der Bemerkung *"Die Linzer Eisenbahner lassen sich nicht unterkriegen!"* sind in der Arbeiterzeitung vom 7. Juli 1935 nachzulesen.

Die Gewerkschaft der Eisenbahner war eine der ersten illegalen Organisationen, die in der Lage war eine eigene Gewerkschaftszeitung herauszugeben. Bereits im Sommer 1934 erschien "Das Signal" und ab Spätherbst, von 1934 bis 1938, "Der Prellbock". Für den Druck der illegalen Presse der Eisenbahner sorgte Berthold König in Brünn. Die redaktionelle journalistische Tätigkeit leisteten zwei Redakteure in Österreich. "Das Signal" redigierte der frühere Redakteur des Freien Gewerkschaftsbundes, Heinrich Holek. "Der Prellbock" wurde von 1934 bis März 1938 von Otto Leichter, dem Gewerkschafts- und Wirtschaftsredakteur der "Arbeiter-Zeitung" redigiert. Die Manuskripte der Zeitungen brachten Eisenbahner ins Ausland, dort wurden sie gedruckt und dann mit der Bahn wieder nach Österreich geschmuggelt. Obwohl die Eisenbahner den Großteil ihrer Zeitschriften in Brünn drucken ließen, nannte man aus konspirativen Gründen vielfach einen anderen Erscheinungsort. Die Schriften zeigen ein präzises Spiegelbild der Verhältnisse in den vier Jahren des Austrofaschismus. Die Sprache der Redakteure war glasklar und drückte unmißverständlich die Not, die Sorgen und die Ansprüche der Arbeiter aus. Am Beispiel des "Signals" vom September 1934 kann der Leser selbst weiter unten eine Leseprobe entnehmen.

Die Verteilung der illegalen Schriften bedurfte besonderer Vorsichtsmaßnahmen. Wurde man erwischt, so bedeutete das in der Regel die Entlassung aus dem Bundesbahndienst. Georg Wohlmacher ist es so ergangen. Ihn hatte man - wie der Strafverhandlungsschrift der Bundes-Polizeidirektion zu entnehmen ist - bei der Verteilung der illegalen Schriften "Der Prellbock" und "Unser Kampf geht weiter" ertappt.

Aufgrund seiner Tat wird er von der "Besonderen Disziplinarkammer der Österreichischen Bundesbahnen" in Linz mit der Entlassung bestraft.

Sieben Monate später wird Georg Wohlmacher mitgeteilt, daß seine Gattin unter "Vorbehalt jederzeitigen Widerrufs" 90 Prozent der Witwenpension sowie den ungekürzten Erziehungsbeitrag für das "eheliche, minderjährige, unversorgte Kind" bekommt. So wie Georg Wohlmacher ist es vielen ergangen.

Die illegalen Schriften belegen deutlich, daß die Aggressionen der Regierung nicht gegen den gemeinsamen Feind "Nationalsozialismus" gerichtet waren, sondern sich in erster Linie gegen die sozialdemokratischen Funktionäre richteten. Die Nummer 10 des "Prellbocks" vom Oktober 1936 (siehe weiter hinten) gibt darüber schriftlich Auskunft.

Das Signal

ORGAN FÜR DIE EISENBAHNER, TRANSPORT- UND VERKEHRSARBEITER

1. Jahrgang | September 1934 | Nr. 1

Eisenbahner, Transport- und Verkehrsarbeiter!

Unsere Gewerkschaften sind vernichtet, ihr Vermögen geraubt, unsere Arbeiterpresse verboten oder von den Faschisten gestohlen, die verfassungsmäßigen Rechte des Volkes sind beseitigt. Brutale Willkür und nackte Gewalt herrschen sowohl im öffentlichen Leben als auch in den Betrieben, Fabriken und Werkstätten.

Die faschistischen Strauchdiebe und Banditen, die jetzt über Österreich herrschen, haben das Land zu einem brodelnden Hexenkessel gemacht. Um sich an der Herrschaft zu erhalten, scheuen sie vor den niedrigsten Mitteln und dem brutalsten Terror nicht zurück.

Sie zwingen euch in die Vaterländische Front.

Sie zwingen euch, das Schandabzeichen, das rot-weiß-rote Bändchen, zu tragen.

Sie zwingen euch, eine „regierungsfreundliche Gesinnung" zu h e u c h e l n, und mißbrauchen euch als Staffage bei den diversen faschistischen Feierlichkeiten.

Aber man verbietet uns Arbeitern, Bediensteten und Angestellten, in Versammlungen zusammenzukommen um unsere Lohn- und Arbeitsangelegenheiten zu besprechen. Man gestattet uns kein freimütiges Wort über die Schikanen und Brutalitäten, die wir uns täglich bei der Arbeit gefallen lassen müssen und die wir nur zähneknirschend und mit heimlich geballten Fäusten ertragen.

Aber das Zähneknirschen und das heimliche Ballen der Fäuste vermag nicht die Schmach abzuwenden, die uns angetan wird. Wir müssen uns wieder zusammenschließen, müssen uns organisieren. Aber nicht in der faschistischen Gewerkschaft, in die sie uns gern pressen möchten, sondern

freigewerkschaftlich und illegal!

Es gilt alle Kräfte zusammenzufassen und jede Zersplitterung zu vermeiden. Darum haben wir Eisenbahner, Transport- und Verkehrsarbeiter, die wir als Berufsgruppen seit jeher aufs engste miteinander verbunden sind, uns zu gemeinsamer Arbeit zusammengefunden. Es gilt jetzt alle Kollegen und Kolleginnen, die aufrechten Sinnes sind und die das faschistische Gewaltregime verabscheuen und hassen, in einer festen Front zusammenzuschließen, damit wir dem Faschismus möglichst bald den Todesstoß versetzen können.

Unser der Sieg trotz alledem!

Herr Vaugoin ernennt die neue Personalvertretung.

Wir sollen mit einer neuen Personalvertretung von Vaugoins Gnaden beglückt werden. Am 17. August sind in der Generaldirektion die Vertreter der heimattreuen Gewerkschaft beisammen gewesen, um zu dem von der Unternehmung ausgearbeiteten Entwurf über die künftige Personalvertretung Stellung zu nehmen. Dabei kam heraus, daß die Personalvertreter, nicht so wie es ursprünglich im Entwurf vorgesehen war, von der Generaldirektion, sondern von dem Präsidenten der Verwaltungskommission, also von Herrn Vaugoin ernannt werden. Also die Personalvertreter, die die Interessen des Personals vertreten sollen, werden nicht, wie es ehemals der Fall war, von den Eisenbahnern gewählt, sondern von Herrn Vaugoin ernannt und der ernennt natürlich nur solche Leute, zu denen e r Vertrauen hat. Ob die Eisenbahner zu diesen Personalvertretern auch Vertrauen haben können, darnach wird unter dem autoritären faschistischen Regime nicht gefragt. Diese ernannten Personalvertreter sind in Wirklichkeit Präsidialvertreter, die schon deshalb das Vertrauen der Eisenbahner nicht haben können. Die übergroße Mehrheit der Eisenbahner spricht dieser ernannten Personalvertretung das Recht ab, im Namen der Eisenbahner zu fungieren. Wir Eisenbahner werden nun und nimmer solche Personalvertreter anerkennen. Wir werden alles daran setzen, um die vor dem 1. September 1933 bestandene Rechtslage wieder herbeizuführen. Wer sich zum Personalvertreter ernennen läßt, ist ein schäbiger Verräter an der heiligen Sache des Personals. Er wird seinen Verrat vor dem Revolutionstribunal zu verantworten haben. Das sei schon heute mit aller Bestimmtheit gesagt.

Wieder ein Disziplinarschnellverfahren in Linz.

Zum zweitenmale haben sich die Herren aus Wien in Linz eingefunden, um nach dem Grundsatz ihres mittlerweile vom Tode ereilten Führers der Vaterländischen Front Gericht zu halten. Die Erkenntnisse dieser famosen Disziplinarkommission lassen verdammt wenig von der ausgestreckten „Bruderhand" merken. Wie es mit der unmittelbar nach den Februarereignissen versprochenen Milde in Wirklichkeit ausschaut, kann man aus der Disziplinarurteilen ersehen:

Ein Bediensteter sagte anläßlich der Ereignisse im Februar, daß es ein Skandal war, auf die Arbeiter mit Kanonen zu schießen. Dieser Bedienstete war an den Februarereignissen in keiner wie immer gearteten Weise beteiligt, er hatte nicht einmal die Möglichkeit zu streiken. Wegen dieser Äußerung wurde er von einem „guten Kollegen" vernadert und nun von der „Disziplinarkommission" mit der fristlosen Entlassung bestraft. Dies, obwohl es in der ganzen Welt keinen anständig denkenden Menschen gibt, der jene Äußerung nicht als durchaus zutreffend bezeichnen würde.

Die Herren von der Oberdisziplinarkammer haben offenbar das Bestreben, sogar den Blutrichtern der eingesetzten Militärgerichte den Rang streitig zu machen. Da wurden vor einiger Zeit 15 Kollegen, die in Attnang stationiert sind, von

Abschrift !

Bundes-Polizeidirektion Linz.
Zl. Pol. 1330/36.

Strafverhandlungsschrift.

1. Anschrift:	Georg W o h l m a c h e r , Nat. im Akt.
2. T a t :	Empfangnahme und Vorrätighalten der illegalen Zeitungen "Der Prellbock" sowie eine Flugschrift "Unser Kampf geht weiter" seit mindestens einem Jahre.
3. Aussagen der Zeugen:	---
4. Rechtfertigung oder Geständnis des Beschuldigten:	Laut Akt.
5. S p r u c h :	Der Beschuldigte hat laut 2) und dadurch eine Uebertretung nach § 3 des B.Ges.33/35 begangen. Gemäss -"- wird gegen den Beschuldigten eine Arreststrafe von 4 Wochen verhängt. Der Bestrafte hat als Beitrag zu den Kosten des Strafverfahrens 10 vom Hundert der verhängten Strafe (ein Tag Arrest gleich 10 S), d.s. 28 S zu zahlen und die Kosten des Strafvollzuges zu ersetzen.
6. Begründung:	Der Tatbestand erscheint erwiesen durch die glaubwürdige Aussage des Hinterhölzl und das teilweise Geständnis. Mildernd: Die Unbescholtenheit, Erschwerend: Die Wiederholung.
7. Rechtsmittelbelehrung:	Der Beschuldigte kann dagegen keine Berufung einbringen.
8. Datum und Fertigung des Bescheides:	Linz, am 24.10.1936. Unterschrift e.h.
9. Datum der Verkündung:	Linz, am 24.10.1936. Wohlmacher Georg e.h.

./.

_Besondere_Disziplinarkammer_der_Österreichischen_Bundesbahnen__

Zahl : 9 / Pol / 37

An den

Weichensteller, Herrn Georg W o h l m a c h e r,

__L_i_n_z_.___

D i s z i p l i n a r e r k e n n t n i s :

Auf Grund des gegen Sie durchgeführten Besonderen Diszi - plinarverfahrens hat die Besondere Disziplinarkammer in ihrer am 29. Jänner 1937 in Linz abgehaltenen Sitzung wie folgt erkannt:

Sie sind im Sinne des Artikels II, § 1 , Der Verordnung der Bundesregierung vom 12. Oktober 1933, B.G.Bl.Nr.475, in der Fassung des Bundesgesetzes vom 29. Dezember 1936, B.G.Bl. Nr. 455, schuldig, dadurch Ihre gegenüber den bestehenden Gesetzen und Verordnungen ge- lobte Treue und Gehorsamspflicht verletzt und hiedurch geflissentlich staats - oder regierungsfeindliche Bestrebungen gefördert zu haben, daß Sie im Laufe des Jahres 1936 wiederholt von einer bahnfremde n Person illegales Flugschriftenmaterial mit der Bestimmung übernahmen, es an Mitbedienstete weiterzugeben und daß Sie die Weitergabe tat - sächlich durchführten.

Sie werden hiefür im Sinne des Artikels II, § 5 der bezogenen verordnung mit der Disziplinarstrafe der

E n t l a s s u n g

bestraft.

./.

Zeugnis - Abschrift .

Es wird bestätigt,das der Weichensteller,Wohlmacher Georg , bereits seit 1. 12. 1925 bei unserer Dienststelle (Hzh.Ltg.Linz II) in Verwendung steht,wo er ein sehr verläßlicher und fleißiger Bediensteter war.Er ist einer der wenigen Bediensteten des inneren Heizhausdienstes, welcher eine erstklassige Dienstbeschreibung aufzuweisen hat.Seine bisherige Dienstleistung war in jeder Hinsicht einwandfrei und sein dienstliches Verhalten tadellos.Über sein außerdienstliches Verhalten ist uns bis auf den gegenständlichen Fall nichts nachteiliges bekannt geworden.

Linz im Jänner 1937

Unterschrift :
i.A. Gaulhofer Pers.Bmt.

Auch die ausgezeichnete Dienstbeschreibung konnte Georg Wohlmacher vor der Entlassung nicht schützen.

Mit einem letzten Beispiel wird die dritte illegale Schrift "Das Zeitrad" vorgestellt. In der Nummer 2 vom August 1936 ist nachzulesen, daß Bundeskanzler Dr. Kurt Schuschnigg Österreich am 11. Juli 1936 in Berchtesgaden an Hitler verkaufte und damit die Unabhängigkeit Österreichs an Deutschland opferte.

Trotz des Elends und der Unterdrückung der Arbeiterbewegung gab es in den fünf Jahren Austrofaschismus auch Heiteres zu berichten. Die "Illegalen" gaben im Sommer 1936 eines in seiner äußeren Gestaltung dem offiziellen Nachrichtenblatt der Vaterländischen Front gleichgehaltenes Flugblatt heraus, das viele Vorstände als offizielles Dokument ansahen und es daher den Bediensteten zur Kenntnis brachten. Erst nach dem zurückhaltenden Gelächter der Zuhörerschaft entdeckte so mancher Vorstand, daß es sich um ein Flugblatt der "Illegalen" handelte, dessen Inhalt eindeutig der Abwehr gegen das diktatorische System bei den Bundesbahnen galt.

Einen ähnlichen Scherz erlaubten sich die Eisenbahner mit dem neuen Präsidenten der Bundesbahnen, dem Handelsminister und persönlichen Freund von Bundeskanzler Dollfuß, der den Ministerposten vor allem für seine privaten Geschäftsinteressen als Eigentümer einer Lebensmittelgroßhandlung nützte. Unmittelbar nach seinem Amtsantritt als Bundesbahnpräsident wurden Geschäftskarten der Firma Stockinger an die Bahnhofsvorstände, Bahnhofsgastwirtschaften und höhere Bundesbahnbeamte verschickt. Auf den Geschäftskarten waren unter dem Namen des neuen Bundesbahnpräsidenten, in der für Geschäftskarten üblichen Form, die Adresse seiner Firma und die Dienste, die sie dem konsumierenden Publikum anbieten konnte, angegeben.

DER PRELLBOCK

Organ der Freien Gewerkschaft der Eisenbahner, Verkehrs- und Transportarbeiter.

Nr. 10. Oktober 1936.

Der Schwindel mit der Amnestie.

Dio Braunen gehen frei — die Roten sitzen weiter!
Und die Wirtschaftsamnestie?

Noch selten hat sich ein Regime einen herausfordernderen Schwindel geleistet als das gegenwärtige System mit der sogenanten Amnestie. Sie sollte alle politischen Gefangenen ohne Unterschied der Richtung umfassen, in Wirklichkeit sitzen die Roten zum großen Teil anstatt in den Gerichtsgefängnissen in den Polizeiarresten und in den Konzentrationslagern. Holowatij, Steindl sind zwar aus der Gerichtshaft entlassen worden, dafür hat man sie mit mehreren Dutzend anderen nach Wöllersdorf gebracht, damit sie dort ihre Polizeistrafen abbüßen. Das heißt in Österreich — Amnestie!

Den Bundesbahnschaffner Franz Rauscher hat man, obwohl die Frist, die ihm in Wöllersdorf gegeben worden ist, zu Ende ist, noch immer nicht aus dem Konzentrationslager entlassen. Dabei hat er für ein Delikt, für illegale Tätigkeit, jetzt die dritte, beziehungsweise schon die vierte Strafe: zuerst sechs Monate Polizeiarrest, dann zehn Monate Kerker, für die er elfeinhalb Monate in Haft sitzen mußte, und dann sechs Monate Konzentrationslager. Und jetzt kommt die vierte Strafe für dasselbe Delikt, nämlich für seine Gesinnungstreue!

Jeden Tag gehen in Wöllersdorf drei bis fünf Nazi frei, nuter ihnen solche, die Strafen bis zum Jahre 1938 haben. Von den Roten geht aber niemand frei, obwohl auch ihnen die Verwaltungsamnestie zugesagt wurde!

Am ärgsten wird aber der pensionierte Eisenbahner Franz Schmidlechner behandelt. Über sein trauriges Schicksal haben wir schon berichtet. Er wird weiter in der berüchtigten Strafanstalt Garsten gehalten, obwohl alle Voraussetzungen für die Streichung seiner gerichtlichen Strafe von fünf Jahren Kerker gegeben sind. Es ist schlechthin unerfindlich, warum sich gerade an Schmidlechner die Rachsucht der Herrschenden austobt!

Und die Wirtschaftsamnestie? Sie sollte ja auch ein Teil der bindend versprochenen Verwaltungsamnestie sein, denn hier handelt es sich ja auch um »Verwaltungsmaßnahmen« beziehungsweise um die Folgen von Verwaltungsstrafen. Aber von der Wirtschaftsamnestie ist keine Spur! Im Gegenteil, die Disziplinarkommissionen arbeiten mit unveränderter Grausamkeit weiter, und wo ein armer Teufel das Unglück hat, wegen nichts und wieder nichts eine Polizeistrafe auch nur von wenigen Tagen zu erwischen, saust das Fallbeil der Entlassung auf ihn herunter!

Nirgends, weder bei den Bundesbahnen, noch bei den Straßenbahnen, noch sonst im Gemeinde- oder Bundesdienst sind Gemaßregelte wieder eingestellt worden!

Aber wir werden und dürfen uns nicht damit zufriedengeben, daß man unsere Opfer mit solcher Brutalität behandelt! Überall, in jeder Versammlung, bei jeder VF.-Versammlung, bei jeder EG.-Beratung, überall, wo Menschen zusammenkommen, müssen wir von den Gemaßregelten und den Verhafteten sprechen!

Keine Ruhe, bevor nicht der letzte Antifaschist befreit ist!

Keine Ruhe, bevor nicht alle Gemaßregelten wieder im Dienst sind!

ZEITRAD

Zentralorgan der freigewerkschaftlichen Handels-, Transport- und Verkehrsarbeiter

Nr. 2. I. Jahrgang August 1936. Preis 10 gr. Für Mitglieder frei

Aussöhnung mit den Nazis — Ausnahmsgesetze gegen die Arbeiter.

Das Kriegsbündnis Mussolini - Hitler-Schuschnigg, die Entente der faschistischen Staaten gegen den demokratischen Westen und das sozialistische Russland ist geschlossen! Die Kriegstreiber sind daran, ihre Brandfackel an das europäische Pulverfass heranzubringen und den mörderischesten aller Kriege zu entfesseln. Das Proletariat soll wieder die Zeche mit seinem Blut bezahlen und auf dem „Felde der Ehre“ sein Leben für den nimmersatten Profit lassen. Schuschnigg, Mussolini und Hitler nennen dieses räuberische Bündnis: „Europäischen Friedensblock“. Die freiheitsliebenden Völker werden gut daran tun, sich gegen diesen „Europäischen Friedensblock“ rechtzeitig zu sichern, denn dieses Bündnis richtet sich gegen sie.

Am Tage dieses Bündnisses der österreichischen Regierung mit Hitler wurden gleichzeitig gegen die Arbeiter des Landes die Vorkämpfer der Unabhängigkeit, scharfe Ausnahmsgesetze beschlossen. Mit den nationalen Kreisen aber hat Schuschnigg volle Verständigung erreicht. Die Tränengas- und Bombenschleuderer, die Futterweit-Attentäter, die Mörder „ihres Kanzlers“, die seit Jahren die Unabhängigkeit Österreichs durch ihre Dolchstosspolitik bedrohten, sie sind nun die Verbündeten Schuschniggs geworden, der das Land an Hitler verraten hat. Die Gefängnisse werden mit den Kämpfern für die Unabhängigkeit Österreichs gefüllt werden. Rintelen, Steinhäusel und die übrigen Juliputschisten werden amnestiert. Hochverratsverfahren gegen die SS und SA Standartenführer eingestellt, grosse Verbrüderungsfeierlichkeiten wurden anlässlich der Hitlerolympiade am 29. Juli veranstaltet, Triumphbögen in Wien für die Fackelträger der Landsknechte Hitlers errichtet und die braunen Horden von Schuschnigg, namens der österreichischen Regierung festlich begrüsst.

Den Arbeitern aber begegnet man mit harten Zuchthausurteilen. - offenes Bekenntnis für die Freiheit und Unabhängigkeit Österreichs ist ein Verbrechen und wird mit langjährigem Zuchthaus bestraft, Selbst die E. G., ein Instrument der Regierung, wird immer mehr zu einer unbequemen Einrichtung. Erst vor einigen Tagen wurden gegen hundert E. G. Vertrauensmänner aus der Graphischen Industrie grundlos vom Betrieb weg verhaftet.

Die von den Arbeitern nach dem 1. Mai dem Schuschnigg überreichte Denkschrift blieb bis heute noch unbeantwortet. Die Kollektivvertäge werden immer häufiger verschlechtert und die Löhne immer mehr gedrückt. E G. Funktionäre, die es wagen, die Meinung der Betriebsarbeiterschaft öffentlich auszusprechen, werden abgesetzt. Das provokanteste Beispiel hiefür ist die Aktion eines Teiles der E. G. Funktionäre in der Lebensmittelindustrie, die an Bundesminister Dr. Resch ein Minimalprogramm in Form eines Memorandums überreichte. Das Memorandum der Lebensmittel-E. G. Funktionäre wurde von einer Reihe von Betrieben Werksgemeinschaften und Ortsgruppen beschlossen und als Antwort auf ihre wichtigsten Forderungen ein Teil dieser E. G. Funktionäre abgesetzt und hinausgeworfen.

Die „Befriedungsaktion“ der Regierung ist nichts anderes, als die Verständigung der klerikalen und nationalen Ausbeuter und Arbeiterfeinde gegen die arbeitenden Schichten des österreichischen Volkes Der Zusammenschluss aller reaktionären Kräfte, die Gleichschaltung der Unterdrückungsmethoden ist die Antwort auf die freimütige Denkschrift der Arbeiterschaft, die deren Enttäuschung über die bisherige Entwicklung zum

Die meisten Empfänger dieser Geschäftskarten hielten sie für echt und betrachteten sie als Ausdruck der damals nicht unüblichen, wenig delikaten Art, politische mit geschäftlichen Interessen zu verbinden. Mit dem Hinweis Stockingers in den Zeitungen, daß er Anzeige wegen Verleumdung gegen unbekannte Täter erstattete, war die Aufmerksamkeit der Öffentlichkeit erst recht auf die illegalen Visitenkarten gelenkt. Diese Beispiele zeigen, mit welcher Raffinesse die Funktionäre der Freien Gewerkschaften arbeiteten.

DIE BUNDESBAHN-BEDIENSTETEN

erhalten bei den nachfolgenden Firmen **nach** getätigtem Einkauf bei Vorweis der Legitimation die angeführten Begünstigungen

Antike Uhren

Uhren, antik und modern
sowie sämtliche Reparaturen
RUDOLF HÜBNER
Wien I, Petersplatz 7
Telephon U 20-306 5%

Fahrräder

Alles für den Radsport im
Spezialgeschäft
Karl Hummel
II, Praterstraße 16
Markenartikel ausgenommen 3%

Hüte

Ceschka-Hüte
VII, Kaiserstraße 123
IX, Alserstraße 6
5%

Damenhüte

Damenhüte
Elsa Ployer
Wien VII, Neubaugasse 25
(Elsa-Hof)
Telephon B 31-6-30 5%

Fahr- und Motorräder

Fahrräder aller Marken
Albert H. Curjel
I, Elisabethstraße 5
Gegründet 1868 5%

Karlinger-Hüte
IX, Nußdorferstraße 16
Telephon: A 16-7-74
5%

Herrenmäntel

Inlett, Weißwaren

Leib- und Bettwäsche
in allen Größen
N. Zeisel

Ate-Lockheed-Bremse
Ing. Dr. CARL TURNWALD
Wien VI, Theobaldgasse 15 • Telephon B-27-8-11

Eisenbahner,
kauft bei Freunden und Förderern der „Verkehrswirtschaftlichen Rundschau"!
Beachtet das Firmenverzeichnis auf den Seiten 35 and 36!

Steht ein Eigenschaftswort als Satzaussage, so darf es nicht gebogen werden. Man kann deshalb nur sagen „war gut", „war zufriedenstellend". Hier merkt man den Einfluß eines anderen Übels, des sogenannten „Zeitungsdeutsch", worin solche Stil- … wuchern. Würden diese beiden Sätze nicht … schöner klingen, wenn dort

Granitwerke ANTON POSCHACHER, Wien
MAUTHAUSEN (Tel. Nr. 4), PERG, NEUHAUS (Tel. Nr. 3), ASCHACH, OBERÖSTERREICH
Zentralbüro: Wien IV, Margaretenstr. 30 Tel. B-29-2-42

sei in der Rechtssprache gar nicht zu missen. Auch dies ist leicht zu widerlegen*). Denn dort, wo es scheinbar unersetzbar dünkt, weil eben der Satzbau auf seine Anwendung förmlich zugeschnitten worden ist, fällt seine vermeintliche Unersetzbarkeit sogleich in nichts zusammen, wenn man den Satz ein klein wenig umstellt, was der deutschen Sprache sicher nicht zum Schaden gereichen wird.

Wenn sich unsere Vorväter ein würdevolles (nicht volleres!) Ansehen geben wollten, um von ihrer Umgebung weltenweit abzustechen, so flochten sie, um den Dunstkreis ihrer Persönlichkeit den Minderen nachdrücklicher fühlen zu lassen, in ihre Reden so oft wie nur möglich das Wort „respektive" ein. Ob nötig oder nicht, „respektive" mußte darin sein.

Die Jetztzeit ließ die einst so vorherrschenden Fremdwörter verbleichen. Leider nicht voll und … Die Zeiten änderten sich wohl, nicht aber

Die nachstehende Übersicht faßt die Aufgaben und Ziele der illegalen Gewerkschaft der Eisenbahner nochmals kurz zusammen.

- Aufbau der Organisation
- Wiedereinstellung der Gemaßregelten
- Finanzielle Unterstützung der Gemaßregelten
- Verteidigung der erworbenen Rechte der Eisenbahner
- Widerstand gegen Verschlechterungen der Arbeitsbedingungen
- Bewahrung des Vertrauens der Mitglieder und Sympathisanten durch objektive und ehrliche Informationen
- Herstellung und Vertrieb illegaler, verbotener Druckwerke
- Unterstützung anderer Gewerkschaften
- Kampf gegen den Nationalsozialismus
- Kampf für die Wiederherstellung der Demokratie

Dieser illegale Kampf gegen den Austrofaschismus war nicht umsonst. Erst durch diesen organisierten Widerstand war es letztlich möglich, dem ungleich brutaleren Feind, dem Nationalsozialismus, entgegenzutreten. Hätte es diesen Widerstand vor und nach der Okkupation Österreichs nicht gegeben, hätte Österreich kaum beweisen können, daß Österreich seine Unabhängigkeit "unfreiwillig" verlor.

Der verzweifelte Versuch zur Rettung Österreichs

Der politisch interessierte Mensch und aufmerksame Zuhörer wußte, daß der Anschluß Österreichs an Deutschland schon lange vorprogrammiert war. Immer wieder ist ab 1934 in den illegalen Schriften davon zu lesen. Eine Arbeiterdelegation überreichte bereits am 7. Mai 1936 dem Bundeskanzler Schuschnigg ein Memorandum, das unter anderem ein Bekenntnis zur Verteidigung der Unabhängigkeit des Landes ablegte und in dem die Arbeiter ihre Zusammenarbeit mit der Regierung anboten. Diese "Denkschrift" fand in der ausländischen Presse große Anerkennung - in Österreich blieb sie unveröffentlicht.

Im Frühjahr 1937 richteten die Vertrauensmänner eine weitere Denkschrift an den Bundeskanzler. Obwohl die Einheitsgewerkschaft mit dem Ausschluß derer drohten, die diese Denkschrift unterschreiben würden, bekannten sich insgesamt 100.000 Arbeiter zu deren Inhalt. Im Kern ging es wieder um die Verteidigung Österreichs, und es wurde bemerkt, daß die Unabhängigkeit des Landes auf Dauer nicht durch außenpolitische Garantien geschützt werden kann. Schon gar nicht von Ländern, die selbst faschistische Großmachtinteressen haben. Die Arbeiter verlangten die Freiheit und die Unabhängigkeit gegen jedermann und bekannten sich zur Verteidigung des Vaterlandes. Diese Denkschrift hat im Ausland ebenfalls große Anerkennung gefunden und ist durch die illegale Propaganda auch in Österreich bekannt geworden.

An den

Gewerkschaftsbund
der österreichischen Arbeiter und Angestellten

Wien I, Ebendorferstrasse 7

ENTSCHLIESSUNG

Die unterzeichneten Vertrauensmänner begrüssen es, dass der Vorstand des Gewerkschaftsbundes endlich in klarer und eindeutiger Weise zu den, politischen, wirtschaftlichen, und sozialen Problemen Stellung genommen hat.

Sie legen hiemit

ein feierliches Bekenntnis zu einem wirklich freien,
unabhängigen und sozialen Österreich

ab und verlangen volle Selbstbestimmung Aller, die sich zu diesem Grundsatz bekennen. Sie fordern insbesondere völlige Gewerkschaftsfreiheit, Wiederherstellung wirtschaftlicher Kampfmöglichkeiten, Versammlungs- und Pressfreiheit. Sie sind unter diesen Voraussetzungen bereit,

für den Kampf gegen die nationalsozialistischen Gleichschaltungsbestrebungen, für die Erhaltung eines selbständigen und unabhängigen Oesterreich mit allen zusammenzuarbeiten, die dieses Ziel ehrlich wollen und die gewillt sind, die Interessen der Arbeiterschaft zu respektieren.

Die Unterzeichneten erklären, dass sie die Stellungnahme, wie sie in dem Aufruf des Gewerkschaftsbundes vom 1. März zum Ausdruck kommt, zur Gänze billigen und bereit sind, für die praktische Verwirklichung der darin enthaltenen Grundsätze mit aller Kraft und Zähigkeit bis zu deren Durchsetzung zu kämpfen.

Am 12. Februar 1938 diktierte in Berchtesgaden Reichkanzler Adolf Hitler dem Bundeskanzler Dr. Kurt Schuschnigg, den "Deutschen Frieden". Der österreichische Bundeskanzler hat bei dieser letzten Besprechung mit Hitler Österreich endgültig an Deutschland verloren. Die wenigen Vertrauensmänner der ehemals Freien Gewerkschaften, die in der Einheitsgewerkschaft und in der Sozialen Arbeitsgemeinschaft weiterkämpften, sowie die in den Untergrund gedrängten illegalen Gewerkschafter organisierten zahlreiche Veranstaltungen, um gegen das "Berchtesgadener Abkommen" Stellung zu nehmen. Derartige von den Eisenbahnern organisierte Kundgebungen fanden am 12. Februar in Salzburg, am 17. Februar in Wien, am 18. Februar in Graz, am 19. Februar in Linz und am 20. Februar in Klagenfurt statt.

Am 21. Februar formulierte eine Vertrauensmännerkonferenz der illegalen Freien Gewerkschaften in Floridsdorf ein Forderungsprogramm, das die Bedingungen enthielt, unter denen die Gewerkschafter bereit waren, Bundeskanzler Schuschnigg im Kampf gegen Hitler zu unterstützen.

Die Arbeiter forderten:

- gleiche Bewegungsfreiheit wie die Nationalsozialisten
- freie Wahlen im Gewerkschaftsbund
- Herausgabe einer unzensurierten Wochenzeitung
- Wiederherstellung der seit 1934 verschlechterten Sozialgesetze

Die Arbeiter und die Angestellten hatten die Gelegenheit, mit ihrer Unterschrift die Solidarität für ein freies unabhängiges Österreich zu bekunden. Hunderttausende Österreicher unterzeichneten innerhalb von nur zwei Tagen ihr Bekenntnis zur Unabhängigkeit Österreichs. Nach längerem Sträuben empfing der Bundeskanzler am 4. März eine Arbeiterdelegation, die eine Entschließung mit den Unterschriften und den Forderungen der Arbeiterschaft vorbrachte. Die Gespräche blieben jedoch ohne Ergebnis; er stellte aber weitere Verhandlungen in Aussicht.

Am 7. März kamen im "Floridsdorfer Arbeiterheim" 350 Funktionäre zu einer Versammlung zusammen, bei der die Möglichkeiten und die Voraussetzungen für eine Zusammenarbeit mit der Regierung besprochen wurden.

Am 9. März kündigte der Bundeskanzler bei einer Veranstaltung der Vaterländischen Front in Innsbruck eine Volksbefragung für den 13. März an. Die Parole der Befragung lautete:

> *"Für ein freies und deutsches, unabhängiges und soziales, für ein christliches und einiges Österreich, für Friede und Arbeit und Gleichberechtigung aller, die sich zu Volk und Vaterland bekennen".*

Aufgrund der angekündigten Volksbefragung, die die Nationalsozialisten massiv ablehnten, eskalierten die innenpolitischen Verhältnisse. Das aggressive Auftreten der Nationalsozialisten im Lande wurde immer bedrohlicher und die Erpressungen Hitlers, in denen er den sofortigen Einmarsch androhte, immer deutlicher. Die Ereignisse überschlugen sich.

Die ehemaligen "Freunde" im Ausland überhörten nicht unabsichtlich die Hilferufe Schuschniggs. Auch der enge Verbündete der austrofaschistischen Regierung, der italienische Diktator Benito Mussolini, lehnte eine unterstützende Intervention ab. Die Ungarn negierten den Hilferuf und auch die englische Regierung gab eine ablehnende Erklärung ab. Am 11. März, um fünf Uhr früh, versperrten die Deutschen die Grenze nach Österreich und die Deutsche Armee marschierte gegen Österreich auf. Um zehn Uhr verständigte man Schuschnigg, daß Hitler eine Verschiebung der Volksbefragung fordere und auf eine sofortige Antwort bestehe. Am Nachmittag dieses Tages sagte Bundeskanzler Schuschnigg die angekündigte Volksbefragung ab. Dennoch verlangte noch am selben Tag der deutsche Generalfeldmarschall Hermann Göring dessen Rücktritt. Um 23 Uhr 14 ernannte Bundespräsident Wilhelm Miklas, Arthur Seyß-Inquart zum neuen Bundeskanzler. Um 20 Uhr ordnete Göring den Einmarsch der deutschen Truppen an. Bundespräsident Miklas erklärte am 13. März unter dem Druck der Nationalsozialisten seinen Rücktritt. Nach der österreichischen Verfassung von 1934 ging damit die Funktion des Bundespräsidenten auf den Bundeskanzler, also auf Seyß-Inquart, über.

Vom Kruckenkreuz zum Hakenkreuz 1938 bis 1945

Am Samstag, dem 12. März 1938, um 6 Uhr früh überschritten die ersten deutschen Truppen die österreichische Grenze. Ihnen folgten die deutsche Polizei, die Geheime Staatspolizei (Gestapo) und unter anderen auch die Beamten, die die Österreichischen Bundesbahnen in die Deutsche Reichsbahn zu überführen hatten.

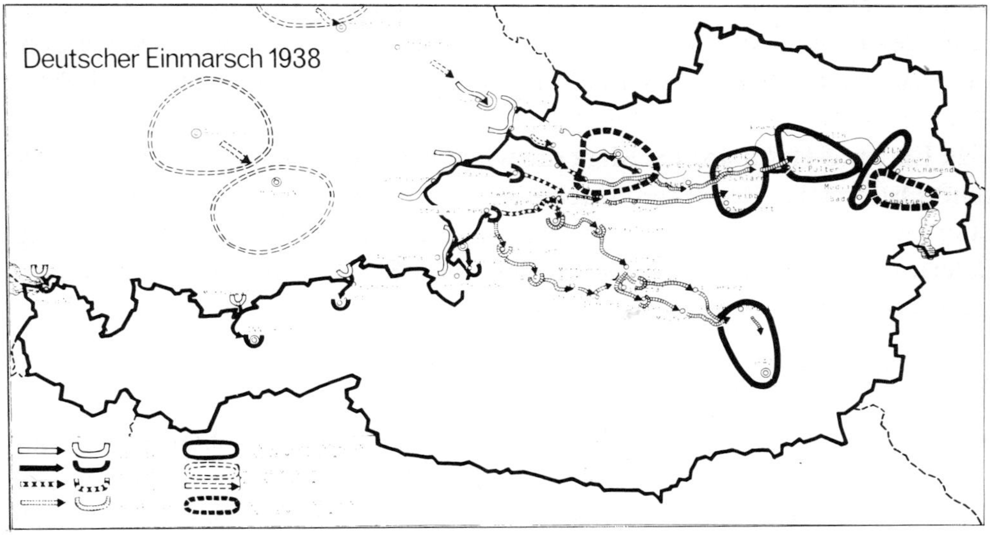

Bereits am Vorabend, am 11. März 1938, übernimmt August Eigruber die Funktion des Landeshauptmannes von Oberösterreich. Am 13. März wird der bisher amtierende Landeshauptmann, Dr. Heinrich Gleißner, abgesetzt und am 15. März verhaftet. Noch am 12. März, um 12 Uhr, verlas der deutsche Propagandaminister Dr. Joseph Goebbels die Proklamation des Führers. Gleichzeitig überschwemmten die Nationalsozialisten Österreich mit einer einzigartigen Propagandawelle. Überall und mit Unterstützung aller erdenklichen technischen Möglichkeiten streuten sie aus der Luft, aus Kraftfahrzeugen und aus Häusern Flugzettel mit Anschlußparolen. Auch die Massenmedien warben für den Anschluß. Ab 13. März hörte man im Rundfunk fast nur noch Reden der Nazibonzen, Marschmusik und nationalsozialistische Lieder.

Die massive Propagandawelle unterstützte die gefühlsmäßigen Symphathien für den "Einmarsch Hitlers". Andere wiederum, und das waren nicht wenige, sahen durch die Okkupation Österreichs eine Erlösung der jahrelangen Unterdrückung und der wirtschaftlichen Ausbeutung durch die Christlichsoziale, klerikale Regierung. Auch wenn die Arbeiter bis zum "Anschluß" nicht mit den Nationalsozialisten sympathisierten, ihnen in der Regel sogar feindlich gegenüberstanden, konnten sie im Augenblick des Einmarsches dem alten Regime keine Träne nachweinen und hofften auf Besserung. Daher ist es nicht weiter verwunderlich, daß viele Österreicher jubelnd an den Straßenrändern standen als Hitler von Braunau nach Linz und später nach Wien fuhr. Trotz der jubelnden Massen dürfen jedoch all jene nicht vergessen werden, die wissend, was dieser Anschluß für Österreich bedeutete, zu Hause blieben.

In Linz traf Hitler am 13. März die wichtigsten Entscheidungen für die Zukunft Österreichs. Bereits am Nachmittag sorgten die Nationalsozialisten von Linz aus, daß das Bundesverfassungsgesetz über die "Wiedervereinigung Österreichs mit dem Deutschen Reich" von Seyß-Inquart und von seinen Ministern in Wien unterzeichnet wurde:

Art. I: Österreich ist ein Land des Deutschen Reiches.

Art. II: Sonntag, den 10. April 1938 findet eine freie und geheime Volksabstimmung, der über 20 Jahre alten deutschen Männer und Frauen Österreichs über die Wiedervereinigung mit dem Deutschen Reich statt.

Um die nationalsozialistische Vergewaltigung zu legitimieren, kündigte Hitler für den 10. April eine Volksabstimmung an. Bei dieser sollten die Österreicher über die "Wiedervereinigung Österreichs mit dem Deutschen Reich" und für die Neuwahl zum Großdeutschen Reichstag abstimmen.

Am 14. Mai 1938 verfügte Hitler die Aufteilung des Landes Österreich in sieben Gaue: Wien, Niederdonau, Oberdonau, Salzburg, Tirol-Vorarlberg, Steiermark und Kärnten. Am 31. Mai 1938 bestellt Hitler die Gauleiter der "Ostmark" - für Oberdonau August Eigruber.

Am 31. Mai 1938 wurde das steirische Ausseerlandund am 16. Oktober 1938 wurden aus Böhmen die Bezirke Kaplitz und Krummau dem Gau Oberdonau angegliedert. Bei einer Volkszählung im Mai 1939 werden in Oberdonau 1.042,000 Einwohner gezählt. Im Jahre 1942 erfolgt nach einem Führererlaß die Umbenennung der "Ostmark" in "Alpen- und Donaugaue".

Der "unheimliche" Anschluß

Die Nacht vom 11. zum 12. März 1938 ist für Alfred Maleta, dem damaligen Ersten Sekretär der Arbeiterkammer für Oberösterreich und späteren Spitzenpolitiker der Österreichischen Volkspartei, in unauslöschlicher Erinnerung:

> *"Ich war mit meiner ersten, später verstorbenen Frau bei meiner Mutter, die auf dem Blumauer Platz in Linz ihre Wohnung hatte. Vom Fenster aus sah man die Bahnunterführung der auf diesen Platz breit einmündenden Wiener Reichsstraße. Abenddämmerung .... Das Radio tönte; wir hörten ergriffen und wie*

gelähmt die Abschiedsrede Schuschniggs..... Sie schloß mit der Bundeshymne. Noch nie war mir ihre wunderbare Melodie so tief bewußt geworden! Sie symbolisierte in ihrer getragenen, langsam verstummenden Weise den Abschied von Österreich, von allem, was uns lieb und teuer war. Die Stimmung war in geradezu tragischer Harmonie dem "Land der Tänzer und der Geiger" angemessen. Funkstille ... Plötzlich ertönte dieselbe Melodie, das Deutschland-Lied - zack, zack - mit seinem schnelleren Rhythums. Ich verglich diese beiden Melodien in diesem Augenblick mit einem tropischen Schmetterling, dessen bunte Farbenpracht von einem derben Finger in ein stumpfes Grau verwandelt wurde.

Plötzlich sahen wir in der Ferne Fackeln, und der Lichterstrom einer riesigen Demonstration ergoß sich über den Platz, die das Ende des tausendjährigen Österreich und den Traum vom Beginn eines tausendjährigen Reiches aller Deutschen symbolisieren sollte. Wir saßen schweigend, wie gelähmt, jeder in Gedanken versunken ... Da läutete es an der Türe! Wer es wohl sein mag? Verhaftung? Ich öffnete - draußen stand Alois Kopp, einer meiner Mitarbeiter im Gewerkschaftsbund. Er war von Vöcklabruck auf seinem Motorrad gekommen und sagte: "Maleta, worauf wartest du? Ich bringe dich sofort an die Grenze. Flüchte! Es war jener Alois Kopp, ein ehemaliger sozialistischer Arbeiterfunktionär, den ich schon lange in Verdacht hatte, daß er gleichzeitig für die sozialistische Illegale arbeitete. Er war nach 1945 in seiner Partei wieder ein großer Mann, nämlich Präsident der Unfallkrankenkasse, aber in der Stunde der Gefahr verhielt er sich wie ein echter Freund."

Stunden später geht Maleta wie gewohnt zur Arbeit in die Arbeiterkammer. In seinem Büro verhaftete ihn ein langjähriger "getreuer christlichsozialer" Kamerad, der nun in SS-Uniform vor ihm stand.

Obwohl in den letzten Monaten, Wochen und Tagen vor dem Anschluß Österreichs an das Deutsche Reich immer mehr Österreicher mit Nationalsozialisten sympathisierten, hätte sich vermutlich die Mehrheit der Österreicher bei der für den 13. März angekündigten Volksbefragung für die Unabhängigkeit Österreichs entschieden. Nach dem Einmarsch allerdings konnte durch die geschickte nationalsozialistische Politik und ihre Propagandawelle in der Öffentlichkeit ein allgemeiner Wunsch für den Anschluß an das Deutsche Reich suggeriert werden.

Parallel zu dieser Propagandawelle säuberten die Nationalsozialisten Österreich von ihrer bisherigen politischen Führungsschicht. Noch in den Märztagen des Jahres 1938 wurden nach Schätzungen von Universitätsprofessor Dr. Karl Stadler, 10.000 bis 20.000 aufrechte Österreicher inhaftiert und zum Teil in Konzentrationslager gebracht. Am 2. April 1938 traf im Konzentrationslager Dachau bei München der erste "Prominenten-Transport" mit 150 österreichischen Führungskräften ein. Unter ihnen waren Leute wie Johann Staud, Franz Olah, Alfons Gorbach und Leopold Figl.

Die Volksabstimmung

An der Abstimmung beteiligten sich 99,6 Prozent der wahlberechtigten Österreicher, von diesen stimmten 99,7 Prozent für den "Anschluß". Der hohe Anteil an "Ja-Stimmen" ist auf vielerlei Ursachen zurückzuführen. Sie reichten von der Hoffnung vieler Arbeitnehmer, endlich wieder Arbeit zu bekommen, sich nicht mehr unterdrücken lassen zu müssen bis hin zum Abstimmungs-Verbot für bestimmte Personengruppen. Auch wenn das Ergebnis nicht die politische Einstellung der Bevölkerung widerspiegelt, gaben doch viele Österreicher aus politischer Überzeugung ihr "Ja" zum Anschluß ab. Bei der Beurteilung des Wahlerfolges darf nicht vergessen werden, daß neben den eingekerkerten, den ins Ausland geflüchteten Staatsbürgern, rund 360.000 oder 8 Prozent der über 20-jährigen Österreicher vom Stimmrecht ausgeschlossen waren - teils weil sie jüdische Vorfahren hatten, teils weil sie aus politischen Gründen verhaftet waren - und daher an der Abstimmung nicht teilnehmen durften. Die Wahlkommissionen bestanden mehrheitlich aus geeichten Nationalsozialisten und nur zu einem geringeren Teil aus allerdings auch verläßlichen NSDAP-Anhängern. Viele Wahlkommissionen mit ihren ehrgeizigen Parteifunktionären strebten in ihren Ortschaften hundertprozentige Abstimmungsergebnisse an.

Es war üblich, daß die Kommissionen die Wähler aufforderten, sich vor der Wahlkommission, also außerhalb der Wahlzelle, zum Anschluß zu bekennen. Andere wiederum, von denen man wußte, daß sie gegen den Anschluß stimmen würden, ließ man erst gar nicht wählen. Für ihre Stimmabgabe sorgte häufig ein pflichtgetreuer Parteiwähler. Die Nationalsozialisten versuchten, das Abstimmungsergebnis nicht nur bei der Abstimmung zu beeinflussen. Rechtzeitig suchten sie die Unterstützung der Kirche, die Ihrerseits gerne half und die österreichischen Katholiken eifrig aufforderte mit "Ja" für den Anschluß zu stimmen. Aber nicht nur die Religionsgemeinschaften, auch führende Politiker, wie beispielsweise Karl Renner, meinten, durch eine "Ja-Empfehlung" Österreich zu dienen.

1938, die Österreicher werden zum Nationalsozialismus "überredet".

So stimmt man mit „Ja"
Volksabstimmung am 10. April
Stimmzettel
Bekennst Du Dich zu unserem Führer Adolf Hitler und damit zu der am 13. März 1938 vollzogenen Wiedervereinigung Österreichs mit dem Deutschen Reich?
Ja
Nein
Hier das Kreuz

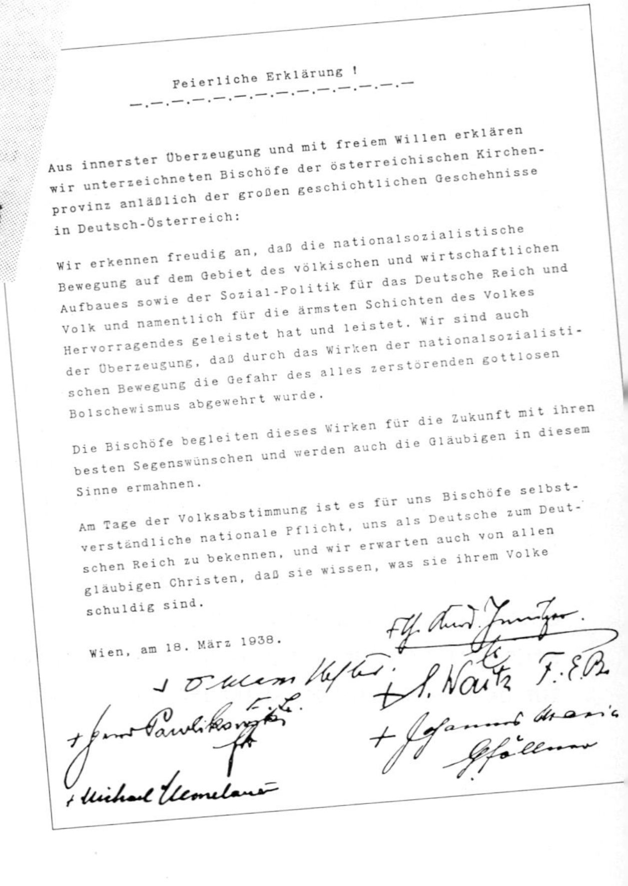

Feierliche Erklärung !

Aus innerster Überzeugung und mit freiem Willen erklären wir unterzeichneten Bischöfe der österreichischen Kirchenprovinz anläßlich der großen geschichtlichen Geschehnisse in Deutsch-Österreich:

Wir erkennen freudig an, daß die nationalsozialistische Bewegung auf dem Gebiet des völkischen und wirtschaftlichen Aufbaues sowie der Sozial-Politik für das Deutsche Reich und Volk und namentlich für die ärmsten Schichten des Volkes Hervorragendes geleistet hat und leistet. Wir sind auch der Überzeugung, daß durch das Wirken der nationalsozialistischen Bewegung die Gefahr des alles zerstörenden gottlosen Bolschewismus abgewehrt wurde.

Die Bischöfe begleiten dieses Wirken für die Zukunft mit ihren besten Segenswünschen und werden auch die Gläubigen in diesem Sinne ermahnen.

Am Tage der Volksabstimmung ist es für uns Bischöfe selbstverständliche nationale Pflicht, uns als Deutsche zum Deutschen Reich zu bekennen, und wir erwarten auch von allen gläubigen Christen, daß sie wissen, was sie ihrem Volke schuldig sind.

Wien, am 18. März 1938.

Sehr bald lernten die Österreicher die Brutalität und die Gefährlichkeit der Nationalsozialisten kennen. Viele Österreicher erwarteten sich einen Ausweg aus ihrer bedrückten Lebenssituation und erhofften sich einen Weg aus ihrer unverschuldeten Arbeitslosigkeit. Waren sie in den Jahren zuvor zum "Schicksal" der Arbeitslosigkeit gezwungen, so wurden sie schließlich, am 22. Juni 1938, zur Arbeit verpflichtet, denn der Einsatz für die Kriegsvorbereitung erforderte alles verfügbare "Arbeitskräfte-Material".

Wirtschaftlicher Raubbau

Der wirtschaftliche Anschluß Österreichs an Deutschland war lange vor der Okkupation Österreichs vollzogen. Durch die großen wirtschaftlichen Probleme heimischer Betriebe und der Unterstützung ausländischer Aktionäre nahm in der Zwischenkriegszeit in Österreich die Konzentration deutschen Kapitals zu. Damit stieg die wirtschaftliche Abhängigkeit Österreichs. Nach dem offiziellen Anschluß übernahm das Deutsche Reich das gesamte Eigentum der Republik Österreich, vom Grund und Boden bis zu den Kunstschätzen. Insbesondere der Reichtum Österreichs an Bodenschätzen, an Gold- und Devisenvorräten in der Nationalbank sowie der "Reichtum" an arbeitslosen Arbeitskräften machten Österreich für die deutsche Wirtschaft interessant.

Von der forcierten Kriegskonjunktur profitierte in erster Linie die "kriegswichtige" Schwerindustrie. Aus strategischen Gründen wurden in Österreich zahlreiche Großprojekte verwirklicht, wie beispielsweise die Hermann Göring-Werke in Linz, die Linzer Stickstoff-Werke, die Zellwollefabrik in Lenzing und das Aluminium-Werk in Ranshofen. Auch die neuen Betriebe fanden ebenso wie alle übrigen österreichischen Unternehmungen ihren Platz im deutschen Wirtschaftskonzept, das völlig auf die Bedürfnisse der deutschen Konzerne abgestimmt war. Die starke wirtschaftliche Förderung der Schwerindustrie bedingte Einschränkungen bei der für die Bevölkerung wichtigen Konsumgüterindustrie.

Die Nationalsozialisten konnten anfangs viele Menschen deshalb begeistern, weil sie mit allen Mitteln versuchten, die Arbeitslosigkeit zu senken. Infolge des Arbeitskräftemangels in Deutschland verordnete Hitler im Juni 1938 die allgemeine Dienstpflicht. Noch 1938 kamen rund 100.000 Österreicher ihrer Arbeitspflicht in Deutschland nach. Innerhalb eines Jahres, vom 31. Jänner 1938 bis zum 31. Jänner 1939, sank in Österreich die Anzahl der Stellensuchenden von 401.000 auf 156.000 Arbeitnehmer.

Für die deutsche Wirtschaft (vor allem die Rüstungsindustrie) besonders wichtig:

● ARBEITSKRÄFTE:		(über 500.000, wahrscheinlich 6—700.000 Arbeitslose)	
● EISEN UND STAHL:		Erzvorräte Österreichs: ca 242 Mill t, Edelstahlproduktion 1937: 150.000 t (= fast 1/4 der deutschen Produktion)	
● HOLZ:	1936	Export Ö: 3,4 Mill fm	Import D: 10—12 Mill fm
● MANGAN:	1937	Gewinnung Ö: 50.000 t	Gewinnung D: 200.000 t
● MAGNESIT:	1937	Gewinnung Ö: 400.000 t	Gewinnung D: 13.800 t
● ANTIMON:	1937	Gewinnung Ö: 1.071 t	Gewinnung D: — (Bedarf: 2.500 t)
● GRAPHIT:	1937	Gewinnung Ö: 20.000 t (auf das 5-fache steigerbar)	Gewinnung D: 24.000 t (= Hälfte des Bedarfs)
● TALK:	1937	Gewinnung Ö: 25.000 t	Gewinnung D: 10.000 t (Bedarf: 25.000 t)
● STROM:	1937	Export Ö: 413 GWh (auf das 30-fache steigerbar)	Importbedarf D: 1.400 GWh
● BUNTMETALLE, ERDÖL			
● EISENVERARBEITENDE INDUSTRIE		(vor allem Motor-, Lokomotiv-, Waggon- und Kranbau)	
● ZELLSTOFF- UND PAPIERINDUSTRIE:	1937	Österreich:	Deutschland:
	Papier/Pappe	296.000 t	3.560.000 t
	Zellstoff u. Holzstoff	414.000 t	2.560.000 t
● UNAUSGENÜTZTE PRODUKTIONS-KAPAZITÄTEN:	1937	Kapazitätsauslastung in Österreich:	
		Chemische Industrie:	75%
		Textilindustrie:	70%
		Maschinenindustrie:	57%
		Metallverarbeitende u. Zementindustrie:	40%

Der kurzfristige kriegswirtschaftliche Aufschwung mußte einige Jahre später teuer bezahlt werden. Nach dem Kriegsende, im Jahre 1946 erreichte das Bruttonationalprodukt nur mehr 64 Prozent des Standes von 1937. Die industrielle Produktion sank auf 39,7 Prozent des Standes von 1913. Die österreichische Volkswirtschaft verlor in diesen sieben Jahren mehr an Wirtschaftskraft als sie durch die angeheizte Kriegskonjunktur entwickelt hatte.

Die soziale Lage der Arbeiter im Nationalsozialismus

Die Arbeitslosigkeit konnte durch die Kriegskonjunktur rasch gesenkt werden. Dennoch verschlechterte sich die soziale Lage der Arbeitnehmer, insbesondere ab Kriegsbeginn, von Monat zu Monat.

Durch den ungünstigen Umrechnungskurs von Schilling in Reichsmark - für einen Schilling bekam man 0,67 Reichsmark - stiegen die Lebenshaltungskosten spürbar an. Fleisch, Geflügel, Gemüse, Obst und Eier kosteten bis zu 200 Prozent mehr als im Jahr 1937. Die Kosten einer vierköpfigen Arbeiterfamilie erhöhten sich um etwa 30 Prozent, während die Löhne nur um rund fünf Prozent stiegen. Neben der Verteuerung der Lebenshaltung verschlechterte sich auch die Qualität der Lebensmittel und die gerechte Versorgung mit lebenswichtigen Gütern.

Wochenverbrauch einiger wichtiger Lebensmittel in Gramm pro Woche (normale Erwachsenenration):

Ware	1939 - 1941	
Brot und Mehl	2400	Gramm
Fleisch	500	"
Milch	1,4	Liter
Käse	50	Gramm
Eier	1,5	Stück
Fett	270	Gramm

Weitere kriegsbedingte Einschränkungen wurden im Frühjahr 1942 verordnet.

Am 28.8.1939 gaben die Versorgungsstellen in Oberdonau erstmals Lebensmittelkarten und am 15.11.1939 erstmals die Reichskleiderkarte aus. Neben diesen Rationierungen gab es für fast alle Dinge des täglichen Bedarfes gesetzliche Einschränkungen. Ab dem Jahre 1939 gab es regelmäßig Razzien gegen "Hamsterer".

Schrittweise stieg die Intensität der Arbeit auf ein unerträgliches Ausmaß an. Obwohl man Frauen und später auch Kriegsgefangene zu schweren Arbeitsleistungen anhielt, reichte die gesetzliche Arbeitszeit für die Produktion nicht aus. Von den am 31. 12. 1943 in Oberdonau beschäftigten 337.000 Arbeitnehmer waren mehr als die Hälfte, exakt 182.794 Ausländer. Daher legitimierten die Nationalsozialisten den Anstieg der täglichen Arbeitszeit von neun und später auf wesentlich mehr Stunden. Gleichzeitig verschärften die Arbeitsämter ihre Kontrolle und unterbanden durch das "Arbeitsbuch" einen Arbeitsplatzwechsel.

Volksstimme

Nr. 277 Linz, 7. Oktober 1942 5. Jahrg.

Die erhöhten Rationen ab nächster Zuteilungsperiod

rot wieder wie vor der Kürzung im April – Fleisch für alle wöchentlich um 50 Gramm, für Schwerarbeiter um 100 Gramm

Erhöhung der Brot- und Fleischration

	Brot v. 6.4.42 bis 18.10.42	Brot ab 19.10.1942	Fleisch 6.4.1942 bis 18.10.42	Fleisch ab 19.10.1942
Schwerst-Arbeiter	4400 gr	4650 gr	850 gr	950 gr
Normal-verbraucher	2000 gr	2250 gr	300 gr	350 gr
Kinder v. 0-3 J.	900 gr	1100 gr	150 gr	200 gr
" v. 3-6 J.	1200 gr	1200 gr	Kinder v. 6-18 J.	
" v. 6-10 J.	1700 gr	1700 gr	350 gr	400 gr

n der 42. Kartenperiode, die vom 19. Oktober 15. November läuft, tritt die bereits bekannt-pene Erhöhung der Fleisch- und tration in Kraft. Außerdem werden an e von Getreidenährmitteln mehr Kartoffel-erzeugnisse ausgegeben, während alle ande-laufenden Rationen an Fett, Marmelade, Zuf sw. unverändert bleiben ie Brotra...

dieser Kürzung erhalten hatte. Normalverbraucher über 20 Jahre bekommen demgemäß wöchentlich 250 Gramm. Kinder bis zu 3 Jahren 200 Gramm Brot mehr. Kinder von 3 bis 6 Jahren behalten ihre seit dem 6. April 1942 wöchentlich um 100 Gramm erhöhten Brotrationen, ebenso bleiben die Brotrationen der Kinder und Jugendlichen von 6 bis 20 Jahren unverändert.

Mit Wirkung vom 19. Oktober ab bekommen die Verbraucher aller Altersstufen wöchentlich 50 Gramm Fleisch mehr. Die Fleischration der Schwer-, Schwerst-, Lang- und Nachtarbeiter erhöht sich um 100 Gramm. Die neuen Wochenrationen an Fleisch und Wurst betragen also nunmehr für Kinder bis zu 6 Jahren 200 Gramm, für Kinder und Jugendliche von 6 bis 18 Jahre 400 Gramm, für Normalverbraucher über 18 Jahre 350 Gramm, für Schwerarbeiter 700 Gramm, für Schwerstarbeiter 950 Gramm und für Lang- und Nachtarbeiter 550 Gramm. Von der höheren Fleischration der Schwer-, Schwerst-, Lang- und Nachtarbeiter werden 50 Gramm auf die Zusatz- und Zulagekarten und 50 Gramm auf die nor... Fleischkarten ausgegeben. Die Rationserhö... Selbstversorger, deren ...

600 Gramm zu 125 Gramm in Kartoff... erzeugnissen wie Sago, Kartoffelstärkeme... ausgegeben (bisher 50 Gramm) und ... Gramm (bisher 550 Gramm) in Getreide... teln. Die über 3 Jahre alten Selbstverso... Getreide bekommen ihre 300 Gramm be... vierwöchentliche Nährmittelration zu 125 ... in Kartoffelstärkeerzeugnissen (bisher 50 ... und zu 175 Gramm (bisher 250 Gramm) ... treidenährmitteln. Die Möglichkeit, auf ... telkarte, soweit vorhanden auch Weizenme... senfrüchte oder Reis zu beziehen, fällt fort.

Als wichtige Neuerung gelten vom 19. ... ab nunmehr auch die Abschnitte der ... karten, die bisher nur für eine Woche ... für die ganze Kartenperiode. ... vor werden diese Abschnite aber erst zu Be... einzelnen Kartenwochen gültig. Ein Vorg... noch nicht fällige Kartenabschnitte ist also ... vor verboten. Entsprechend der Neuregelun... die mit 1 bezeichneten Abschnitte von de... bis zum Ende der vierten Kartenwoche, di... bezeichneten von der zweiten Kartenwoche ... Schluß der Kartenperiode usw. — ...

1942, Die Volksstimme gibt die "verbesserten Lebensmittelrationen" bekannt.

Später, um die Jahreswende 1939/1940 war der Zehn-Stunden-Tag gesetzlich obligat, und erst ab der elften Stunde gab es für die Mehrarbeit auch mehr Lohn. Für die Rüstungsindustrie gab es gesonderte Bestimmungen. Hier führte das Regime bereits 1939 die 72-Stunden-Woche ein. In manchen Betrieben wie im Transportgewerbe, stellte man die Dauer der Arbeitszeit dem Unternehmer frei. Urlaubssperren und Einschränkungen der Freizeit, bis zum Verbot von Erholungsreisen, kamen dazu. Im April 1942 räumte Hitler den Unternehmern das Recht ein, die Arbeiter mit Geldstrafen zu belegen, ohne daß ein Arbeitsgericht damit befaßt worden wäre. Damit erhob man den Betriebsinhaber auch offiziell zum Richter über die Arbeiter.

Mit der Deutschen Reichsbahn kommen auch die "Bahnsteigschaffnerinnen"

Auch in der Küche und im Speisesaal durfte die Hakenkreuzfahne nicht fehlen.

Gegen Kriegsende war die Lebenshaltung des österreichischen Arbeiters auf ein Niveau gesunken, das er in seiner ganzen bisherigen hundertjährigen Geschichte, mit Ausnahme der ersten Nachkriegsjahre nach 1918, noch nicht erlebt hatte.

Von der Bundesbahn zur Reichsbahn

Mit dem Einmarsch der deutschen Truppen kamen auch die Beamten der deutschen Reichsbahn, die die Österreichischen Bundesbahnen in die Deutsche Reichsbahn überzuführen hatten. Sie übernahmen bis in die kleinsten Dienststellen die Kommando-Stellen der Eisenbahnen. Unliebsame, antinazistische Eisenbahner entfernte man rasch. Wer nicht freiwillig ging, wurde bei der Nationalsozialistischen Deutschen Arbeiterpartei (NSDAP) vernadert oder bei der Gestapo angezeigt. Die Denunziationen von Arbeitskollegen waren an der Tagesordnung. Wer wollte schon nicht nach oben?

DIE REICHSBAHN

Amtliches Nachrichtenblatt der Deutschen Reichsbahn
und des Unternehmens „Reichsautobahnen"

HERAUSGEGEBEN IM REICHSVERKEHRSMINISTERIUM, BERLIN W 8, VOSS-STRASSE 35

Jahrgang 1938 **Berlin, den 30. März 1938** Nummer **13**

Nachdruck mit genauer Quellenangabe gestattet

Deutsche Eisenbahner!

Das Ziel, um das die besten Männer aller deutschen Stämme so lange gerungen und gekämpft haben, ist jetzt durch die Kraft und den Willen unseres Führers erreicht worden: mit der Rückkehr der alten deutschen Ostmark zum Reiche am 13. März 1938 ist ein alter deutscher Traum nunmehr in Erfüllung gegangen.
Seit dem 18. März 1938 sind alle deutschen Männer des Flügelrades zu einer großen Gemeinschaft deutscher Eisenbahner verbunden.
In dieser geschichtlichen Zeit ruft uns der Führer auf zur Wahl des ersten großdeutschen Reichstages. Wir Eisenbahner werden uns der Größe der Stunde würdig erweisen und am 10. April dem Führer mit unserer Stimme unseren bescheidenen Dank abtragen für seine nimmer ruhende Arbeit an der Erstarkung unseres Vaterlandes!
Deutsche Eisenbahner in Ost und West, Nord und Süd: Am 10. April gibt es für uns nur eine Losung:

Wir stimmen alle für unseren Führer mit: **Ja!**

Reichsverkehrsminister

297

Wie so mancher Eisenbahner den "Anschluß" sah, zeigt die Notiz des Bahnhofvorstandes des Bahnhofes Bad Ischl, der in seiner Bahnhofchronik über die Ereignisse im März 1938 folgende Mitteilung festhält:

"In Linz wurde das großdeutsche Reich proklamiert.
Das ganze Volk in Österreich atmet frei auf und ist von dem Terror des früheren Systems befreit.

Aus den mitliegenden Drahtungen ist manches zu entnehmen.

Von den Beamten der Dion Linz legt Bundesdirektor Hohenbühel seine Geschäfte zurück.
Ein Traum, den wir als Junge immer nur als Phantom vor uns sahen ist Dank des Eingreifens des Führer Hitler unblutig in Erfüllung gegangen.
Seit 13. März 1938 sind wir deutsche Reichseisenbahnen.

Der Führer hat für 10.4. eine Volksbefragung für das gesamte Reich ausgeschrieben.
Es ergaben 99,75 % aller abgegebenen Stimmen ein begeistertes "Ja".

In Bad Ischl wählten 7256 Wähler, hievon waren 22 nein und 22 Stimmen ungültig.
Am 16. April fahren der Verschieber Sams nach Lubmin (Ostsee) und Bahnhofgeh. Schrempf nach Schmiedberg.
Beide als Gäste der deutschen Reichsbahn. Die Dauer des Urlaub ist 14 Tage, welche in den Urlaub nicht einzurechnen sind.
Am 21. und 22. März wurden die Eisenbahner des Bahnhofes auf den Führer beeidigt. Alle Bediensteten haben den Eid geleistet.

Hitler am Linzer Hauptbahnhof. Er ist einige Male in seine Patenstadt gereist. Hier am 21. 2. 1939.

Zur Feier dieses Tages war der Ausgang festlich geschmückt und hielt über Ersuchen des Bahnhofes der Vorstand der Streckenleitung Bad Ischl eine kurze und erhebende Ansprache.
Am 1. Oktober vollzog sich der Anschluss des Sudetengaues an das grossdeutsche Reych.
Die tschechische Regierung hat wohl mit Widerstand gedroht, doch die Unterredung der vier Staatsmänner in München (Grossdeutschland Hitler, Italien Mussolini, Frankreich Daladier, England Neville Chamberlain) haben auch diese Widerstände überwunden und wurde das Sudetenland planmässig von deutschen Truppen besetzt.
Mit 1. Jänner 1939 wird der gesamte Dienst nach dem Muster der deutschen Reichsbahn eingeführt."

Reichsbahndirektion Linz

Der Direktor der Bundesbahndirektion Linz, Ministerialrat Ing. Friedrich Hohenbühel, der seit Jänner 1926 die Bundesbahndirektion Linz leitete, wurde mit Ende November 1938 in den dauernden Ruhestand versetzt. Zu seinem Nachfolger bestellte die nationalsozialistische Verwaltung Hofrat Dipl. Ing. Otto Schierzel, der am 12. August 1934 vom Dienst suspendiert worden war, und den man am 13. März 1938 bei der Deutschen Reichsbahn wieder anstellte. Er war von Mitte 1938 bis Ende des Krieges Präsident der Reichsbahndirektion Linz, bis man ihn aus politischen Gründen wieder entließ.

Fahrleitungsbau Wels, Verschiebebahnhof

Das von der Reichsbahndirektion Linz zu betreuende Streckennetz vergrößerte sich von 1394 auf 1624 Betriebskilometer. Zahlreiche weitere Bauvorhaben verbesserten das schienengebundene Transportwesen von Ost nach West. Im Herbst 1938 wurde die Strecke Wels - Passau zweigleisig ausgebaut, der Linzer Hauptbahnhof vergrößert, in Wels und Attnang-Puchheim ausgedehnte Verschiebebahnhöfe errichtet sowie im Oktober 1941 die elektrische Betriebsführung auf der Strecke Salzburg - Attnang-Puchheim aufgenommen.

Gleisdreieck in die Richtungen Summerau, Linz - Urfahr, Stickstoffwerke beziehungsweise Hafen.

Der Neubau des Linzer Hauptbahnhofes war Hitler ein persönliches, großes Anliegen. Um die Planungs- und die Bauarbeiten besser koordinieren zu können, ließ er mit 15. Mai 1939 bei der Reichsbahndirektion Linz ein Hochbaubüro einrichten. Eine Unzahl an Entwürfen sind bis heute bekannt. Die bekannte Vorliebe Hitlers für die Stadt Linz - seine Patenstadt - brachten zahlreiche Planungen für eine Neugestaltung des Linzer Hauptbahnhofes. An seiner jetzigen Stelle wollte er eine Prachtstraße anlegen, die das Linz "Unter den Linden" darstellen sollte. Der neue Bahnhof hätte südlicher, im Stadtteil Niedernhart, angesiedelt werden sollen. Aufgrund des Zweiten Weltkrieges kam es lediglich zu einer Erweiterung des Bahnhofes durch den Anbau einer provisorischen Ankunftshalle aus Holz. Die zahlreichen Modelle geben jedoch einen Einblick in die übertriebenen Pläne Hitlers.

Wenn vom Ausbau des oberösterreichischen Eisenbahnwesens in der nationalsozialistischen Zeit berichtet wird, dürfen nicht die wirtschaftlichen und die strategischen Hintergründe verschwiegen werden, die im Hinblick auf den bevorstehenden Krieg, besondere Bedeutung hatten. Wie sich sieben Jahre später zeigte, lagen nicht nur die Ergebnisse dieser Ausbauprogramme in "Schutt und Asche" sondern auch die übrigen Bahnanlagen.

Eisenbahner unterm Hakenkreuz

Mit dem Wiedereinstellungsgesetz vom 17. März 1938 mußten für die im Austrofaschismus entlassenen illegalen Nazis Dienstposten freigemacht werden. Ihnen folgten die SS und die SA, die ebenfalls eine "standesgemäße Unterbringung bei der Reichsbahn" verlangten. Damit verdrängten sie viele österreichische Eisenbahner von ihren Arbeitsplätzen. Diese durften vielfach in den besetzten Gebieten außerhalb "Österreichs" arbeiten. Schäbigste Verleumdungen lieferten vielfach den Grund für personelle Veränderungen. Um einen guten Arbeitsplatz zu verlieren, genügte ein vertraulicher Hinweis, daß der Arbeitskollege nicht rückhaltslos für den nationalsozialistischen Staat eintreten würde, oder daß er gegenüber einem völkisch gesinnten Volksgenossen gehässig gewesen sei, oder daß er einen Nationalsozialisten geschädigt habe.

[98] Einstellung von SA- und SS-Männern.
(Z. 1230/P.)

In den Tagesblättern vom 6. Juli 1938 wurde folgender Aufruf des Gauleiters Bürckel verlautbart:

„Ich wende mich heute mit einer Bitte an unsere gesamten Betriebsführer, und zwar mit der Bitte um eine zusätzliche Einstellung von SA- und SS-Männern in den Betrieben. Es bedarf keines besonderen Hinweises auf die großen Opfer, die unsere SA- und SS-Männer gebracht haben, um Sie, die Betriebsführer, zur Erfüllung einer Pflicht zu veranlassen. Auch die Letzten müssen in Arbeit gebracht werden. Dazu ist es notwendig, daß jeder Betriebsführer zu je 40 Mann Belegschaft mindestens einen unserer SA- und SS-Männer zusätzlich aufnimmt.

Die Arbeitsvermittlung für diese Aktion, die in 14 Tagen beendet sein muß, geschieht ausschließlich durch den Kreisleiter in seiner Eigenschaft als Kreiswalter der Deutschen Arbeitsfront.

Nach Beendigung dieser Aktion haben die Kreisleiter über ihre Gauleiter an mich das Ergebnis zu melden unter Beifügung eines Verzeichnisses, das zu enthalten hat:

1. Firmennamen,
2. Zahl der aufgenommenen SA- und SS-Männer.

Heil Hitler!

Bürckel, Gauleiter."

Die neuen Machthaber versuchten, die Eisenbahner rasch in ihr System zu integrieren. Dabei wurde auch an die in der Zeit des Austrofaschismus entlassenen sozialdemokratischen Eisenbahner gedacht. Rund 50 in der Zeit des Austrofaschismus aus politischen Motiven entlassene oberösterreichische Eisenbahner wurden in den Dienst der Reichsbahndirektion - anfangs als Verstärkungsarbeiter - wieder aufgenommen. Einen Teil von ihnen stellten sie später "befristet" und bei guter Führung "unbefristet" in den Dienst. Weiters hob die Verwaltung der Deutschen Reichsbahn einige materielle und ideelle Verschlechterungen für die Eisenbahn-Bediensteten auf, die unmittelbar vorher von der Christlichsozialen Regierung aufgezwungen worden waren. Damit erwarb das nationalsozialistische Regime auch unter den Eisenbahnern viele Sympathien. Die angenehmen "Zuckerln" wurden jedoch rasch durch die erschwerten Lebens- und Arbeitsbedingungen versauert.

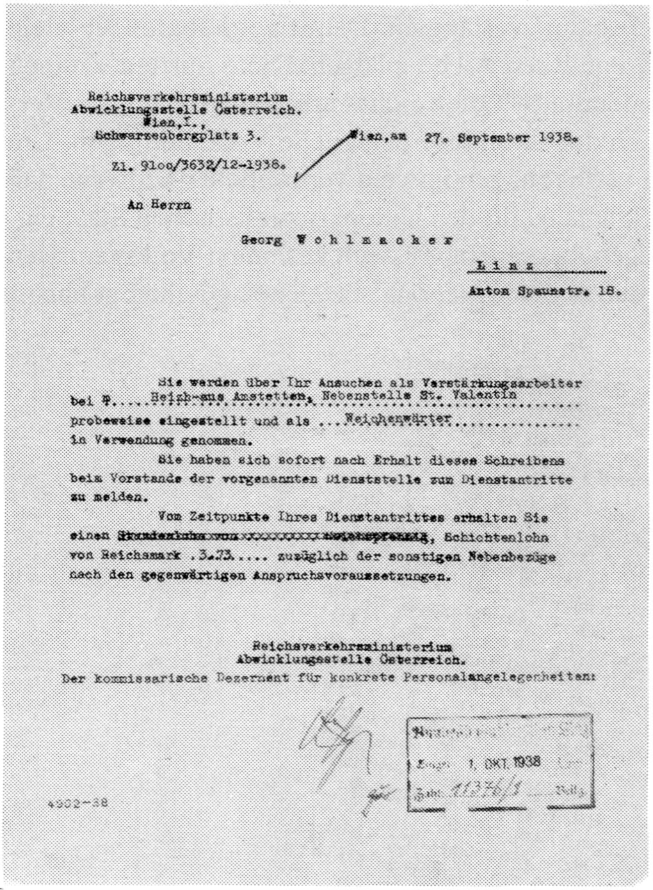
Reichsverkehrsministerium
Abwicklungsstelle Österreich.
Wien, I.,
Schwarzenbergplatz 3.

Wien, am 27. September 1938.

Zl. 9100/3632/12-1938.

An Herrn

Georg W o h l m a c h e r

L i n z

Anton Spaunstr. 18.

Sie werden über Ihr Ansuchen als Verstärkungsarbeiter bei R.... Reichb-amt Amstetten, Nebenstelle St. Valentin .... probeweise eingestellt und als ...Weichenwärter............ in Verwendung genommen.

Sie haben sich sofort nach Erhalt dieses Schreibens beim Vorstande der vorgenannten Dienststelle zum Dienstantritte zu melden.

Vom Zeitpunkte Ihres Dienstantrittes erhalten Sie einen ~~Stundenlohn von XXXXXXXXXX~~, Schichtenlohn von Reichsmark .3.73.... zuzüglich der sonstigen Nebenbezüge nach den gegenwärtigen Anspruchsvoraussetzungen.

Reichsverkehrsministerium
Abwicklungsstelle Österreich.
Der kommissarische Dezernent für konkrete Personalangelegenheiten:

Eingel. 1. OKT. 1938
Zahl 11376/1

4902-38

Auch der entlassene Georg Wohlmacher wurde wieder in Dienst genommen.

Mit reichsdeutschen Gesetzen und Verordnungen hat man die Organisation der Österreichischen Bundesbahnen auch juristisch dem reichsdeutschen System angepaßt. Der vor allem in den Zentralstellen bereits vorher mit nationalsozialistischen Kräften durchsetzte Verwaltungsapparat erwies unmittelbar nach dem Anschluß mit einer Grußbotschaft im Nachrichtenblatt an SA-Gruppenführer Kleinmann seine germanische Untertänigkeit.

> *"Die nationalsozialistischen Eisenbahner Österreichs grüßen am Tage der Machtergreifung durch die NSDAP in Österreich in Kameradschaft die nationalsozialistischen Eisenbahner des Reiches. Heil Hitler, unserem gemeinsamen Führer!"*

Am 17. März ließ Hitler die Eisenbahner auf den Führer vereidigen. Jene, die den Eid nicht ablegten, und Juden, die den Eid nicht ablegen durften, entfernte die Verwaltung aus der Reichsbahn. Die Eisenbahner mußten Fragebögen ausfüllen, die Auskunft gaben über ihre arische Abstammung sowie Vereins- und Parteizugehörigkeiten in der Zwischenkriegszeit. Bekannten sie sich dabei offen zu Österreich, lieferten sie sich der Willkür des Systems aus.

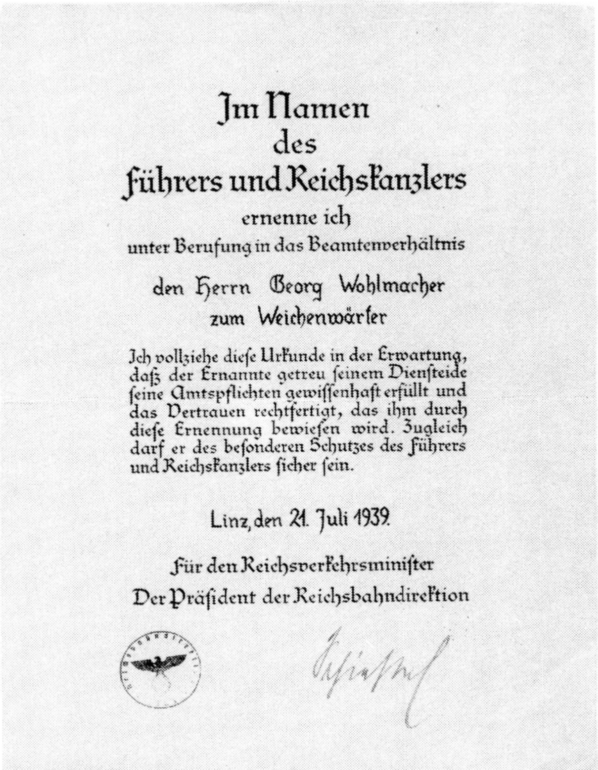

Im Namen
des
Führers und Reichskanzlers
ernenne ich
unter Berufung in das Beamtenverhältnis
den Herrn Georg Wohlmacher
zum Weichenwärter

Ich vollziehe diese Urkunde in der Erwartung, daß der Ernannte getreu seinem Diensteide seine Amtspflichten gewissenhaft erfüllt und das Vertrauen rechtfertigt, das ihm durch diese Ernennung bewiesen wird. Zugleich darf er des besonderen Schutzes des Führers und Reichskanzlers sicher sein.

Linz, den 21. Juli 1939

Für den Reichsverkehrsminister
Der Präsident der Reichsbahndirektion

Am 21. Juli 1939 ernennt die Reichsbahndirektion Linz Georg Wohlmacher zum "Beamten auf Widerruf".

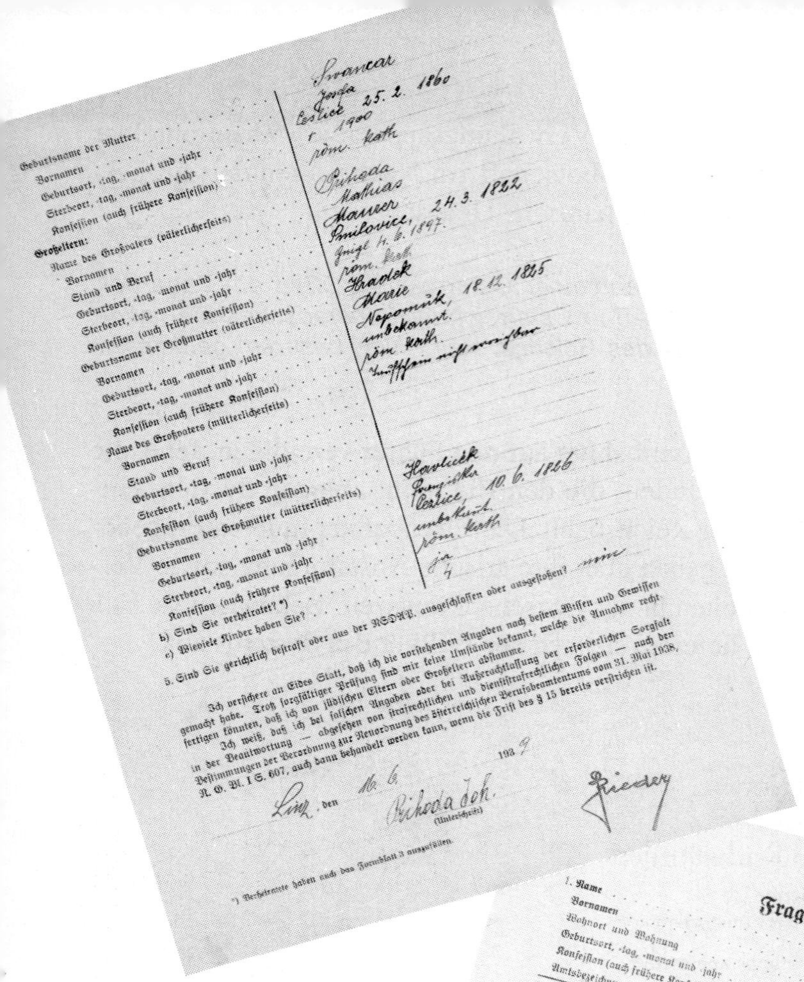

Geburtsname der Mutter: Swancar
Vornamen: Josefa
Geburtsort, -tag, -monat und -jahr: Česlice 25. 2. 1860
Sterbeort, -tag, -monat und -jahr: † 1900
Konfession (auch frühere Konfession): röm. kath.

Großeltern:

Name des Großvaters (väterlicherseits): Přihoda
Vornamen: Mathias
Stand und Beruf: Maurer
Geburtsort, -tag, -monat und -jahr: Smilovice 24. 3. 1822
Sterbeort, -tag, -monat und -jahr: 4. 6. 1897.
Konfession (auch frühere Konfession): röm. kath.
Geburtsname der Großmutter (väterlicherseits): Hradek
Vornamen: Marie
Geburtsort, -tag, -monat und -jahr: Nepomuk 18. 12. 1825
Sterbeort, -tag, -monat und -jahr: unbekannt.
Konfession (auch frühere Konfession): röm. kath.
Name des Großvaters (mütterlicherseits)
Vornamen
Stand und Beruf
Geburtsort, -tag, -monat und -jahr
Sterbeort, -tag, -monat und -jahr
Konfession (auch frühere Konfession)
Geburtsname der Großmutter (mütterlicherseits): Havlicek
Vornamen
Geburtsort, -tag, -monat und -jahr: Česlice 10. 6. 1826
Sterbeort, -tag, -monat und -jahr: unbekannt.
Konfession (auch frühere Konfession): röm. kath.

b) Sind Sie verheiratet?*): ja
c) Wieviele Kinder haben Sie?

5. Sind Sie gerichtlich bestraft oder aus der NSDAP. ausgeschlossen oder ausgestoßen? nein

Ich versichere an Eides Statt, daß ich die vorstehenden Angaben nach bestem Wissen und Gewissen gemacht habe. Trotz sorgfältiger Prüfung sind mir keine Umstände bekannt, welche die Annahme rechtfertigen könnten, daß ich von jüdischen Eltern oder Großeltern abstamme.

Ich weiß, daß ich bei falschen Angaben oder bei Außerachtlassung der erforderlichen Sorgfalt in der Beantwortung — abgesehen von strafrechtlichen und dienststrafrechtlichen Folgen — nach den Bestimmungen der Verordnung zur Neuordnung des österreichischen Berufsbeamtentums vom 31. Mai 1938, R. G. Bl. I S. 607, auch dann behandelt werden kann, wenn die Frist des § 15 bereits verstrichen ist.

Linz, den 16. 6. 1939

Přihoda Joh.
(Unterschrift)

*) Verheiratete haben auch das Formblatt 3 auszufüllen.

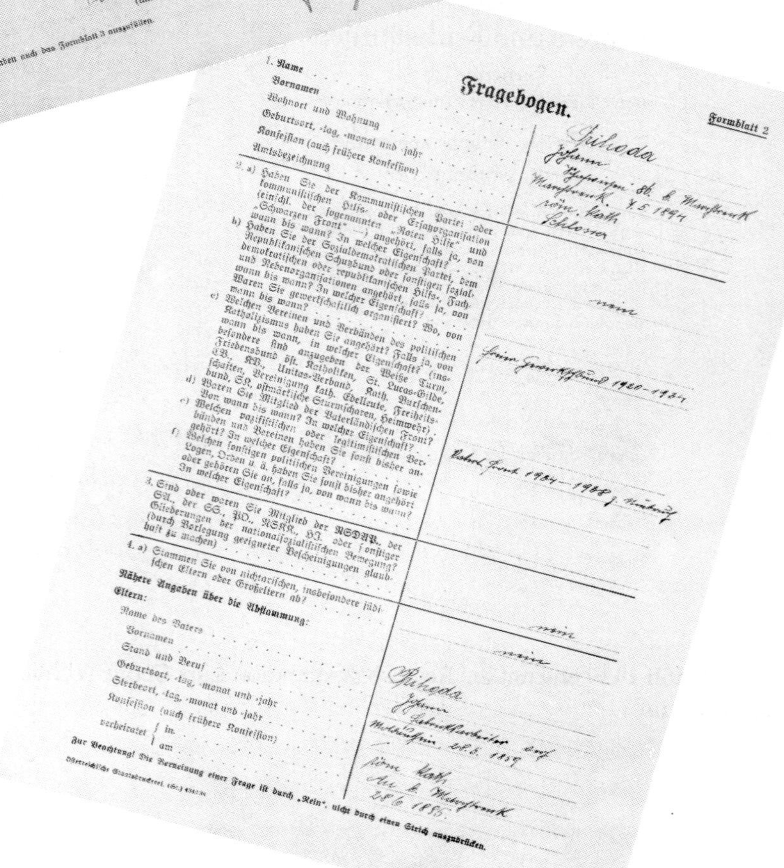

Fragebogen.

Formblatt 2

1. Name: Přihoda
Vornamen: Johann
Wohnort und Wohnung
Geburtsort, -tag, -monat und -jahr: 4. 5. 1897
Konfession (auch frühere Konfession): röm. kath.
Amtsbezeichnung: Schlosser

2. a) Haben Sie der Kommunistischen Partei oder kommunistischen Hilfs- oder Ersatzorganisation (einschl. der sogenannten „Roten Hilfe" und „Schwarzen Front") angehört, falls ja, von wann bis wann? In welcher Eigenschaft?
b) Haben Sie der Sozialdemokratischen Partei, dem Republikanischen Schutzbund oder sonstigen sozialdemokratischen oder republikanischen Hilfs-, Fach- und Nebenorganisationen angehört, falls ja, von wann bis wann? In welcher Eigenschaft? Waren Sie gewerkschaftlich organisiert? Wo, von wann bis wann?
c) Welchen Vereinen und Verbänden des politischen Katholizismus haben Sie angehört? Falls ja, von wann bis wann, in welcher Eigenschaft? (Insbesondere sind anzugeben der Weiße Turm, Friedensbund öst. Katholiken, St. Lucas-Gilde, CV., KV., Unitas-Verband, Kath. Burschenschaften, Vereinigung kath. Edelleute, Freiheitsbund, CV., ostmärkische Sturmscharen, Heimwehr)
d) Waren Sie Mitglied der Vaterländischen Front? Von wann bis wann? In welcher Eigenschaft?
e) Welchen pazifistischen oder legitimistischen Verbänden und Vereinen haben Sie sonst bisher angehört? In welcher Eigenschaft?
f) Welchen sonstigen politischen Vereinigungen sowie Logen, Orden u. ä. haben Sie sonst bisher angehört oder gehören Sie an, falls ja, von wann bis wann? In welcher Eigenschaft?

nein
1920–1934
1934–1938

3. Sind oder waren Sie Mitglied der NSDAP., der SA., der SS., NSKK., HJ. oder sonstiger Gliederungen der nationalsozialistischen Bewegung? (durch Vorlegung geeigneter Bescheinigungen glaubhaft zu machen)

4. a) Stammen Sie von nichtarischen, insbesondere jüdischen Eltern oder Großeltern ab? nein

nein

Nähere Angaben über die Abstammung:

Eltern:

Name des Vaters: Přihoda
Vornamen: Johann
Stand und Beruf
Geburtsort, -tag, -monat und -jahr
Sterbeort, -tag, -monat und -jahr
Konfession (auch frühere Konfession): röm. kath.
verheiratet { in / am

Zur Beachtung! Die Verneinung einer Frage ist durch „Nein", nicht durch einen Strich auszudrücken.

Trotz der Personalwillkür, der Drohungen und des Terrors, ließen sich viele Eisenbahner nicht einschüchtern und leisteten von Beginn der Machtübernahme an widerwillig ihren Dienst. Das war auch der Grund, warum am 16. Juli 1938 Gauleiter Bürckel anordnete, daß SS- und SA-Männer in den Eisenbahndienst zu stellen sind. Da trotz dieser deutlichen Mahnung die Eisenbahner ihrer Haltung treu blieben, wies man die Dienststellenvorstände am 24. September 1938 an, die Bediensteten über den Wortlaut des Gesetzes über "Hoch- und Landesverrat" zu informieren. Jeder Bedienstete mußte mit Unterschrift die Erklärung zur Kenntnis nehmen.

> *"Ich erkläre hiemit, daß ich über die Bestimmungen der Verordnung, Gesetzblatt für das Land Österreich Nr. 221/38 betreffend Einführung der Vorschriften über Hochverrat und Landesverrat im Lande Österreich eingehend belehrt worden bin"*

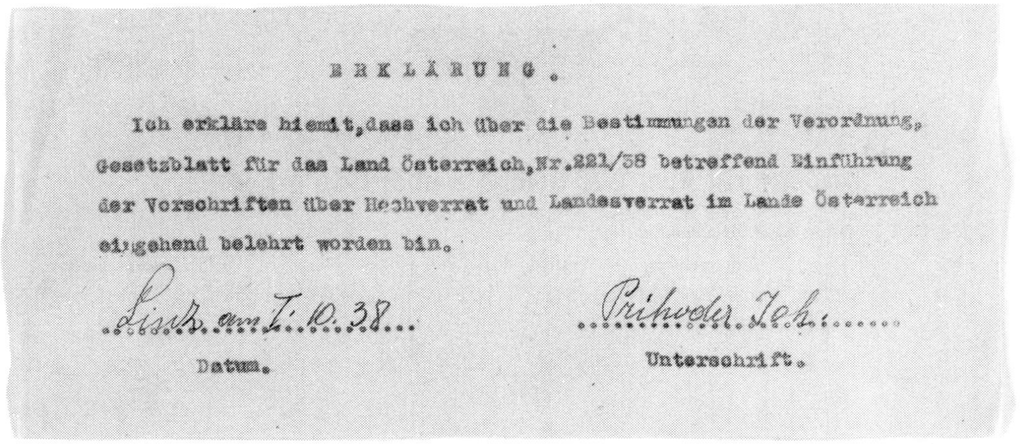
E R K L Ä R U N G .

Ich erkläre hiemit, dass ich über die Bestimmungen der Verordnung, Gesetzblatt für das Land Österreich, Nr. 221/38 betreffend Einführung der Vorschriften über Hochverrat und Landesverrat im Lande Österreich eingehend belehrt worden bin.

Linz am 1.10.38 .... Prihoda Joh. ....

Datum. Unterschrift.

Rund einen Monat später übertrug die reichsdeutsche Regierung die Personalangelegenheiten dem Hamburger Reichsbahnrat und SA-Gruppenführer Hasenpflug zur Gänze, weil die Widerstände der Eisenbahner und die Reibereien der Nazis um die besseren Dienstposten ungebrochen anhielten. Am 27. August 1938 wurde ein Gesetz wirksam, daß ein Vorrücken auf höhere Bezüge nur jenen Bediensteten ermöglichte, bei denen anzunehmen war, daß gegen sie kein Dienststrafverfahren eingeleitet würde.

Mit der Verordnung zur "Neuordnung des Berufsbeamtentums", die die Reichsbahnverwaltung am 12. Dezember 1938 den Eisenbahnern zur Kenntnis brachte, schufen die Nazis die Grundlage zur endgültigen Diskriminierung der österreichischen Eisenbahner. Wer sich nicht rückhaltlos für den nationalsozialistischen Staat einsetzte, konnte als Arbeiter fristlos entlassen, Beamte in einen anderen oder in einen Dienstposten niedrigerer Dienstklasse versetzt werden. Ein anderer Dienstposten konnte auch im Ausland vorgesehen sein. Rund 3000 österreichische Eisenbahner mußten seit dem Anschluß im Altreich arbeiten, und rund 6000 von ihnen schickte man in besetzte Gebiete zur Arbeit. Neben den zahlreichen Dienstversetzungen bestrafte die Verwaltung eine große Anzahl von Eisenbahnern mit der Entlassung. Die 188 Entlassungen aus politischen Motiven in den vier Jahren Austrofaschismus waren nur ein Bruchteil im Vergleich zu den Entlassungen in den ersten Monaten nach der Machtübernahme.

Reichsbahnstelle Bahnmeisterei Linz-Hauptbhf. Linz, den - 7. Jan. 1941

Niederschrift über das Gelöbnis nach Dilo § 3 Absatz 2

Ich habe heute folgendes Gelöbnis abgelegt:

„Ich gelobe: Ich werde dem Führer des Deutschen Reiches und Volkes Adolf Hitler treu und gehorsam sein und meine Dienstobliegenheiten gewissenhaft und uneigennützig erfüllen."

Heinrich Schlemmer
(Name des Verpflichteten)

Beglaubigt:

(Leiter der Reichsbahnstelle)

(Dienststellung)

Zu den Personalpapieren Schlemmer Heinrich
(Vor- und Zuname)

17305 Gelöbnis A 5 q 6a Breslau X 39 100000 BNR

Die Eisenbahner mußten Adolf Hitler Treue und Gehorsam geloben.

Nach dem Beginn des Zweiten Weltkrieges stellte sich bald ein akuter Personalmangel ein. Aus diesem Grunde erinnerte man sich der weiblichen "Reservearmee". Die Dauer der Ausbildung für Schaffner bei Reisezügen legte die Reichsbahnverwaltung mit drei Wochen und für Bahnhofschaffner mit einem Monat - bei Bedarf auch kürzer - fest.

Frauen dürfen auf "männlichen Arbeitsplätzen" arbeiten.

Auch schwere körperliche Arbeit war Frauen zuzumuten.

Ohne Frauen hätten die Räder der Reichsbahn nicht für den "Sieg" rollen können.

Aber nicht nur Frauen durften im Eisenbahndienst arbeiten. Auch Arbeiter und Angestellte über 65 Jahre waren mit Zustimmung der Reichsbahndirektion gerne gesehen. Einen entsprechenden Erlaß gab der Reichsverkehrsminister am 11. September 1939 bekannt.

Um den Nachwuchs für die Laufbahn der technischen Reichsbahninspektoren zu sichern, gewährte die Deutsche Reichsbahn für Schüler höherer bau- und maschinentechnischer Lehranstalten ab dem vierten Semester ein Stipendium, soferne sie sich nach dem Schulabschluß zur Reichsbahn verpflichteten. Für die fachliche Ausbildung im Eisenbahndienst bot die Reichsbahn "Eisenbahnerfachschulen" an; auch in Linz war eine derartige Schule eingerichtet worden.

Der Mangel an geschulten Fachkräften und die Zunahme des Eisenbahnverkehrs verschonten manchen Eisenbahner vor der Entlassung. In der Untersuchungsakte der Reichsbahndirektion Wien, vom 11. August 1939 über Friedrich Vogel - dem Autor des informativen und lehrreichen Buches "Österreichs Eisenbahner im Widerstand" ist nachzulesen:

"Im Hinblick auf den außerordentlichen Mangel an Bediensteten dieser Kategorie, bei denen schon der Abfall eines einzelnen zu Schwierigkeiten führt, ersuchen wir, die getroffenen Maßnahmen abzuändern, damit uns der Bedienstete erhalten bleibt".

Das "Jungvolk" interessiert sich für die Eisenbahn

Absolventen der "Dienstanfängerschule der Reichsbahn-Direktion Linz".

Den Sozialisten Friedrich Vogel hatte sein Fachgruppenleiter denunziert. Dieser gab folgendes Gutachtung ab:

> *"Kein NSDAP-Anhänger, schärfster Gegner, ist eifriger und verbissener Kommunist. Schrieb nach der Wahl am 10. 4. 1938 an einen seiner Anhänger unseres Bahnhofes: "Die Lämmer wählen sich den Metzger selber", hiefür können Zeugen namhaft gemacht werden. Ist wohl der schärfste Gegner unseres Bahnhofes und Hasser unserer Bewegung, eine Aufnahme in unsere Volksgemeinschaft daher nicht durchführbar. Ist einer Aufnahme auch nicht würdig."*

Im Juli 1939 wurde Friedrich Vogel von seiner bevorstehenden Ruhestandsversetzung verständigt; er erhob dagegen Einspruch. Zusammen mit der bereits zitierten Stellungnahme der Reichsbahndirektion Wien wurde der Akt an das Minsterium für Inneres und für Kulturelle Angelegenheiten gerichtet. Seine Ruhestandsversetzung wurde zurückgezogen aber die Entfernung aus "seinem derzeitigen Wirkungsbereich" vollzogen. Vogel wurde am 6. Jänner 1940 nach Wittenberg an der Elbe (Strecke Berlin - Hamburg), Anfang August 1942 in die Ukraine und im Juli 1944 nach Polen versetzt. So wie ihm erging es vielen anderen österreichischen Eisenbahnern.

In den Kriegsjahren verschlechterten sich die Arbeitsbedingungen von Jahr zu Jahr. Der Mangel an Rohstoffen, wie Kohle und Stahl, die schlechte Energieversorgung sowie die stets schlechter werdende Lebensmittelversorgung entmutigten viele Eisenbahner. Mit immer neuen Parolen, versuchte die Reichsbahn ihre Bediensteten zur erhöhten Dienstleistungen zu motivieren und zur sparsameren Verwendung der Arbeitsmittel anzuregen. Durch die jahrelange Überlastung des Eisenbahnpersonals, insbesondere aufgrund des akuten Personalmangels und des immer höher werdenden Anteils an Aushilfsarbeitskräften, nahmen die Arbeitsunfälle zu. Besorgter denn je verwies die Verwaltung auf mögliche Unfallgefahren und informierte über Unfallschutzmaßnahmen.

Ein Unfall bringt oft ſchwere Leiden,
Drum ſuch' auch Du ihn zu vermeiden!

Eine zusätzliche Verschärfung der Arbeitsbedingungen brachten gegen Kriegsende die zahlreichen Fliegerangriffe auf Bahnanlagen. Mit ihren "Bombenteppichen" wurden ganze Stadtviertel in Schutt und Asche gelegt. Nicht wenige Eisenbahner starben qualvoll, unter Trümmern begraben, auf ihren Arbeitsplätzen. Luftschutzübungen und die Aufforderungen zur Verdunklung der Gebäude und Fahrzeuge konnten dagegen ebensowenig helfen wie großmaulige Wortblasen im Amtsblatt der Reichsbahndirektion Linz.

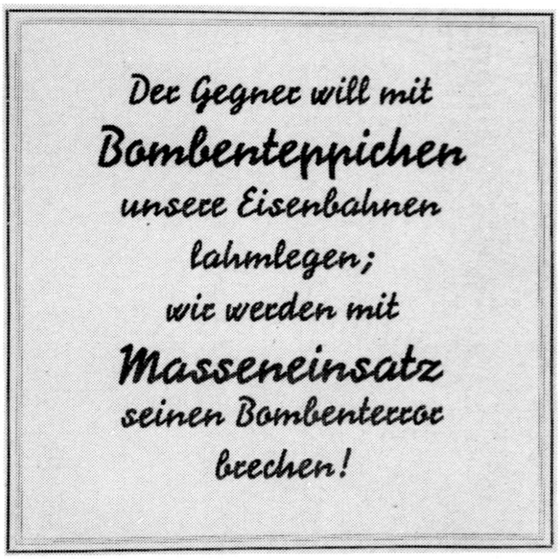
Der Gegner will mit
Bombenteppichen
unsere Eisenbahnen
lahmlegen;
wir werden mit
Masseneinsatz
seinen Bombenterror
brechen!

Mit einem "verzweifelten" Aufruf im Amtsblatt der Reichsbahndirektion Linz, vom 1.1.1945 an die "Eisenbahner und Eisenbahnerinnen", sollte das Personal - ohne Rücksicht auf sich selbst - zum Kampf für Deutschland angespornt werden.

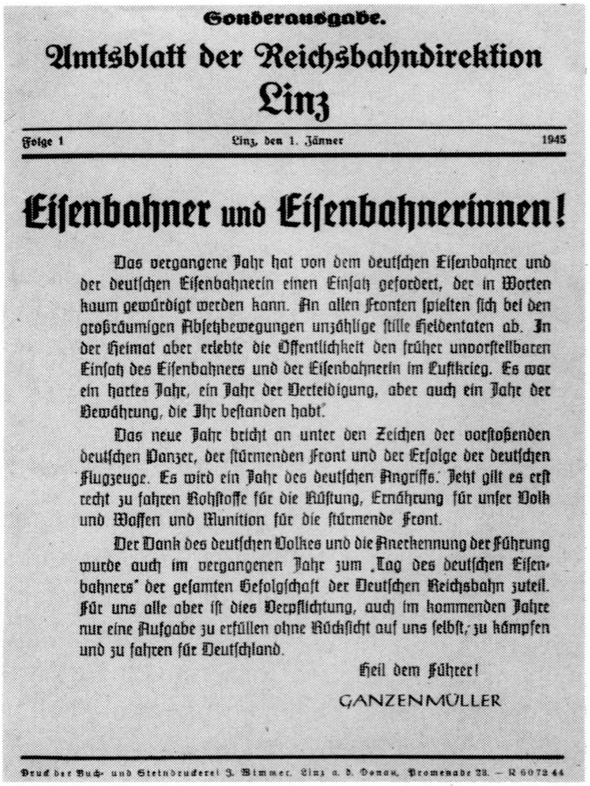

Sonderausgabe.

Amtsblatt der Reichsbahndirektion Linz

Folge 1 | Linz, den 1. Jänner | 1945

Eisenbahner und Eisenbahnerinnen!

Das vergangene Jahr hat von dem deutschen Eisenbahner und der deutschen Eisenbahnerin einen Einsatz gefordert, der in Worten kaum gewürdigt werden kann. An allen Fronten spielten sich bei den großräumigen Absetzbewegungen unzählige stille Heldentaten ab. In der Heimat aber erlebte die Öffentlichkeit den früher unvorstellbaren Einsatz des Eisenbahners und der Eisenbahnerin im Luftkrieg. Es war ein hartes Jahr, ein Jahr der Verteidigung, aber auch ein Jahr der Bewährung, die Ihr bestanden habt.

Das neue Jahr bricht an unter den Zeichen der vorstoßenden deutschen Panzer, der stürmenden Front und der Erfolge der deutschen Flugzeuge. Es wird ein Jahr des deutschen Angriffs. Jetzt gilt es erst recht zu fahren Rohstoffe für die Rüstung, Ernährung für unser Volk und Waffen und Munition für die stürmende Front.

Der Dank des deutschen Volkes und die Anerkennung der Führung wurde auch im vergangenen Jahr zum „Tag des deutschen Eisenbahners" der gesamten Gefolgschaft der Deutschen Reichsbahn zuteil. Für uns alle aber ist dies Verpflichtung, auch im kommenden Jahre nur eine Aufgabe zu erfüllen ohne Rücksicht auf uns selbst, zu kämpfen und zu fahren für Deutschland.

Heil dem Führer!

GANZENMÜLLER

Druck der Buch- und Steindruckerei J. Wimmer, Linz a. d. Donau, Promenade 23. – R 6072 44

Widerstand und Verfolgung im Nationalsozialismus

Die Funktionäre der illegalen "Freien Gewerkschaft" wußten, daß sie es ab sofort mit einem ungleich brutaleren und rücksichtsloseren Gegner zu tun hatten. sie warnten ereits in ihren verbotenen Schriften von 1934 vor den Kriegshetzen der Nationalsozialisten. Ihre Erfahrungen in der illegalen Arbeit, die sie in den Jahren 1934 bis 1938 sammelten, kamen ihnen jetzt zugute.

In den Gefängnissen und Anhaltelagern der Christlichsozialen Regierung saßen Kommunisten, Nationalsozialisten und Sozialdemokraten in gemeinsamen Zellen. Außerhalb bekämpften sie einander wegen ihrer konträren politischen Anschauungen. Oftmals waren bei diesen Auseinandersetzungen auch Tote zu beklagen. Bei den "Eingesperrten" entwickelte sich aufgrund ihrer "gemeinsamen Situation" eine stille Verbundenheit, die sich gegen ihre Unterdrücker richtete. Demonstrativ bemühten sich die Nationalsozialisten, insbesondere zu Beginn ihrer Machtübernahme, um die Unterstützung der Arbeiterschaft. Sie sorgten für die Enthaftung politischer Häftlinge und brannten das Anhaltelager Wöllersdorf nieder, um zu zeigen, daß die Arbeiterschaft nunmehr von ihrer Unterjochung befreit sei.

Wer sich Ihnen aber nicht anschloß und in den Weg stellte, der wurde verfolgt, wie beispielsweise Andreas Thaler, der Zentralsekretär der Gewerkschaft der Eisenbahner. Er war Mitglied des Vorstandes des Gewerkschaftsbundes und überzeugter Sozialist und wußte, wo die nationalsozialistische Politik hinführt. Die Gestapo verhaftet Thaler am 15. März 1938, entließ ihn und inhaftierte ihn im Jahre 1943 nochmals. Nachdem er bereits zur Hinrichtung freigegeben war, befreiten ihn 1945 die alliierten Truppen rechtzeitig aus dem Chemnitzer Strafhaus.

Nicht allen erging es so wie Franz Razinger, dem früheren Obmann des Personalausschusses Linz, der seit dem 1. März 1934 zwangspensioniert war, und den die Reichsbahndirektion am 23. November 1938, so wie viele andere Eisenbahner auch, als Hilfsarbeiter bei der "Signalstreckenleitung Linz" wieder einstellte. Die mehrmalige Aufforderung der Nationalsozialisten, für die Partei zu sammeln, lehnte er ab. Dennoch nahmen ihn die Nazivertrauensmänner vor dem angekündigten Abtransport ins Ausland, in Schutz, wie er selbst in einem kurzen Lebenslauf mitteilte.

Aufgrund der Gefährlichkeit des neuen Gegners, erließ das Zentralkommitee der Revolutionären Sozialisten Österreichs am 11. März 1938 ein strenges illegales Betätigungsverbot und legte die illegale Arbeit vorübergehend nieder. Auch aus dem Ausland warnte man die Österreicher. Schon am 18. März 1938 also nur einige Tage nach der Okkupation Österreichs, warnte Jedo Finnen, der Zentralsekretär der Internationalen-Transport-Förderation, in einem Schreiben an Berthold König, der 1934 nach Brünn in die Emigration geflüchtet war, vor den Nazis. Er schrieb unter anderem:

> *"Am 23. Februar schrieb ich Dir, daß die Gleichschaltung Österreichs nicht aufzuhalten sei und ihr noch manche harte Nuß zum Knacken bekommt. Nun ist es soweit. Und nun ist heute am 18. 3. 38 die Deutsche Reichsbahn auch Arbeitsgeber der österreichischen Eisenbahner geworden ... Auf Grund des Dienst- und Treueverhältnisses, das nunmehr auch Geltung für Euch hat, werden die Dienst- und Arbeitsverhältnisse des Personals den bisher in Deutschland geltenden Bestimmungen unterworfen ... Über Einzelheiten müßte mündlich gesprochen werden ... Du darfst nur noch das härteste Menschenmaterial zur I-Arbeit (illegalen Arbeit, d. Verf.) verwenden. Die Qualität entscheidet und nicht die Quantität."*

Das rigorose Vorgehen der Nationalsozialistischen Partei gegen "Systemfeinde" ließ die bisher in feindlichen Lagern gegenüberstehenden Fraktionen - die Christlichsozialen, die Sozialdemokraten und die Kommunisten - in den Jahren der nationalsozialistischen Herrschaft näher zusammenwachsen. Sie wußten, daß sie seit dem 13. März 1938 einem gemeinsamen Feind gegenüberstanden. Dieser tat sich bei der Verfolgung seiner Gegner leichter als die Austrofaschisten. Aufgrund der Zugeständisse der Christlichsozialen Regierung konnten zahlreiche Nationalsozialisten wichtige Funktionen in der Vaterländischen Front besetzen. Daher hatten diese einen Einblick in politische Verbindungen und wußten über ihre potentiellen Gegner besser Bescheid; speziell natürlich über die der Vaterländischen Front. Aber auch durch die gemeinsame Inhaftierung illegaler "Roter" und illegaler "Nazis" entstanden Kontakte, die sich nun für die Widerstand leistenden Eisenbahner als lebensbedrohend erwiesen. Die Nationalsozialisten wußten also relativ besser über die illegalen Netze der Arbeiterbewegung Bescheid als die austrofaschistische Regierung.

Die Gestapo-Stellen meldeten regelmäßig die nicht nationalsozialistisch eingestellten Personen an die zuständigen Kommando-Stellen der NSDAP. Am 16. August 1938 sandte die Gestapo Linz beispielsweise ein Verzeichnis über jene Personen, die sich als Sozialdemokraten seit der Novemberrevolte 1918 bis heute in der Bekämpfung und Verunglimpfung der nationalsozialistischen Bewegung und des Staates besonders hervorgetan haben, an die Gestapo Berlin.

"Domaschko Rudolf, Angestellter der Reichsbahn, 15. 3. 1891 Hohenfurth/CSR geb. War reges Mitglied der sozialdem. Partei und des Rep. Schutzbundes, nach Auflösung der sozialdem. Partei stand Domaschko mit Kommunisten in Verbindung. Er bedarf heute noch wegen seiner linksradikalen Einstellung polizeilicher Beobachtung. Er wurde bisher zur Ausbürgerung nicht beantragt.

Gabriele Anton, Werkmann der Reichsbahn, 20. 2. 1885 Mauthausen geb. Er war sozialdemokratischer Gemeinderat und später Vizebürgermeister von Linz. Er war stets ein gemäßigter Sozialdemokrat. Gegenwärtig verhält er sich in politischer Hinsicht abwartend.

Gmeiger Isidor, Obwerksmann der Reichsbahn, 16. 4. 1888 Simbach, Bez. Braunau, geb. Er war Obmann der 16. Sektion der Sozialdemokratischen Partei in Linz und hat sich auch an der Februarrevolte 1934 beteiligt, weshalb er von der Reichsbahn mit Gehaltsabzug und Urlaubseinschränkung gemaßregelt wurde. Bei Gmeiger ist nicht zu hoffen, daß er sich jemals der nationalsozialistischen Bewegung anschließen werde.

Harringer Franz, gewesener Reichsbahnangestellter, 1. 3. 1894 Waldburg. Bez. Freistadt, geb. Er hat sich auch im Ruhestand staatsfeindlich zugunsten für die Revolutionären Sozialisten betätigt, /wurde/später auch seines Ruhegehalts verlustig, sodaß er dermalen kein Ruhegehalt zu beziehen hat. Er bezieht auch keine Rente. Zur Ausbürgerung war Harringer bisher nicht beantragt. Er ist nach wie vor fanatischer Sozialdemokrat und bedarf in politischer Hinsicht steter Überwachung.

Kraft Leopold, gewesener Werkmann der Reichsbahn, 30. 11. 1878 Attnang, Bez. Vöcklabruck, geb. Kraft war sozialdemokratischer Vizebürgermeister von Linz, hatte in der SP verschiedene Funktionen inne und hatte in dieser Bewegung großen Einfluß. Ist heute noch Sozialdemokrat, verhält sich in politischer Hinsicht zurückgezogen.

Küglinger Johann, Zugrevisor der Reichsbahn, 5. 12. 1881 Linz. /geb./ War Obmannstellvertreter der sozialdemokratischen Bezirksorganisation Linz-Stadt, Gemeinderat von Linz und bekleidete auch noch verschiedene Funktionen der SP. Küglinger ist nach wie vor Sozialdemokrat, jedoch verhält er sich gegenwärtig in politischer Beziehung zurückgezogen.

Ottendorfer Leopold, Reichsbahnangestellter, 7. 11. 1871 Oberlaa, Bez. Wels, geb. Er war sozialdemokratischer Gemeinderat von Linz und Schiedsrichter der SP in Wels, gegenwärtig verhält er sich in politischer Hinsicht zurückgezogen.

Weiser Kajetan, Offizial der Reichsbahn i. R., 18. 4. 1876 in Steyr geb. War bis 1934 sozialdemokratischer Nationalrat und hatte außerdem noch verschiedene Funktionen in der sozialistischen Bewegung inne. Ist heute noch fanatischer Sozialdemokrat der steter Beobachtung bedarf.
Wlassak Anton, gewesener Werkstättenarbeiter der Reichsbahn, 12. 11. 1885 Mannswörth geb. War sozialdemokratischer Gemeinderat von Linz, hatte noch verschiedene andere Funktionen der sozialistischen Bewegung inne. Ist wiederholt als Vorsitzender in sozialdemokratischen Versammlungen in Erscheinung getreten. Nach Auflösung der SP im Jahre 1934 ist Wlassak den Revolutionären Sozialisten beigetreten und wurde wegen illegaler Betätigung für diese Bewegung von der Reichsbahn fristlos und ohne Rechtsansprüche entlassen. Er ist heute noch fanatischer Sozialdemokrat."

Die bessere Informiertheit der Nationalsozialisten sowie ihre unvergleichbar rigorose und brutalere Vorgangsweise gegenüber anders denkenden Menschen, erforderten neue Formen des Widerstandes.

Es zeigten sich insbesondere drei Formen:

- der organisierte Widerstand
- der Widerstand einzelner
- der nicht organisierte Widerstand

Alle Eisenbahner, die sich in irgendeiner Form für die Befreiung Österreichs einsetzten und für seine Unabhängigkeit wirkten, konnten nach der Verordnung über die Einführung der "Vorschriften über Hoch- und Landesverrat im Lande Österreich", vom 20. Juni 1938, mit dem Tode bestraft werden, weil diese Verordnung vorsah, daß der, "der es unternimmt, ein zum Reich gehöriges Gebiet loszureißen, mit dem Tode bestraft wird". Diesen Konsequenzen entsprechend waren die Aktivitäten der illegalen Organisationen konspirativer und eingeschränkter als zur Zeit des Austrofaschismus. Im allgemeinen beschränkten sich die Aktivitäten auf die Sammlung von "Unterstützungsgeldern" sowie auf deren Verteilung an gemaßregelte Eisenbahner, auf die Herstellung und Verbreitung illegaler Schriften - wenngleich in den Jahren 1934 bis 1938 der Druck illegaler Zeitungen eingestellt wurde - die antinazistische Mundpropaganda und die Störung des Betriebes durch Sabotage.

Die folgenden Berichte sollen beispielhaft zeigen, warum und wie Eisenbahner Widerstand leisteten. Dabei ist zu berücksichtigen, daß Widerstand nicht nur dann als solcher zu werten ist, wenn Personen mit der Waffe in der Hand gegen das nationalsozialistische Regime kämpften, sondern bereits dann als solcher zu akzeptieren ist, wenn sich Menschen öffentlich von nationalsozialistischen Zielsetzungen distanzierten und durch ihr Verhalten dazu beitrugen, das nationalsozialistische System zu schwächen. Diese großzügige Auslegung ist deshalb gerechtfertigt, weil all diese Maßnahmen, vom ungerechtfertigten Krankenstand, der Selbstverstümmelung aus Angst vor dem nächsten Kriegseinsatz bis zum Abhören eines ausländischen Senders, in den härtesten Fällen mit dem Tode bestraft werden konnten und auch häufig wurden.

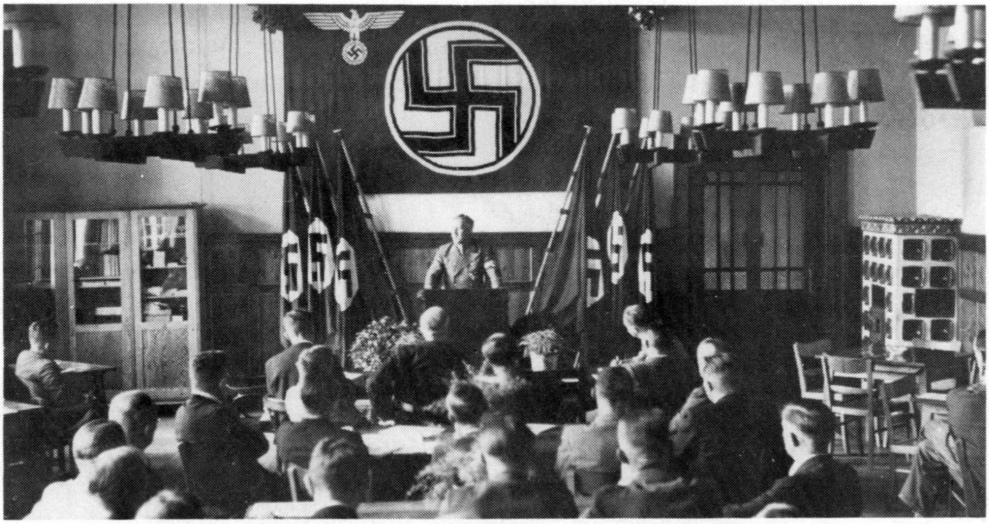

Politische Bildung wurde bei den Nationalsozialisten "Groß" geschrieben.

Organisierter Widerstand

In Oberösterreich gab es einige illegale Organisationen, die mehr oder weniger eng, zum Teil aber überhaupt nicht, zusammenarbeiteten. Diese Widerstandsgruppen organisierten sich in der Regel erst einige Jahre nach der Machtübernahme Hitlers. So gab es beispielsweise im Ausseergebiet unter Führung von Sepp Plieseis eine Widerstandsgruppe, der auch zahlreiche Eisenbahner angehörten, eine Gruppe um den Kanzlisten Filla aus Bad Ischl, eine Gruppe aus Attnang-Puchheim und Gruppen in Linz, die am organisierten Widerstand festhielten.

Besonders gegen Kriegsende nahm der organisierte Widerstand zu. Zu lange dauerte bereits die Ausbeutung am Arbeitsplatz und die wirtschaftliche Not, zu häufig waren die Meldungen von gefallenen Soldaten zu hören und zu lesen. Darüber konnten auch die ständigen Parolen vom "sicheren Endsieg" nicht hinwegtäuschen.

Die verschieden politisch motivierten Widerstandsgruppen verhielten sich bei ihrer illegalen Arbeit sehr unterschiedlich. Die Kommunisten beispielsweise, zogen es vor, sich in einem Netz von illegalen Gruppen zu organisieren. Diese Organisationsform hatte den Vorteil, daß sie effizienter wirken konnten, hatte aber andererseits den großen Nachteil, daß bei der Festnahme eines Mitgliedes die gesamte Organisation gefährdet war. Damit können zum Teil die großen Verluste an kommunistischen Widerstandskämpfern erklärt werden.

Die Revolutionären Sozialisten und die sozialdemokratischen Freigewerkschafter stützten sich eher auf illegale Teilorganisationen. Diese arbeiteten in der Regel ohne großflächige Verbindungen. Auch ihr Anteil unter den Opfern war sehr hoch und dürfte noch wesentlich höher gewesen sein als vermutet, weil von den Nationalsozialisten jeder marxistische Widerstand als kommunistisch gewertet wurde.

Am Beispiel einiger Widerstandsgruppen soll ein Einblick in die Aufgaben und Ziele sowie in ihre Arbeitsweise gewährt werden.

Widerstandsgruppe Attnang-Puchheim

Am 14. Mai 1941 wurden die Eisenbahner Ludwig Gföller, Franz Hummer und Gottlieb Thalhammer von der Gestapo wegen der Sammlung von Unterstützungsgeldern für die "Rote Hilfe" verhaftet und nach Linz überstellt. Die Gruppe pflegte vor allem Kontakte zu einer kommunistische Gruppe aus Wels.

Vier Monate später, am 16. September 1941, wird Ludwig Gföller gemeinsam mit den Eisenbahnern Ostermann, Thalhammer, Friedwagner und Neudorfer wegen "Vorbereitung zum Hochverrat" verurteilt - Gföller zu 10 Jahren Kerker. So wie tausende andere Österreicher auch, dürfte er auf eine heimtückische Art ermordert worden sein. In einem Schreiben der Landesheilanstalt Niedernhart wird betreffend der Todesursache von Ludwig Gföller - aufgrund eines Zeichens auf seiner letzten Krankengeschichte - vermutet, daß er wahrscheinlich der Euthanasie zum Opfer gefallen ist.

Am 2. November 1943 verurteilte man Franz Harringer und Karl Jakubetz wegen Vorbereitung zum Hochverrat. Und zwar Karl Jakubetz wegen Herstellung einer hochverräterischen Verbindung durch Namhaftmachung des Herrn Richard Forstner als illegalen Verbindungsmann und wegen Abhörens des englischen Rundfunks zu drei Jahren und sechs Monaten Zuchthaus und vier Jahren Ehrverlust. Franz Harringer verurteilte der Volksgerichtshof in Wien wegen Nichtanzeige eines hochverräterischen Unternehmens zu acht Monaten Gefängnis. Jakubetz hatte für diese illegale Organisation geworben und versuchte das illegale Netz der Eisenbahner um Attnang weiter auszubauen. Er pflegte dabei Kontakte mit einer Gruppe Revolutionärer Sozialisten aus Salzburg. Neben der politischen Agitation waren die Hauptaufgaben beider illegaler Organisationen das Sammeln von finanziellen Beiträgen, die den inhaftierten und gemaßregelten Opfern beziehungsweise deren Angehörigen zugute kamen.

Beide gehörten den Illegalen Revolutionären Sozialisten Österreichs an und arbeiteten für die Errichtung einer "Demokratischen Republik, für die Wiedererrichtung der Organisationsfreiheit der Arbeiterschaft zur Schaffung einer Einheitsorganisation des Proletariates und kämpften gegen den Faschismus". Nach dem Anschluß Österreichs an das Reich stellten sie vorübergehend die illegale Tätigkeit ein. Den Aufbau der neuen Organisation paßten sie den geänderten Verhältnissen an, indem sie die Errichtung, beziehungsweise die Fortführung einer Massenorganisation ablehnten und nur eine sogenannte Kaderorganisation bildeten.

Widerstand im Salzkammergut

Nachdem Sepp Plieseis im Herbst 1943 aus dem Konzentrationslager Dachau, Nebenlager Hallein, flüchten konnte und Unterschlupf bei seinen Freunden in Salzkammergut fand, begann er sofort mit dem Aufbau eines illegalen Organisationsnetzes. Die Verbindungen, ausgehend von Bad Ischl, reichten nach Goisern, Bad Aussee, Mitterndorf, Liezen, Ebensee, Gmunden und Attnang. Ziel dieser Widerstandsgruppe war, das Naziregime zu bekämpfen und Österreich, so wie es bis 1934 bestand, wieder herzustellen. Wie Plieseis selbst sagte, war die erste Grundaufgabe eine organisatorische und nicht eine kämpferische.

"Diese Grundlage mußte erst geschaffen werden. Man mußte erst mit den Leuten zusammenkommen. Mit Genossen, mit den Sympathisierenden unserer Richtung. Mit ihnen sprechen, damit sie uns unterstützen, daß man den Widerstand organisieren kann. Daß Gruppen entstehen, die die Grundlage sein müssen, um Nahrungsmittel- und Geldsammlungen durchführen zu können. Damit Lager angelegt werden konnten. Das war ja die Grundlage, daß man zu größeren Angriffen übergehen konnte.

Das zweite war, viele Verbindungen mit Nazigegnern aufzunehmen, viele Leute, Gegner des Naziregimes, kennenzulernen und sie zu organisieren. Natürlich hat man auch an jene gedacht, die nicht mehr einrücken wollten oder die nicht einrückten.
Drittens haben wir uns illegale Namen gegeben, das war für unsere Arbeit, für unsere Sicherheit sehr wichtig. Plieseis trug den Namen Willy, Gitzoller den Namen Franz, und ich nahm den Namen Kurt an.
Unsere Gruppe hat den Namen Willy bekommen, das war vorerst gegenüber der Gruppe der Bad Ausseer, dort bestand eine Widerstandsorganisation, notwendig. Später hat die ganze Bewegung den Namen Willy bekommen.
Viertens, bis zum Frühjahr 1944 wollten wir die Vorbereitungen treffen, um in die Berge zu gehen."

Über den Erfolg dieser Widerstandstätigkeit, die im übrigen auch die breite Unterstützung der Bevölkerung fand, berichtet Plieseis selbst:

"Wir nahmen vorerst nur solche, die zum Kampf bereit waren. Und dann später dehnten wir unsere Bewegung aus.
Es war klar, daß wir als erstes die Verbindung mit den Kommunisten aufnahmen. Der weitere Schritt war mit den Sozialdemokraten. /..../ Zu den katholischen Kreisen waren eigentlich die Kontakte rasch hergestellt. Die Verbindungen gingen bis in die Pfarrhöfe hinein. Wir hatten Verbindungen zu den Pfarrern von Bad Ischl, Goisern, Altaussee und Bad Aussee. Es gab auch viele, die parteiungebunden waren. /.../ Die Zivilbevölkerung unterstützte uns mit Lebensmitteln, mit Kühen, Lämmern, Mehl und Zucker; ein Teil der Jäger war fest auf unserer Seite, und sie halfen uns, wo sie nur konnten. Selbst in den Ämtern und bei der Gendarmerie saßen auch Österreicher, die uns bei einer drohenden Gefahr verständigten. Ein Erlebnis ist mir besonders im Gedächtnis geblieben. Eines Tages hatte ich eine Besprechung mit dem Pfarrer aus Altaussee vereinbart, um den Widerstand der Bevölkerung ohne Unterschied ihrer Gesinnung im Kampf gegen die deutschen Faschisten zu verstärken. Der Pfarrer hat den so gesuchten "Fred" liebenswürdig empfangen und ihm 600 RM für die verfolgten Partisanen und Freiheitskämpfer gegeben."

Die Gruppe war aber auch bemüht, Verbindungen zu anderen Widerstandsgruppen und Gegner des Nationalsozialismus herzustellen. Dazu kann Sepp Plieseis wieder berichten:

"Durch unsere mündliche und persönliche Agitation in der Bevölkerung brachten wir immer größere Gruppen auf unsere Seite. Wir versteckten viele Soldaten der Wehrmacht und brachten viele zum Desertieren. Andere Soldaten, die größere Schikanen gegen ihre Familien befürchten mußten und deshalb in der Wehrmacht verblieben, schickten uns Waffen und halfen uns bei unserer schweren Arbeit. So wurden wir mit der Zeit eine große Organisation, mit Waffen ausgerüstet, mit guten Verstecken, teils bei der Zivilbevölkerung in

den Häusern, teils im Walde. In der ganzen Umgebung wußte man von uns, suchte Hilfe bei uns und half uns.
Auch mit den ausländischen Zivilarbeitern, die sich ebenfalls organisiert hatten, nahmen wir Kontakt auf und hielten die ständige Verbindung mit ihren Leitungen."

Die Widerstandsgruppe im Salzkammergut dürfte zu dieser Zeit eine der größten, wenn nicht die größte Widerstandsgruppe in Österreich gewesen sein. In ihr beteiligten sich auch zahlreiche Eisenbahner aktiv.

Auch vor dem Essen wird die Hand zum Gruß erhoben.

Widerstand in Linz

Franz Razinger bemühte sich in Linz um den Aufbau illegaler Zellen der Revolutionären Sozialisten. Nach seinen Darstellungen hat es in der "Nazizeit" in Oberösterreich einige Widerstandsgruppen gegeben, unter anderem auch eine Gruppe, die sich "O5" bezeichnete.

Neben Franz Razinger war Franz Harringer - auch ihn stellte die Reichsbahndirektion Linz ab November 1938 wieder in den Eisenbahndienst ein - eine organisierende Kraft im Widerstand. Fünfmal hatten ihn die Nationalsozialisten inhaftiert. Im Jahre 1943 wurde er gemeinsam mit einer Reihe von

Gesinnungsfreunden wegen Hochverrats angeklagt und vom Volksgerichtshof Wien, der in Linz tagte, am 2. November 1943 zu acht Monaten Gefängnis, unter Anrechnung von vier Monaten Untersuchungshaft, verurteilt. Für die restlichen vier Monate gewährte die Staatsanwaltschaft beim Oberlandesgericht Wien eine bedingte Strafaussetzung mit Bewährungsfrist bis 1. Mai 1947. Im August 1944 hatte ihn die Gestapo Linz neuerlich inhaftiert und für das Konzentrationslager bestimmt. Da die Reichsbahn ihn als Spezialarbeiter dringend benötigte, wurde er enthaftet. Nach Ende des Krieges fand man die Evidenzkarte Harringers, aus der hervorgeht, daß er zur "Vertilgung" bestimmt gewesen wäre.

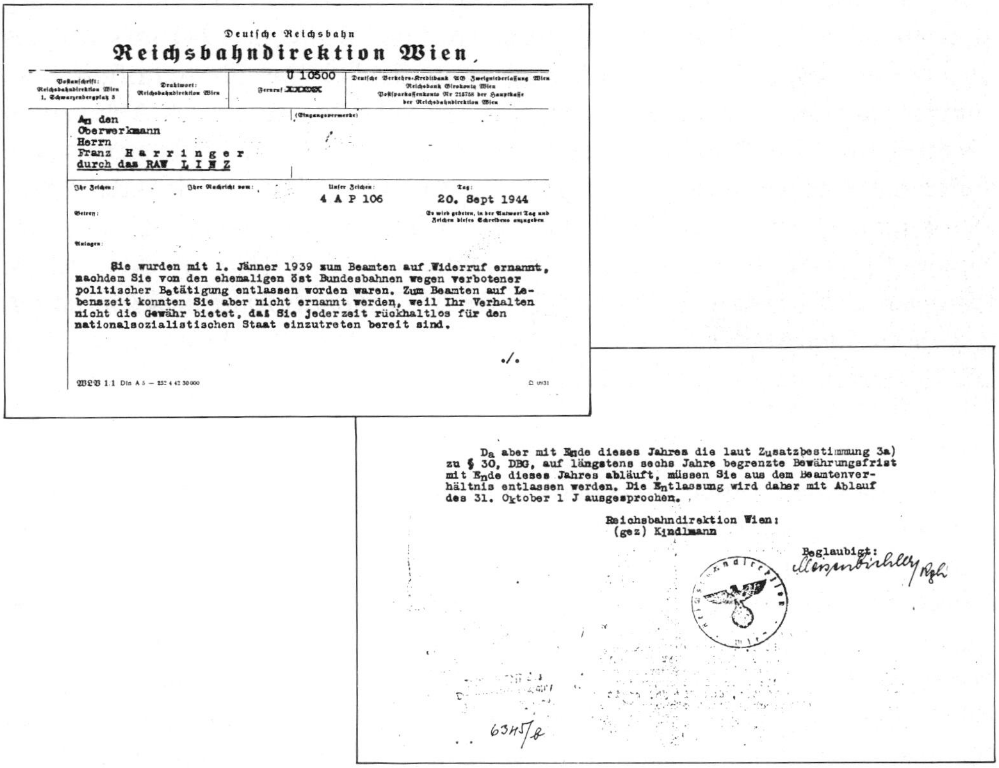

Deutsche Reichsbahn

Reichsbahndirektion Wien

Postanschrift: Reichsbahndirektion Wien 1, Schwarzenbergplatz 3 | Drahtwort: Reichsbahndirektion Wien | Fernruf: U 10500 | Deutsche Verkehrs-Kreditbank AG Zweigniederlassung Wien, Reichsbank Girokonto Wien, Postsparkassenkonto Nr 215758 der Hauptkasse der Reichsbahndirektion Wien

An den
Oberwerkmann
Herrn
Franz H a r r i n g e r
durch das RAW L I N Z

(Eingangsvermerke)

Ihr Zeichen: | Ihre Nachricht vom: | Unser Zeichen: 4 A P 106 | Tag: 20. Sept 1944

Es wird gebeten, in der Antwort Tag und Zeichen dieses Schreibens anzugeben

Betreff:

Anlagen:

Sie wurden mit 1. Jänner 1939 zum Beamten auf Widerruf ernannt, nachdem Sie von den ehemaligen öst Bundesbahnen wegen verbotener politischer Betätigung entlassen worden waren. Zum Beamten auf Lebenszeit konnten Sie aber nicht ernannt werden, weil Ihr Verhalten nicht die Gewähr bietet, daß Sie jederzeit rückhaltlos für den nationalsozialistischen Staat einzutreten bereit sind.

./.

WLB 1.1 Din A 5 — 252 4 42 30 000 D 0931

Da aber mit Ende dieses Jahres die laut Zusatzbestimmung 3a) zu § 30, DBG, auf längstens sechs Jahre begrenzte Bewährungsfrist mit Ende dieses Jahres abläuft, müssen Sie aus dem Beamtenverhältnis entlassen werden. Die Entlassung wird daher mit Ablauf des 31. Oktober 1 J ausgesprochen.

Reichsbahndirektion Wien:
(gez) Kindlmann

Beglaubigt:

6345/8

Zahlreiche Linzer Eisenbahner opferten für den Freiheitskampf ihr Leben. Manchen von ihnen, wie beispielsweise dem Personalausschuß-Mitglied Ludwig Haider sowie den Eisenbahnern Stefan Pollhamer und Ludwig Reindl errichteten die Arbeitskollegen ein Denkmal.

Auch in der Reichsbahnausbesserungswerkstätte Linz organisierten sich die Eisenbahner zum Widerstand. Mit Unterstützung von Wiener und Salzburger Kommunisten ist 1940 in Linz eine örtliche Organisation des kommunistischen Jugendverbandes Österreich (KJVÖ) gegründet worden. Die Gruppe, die im wesentlichen aus den Eisenbahnern Czamler, Schifer, Theischinger, Berger, Wagenbichler, Köberl, Schaubmair, Ebner und Hofinger bestand, bemühte sich um den Ausbau des kommunistischen Organisationsnetzes. Sie hoben einen monatlichen Mitgliedsbeitrag von 0,50 Reichsmark ein. Eine ähnliche, organisierte Jugendgruppe gab es auch in den Reichswerken Hermann Göring, die der Schlosser Meinrad Wolf führte.

Diese Gruppe kam des öfteren zu politischen Gesprächen in Linz, Salzburg und Wien zusammen. Bei einem dieser Treffen, im August 1941 im Gasthaus Jägermayr, besprachen sie den Vertrieb kommunistischer Flugschriften. Man einigte sich darin, daß die Verbreitung der Schriften durch das Ablegen an "Verkehrspunkten", in Briefkästen und in offenen Wohnungsfenstern sowie durch die Post geschehen soll. Damit diese Flugschriften gezielt verteilt werden konnten, sammelten die Teilnehmer Adressen bekannter und zu gewinnender Sympathisanten und tauschten diese aus. *"Die Aktionen der Gruppe richteten sich gegen den "Führer", gegen den Nationalsozialismus überhaupt, gegen die Zugehörigkeit Österreichs zum Großdeutschen Reiche und gegen die Kriegsführung im allgemeinen."*

Eine illegale Gruppe sozialdemokratischer Eisenbahner der Reichsbahn-Ausbesserungswerkstätte Linz, versuchte insbesondere durch Mundpropaganda Auflösungsarbeit zu leisten. Dabei stützten sie sich auf ausländische Informationen, die sie ihren Arbeitskollegen bis zu ihrer Verhaftung weitergaben. Vom Sommer 1942 bis zum März 1943 hörten sie gezielt den englischen Sender und den Schweizer Sender Beromünster ab. Im März und April 1943 verhaftete man die Bediensteten Rudolf Häusl, Johann Streitner, Karl Kampelmüller, Franz Prückl, Josef Heitzinger, Josef Lehner und Alois Pichler der Eisenbahn-Ausbesserungswerkstätte Linz . Ihnen wurde vorgeworfen, daß sie für die politische Zersetzungspropaganda in der Reichsbahn-Ausbesserungswerkstatt verantwortlich seien, weil sie während der Arbeitszeit zusammenkämmen und ihre politischen Ansichten in zersetzender Art austauschten.

Bei der Verhandlung vor dem Volksgerichtshof am 27. Juli 1943 wurden
Johann Streitner zu zwei Jahren Zuchthaus,
Karl Kampelmüller zu zwei Jahren Zuchthaus,
Franz Prückl zu einem Jahr und sechs Monaten Zuchthaus,
Josef Heitzinger freigesprochen,
Josef Lehner zu einem Jahr und sechs Monaten Zuchthaus,
Alois Pichler zu einem Jahr und sechs Monaten Zuchthaus und
Rudolf Häusl zu zwei Jahren und sechs Monaten Zuchthaus
nach dem Strafgesetzbuch für das Deutsche Reich und nach dem Rundfunkgesetz verurteilt.

Weitere illegale Widerstandsorganisationen, an denen sozialistische und kommunistische Eisenbahner eine führende Rolle einnahmen und von denen schriftliche Unterlagen vorliegen, sind aus Mattighofen, Braunau, Schwertberg und Perg bekannt.

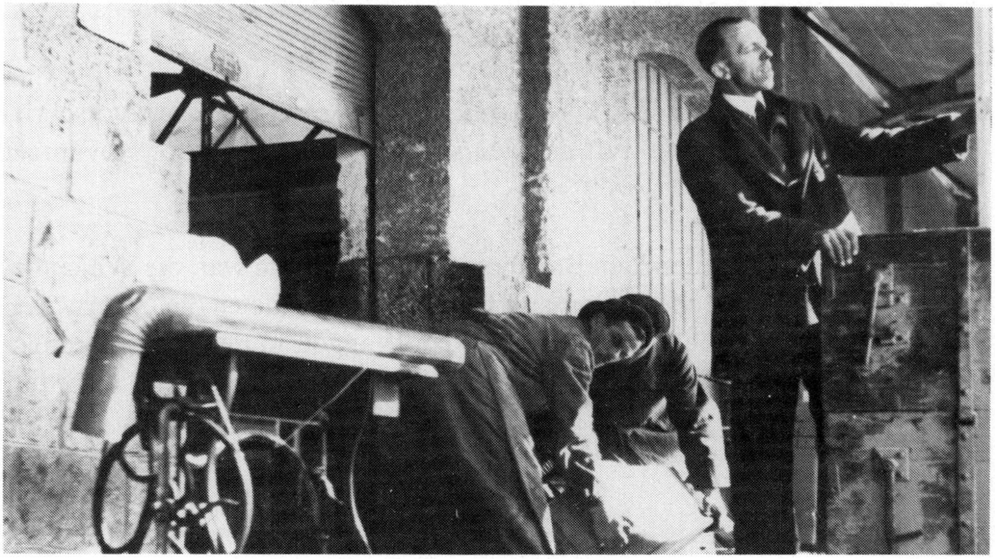

Der Widerstand einzelner

Über den Widerstand einzelner Eisenbahner gibt es kaum Dokumente. Vielfach waren die Aktionen so geschickt angelegt, daß die Verursacher unentdeckt blieben. Konnte jedoch einer Person eine konkrete Tat nachgewiesen werden, so bedeutete das in der Regel die Todesstrafe.

Insbesondere die Sabotage war eine geeignete Möglichkeit, den kriegswichtigen Nachschub zu behindern. Die Sabotageakte setzten bald nach dem "Anschluß" ein und häuften sich gegen Kriegsende. Bereits im Nachrichtenblatt des Reichsverkehrsministeriums, Abwicklungsstelle Österreich, vom 16. Juli 1938, weist der kommissarische Leiter der Betriebsdirektion auf die sich in letzter Zeit häufenden Verschubanstände hin. Später forderten ausländische Sender sowie im Ausland hergestellte Flugblätter zur Sabotage auf.

Selbstverständlich stand die Behinderung des Bahnbetriebes unter schärfster Strafandrohung.

> *"Wer die Sicherheit des Betriebes einer Eisenbahn ... durch Beschädigen, Zerstörung oder Beseitigung von Anlagen oder Beförderungsmitteln, durch Bereitung von Hindernissen, durch falsche Zeichen oder Signale oder durch ähnliche Eingriffe gleichkommende pflichtwidrige Unterlassungen beeinträchtigt und dadurch eine Gemeingefahr herbeiführt, wird mit dem Zuchthaus bis zu zehn Jahren bestraft. In besonders schweren Fällen ist auf lebenslanges Zuchthaus oder auf Todesstrafe zu erkennen."*

Diese Bestimmung sieht die "Verordnung zur Ergänzung der Strafvorschriften zum Schutz der Wehrkraft des deutschen Volkes" vom 25. November 1939 vor.

Eine der Möglichkeiten, den Bahnbetrieb zu behindern war, die Wagenbezettelung zu entfernen oder zu vertauschen. Dadurch landeten die Güterwagen vielfach in anderen Zielbahnhöfen. Um den Waggon in den Bestimmungsbahnhof zu bringen, waren umfangreiche Nachforschungsdienste erforderlich.

Die Dienstverschwiegenheit ist erhöhte Pflicht im Kriege. Sie schützt die Allgemeinheit und bewahrt den einzelnen vor bösen Folgen.

Eine der regelmäßigen Einschaltungen im Amtsblatt der Reichsbahndirektion Linz vom November 1939

Eine andere Möglichkeit war die Irreführung der Dienststellen durch fingierte Telefongespräche. Obwohl dadurch kein unmittelbarer Schaden entstand, bedingte die irreleitende Mitteilung einen unnötigen Zeitaufwand zur Klärung, der den Eisenbahnbetrieb ebenfalls behinderte.

Unmittelbarer und wirkungsvoller waren das Beschädigen von Bremsschläuchen, Signalanlagen und Fernmeldeeinrichtungen. In einigen Fällen wurden auf offener Strecke Wagen abgekuppelt oder Bahnanlagen blockiert. Eine eher seltene Form des Widerstands leisteten die Eisenbahner in Selzthal, die einen Munitionswagen mit Putzwolle anzündeten.

Rangierer,
Zugbegleiter!
Schont die Bremsschläuche!
Versorgt nicht benützte in den Kupplungshaltern!
Herabhängende Bremsschläuche werden beschädigt; beschädigte können heute schwer ersetzt werden.
Erfüllt Eure Pflicht!

Mitteilung im Amtsblatt der Reichbahndirektion Linz

[102] Verschubanstände. (Z. 115.)

In jüngster Zeit häufen sich in auffallender Weise Beschädigungen von auf Eisenbahnwagen verladenen Möbelwagen. Da die Beschädigungen vornehmlich auf unvorsichtiges Verschieben zurückzuführen sind, werden den im Verschubdienst verwendeten Bediensteten die Bestimmungen der Pkte 147, 148, 189 und 196 der DV V 3 zur gewissenhaften Befolgung in Erinnerung gebracht.

Der kommissarische Leiter der Betriebsdirektion:
Anderl.

Amtsblatt der Reichsbahndirektion Linz

Alle diese Aktivitäten, die gegen das nationalsozialistische Regime gerichtet waren, behinderten den Bahnbetrieb und schockten die NS-Führung. Zahlreiche Dienstanweisungen, mit der Androhung schärfster Bestrafungen, konnten die Eisenbahner von ihren Vorhaben jedoch nicht abbringen.

Nicht organisierter Widerstand

Das nationalsozialistische Leben war bis in die kleinsten Details durchorganisiert. Was gehört, gesehen und gesagt werden durfte, bestimmte die NSDAP. Der Freiheitsraum des Menschen war auf ein Minimum eingeschränkt. Die Wahrheit wurde schwer, oft sogar mit dem Tod bestraft, wenn sie sich gegen die Ziele der NSDAP richtete.

Viele Menschen, wollten sie ihrem inneren Gewissen weiterhin gehorchen, lebten in Angst und Schrecken. Andere wiederum, die sich im nationalsozialistischen, durchorganisierten System hochdienen wollten und die um Anerkennung und Auszeichnung eiferten, nützten jede erdenkliche Möglichkeit aus, um sich selbst gegenüber anderen "führertreuer" zu zeigen. Es war eine Zeit, in der Nachbarn, Arbeitskollegen und bisherige Freunde oft einander nicht trauen durften.

An einigen Beispielen mit oberösterreichischen Eisenbahnern sollen die schrecklichen Auswüchse des Systems aufgezeigt werden.

Der 52jährige Linzer Zugbegleiter Karl Petek hatte am 4. September 1942 während einer Dienstfahrt im Bahnhof St. Valentin zum Lokomotivführer, August Pesendorfer und dem Lokomotivheizer, Josef Burgstaller folgende "staatsabträglichen" und "staatsfeindlichen" Äußerungen getan:

"1. *Deutschland halte den Krieg nur mehr zwei Jahre aus, der Russe könne noch hundert Jahre Krieg führen. Wer sich zu weit nach Rußland hineinwage, sei des Todes;*
2. *der heutige Krieg werde wieder von Großkapitalisten geführt, sonst könne ein nichtshabender Mann über Nacht nicht der reichste Mann werden;*
3. *über diesen Krieg seien sich die Herren in London, Moskau, Amerika und Berlin einig /..../*

4. *äußerte er sich darüber abfällig, daß in einer Zeit der Verkehrsbeschränkung das "HJ-Zeug" soviel mit der Bahn und die Arbeiter zu Festspielen nach Salzburg und Bayreuth fahren, wo sie sich den "Parsifal" ansehen müßten, den sie gar nicht verständen;*
5. *das nationalsozialistische Regime und das frühere schwarze System könnten sich die Hände reichen. Das Konzentrationslager Wöllersdorf sei das reinste Erholungsheim gegen das heutige Konzentrationslager Mauthausen gewesen, wo die politischen Häftlinge von Schwerverbrechern bewacht würden, wogegen es in Wöllersdorf nach den Angaben von verhaftet gewesenen Sozialdemokraten nur einigen Nazibuben, die Bürgersöhnchen gewesen seien, schlecht gegangen sei.*
6. *die Feinde wüßten ganz genau, wo sich das Führerhauptquartier befände; es werde da nicht bombardiert, weil sich die Herren gegenseitig nichts*
7. *es gebe heute noch Leute, die sagten, es sei ihnen in der Systemzeit, als sie arbeitslos gewesen seien, besser gegangen als heute, wo es so manche gäbe, die nicht wüßten, was sie am nächsten Tag essen sollten, ob die morgen noch leben würden;*
8. *für eine Verhinderung eines Brudermordes im Inneren hätten wir auch heute keine Garantie; die beste Zeit sei jene unter den Sozialdemokraten gewesen."*

Am 15. April 1943 wird der Zugbegleiter Karl Petek wegen Vergehens gegen das Heimtückegesetz zu einer Gefängnisstrafe von 15 Monaten verurteilt. Wie Recht er mit seiner Prophezeiung hatte, zeigte sich rund zwei Jahre später als der Krieg tatsächlich verloren war und die verbliebenen Österreicher vor den Trümmern standen. Doch das Heimtückegesetz sah auch eine Bestrafung für die vor, die die Wahrheit sagten, aber damit der nationalsozialistischen Diktatur schadeten.

> *"Denn wer vorsätzlich eine unwahre oder gröblich entstellte Behauptung tatsächlicher Art aufstellte oder verbreitet, die geeignet ist, ...das Ansehen der Reichsregierung oder das der Nationalsozialistischen Deutschen Arbeiterpartei ... schwer zu schädigen, wird ... mit Gefängnis bis zu zwei Jahren ... bestraft."*

Natürlich blieben den Eisenbahnern die Truppen- und die Kriegsmaterialtransporte, die Züge mit verwundeten und verstümmelten Soldaten, die Kriegsgefangenentransporte sowie die Transporte der Zivilgefangenen, der KZ-Häftlinge, der Juden und Zigeuner nicht verborgen. Für jeden demokratisch denkenden und menschlich fühlenden Menschen waren diese sicherlich eine schwere moralische Belastung. Immer wieder fand die Zivilbevölkerung Leichen neben den Bahnlinien. Oberstaatsanwalt Dr. Meyer-Knonow berichtete, daß während eines Transports von KZ-Häftlingen im Stadtgebiet von

Wels drei Leichen und im Bezirk Grieskirchen elf Leichen aus dem fahrenden Zug geworfen worden sind. Im ganzen fand man 15 halbnackte Leichen, die nach ärztlicher Besichtigung den Tod durch Erfrieren erleiden mußten. Weiters meldet er, daß dieser Vorgang in der Bevölkerung begreiflicherweise Unwillen erregte.

Die Eisenbahner konnten den schwer bewachten, in den Zügen zusammengepferchten Menschen kaum helfen. Nicht unbegründet stieg daher mit Fortdauer des Krieges die Verbitterung und der Haß gegen dieses Regime sowie der Wille, dieser verhaßten, brutalen Herrschaft ein Ende zu bereiten. Wer seinen Gefühlen nachgab, mit kriegsgefangenen Arbeitern Kontakt hielt oder den nach Wasser und Brot bettelnden Opfer eine mildtätige Gabe reichte, mußte mit schweren Bestrafungen rechnen.

Der Ladeschaffner, Matthias Wimmer sagte am Güterbahnhof Bad Ischl zu seinem ehemaligen Wohnungsnachbarn, Leopold Stöger, der vom Fronturlaub wieder zurück an die Front fuhr: "*Servus Leo, wo foahrst denn hin*"? Als Stöger darauf erwiderte: "*Es geht wieder dahin*", entgegnete der Angeklagte: "*Ihr seids schön blöd, die Großschädln solln sich den Krieg selbst ausschnapsen, die ihn angefangen haben*".

Aufgrund dieser Äußerungen verurteilte das Gericht Matthias Wimmer am 21. Jänner 1941 zu fünf Jahren Zuchthaus und zu fünf Jahren Ehrverlust.

Wie gefährlich politische Äußerungen sein konnten, zeigt ein weiteres Beispiel:

Den Oberbauarbeiter Anton Denk, aus dem Kreis Braunau, verurteilte man am 24. Mai 1944 zu eineinhalb Jahren Zuchthaus und zu zwei Jahren Ehrverlust, weil er im angeheiterten Zustand in einem Gespräch mit dem Landwirt Alois Sauerlachner "wehrkraftzersetzende Äußerungen" von sich gegeben hatte. Er erzählte von seinen beiden Söhnen, die bei der Wehrmacht eingezogen wären, wobei der eine bei Stalingrad vermißt sei. Denk sagte unter anderem: "*Es geht nicht mehr länger, es wird bald gar. In fünf bis sechs Wochen bricht alles zusammen. Unsere Soldaten laufen bereits über.*" Nachdem Sauerlechner widersprach und zu verstehen gab, daß Deutschland den Krieg nicht verlieren werde, erklärte der Angeklagte: "*Die anderen kommen dann zurück und die räumen dann auf*".

Eine Ahnung über die Folgen des Nationalsozialismus hatte auch der

Bahnrevident Friedrich Roschitz. In einem Brief vom 8. August 1943 formulierte er seine Ängste und Sorgen:

> *"Ich hatte schon ein leises Ahnen, was da kommen wird, wenn die Deutschen in unser liebes Österreich einmarschieren, und nun ist es zur Wahrheit geworden. Viele Menschen, die sich über den Einmarsch gefreut haben, müssen jetzt erkennen, daß ein großes Unglück über uns gekommen ist. .... Ich bin jetzt auch im Arbeitseinsatz, weil ich noch nicht ganz 65 Jahre alt bin, obwohl das Arbeitsamt die Firma verständigt hat, ich darf nur zu leichten Arbeiten verwendet werden, so haben diese deutschen Wildlinge doch keine Rücksicht /genommen/, und man wird einfach ausgeschunden bis auf das Knochenmark, hoffentlich dauert es nicht mehr gar zu lange, dann komme ich wieder los von diesen Ausbeutern. Was wird werden, wenn dieser Krieg vorüber ist? Ob so oder so, wir sind ein total verarmtes Volk, die Mark hat keinen Wert, das Volk achtet das Geld nicht mehr, und in der Ewigkeit kann man doch mit der Notenpresse kein Volk erhalten, das muß doch auch einmal ein Ende finden und was dann?!! Für dieses Geld will ja heute schon niemand mehr arbeiten, und wenn es noch mehr und ganz entwertet ist, dann schon gar nicht mehr. Hart ist das Schicksal, welches das deutsche Volk heimsucht, aber ich hoffe, daß wir wieder hinausfinden werden aus all diesem Unglück, wenn es auch harte Zeiten sein werden. Aber nach diesen schweren Zeiten werden wieder bessere kommen, wer es erleben kann."*

Obwohl sich Roschitz rechtfertigte, daß er den Brief in einer argen Mißstimmung schrieb, weil er im Betrieb durch Vorgesetzte aus dem Altreich terrorisiert und als Ostmärker beschimpft wurde, verurteilte man in zu zwei Jahren Zuchthaus und zu zwei Jahren Ehrverlust.

Durch diese Aneinanderreihung an Beispielen soll nicht der Eindruck vermittelt werden, daß Eisenbahner grundsätzlich anti-nationalsozialistisch eingestellt waren. Es gab auch unter ihnen Bedienstete, die ein Ohr für defaitistische Äußerungen hatten wie beispielsweise der Reichsbahnangestellte Karl Berg aus Küpfern, der Georg Seiser deshalb anzeigte, weil er im September 1938 sagte:

> *"Der Nationalsozialismus bedeutet nichts als Krieg. Die Volkswohlfahrt sei ein Schwindel. Die von der Volkswohlfahrt gesammelten Spenden und Beiträge würden nur zur Herstellung von Waffen und zur Kriegsführung verwendet. Wenn er einrücken müsse, drehe er sofort den Spieß um oder laufe zu den Tschechen über. Die Tschechen seien seine Freunde. Göring und Goebbels seien auch Juden, Hitler habe alles Gold, Waren, Wäsche, etc. von Wien ins Altreich verschleppt, weil er dort nichts habe."*

Die Anzeige brachte Seiser eine Geldstrafe von 300 Reichsmark oder 40 Tage

Arrest. Selbstverständlich wurde er bis zu seiner Verurteilung eingesperrt.

Ein ähnliches Beispiel ist aus dem Kremstal bekannt. In Gegenwart des Reichsbahnbediensteten Franz Pay sagte im Februar 1939 die Blumenverkäuferin Maria Pötscher, die in der Gegend Schneerosen pflückte und am Nachhauseweg war:

> *"Das Militär in Enns sei in Aufruhr. Die Soldaten gehen nicht mehr aus der Kaserne, weil ein Offizier einem Rekruten das Kreuz abgetreten und diesen sodann erschossen hatte. Die Soldaten waren auf das hin so aufgebracht, daß sie den Offizier nachträglich erschossen hätten. In den Linzer Kasernen herrscht dasselbe Verhältnis. Dort werfen die Instruktoren in der Nacht die Monturen der Mannschaft in den Hof, und müssen sich die Soldaten diese Monturen, nur mit dem Hemd bekleidet, dort holen. Durch diesen Vorgang verkühlen sich die Soldaten, werden krank und müssen ins Spital geschafft werden. Die Linzer Spitäler sind voll mit kranken Soldaten.*
> *Die Göringwerke in Linz sind Arbeiterfriedhöfe. Dort verunglücken täglich Arbeiter, weil diese fortwährend zur Arbeit angetrieben werden und diesen daher keine Zeit gelassen wird zur Vorsicht. Wenn der Göring einmal nach Linz kommen sollte, wird er von den Arbeitern erschlagen.*
> *Das Eintopfgericht, was die Armen von Linz erhalten, ist nichts wert. Sie holt sich lieber Kartoffeln, weil diese weit besser sind als das Eintopfgericht. Unter den Schuschniggzeiten sei es ihr weit besser gegangen, weil sie damals mehr Hilfe erhalten hätte."*

"Daß die Angaben des Herrn Pay der Wahrheit entsprechen, unterliegt keinem Zweifel, denn - wie der Gendarmerieposten Micheldorf der Gestapo Linz schreibt - Pay ist Mitglied der NSDAP, in jeder Hinsicht verläßlich und als wahrheitsliebender Mann bekannt" - ist dem amtlichen Protokoll zu entnehmen.

Die Nationalsozialisten wußten, daß ihre Lügenpropaganda durch ausländische Rundfunksendungen bald entlarvt werden würde. Aus diesem Grunde gaben sie der deutschen Radioindustrie den Auftrag, den sogenannten "Volksempfänger" zu bauen, der aufgrund der Empfangsreichweite nur deutsche Sender empfangen konnte. Einige Haushalte waren jedoch im Besitz besserer Radioempfangsgeräte und an diese Haushalte appellierte die reichsdeutsche Regierung, ausländische Sender nicht zu hören. Da die Appelle des Reichspropagandaministeriums nichts nutzten, erließ Goebbels am Tage des Kriegsausbruches, am 1. September 1939, die Verordnung über "Außerordentliche Rundfunkmaßnahmen". Obwohl es wegen der zu befürchtenden

Denunziationen Bedenken gegen dieses Gesetz gab, wurde es doch in Kraft gesetzt. Selbstverständlich standen auch die Rundfunkvergehen unter schärfster Strafandrohung. Wer beispielsweise ausländische Sender hörte, die geeignet sind, die Widerstandskraft des deutschen Volkes zu gefährden, wird mit Zuchthaus, in besonders schweren Fällen mit dem Tode bestraft - so die Bestimmung dieser Verordnung.

Mit Beginn des Weltkrieges nahm das "Schwarzhören" und damit auch dessen Verurteilung sprunghaft zu, weil die Nachrichten der Nazis vielfach als "Lügenpropaganda" entlarvt wurden - im Jahre 1939 verurteilten die nationalsozialistischen Gerichte 36 Österreicher aufgrund dieser Verordnung, 1940 - 850, 1941 - 721, 1942 - 985 und 1943 - 878. Unter den Verurteilten sind auch viele Eisenbahner zu finden.

Beispielsweise der Reichsbahnarbeiter Johann Neubauer aus Spital am Pyhrn, der im Mai 1941 den Schweizer Sender Beromünster hörte. Er vernahm, daß 2000 auf Kreta gelandete deutsche Fallschirmjäger in Gefangenschaft geraten seien. Diese Nachricht teilte er Arbeitskollegen mit, die sie ihrerseits weiter verbreiteten. Am 25. September 1941 wurde Neubauer zu 14 Monaten Zuchthaus verurteilt.

Diese wenigen Beispiele sollen zeigen, wie gefährlich das Leben während der sieben Jahre der nationalsozialistischen Diktatur für politisch offen denkende Menschen war. Sie sollen auch zeigen, welcher Mut notwendig war, um seiner ehrlichen Gesinnung treu zu bleiben. Damit erklärt sich auch, wieso der Begriff "Widerstand" für diese Zeit so großzügig ausgelegt werden darf. Bei der Bearbeitung ist zu berücksichtigen, daß vordergründig nur solche Widerstandsaktivitäten erfaßt sind, die aktenkundig aufgegriffen und strafsanktoniert wurden. Dabei ist ergänzend zu berücksichtigen, daß die Sachlage aus der Sicht der Behörde geschildert ist und die Exekutive Geständnisse erpreßte oder durch Folter erzwang. Durch die Beachtung dieser Gegebenheiten wird deutlich, daß der "Widerstand" der nationalsozialistischen Gegner lediglich zu einem geringen Teil erfaßt und sachlich richtig dargestellt werden kann.

Natürlich wußten viele, sich öffentlich bekennende Nationalsozialisten, über die Schandtaten der Diktatur Bescheid. Jene, die erkannten auf welchem Irrweg sie waren, brachen nicht alle Brücken zur alten Gesellschaft ab und versuchten, durch sieben Jahre Nationalsozialismus mehr oder weniger angepaßt hindurch zu "tauchen", ohne jedoch fanatisch dem Totalitätsanspruch der Nazi-Partei zu entsprechen. So mancher Nationalsozialist leistete menschliche Hilfe, dieihm und anderen ein Weiterleben nach dem Zweiten Weltkrieg erleichterte.

Andererseits gab es aber auch Nationalsozialisten, deren bornierter Unverstand unerklärlich ist. vielfach waren diese Leute als "Aufpasser" in Gestapogefängnissen und in Konzentrationslagern zu finden. Das Greuel und der Terror waren hier in gesteigerter Form zu finden. Auch diese Auswüchse sind Teil unserer Geschichte und dürfen daher nicht verdrängt werden.

Mauthausen

Wer sich gegen das System stellte, mußte mit schärfsten Repressionen rechnen. Dabei bediente sich die nationalsozialistische Diktatur der Gestapo-Gefängnisse und der Konzentrationslager. In diesen Einrichtungen wurden Menschen aller Nationalitäten, Juden, politisch Verfolgte, Zigeuner und Homosexuelle in einer Anzahl, die rund der Einwohnerzahl des gegenwärtigen Österreichs entspricht, vernichtet. Die Nationalsozialisten richteten in ganz Europa diese Lager ein, die häufig auch als Arbeitslager für kostenlose Arbeitskräfte für die angesiedelte Industrie dienten. Beispielsweise das mit 20. Februar 1943 errichtete Nebenlager 1 des Konzentrationslager Mauthausen in der Hütte Linz der Hermann Göring-Werke oder das Nebenlager Lenzing für 600 Frauen in der Zellwollefabrik.

Das Konzentrationslager Mauthausen mit seinen 49 Nebenlagern ist als Vernichtungslager bekannt und war für viele Eisenbahner die Richtstätte. Hier zeigte das nationalsozialistische System sein grausamstes Gesicht. Im Konzentrationslager Mauthausen betrug die Arbeitszeit sowohl im Steinbruch, in der Rüstungsindustrie und im Stollenbau durchschnittlich elf Stunden täglich. Am Morgen, nach dem Wecken, im Sommer um 4 Uhr 45, bekamen die Häftlinge 5 dl schwarzen Ersatzkaffee ohne Zucker, mittags 1 l Futterrübeneintopf, etwas Kartoffeln und angeblich auch 25 g Fett und Fleisch, abends 30 - 40 dkg Graubrot und 2,5 dkg Wurst. Das Essen hatte rund 1450 Kalorien, für die täglich geleistete Arbeit wären zur Erhaltung der körperlichen Kraft jedoch 4500 Kalorien notwendig gewesen. Aus diesem Grunde gab es eine Unzahl an Hunger bedingten Erkrankungen. Das Durchschnittsgewicht von gut genährten Häftlingen betrug zwischen 42 und 48 kg. Manche erwachsenen Männer hatten ein Lebendgewicht von nur 28 kg. Dementsprechend gering war auch die Lebenserwartung. Die Lebenserwartung eines Mauthausener Häftlings betrug bis Herbst 1939 etwa 15 Monate, bis zum Spätsommer 1943 rund sechs Monate und später bis Mai 1945 etwa neun Monate.

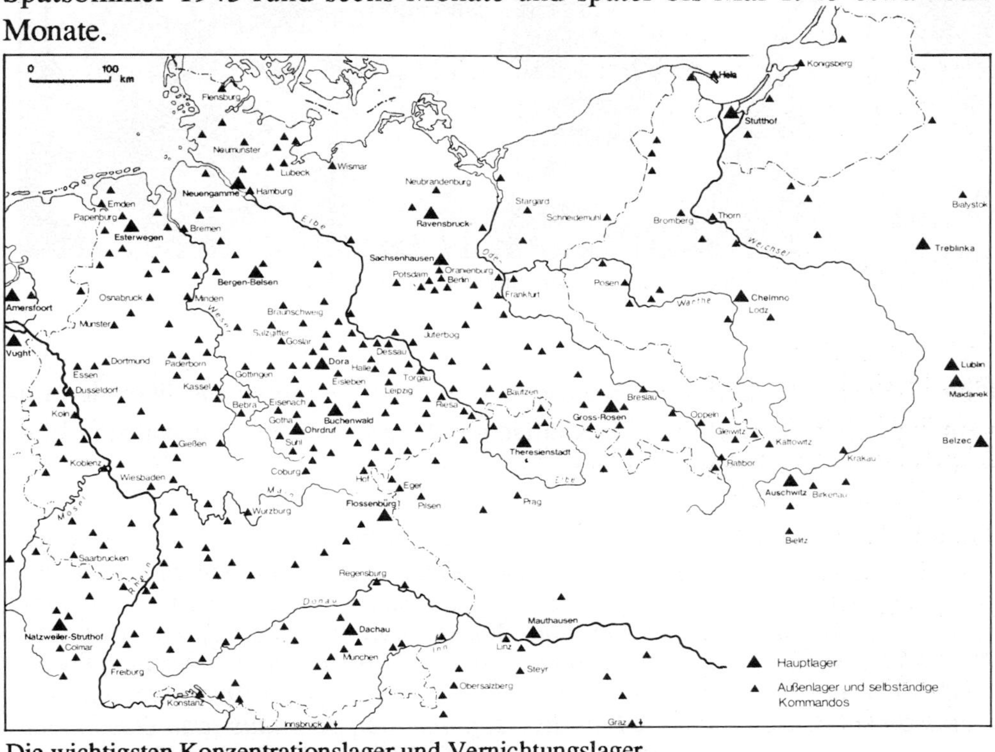

Die wichtigsten Konzentrationslager und Vernichtungslager.

Wer den Strapazen im Lager nicht gewachsen war, den "erlöste" man von seinem Leiden. Arbeitsunfähige hatten Aufseher im Konzentrationslager Mauthausen entweder auf der Flucht erschossen - rund 4600 Häftlinge - im Steinbruch erschlagen, ertränkt oder in der kalten Dusche zu Tode gequält - rund 2300 Häftlinge. Hunderte Gefangene ließ man im Winter 1941/42 im Steinbruch erfrieren. Mittels Herzinjektionen ermordete man mindestens 4700 Häftlinge. Weitere Tausende erstickten in den Gaskammern.

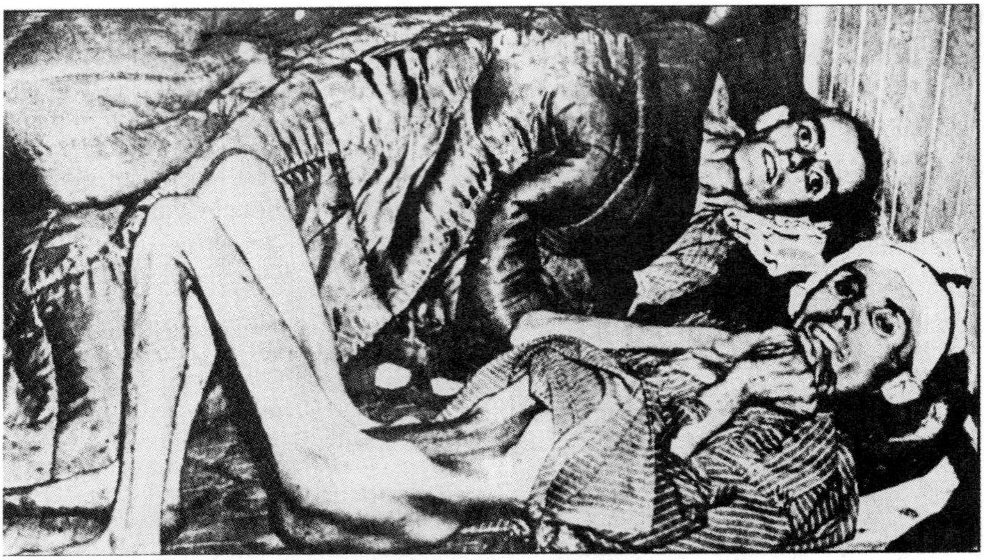

Nicht nur "rassisch Minderwertige" starben einen qualvollen Tod.

Über die Grausamkeiten im Konzentrationslager Mauthausen, über den unverständlichen, kaltblütigen, bestialischen Terror der Lagerverwaltung können zwei Augenzeugen berichten:

"Am 14. 7. 1942 kamen wir, eine Gruppe von 75 Eisenbahnern, ehemalige Mitglieder der christlich-sozialen, sozialdemokratischen und kommunistischen Partei, um ungefähr 17 Uhr in das KZ Mauthausen. Auf dem Fußmarsch vom Bahnhof Mauthausen bis zum Lagertor konnten wir schon ahnen, was uns erwarten wird. Stöße mit dem Gewehrkolben, Fußtritte und Faustschläge wurden von der SS-Begleitmannschaft ohne den geringsten Anlaß und wahllos ausgeteilt. Gleich rechts neben dem sogenannten Jourhaus (das Gästehaus der SS, d. Verf.) mußten wir vor der "Klagemauer" mit dem Gesicht zur Wäscherei Aufstellung nehmen. Vor uns hatten sich der Lagerkommandant Ziereis und der Schutzhaftlagerführer Bachmayer mit seinen zwei Doggen und mehrere SS-Offiziere postiert. Dann führten die Posten unsere Kameraden, den 30jährigen ÖBB-Werkstättenarbeiter des Reichsbahnausbesserungswerkes Simmering, Otto Wehofschitz, den 44jährigen Revisionsschlosser des Franz-Josefs-Bahnhofes, Anton Vogelsang, den 42jährigen Frachtberechner des Bahnhofes Matzleinsdorf, Franz Reinelt, den 44jährigen Materialbeamten der ÖBB-Werkstätte Floridsdorf, Josef Brenner, den 43jährigen auf der Nordbahn beschäftigten Zugführer Matthias Nagel und den auf der Ostbahn dienstversehenden 38jährigen Zugbegleiter Fritz Zwickl herein. Sie

waren nackt und an den Händen gefesselt. Und dann begann ein so unfaßbares, so entsetzliches Schauspiel, daß wir heute noch zittern, wenn wir aus der Erinnerung darüber berichten. Einer nach dem anderen wurden die sechs, die offenbar von der Gestapo als die aktivsten Mitarbeiter unserer Widerstandsorganisation ausgesucht worden waren, aufgerufen und mußten etwa 100 Meter entlang der Wäscherei, Häftlingsküche und der Umfassungsmauer im Laufschritt zurücklegen. Gleichzeitig hetzten die SS-Offiziere die beiden Doggen des Schutzhaftlagerführers Bachmayer auf sie. Unsere armen, von der Haft und den Mißhandlungen geschwächten Kameraden stolperten, fielen, rafften sich wieder auf, während sie von den auf Menschen dressierten Doggen angefallen und ihnen schreckliche, Wunden zugefügt wurden. Am schwersten wurde Otto Wehofschitz, der zweimal die Strecke zurücklegen mußte, zugerichtet. Von seinen Armen hingen die zerfetzten Muskel und Sehnen, und blutüberströmt konnte er sich kaum aufrechterhalten. Dem Kameraden Vogelsang hatte ein Biß die Geschlechtsteile zerrissen. Wir, die wir zusehen mußten, wie man unsere vor Schmerzen und Verzweiflung brüllenden Kollegen folterte, waren am Ende unserer Kräfte. Manchen wurde übel, sie erbrachen und besudelten sich mit den eigenen Exkrementen, Nach endlosen 20 Minuten wurden die sechs Opfer zum Bunker geführt. Uns trieb man in das Bad. Am übernächsten Tag, es war der 16. Juli 1942, geleitete ein SS-Kommando Wehofschitz, Vogelsang, Brenner, Nagel und Zwickl durch den rückwärtigen Ausgang. Wenige Minuten später krachten Schüsse, und wir wußten, daß unsere Freunde ausgelitten hatten. Ein Handwagen, von Häftlingen gezogen, zugedeckt mit Papiersäcken, eine blutige Hand, die seitlich herabhing, das war das letzte, was wir von ihnen sahen."

Die Rechnung für elf Jahre Faschismus

Wenn von den Ergebnissen der siebenjährigen nationalsozialistischen Herrschaft mit ihren schrecklichen Konsequenzen geschrieben wird, dann darf nicht vergessen werden, daß Österreich von der vierjährigen austrofaschistischen Herrschaft in die nationalsozialistische Diktatur schlitterte. Rein oberflächlich zeigten sich beide Faschismen in einem ähnlichen Erscheinungsbild, wenngleich es in der Qualität der Diktaturen einen großen Unterschied gab. Beide Regime regierten autoritär und ließen keine Opposition zu. Ihre politischen Gegner waren alle Menschen, die sich mit ihrer ehrlichen Meinung gegen das Regime äußerten, insbesondere Sozialisten und Kommunisten sowie im Nationalsozialismus die jüdische Bevölkerung.

Die Gegner des Ständestaates landeten in Anhaltelagern - wie Wöllersdorf, Kaisersteinbruch, Messendorf bei Graz, etc. - und in Polizeigefängnissen, die des Deutschen Reiches, in Konzentrationslagern und Gestapo-Gefängnissen. Sicherlich sind beide Lager hinsichtlich der Lagerbedingungen und der Behandlung ihrer Lagerinsassen nicht zu vergleichen. Wer jedoch zwischen 1934 bis 1938 in einem der Anhaltelager inhaftiert war, der konnte die Grausamkeiten in Konzentrationslagern nicht vermuten.

Beide Diktaturen bedienten sich militärischer und militanter Verbände, die zur Unterdrückung und zur Aufrechterhaltung der Ordnung im Sinne der Systeme bereitstanden. Beide bedienten sich einer zum Verwechseln ähnlichen Uniformierung, Symbolik und Sprache. Die in schwarz gehaltene Uniform der Ostmärkischen Sturmscharen war der, der Reichsdeutschen SS ähnlich. Die Uniform des Österreichischen Freiheitsbundes der, der SA. Was für die einen das Kruckenkreuz war, war für die anderen das Hakenkreuz. Die einen grüßten mit "Front Heil", die anderen mit "Heil Hitler" und "Sieg Heil". Die einen "führte" Dollfuß und Schuschnigg, die anderen Hitler.

Oberflächlich gab es bis zur Volksabstimmung zwischen den beiden Regimen keine so großen Unterschiede. Viele Österreicher erhofften sich, durch den seit der Gründung der Republik "selig" gepriesenen und von den Siegermächten des Ersten Weltkrieges gewaltsam verhinderten Anschluß die willkommene Erlösung von Hunger, Not und Arbeitslosigkeit. Sehr rasch, aber doch zu spät, erkannten viele Österreicher die fatalen Folgen ihrer Haltung.

Zu spät erkannten auch einige christlichsoziale Politiker, wie beispielsweise der geschätzte christlichsoziale Gewerkschaftsführer, Leopold Kunschak, oder der Landeshauptmann von Oberösterreich, Dr. Heinrich Gleißner, daß ihre Regierung große Fehler machte.

Auch Alfred Maleta, Landessekretär der Vaterländischen Front und ab 1934 Erster Sekretär der Arbeiterkammer für Oberösterreich, lernte verspätet das Verhalten der Arbeitnehmer zu schätzen.

> *"Allmählich wandelte sich, innerlich mir anfangs selbst gar nicht bewußt, mein primitives sozialistisches Feindbild, zu dem ich erzogen worden war. Ich erkannte, daß für die Masse der Proletarier der Sozialismus ein Religionsersatz, ein echter Glaube war, der ihnen aus dem irdischen Elend zu einem halbwegs erträglichen Leben in dieser Welt verhelfen sollte. Mir wurde das tiefe Ethos der arbeitenden Menschen bewußt. Ich wurde überrascht von ihrem Bildungshunger und ihrem Drang nach politischem Wissen, wenngleich es einseitig vermittelt und geprägt war. Ich verglich insgeheim diese Diskussionen mit den sozialistischen Arbeitern mit so manchen Versammlungen im bürgerlich-bäuerlichen Lager und registrierte bestürzt den oft vorhandenen Unterschied zwischen dem geistigen Niveau da und dort. Ich erkannte, daß es sich um anständige Menschen handelte und begriff, daß sie sich aus ihrer Not befreien wollten und ihr Dasein als Proletarier nicht als unabwendbares Schicksal betrachteten. Es ging um Freiheit von Hunger und Not, um wirtschaftliche Existenz-Sicherung, und um Vorsorge bei Krankheit, Unfall und Alter. Immer öfter ging ich nachdenklich heim und dachte: "Was würde denn ich tun, wenn ich ein Proletarier wäre und meine geliebte Frau verhärmt und arm zu Hause wissen würde? Was kann man denn von einer Mutter an politischer Einsicht verlangen, wenn ihr Baby hungert?"*

Traurige Bilanz

Das Ausmaß der Vernichtung und der Zerstörung durch den Zweiten Weltkrieg ist weder finanziell noch geistig in vollem Umfange faßbar. Die Zahlen für getötete, zu Krüppeln verunstaltete und geistig geschädigte Menschen sowie die für niedergebombte Baulichkeiten und Kulturlandschaften - von Rotterdam, Coventry über Dresden bis Hiroshima - bleiben abstrakt und unverständlich. Das unsagbare Leid und die peinigende Not der betroffenen Menschen sind durch Fakten nicht zu erklären. Auf drei Kontinenten, in 68 Ländern, wütete der von den Nationalsozialisten entfachte Weltkrieg.

"Menschen-Opfer"

Je nach der Methode der statistischen Erhebung schwanken die Zahlenangaben der "Opferbilanz". Die nachstehenden Angaben können sich daher zwangsläufig nicht mit anderen Bilanzen decken. Da jedoch jeder einzelne Tote ein Opfer zu viel ist, ist es beschämend darüber zu diskutieren, ob durch den Zweiten Weltkrieg 57 Millionen oder "nur" 54 Millionen Menschen ihr Leben lassen mußten.

17,096.000 Soldaten blieben auf den Schlachtfeldern der Welt getötet liegen. 4,285.000 Zivilisten starben durch den Land- und Luftkrieg. 9,000.000 Menschen, davon 5,000.000 Juden, gingen in den Vernichtungslagern und Konzentrationslagern zugrunde oder wurden dort gezielt vernichtet. 27,236.000 Einwohner fielen der erhöhten Zivilsterblichkeit - durch Hunger, Seuchen, Folgeschäden etc. - zum Opfer. Insgesamt forderte der Zweite Weltkrieg 57,590.000 Menschenleben.

Von den rund 800.000 zur Deutschen Wehrmacht einberufenen Österreichern kehrten 380.000 nicht mehr in ihre Heimat zurück. 24.342 österreichische Zivilpersonen starben bei Luftangriffen. 137.000 Kinder verloren ihre Väter. 4500 Kinder beide Elternteile. Bei 305.000 Invaliden war die Erwerbsfähigkeit durch schwere Verletzungen eingeschränkt. Rund zehn Prozent der männlichen Bevölkerung sind im Weltkrieg gefallen oder als Krüppel heimgekehrt.

Zu den Opfern sind an hervorragender Stelle auch jene hingerichteten Frauen und Männer zu zählen, die wegen ihres Bekenntnisses zu Österreich und zur Demokratie für die Unabhängigkeit Österreichs litten und ihr Leben verloren haben.

- 2700 Österreicher wurden bei Gerichtsverfahren als Widerstandskämpfer zum Tode verurteilt und hingerichtet.
- 16.493 Österreicher wurden in Konzentrationslagern ermordet.
- 16.107 Österreicher hat man in Gefängnissen, vor allem in der Gestapohaft, getötet, oder sie sind im bewaffneten Widerstandskampf gefallen.
- 65.459 österreichische Juden wurden in den Vernichtungs- und Konzentrationslagern - meist durch äußere Gewaltanwendung getötet.

Neben diesen getöteten Opfern waren mehr als 100.000 Menschen aus politischen Gründen inhaftiert.

Nicht in dieser Opferbilanz scheinen die Personen auf, die aus politischen, rassischen oder sonstigen Gründen Österreich verließen und die außerhalb des Einflußbereiches der Nationalsozialisten eine zweite Heimat suchten.

Verfolgte Eisenbahner

Im Kampf um die Wiedererrichtung der Demokratie, erbrachten die Eisenbahner im Vergleich zu anderen Berufsgruppen die größten Opfer. Friedrich Vogl verweist in seinem Werk "Österreichs Eisenbahner im Widerstand" auf 1307 bei der Personalabteilung der Generaldirektion der Österreichischen Bundesbahnen registrierten Opfer, bei denen eine Verfolgung durch die NS-Justiz nachzuweisen ist. Diese Anzahl mußte er, aufgrund der im Dokumentationsarchiv des österreichischen Widerstandes aufliegenden Akte, um weitere 328 Personen ergänzen. Diese Zusammenstellung zeigt folgendes Bild:

- 154 Eisenbahner wurden von den Nazis zum Tode verurteilt und hingerichtet,
- 1438 sperrte man in Zuchthäusern oder in Konzentrationslagern ein,
- 135 Eisenbahner starben in Zuchthäusern und Konzentrationslagern,
- 43 Eisenbahner wurden in das Strafbataillon 999 geschickt, wo 22 von ihnen umkamen.

Es kann mit Sicherheit angenommen werden, daß die hier registrierte Opfer-Anzahl noch um einiges höher liegt. Eine vollständige Erfassung wird kaum mehr zu leisten sein.

Entgegen der von Friedrich Vogl erstellten Übersicht an gemaßregelten Eisenbahnern, ist der Anteil der justifizierten oberösterreichischen Eisenbahner tatsächlich bedeutend höher. Wie aufgrund eigener Nachforschungen, die sich primär auf bereits vorhandenen Quellen stützen, festgestellt werden konnte, beträgt die Anzahl nach eigenen Berechnungen rund 250.

Für die vollständige Erfassung ist noch eine Menge an Grundlagenarbeit erforderlich. Diese könnte zum Beispiel von den Ortsgruppen der Gewerkschaft der Eisenbahner geleistet werden.

Wirtschaftlicher Zusammenbruch

Die schweren Bombardements der Fliegerstaffeln auf die Industriestätten, die Verkehrsadern und die größeren Städte sowie der mit Raketen und Granaten geführte Landkrieg zerstörten die wirtschaftlichen Grundlagen des Landes.

Den Österreichern fehlten bereits gegen Kriegsende viele unentbehrliche Dinge des täglichen Bedarfs. Vor allem der Mangel an Nahrungsmitteln, an Bekleidung, an Schuhen sowie an Kohle und an Strom bereitete der Bevölkerung große Sorgen.

2000 km^2 wertvolle Ackerfläche war verwüstet. Vom Viehbestand des Jahres 1938 verblieben nur mehr 15,5 Prozent. Der landwirtschaftliche Ertrag betrug 1945 im Verhältnis zu 1938 bei Weizen 45%, bei Roggen 41%, bei Gerste 42%, bei Kartoffeln 40% und bei Zuckerrüben 9%. Die Ernährungssituation war vor allem in den Städten erschütternd und lag zum Teil weit unter dem Existenzminimum. Aus diesem Grunde "blühte" der Schwarzhandel mit Gütern des täglich notwendigen Bedarfs.

Der Schaden an Industrieanlagen war enorm. Deren Wert lag im Jahre 1945 bei rund 20 bis 25 Prozent des Wertes aus dem Jahre 1937. Für die industrielle Produktion fehlten die Arbeitskräfte. Diese waren vielfach noch in Kriegsgefangenschaft. Im Verhältnis zu 1937 konnte im Jahre 1945 ein Bruttoinlandsprodukt in der Höhe von lediglich 36 Prozent und ein Jahr später von 42 Prozent erwirtschaftet werden.

Linz, am 27. April 1945

Der erbarmungslose Krieg radierte ganze Städte aus. Man schätzt, daß die Kosten der baulichen Kriegsschäden zu damaligen Werten rund vier Milliarden Schilling betrugen, davon entfielen 2,2 Milliarden auf Wohnbauten. Aus diesem Grunde litten die Menschen in den Städten nicht nur unter einer unzureichenden Lebensmittelversorgung sondern auch unter einer akuten Wohnungsnot.

In Linz beispielsweise zerstörten 22 Bombardements rund 700 Häuser und beschädigten weitere 11.000 zum Teil schwer. 1679 Tote sind das Ergebnis der zahlreichen Luftangriffe auf die Stadt Linz. Während der Zeit der großen Wohnraumnot suchten knapp 20.000 Linzer in ihrer Stadt eine Bleibe.

Zerstörte "Eisenbahnen"

Bedingt durch die strategisch militärische Bedeutung der Eisenbahnen, waren die Bahnanlagen verständlicherweise bevorzugte Ziele zahlreicher Fliegerangriffe. In den letzten Kriegstagen konnte damit der Verkehr völlig zum Erliegen gebracht werden. Aufgrund der schweren Schäden an Brücken und an Gleisen waren Teile von Wien und von Niederösterreich erst Ende 1945 erreichbar.

90 Prozent der Hauptwerkstätte Floridsdorf und 80 Prozent der von Simmering lagen durch schwere Bombentreffer zerstört in Schutt und Asche. Im gesamten Bundesgebiet waren 2507 km Strecken und 300 Brücken vernichtet. 75 Prozent der nicht vollständig zerstörten Triebfahrzeuge bedurften einer dringenden Ausbesserung.

Von den im Direktionsbereich Linz liegenden Verkehrsanlagen in Linz, Wels, Attnang-Puchheim, Bischofshofen und Salzburg war der Großteil der Eisenbahnanlagen zerstört. 1,593.000 m^3 zerstörte Hochbauten bedurften in diesen Städten einer Erneuerung. Bevor man mit dem Aufbau beginnen konnte, mußten 430.000 m^3 Schutt entfernt werden.

Einige wenige Daten sollen das Ausmaß der Zerstörung der Bahnanlagen in Oberösterreich zeigen:

Linz,Verschiebebahnhof, 1945

Linzer Hauptbahnhof, 1945

- Linz Hauptbahnhof 60 Prozent der Hochbauanlagen zerstört - Bauten im Umfang von 421.000 m^3 waren wiederherzustellen.
- Linz Hauptwerkstätte 70 Prozent der Hochbauanlagen zerstört - Bauten im Umfang von 280.000 m^3 waren wiederherzustellen.
- Wels Verschiebebahnhof 75 Prozent der Hochbauanlagen zerstört - Bauten im Umfang von 220.000 m^3 waren wiederherzustellen.
- Bahnhof Attnang-Puchheim 65 Prozent der Hochbauanlagen zerstört - Bauten im Umfang von 260.000 m^3 waren wiederherzustellen.

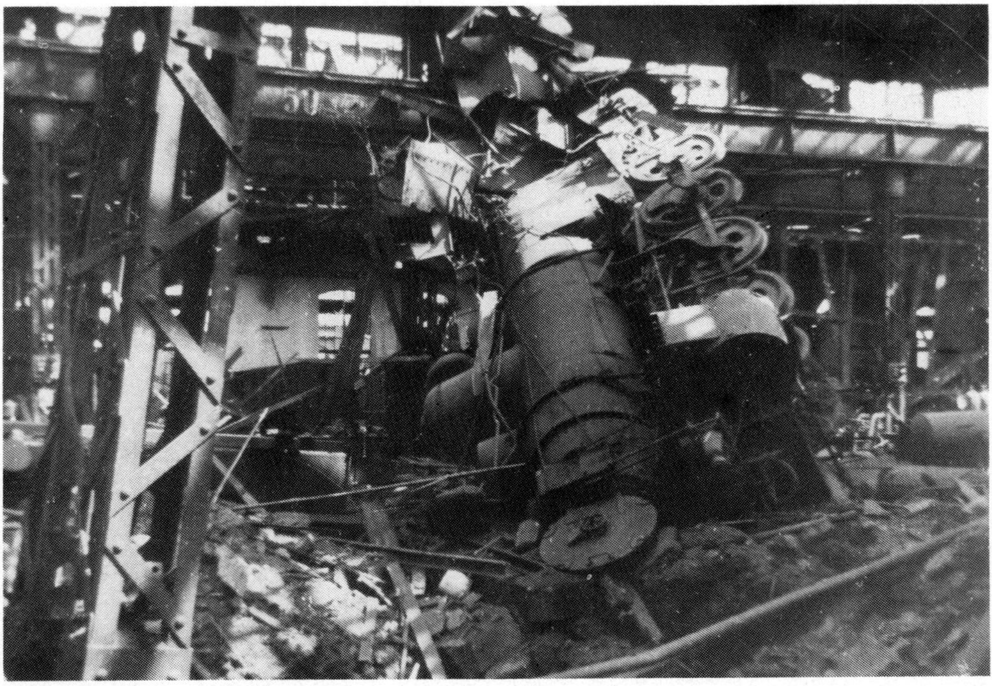

Hauptwerkstätte Linz, 1945

Unter den Bombardements hatte der Eisenbahn-Knotenpunkt Attnang-Puchheim, der Bahnhof und das eng angrenzende Wohnviertel besonders zu leiden. Seit 1944 bombardierten Flieger die Bahnanlagen von Attnang-Puchheim. Am 21. April 1945 kam der "Tag der Trümmer und der Tränen". Unauslöschlich ist dieser Tag in der Gemeindechronik festgehalten. Schwere Bombardements zerstörten 120 Häuser total, 276 Häuser zum Teil schwer, etwa 500 Familien hatten ihre Wohnstätte verloren. 12.000 Quadratmeter Straßen waren umgewühlt und unpassierbar. Lediglich 208 der 700 Bombenopfer konnten identifiziert werden. Das Bahnhofsgebäude glich einer Mondlandschaft. Um ein Gleis wieder befahrbar zu machen, werkten 2000 ausgemergelte Häftlinge aus dem Konzentrationslager Ebensee eine Woche lang.

Im Verhältnis zur Einwohnerzahl war Attnang unter allen Bombenzielen in Österreich am ärgsten betroffen. In der österreichischen Bombenopferstatistik liegt es mit 129 Toten auf 1000 Einwohner an der Spitze.

Zugförderungsleitung Linz, 1945

Aufbruch aus dem Nichts

Staatskanzler Dr. Karl Renner proklamierte am 27. April 1945 die Wiederherstellung der unabhängigen Republik Österreich.

Am 5. Mai 1945, knapp nach 11 Uhr, trafen die ersten amerikanischen Panzer am Linzer Hauptplatz ein. Bis auf je zwei Stunden am Morgen und am Abend, erließ der amerikanische Befehlshaber ein Ausgehverbot. *"Wer sich nach diesem Zeitpunkt auf der Straße befindet, wird erschossen"*. Drei Tage später übergab der Oberbürgermeister Franz Langoth die Stadt Linz an Dr. Ernst Koref. An diesem 8. Mai erklärte das Deutsche Reich seine bedingungslose Kapitulation. Die NSDAP wurde in Österreich verboten. Die Amerikaner verhafteten am 10. August 1945 Gauleiter Eigruber in St. Pankraz. Er wurde am 13. Mai 1946 zum Tode verurteilt und am 27. Mai 1947 hingerichtet. Noch im Jahre 1945 verhafteten die Amerikaner weitere 8000 Oberösterreicher wegen ihrer NS-Vergangenheit und brachten sie ins Anhaltelager Glasenbach bei Salzburg.

Oberösterreich wurde zweigeteilt - in eine russische Zone nördlich der Donau und in eine amerikanische Zone das übrige Oberösterreich - und blieb es zehn Jahre lang. Die Amerikaner ernannten am 26. Oktober 1945 die oberösterreichische Landesregierung, mit Dr. Heinrich Gleißner als Landeshauptmann. Am 1. Juli 1948 kam das im Jahre 1938 an Oberdonau eingegliederte Ausseerland an die Steiermark zurück.

Die ersten freien Wahlen seit 16 Jahren fanden am 25. November 1945 statt. Die Nationalsozialisten hatten kein Wahlrecht. Die Österreichische Volkspartei erhielt sowohl in Österreich als auch in Oberösterreich die absolute Mehrheit. Unter der Kontrolle des Alliierten Rates wurde Bundeskanzler Leopold Figl mit der Regierungsbildung beauftragt. Er stellte eine Konzentrationsregierung mit Regierungsmitgliedern der Österreichischen Volkspartei, der Sozialistischen Partei und der Kommunistischen Partei zusammen.

Am 20. Dezember 1945 wählte die Nationalversammlung Dr. Karl Renner zum Bundespräsidenten. Der Linzer Gemeinderat wählte am 8. April 1946

Dr. Ernst Koref zum Linzer Bürgermeister. Mit den ersten demokratischen Wahlen wurden die Wurzeln zum Aufbau Österreichs gelegt.

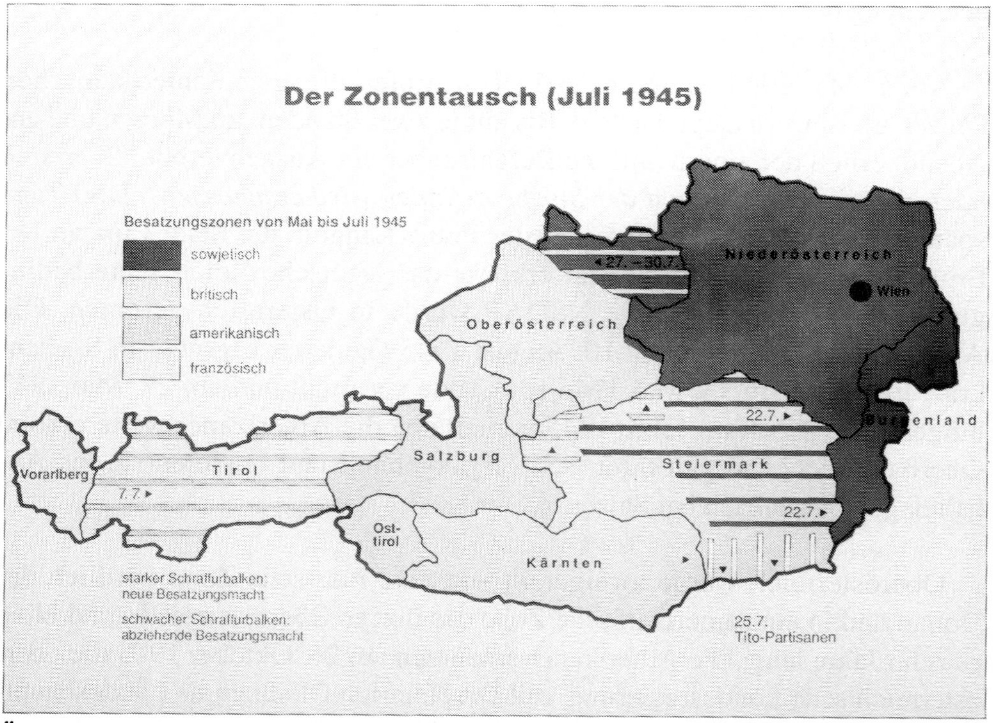

Österreich wurde in vier Besatzungszonen aufgeteilt. Niederösterreich, das Burgenland und das Mühlviertel waren sowjetische Zone, in Oberösterreich und Salzburg saßen die Amerikaner, in Tirol und Vorarlberg die Franzosen und in der Steiermark die Briten.

Im Jahre 1947, bei der Außenministerkonferenz in London, berieten die Delegierten erstmals einen Staatsvertrag, der Österreich die Freiheit sichern sollte. Bis zu seiner Verwirklichung dauerte es noch acht Jahre. Nach schwierigen jahrelangen Verhandlungen unterzeichneten am 15. Mai 1955 im Schloß Belvedere die Außenminister Molotow (Sowjetunion), Pinay (Frankreich), Macmillan (Großbritannien), Dulles (USA) und Figl (Österreich) den österreichischen Staatsvertrag. Am 23. Oktober 1955 verließ der letzte alliierte Soldat, ein Engländer, Österreich. Drei Tage später beschloß der Nationalrat das Gesetz über die immerwährende Neutralität Österreichs. 1965 wurde der 26. Oktober zum Nationalfeiertag erklärt.

ALARM!

Sirenen - Kanonen - Schweigen!

Vorbei — — Sechs Jahre schauderhafte brutale Gewaltherrschaft!
Resultat einer gepeinigten geknechteten Generation:
Vier Jahre Weltkrieg 1914—18, vier Jahre Nachkriegswehen.
Die Sozialistische Partei hat es endlich geschaffen: Ankurbelung der Industrie, großartige Wohnbauten, Kanalisierung, Straßenbau, 8-Stunden-Tag, Urlaub, Entgelt, Arbeiterrechte, freie Meinungsäußerung, Wahlrecht.

Arbeiter, Bauern, Beamte, Gewerbetreibende

alle, die arbeiten wollten, lebten, verdienten und konnten sich was schaffen! Konjunktur auf allen Linien. Die Sozialistische Partei schuf einen musterhaften Sozialstaat. Alle Länder blickten auf Österreich.

1929! **Das Kapital fängt an entgegenzuarbeiten: Seipel, Dollfuß, Starhemberg, Schuschnigg:** Arbeitslosigkeit, Massenaussteuerung, zwei Revolutionen, Elend. Sie schufen den fruchtbaren Nährboden für das tausendjährige Reich Hitlers.

1938! **Einmarsch der großen „Befreier“.** Die Jugend hat nun eine große Zukunft! Arbeit, Kanonen, Panzer, Gewehre, Flugzeuge statt Butter.

Endeffekt: Krieg! Diktatur, Gewalt, Rechtlosigkeit, Schweigen. Europa geht dem Abgrund entgegen: Elend, Trümmer, Krüppel, Waisen, unterernährte, lungenkranke Sklaven, das katastrophale Ende einer gewissenlosen verlogenen Herrenklasse.

Nun raffen wir uns nochmals auf, trotz größter Schwierigkeiten unser Österreich als einen Sozialstaat aufzubauen, damit unsere Alten einen schönen Lebensabend und unsere Jugend eine glückliche Zukunft haben.

Wir geben den Stimmzettel der

Sozialistischen Partei Österreichs

Im Dienste Österreichs

Rund 35.300 Österreicher wurden aufgrund ihres politischen Bekenntnisses zu ihrer Heimat getötet. Diese Anzahl entspricht einem halben Prozent der österreichischen Bevölkerung. Weitere 100.000 befanden sich in Konzentrationslagern und Gefängnissen. Sie alle haben einen wesentlichen, wenn nicht sogar den wesentlichen Beitrag geleistet, daß Österreich heute unabhängig und frei ist.

Dieser Beitrag zur Befreigung Österreichs wurde bereits in der "Moskauer Deklaration 1943" über Österreich von den Regierungen Großbritanniens, den Vereinigten Staaten und der Sowjetunion verlangt. Die Regierungen dieser Staaten kamen zu dem Schluß, daß Österreich das erste Opferland des deutschen Eroberungskrieges ist.

"Österreich wird jedoch darauf aufmerksam gemacht, daß es für die Beteiligung am Kriege auf seiten Hitlerdeutschlands die Verantwortung trägt, der es nicht entgehen kann, und daß bei der endgültigen Regelung unvermeidlich sein eigener Beitrag zu seiner Befreiung berücksichtigt werden wird".

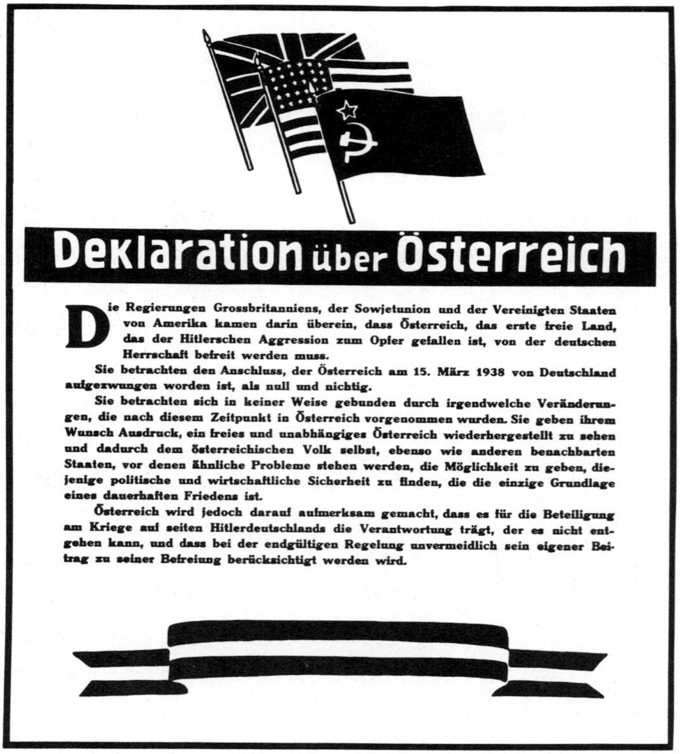

Deklaration über Österreich

Die Regierungen Grossbritanniens, der Sowjetunion und der Vereinigten Staaten von Amerika kamen darin überein, dass Österreich, das erste freie Land, das der Hitlerschen Aggression zum Opfer gefallen ist, von der deutschen Herrschaft befreit werden muss.

Sie betrachten den Anschluss, der Österreich am 15. März 1938 von Deutschland aufgezwungen worden ist, als null und nichtig.

Sie betrachten sich in keiner Weise gebunden durch irgendwelche Veränderungen, die nach diesem Zeitpunkt in Österreich vorgenommen wurden. Sie geben ihrem Wunsch Ausdruck, ein freies und unabhängiges Österreich wiederhergestellt zu sehen und dadurch dem österreichischen Volk selbst, ebenso wie anderen benachbarten Staaten, vor denen ähnliche Probleme stehen werden, die Möglichkeit zu geben, diejenige politische und wirtschaftliche Sicherheit zu finden, die die einzige Grundlage eines dauerhaften Friedens ist.

Österreich wird jedoch darauf aufmerksam gemacht, dass es für die Beteiligung am Kriege auf seiten Hitlerdeutschlands die Verantwortung trägt, der es nicht entgehen kann, und dass bei der endgültigen Regelung unvermeidlich sein eigener Beitrag zu seiner Befreiung berücksichtigt werden wird.

Moskauer Konferenz zwischen den Außenministern Molotow (UdSSR), Hull (USA) und Eden (UK) von 19. bis 30. Oktober 1943.

Jene Frauen und Männer, die unter Einsatz ihres Lebens Widerstand gegen die "Nationalsozialistische Diktatur" leisteten, haben daher den Beitrag erbracht, den die Alliierten in der Moskauer Deklaration von 1943 für die Wiederherstellung eines freien unabhängigen Österreichs "von den Österreichern selbst" verlangt hatten.

Demokratie mit Herzklopfen

Bis Österreich, sein in der Welt anerkanntes Profil entwickeln konnte, dauerte es Jahrzehnte. Nach dem Krieg litten die Menschen unter einer unbeschreiblichen Not. Aufgrund der sparsamen Rationierungen bei Lebensmitteln - Monate hindurch mußte der Normalverbraucher mit 700 Kalorien das Auslangen finden, an zahlreichen Tagen mit noch weniger - "blühte" der Schwarzmarkt. Im Vergleich zu den amtlich geregelten Höchstpreisen waren dort bis zu 75-fach überhöhte Preise zu bezahlen. Immer wieder demonstrierten Menschen, um auf ihre Sorgen und Nöte aufmerksam zu machen - am 10. Juni 1947 Frauen vor dem oberösterreichischen Landhaus. Nur durch staatlich verordnete Rationierungen und ausländische Wirtschaftshilfen konnten viele Österreicher vor dem Hungertod gerettet werden. An Wirtschaftshilfen erhielt Österreich insgesamt 1585 Millionen Dollar, zum überwiegenden Teil aus den USA. Andererseits belasteten die hohen Ausgaben für die alliierte Besatzung die österreichische Volkswirtschaft. 1947 verzichteten die Amerikaner, 1953 die Sowjets und danach auch die Briten und die Franzosen auf die Zahlung der Besatzungskosten.

Da die Preise wesentlich rascher stiegen als die Löhne, versuchte der Österreichische Gewerkschaftsbund mit Lohn-Preisabkommen die Kaufkraft der Arbeitnehmer zu halten. Bedingt durch die allgemeine schlechte wirtschaftliche Situation, waren gewünschte Erfolge kaum zu erreichen. Unmutsäußerungen zahlreicher Arbeiter stellten die Abkommen in Frage. Nach Bekanntwerden des vierten Lohn- und Preisabkommens kam es, ausgehend von den unter russischer Verwaltung stehenden Betrieben, zu spontanen Streiks. Diese konzentrierten sich in Oberösterreich auf Großbetriebe, wie die VOEST, die Stickstoffwerke und die Steyr-Werke. Am 5. Oktober wurde in den Betrieben wieder regelmäßig gearbeitet. Bis auf kleine örtliche Störungen streikten die Eisenbahner nicht. Das fünfte Lohn- und Preisabkommen schloß diese bisher einzigartige "Marktregulierung" ab. Die Lohn-Preisabkommen und die bis heute größten Streiks in der Zweiten Republik, schufen für Österreich die geistigen Wurzeln für die Sozial- und Wirtschaftspartnerschaft, die bis heute maßgeblich die österreichische Politik bestimmt.

In den folgenden Jahren konnte sich die Österreichische Wirtschaft auf Kosten der Arbeitnehmer und der Arbeitslosen schrittweise konsolidieren.

Struktur der Sozialpartnerschaft
Formelle Entscheidung
Vollversammlung der Paritätischen Kommission für Lohn- und Preisfragen
Informelle Entscheidung
„Präsidentenvorbesprechung“ der Präsidenten der vier Verbände
Vorentscheidung
Vorentscheidung
Arbeiterkammern
Österr. Gewerkschaftsbund
Lohnunterausschuß
Preisunterausschuß
Beirat für Wirtschafts- und Sozialfragen
Landwirtschaftskammern
Handelskammern

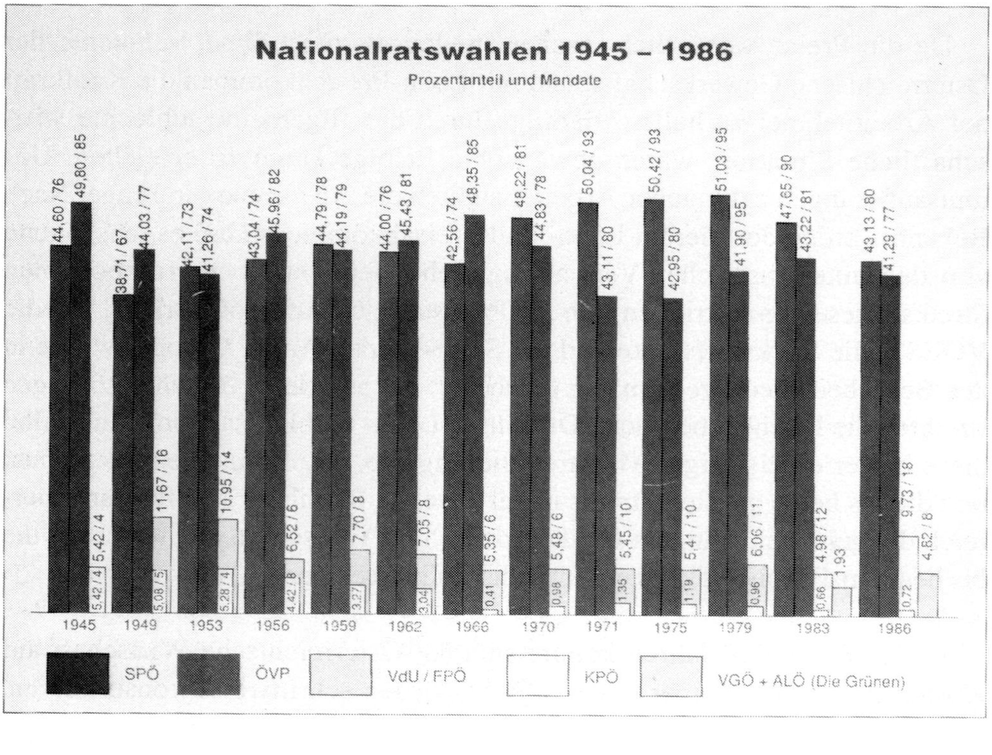
Nationalratswahlen 1945 – 1986
Prozentanteil und Mandate
1945
44,60 / 76
49,80 / 85
5,42 / 4
5,42 / 4
1949
38,71 / 67
44,03 / 77
11,67 / 16
5,08 / 5
1953
42,11 / 73
41,26 / 74
10,95 / 14
5,28 / 4
1956
43,04 / 74
45,96 / 82
6,52 / 6
4,42 / 3
1959
44,79 / 78
44,19 / 79
7,70 / 8
3,27
1962
44,00 / 76
45,43 / 81
7,05 / 8
3,04
1966
42,56 / 74
48,35 / 85
5,35 / 6
0,41
1970
48,22 / 81
44,83 / 78
5,48 / 6
0,98
1971
50,04 / 93
43,11 / 80
5,45 / 10
1,35
1975
50,42 / 93
42,95 / 80
5,41 / 10
1,19
1979
51,03 / 95
41,90 / 95
6,06 / 11
0,96
1983
47,65 / 90
43,22 / 81
4,98 / 12
0,66
1,93
1986
43,13 / 80
41,29 / 77
9,73 / 18
0,72
4,82 / 8
SPÖ
ÖVP
VdU / FPÖ
KPÖ
VGÖ + ALÖ (Die Grünen)

Da Österreich als Billiglohnland in Europa bekannt war - das westdeutsche Lohnniveau lag 1960 bereits um 41 Prozent über dem des österreichischen, 1970 vergrößerte sich der Abstand auf 55 Prozent - siedelten zahlreiche Konzerne ihre Produktionsstätten in Österreich an. Unterstützt wurde diese Entwicklung durch eine massive Unternehmens-Förderung seitens der Österreichischen Volkspartei, die von 1966 bis 1970 allein regierte. Die Sozialistische Partei forderte als Alternative eine konzeptive Wirtschaftspolitik mit differenzierten Formen der Wirtschafts-Förderung. Die für die Industrialisierung notwendigen stillen Arbeitsmarktreserven holten sich die Unternehmer aus der Landwirtschaft. Zwischen 1950 und 1960 wanderten jährlich rund 30.000 Arbeitnehmer in die übrigen Wirtschaftsbereiche ab. Die Entwicklung hielt auch in den folgenden Jahren an.

Nach einem großartigen Wahlerfolg der Sozialistischen Partei und einer Wahlniederlage der Österreichischen Volkspartei hatte ab April 1970 die sozialistische Alleinregierung mit Bundeskanzler Dr. Bruno Kreisky die Chance, ihren wirtschaftspolitischen und sozialpolitischen Kurs zu steuern.

"Der Österreichische Weg"

Unterstützt durch eine Hochkonjunktur in den Jahren 1968 bis 1973 konnte die "Regierung Kreisky" - im Unterschied zu anderen westlichen Industrieländern - ein in aller Welt geachtetes sozial- und wirtschaftspolitisches Konzept verwirklichen, das in aller Welt unter dem Begriff "Der Österreichische Weg" bekannt wurde. Angesichts der geringen Anzahl an Arbeitslosen - verglichen mit den meisten OECD-Ländern und der günstigen Wirtschaftsdatenn nannte man Österreich auch die "Insel der Seligen". Maßgebend für diesen Erfolg waren die gezielte Investitionsförderungen, die zu einem Modernisierungsschub der österreichischen Wirtschaft führten und sie zur "Europareife" brachte. Die gezielten Investitionen im Bildungsbereich - Ausbau des berufsbildenden Schulwesens, mehr Kinder in höhere Schulen durch Schulbeihilfen, Schülerfreifahrten und kostenlose Schulbücher, etc. - sowie in den Ausbau des Sozialwesens, trugen das ihre dazu bei.

1970	Einführung der 40 Stunden-Woche in drei Etappen
1971	Arbeitsverfassungsgesetz
1974	Entgeltfortzahlung für Arbeiter
1976	Pflegefreistellung für Arbeiter
1977	Insolvenz-Entgeltsicherungsgesetz
1979	Arbeiterabfertigung
1981	Nachtschicht-Schwerarbeitergesetz
1984	Fünf Wochen Mindesturlaub

Daß die Arbeitslosigkeit in Österreich auch heute noch im Vergleich zu den anderen westlichen Ländern relativ niedrig ist, liegt maßgeblich an den beschäftigungspolitischen Maßnahmen der "Regierung Kreisky" in den siebziger Jahren. Diese Maßnahmen kamen auch den bis dahin vernachlässigten Österreichischen Bundesbahnen ebenfalls zugute.

Mandatarekonferenz, 2. April 1987
v.l.n.r.: Direktionssekretär Landtagsabgeordneter Helmut Edelmayr, Vizepräsident der Arbeiterkammer für Oberösterreich Bundesrat Norbert Pichler, Landessekretär Alois Androschin und Personalausschuß-Obmann Walter Wallnöfer.

Seit Juni 1986 versucht nun Bundeskanzler Dr. Franz Vranitzky - von Mai 1983 bis Juni 1986 war es Bundeskanzler Dr. Fred Sinowatz - den wirtschaftspolitischen Kurs auf die Absicherung des sozialen Netzes abzustimmen. Dazu bringen zahlreiche Funktionäre der Gewerkschaft der Eisenbahner im Nationalrat, im Bundesrat, in den Landtagen und Landesregierungen, in den Arbeiterkammern sowie in den Selbstverwaltungs-Körperschaften der Arbeitnehmer wichtige Erfahrungen und Meinungen mit ein.

Österreichische Bundesbahnen - ein neuer Anfang

Im Mai 1945 übertrug die provisorische Staatsregierung, nach langen Verhandlungen mit den Besatzungsmächten, die oberste Leitung des Eisenbahnwesens der "Generaldirektion der österreichischen Staatseisenbahnen", der man, so wie vor 1938, die vier Direktionen - Wien, Linz, Innsbruck und Villach - unterstellte. Die wiederhergestellte tschechoslowakische Republik übernahm die südböhmischen Bahnlinien, und damit wurde der Bahnhof Summerau wieder zum nördlichen Grenzbahnhof. Seit August 1947 fahren die staatlichen Eisenbahnen wieder unter ihrer alten Bezeichnung "Österreichische Bundesbahnen".

Bundesbahndirektion Linz

Bedingt durch die schweren Zerstörungen an Bahnanlagen, den Mangel von fahrtauglichen Triebfahrzeugen und Waggons, die Not an Kohle und sonstigen Heizmaterialien, den akuten Personalmangel und den großen Hunger des Personals sowie durch die in Zonen unterbrochenen Bahnlinien, war ein regelmäßiger Eisenbahnbetrieb nicht möglich. Mit vereinten Kräften schufen die Bediensteten die Voraussetzungen dafür, daß am 20. Mai 1945 die erste Bahnfahrt von Linz nach Salzburg für amerikanische Truppen aufgenommen werden konnte. Ab Mitte Juni 1945 war die Strecke auch für den allgemeinen Verkehr wieder frei.

So wie in den Nachkriegsjahren des Ersten Weltkrieges, hatten die Eisenbahner ab dem Jahre 1945 bis zum Jahre 1947 Kriegs-Heimkehrerzüge zu führen. Von Mitte 1945 bis Mitte 1946 wurden im Bereich der Staatseisenbahndirektion Linz 1344 Heimkehrer-, Flüchtlings- und Besatzungssonderzüge mit 1,465.000 Personen befördert.

Das zerstörte Gebäude der Bundesbahndirektion Linz, 1948

Nach der Einstellung der Kontrollmaßnahmen an den Demarkationslinien, am 8. Juni 1953, konnten die Züge wieder regelmäßiger geführt und die Kursverbindungen schrittweise verstärkt werden.

Unmittelbar nach Kriegsende begannen die Eisenbahner ihre zerstörten Hochbauanlagen mühsam, meist ohne vollständige finanzielle Absicherung rasch aufzubauen. Der neue Linzer Hauptbahnhof, mit einer Ankunftshalle und einer Abfahrtshalle, sowie zahlreichen Dienst-, Kundendienst- und Sozialeinrichtungen, konnte nach Bauunterbrechungen am 3. Oktober 1949 seiner Bestimmung übergeben werden. In den Jahren zwischen 1952 und 1954 kam es zur Errichtung der fünf überdachten Inselbahnsteige. Bis Ende 1953 mußten neben dem Hauptbahnhof Linz 32 Werkstätten, 29 Dienst- und 67 Wohngebäude aufgebaut oder neu errichtet werden, wofür ein Betrag von 172 Millionen Schilling aufzuwenden war.

Nach den baulichen Aufbauarbeiten bemühte sich die Regierung um die Bereitstellung der finanziellen Mittel für die Elektrifizierung der Hauptstrecken. Mit dem Sommerfahrplan vom 15. April 1949 konnte der elektrische Betrieb zwischen Attnang-Puchheim und Linz aufgenommen werden und ab Dezember 1952 war die Westbahn bis Wien elektrisch befahrbar. 1954 bis 1955 elektrifizierte man die Strecke Wels - Passau.

Auch nach den ersten Aufräumungsarbeiten sind die schweren Schäden noch zu erkennen.

In den folgenden Jahren fehlten den Bundesbahnen die notwendigen finanziellen Investitionsbeträge zur Modernisierung ihres Unternehmens. Erst ab dem Jahre 1970, ermöglichten die von der Regierung Kreisky beschlossenen Investitions- und Beschäftigungsprogramme den längst fälligen Modernisierungsschub. Seither konnten die zuständigen Fachabteilungen beinahe alle Bahnanlagen erneuern, die bis dahin noch sichtbare Kriegsschäden hatten. Längst fällige Sozialeinrichtungen für die Eisenbahner wurden geschaffen, wie das 1975 fertiggestellte Sozialgebäude in Linz.

Aufnahmsgebäude Breitenschützing, Generalsanierung 1984

Ein moderner Wagenpark, saubere, funktionelle Hochbauanlagen, verbesserte Sicherheitseinrichtungen, die Elektrifizierung der letzten Hauptstrecken - in Oberösterreich der Streckenabschnitt Linz - Spital/Pyhrn im September 1977 - und verbesserte Fahrpläne, trugen zur Image-Verbesserung der Österreichischen Bundesbahnen bei. Die dadurch bedingten erhöhten Transportzahlen und Leistungen konnten durch technische Verbesserungen mit weniger Personal erbracht werden.

Dieser erfolgreiche Weg setzt sich bis in die Gegenwart fort. Schützenswerte, unter Denkmalschutz gestellte Bauwerke - wie die Aufnahmsgebäude Breitenschützung, (1984), Engelhof, der älteste noch in Betrieb stehende Bahnhof Kontinentaleuropas aus dem Jahre 1836 (1984) oder Timelkam (1987) - wurden revitalisiert. Dort, wo es notwendig war, mußten alte Anlagen zeitgemäßen neuen Einrichtungen weichen. (In Klammer das Jahr der Bau-Fertigstellung)

Lehrwerkstätte Linz, Straßenansicht Unionstraße.

Die Regierung stellte nicht nur Investitionsbeträge für Image-Bauten zur Verfügung, sie sorgte sich auch um bessere Arbeits- und Ausbildungsbedingungen für die Eisenbahner. Seit 1970 wurden die ausführenden Bahndienststellen erneuert und damit die Arbeitsbedingungen der Beschäftigten verbessert. Spezielle Beiträge zur Humanisierung der Arbeitsplätze leisteten und leisten, die den Personalausschüssen zur Verfügung stehenden finanziellen Mittel. Seither sind soziale Sofortmaßnahmen im Rahmen des "Arbeitsplatz-Humanisierungs-Programmes" möglich. Um den Standort der qualitativ guten Facharbeiterausbildung halten zu können, modernisierten die Österreichischen Bundesbahnen ihre Ausbildungseinrichtungen, wie die im Jahre 1983 übergebene ÖBB-Lehrwerkstätte Linz.

Auch in der modernen Bahnhofarchitektur gehen wichtige Impulse von der Bundesbahndirektion Linz aus. 1987 erhielt die Planung der "Hochbauer" für das Aufnahmsgebäude Bahnhof Schafbergspitze bei einem internationalen Architektenwettbewerb den 1. Preis.

1. Preis bei der Brunel Awards, 1987, AG Schafbergspitze

Eisenbahner organisieren sich

Nachdem die gröbsten Aufräumungsarbeiten erledigt waren, und die ersten Züge wieder planmäßig verkehrten, begannen die Eisenbahner ihre gewerkschaftlichen Organisationen aufzubauen. Bereits bei der Gründungssitzung des Österreichischen Gewerkschaftsbundes, am 15. April 1945 im Gebäude der Westbahn, nahmen drei Eisenbahner - Johann Smejkal für die sozialistischen, Robert Hunna für die kommunistischen und Franz Haider für die christlichen Eisenbahner - teil. Johann Böhm wurde bei dieser denkwürdigen Sitzung einstimmig zum Vorsitzenden des Gewerkschaftsbundes gewählt.

Ähnlich rasch gründeten auch die Eisenbahner ihre Gewerkschaft. Anfangs boten sich für diese mühevolle Arbeit nur eine handvoll Funktionäre an. Viele der ehemaligen freigewerkschaftlich aktiven Eisenbahner waren noch in Kriegsgefangenschaft und mindestens ebenso viele sind zu den Opfern des NS-Regimes zu zählen. Auch Richard Freund, der langjährige Obmann der Gewerkschaft der Eisenbahner kam auf abenteuerliche Weise aus dem Konzentrationslager nach Wien. Er und der zweite Zentralsekretär, Andreas Thaler - nachdem der provisorisch bestellte Zentralsekretär Vinzenz Übeleis noch im Dezember 1945 zum Verkehrsminister berufen wurde - leisteten die wichtige Arbeit des Wiederaufbaues. Über die weiteren Vorsitzenden der Gewerkschaft der Eisenbahner und seine Zentralsekretäre informiert eine Übersicht im Anhang.

Der Aufbau der Eisenbahnergewerkschaft wurde auf zwei Ebenen vorangetrieben: der fachlichen und der regionalen. Um die Interessen der Dienstnehmer besser berücksichtigen zu können, glichen sie ihre Organisation an die der Verwaltung an und errichteten für die verschiedenen Dienstzweige "Exekutiven", deren Obmänner, in der provisorischen Personalvertretung den Zentralausschuß und die Leitung der Organisation bildeten. Die regionale Gliederung erfolgte durch Landes- beziehungsweise Direktionssekretariate. Das Direktionssekretariat am Sitz der Bundesbahndirektion Linz organisierte der bereits bekannte Franz Harringer, der während der elfjährigen Zeit der faschistischen Diktaturen - zwölfmal in Untersuchungshaft, acht Monate im Gefängnis und ein halbes Jahr im Konzentrationslager - für seine Treue zu den Eisenbahnern inhaftiert war. Franz Razinger, er war ebenfalls im Widerstand an führender Stelle aktiv tätig und eingesperrt, begann den Personalausschuß Linz aufzubauen. Beide haben es ihrer Persönlichkeit und ihrer guten fachlichen Ausbildung zu verdanken, daß sie die verstrichenen elf Jahre überlebten.

Zur ersten bedeutenden Veranstaltung der neugegründeten Eisenbahnergewerkschaft, der Vertrauensmännerkonferenz, am 23. August 1945, im großen Konzerthaussaal in Wien, kamen 1200 Delegierte aus ganz Österreich. Sie berieten, wie die Not und das Elend der hungernden Eisenbahner und ihrer Familien gelindert werden könnte. Ein weiterer Schwerpunkt, der für die politische Durchsetzung der Forderungen der Eisenbahner von Bedeutung sein sollte, war der Auf- und Ausbau der Organisation.

So wie nach dem Ersten Weltkrieg waren auch nach dem Zweiten Weltkrieg die gewerkschaftlichen Organisationen zerschlagen. Von den rund 110.000 Eisenbahnern gehörten Ende 1945 lediglich 46.000 ihrer Gewerkschaft an. Aber das sollte sich rasch ändern. Ende Dezember 1946 zählte die Organisation bereits 103.338 Mitglieder. Damit hatte die Gewerkschaft der Eisenbahner eine Organisationsdichte von 95,9 Prozent erreicht und es war der Grundstein für ihre politische Kraft gelegt.

Verlautbarung

der neubestellten Mitglieder des Personalausschusses und der Vertrauensmänner bei der Staatseisenbahndirektion Linz

Gemäß § 22, Punkt 6 der WO wurden von den gewählten wahlwerbenden Gruppen zu Mitgliedern des Personalausschusses der Bediensteten des Bereiches der Staatseisenbahndirektion Linz bzw zu Vertrauensmännern der Staatseisenbahndirektion Linz (Zentraldienst) nachstehende Bedienstete bestellt:

a) Personalausschuß

Sozialistische Eisenbahner:

Johann Achleitner	Verschieber	Bhf Linz
Johann Brait	Bahnhofgehilfe II	Bhf Linz
Franz Dittrich	Schaffner	Bhf Linz
Johann Haager	Oberwerkmann	Zgfltg Linz
Wilhelm Ramors	Assistent	Dion Linz
Franz Razinger	Oberwerkmann	Sign-Str-Ltg Linz
Otto Seifried	Adjunkt	Zgfltg Salzburg
Josef Settlinger	Werkmeister	Haupt-Wrkst Linz
Johann Steindl	Ober-Revident	Dion Linz
Otto Stollberger	Adjunkt	Zgfltg Linz
Martin Stranner	Bahnmeister	Str-Ltg Linz

Kommunistische Eisenbahner:

Josef Binder	Werkmeister	Haupt-Wrkst Linz

b) Vertrauensmänner bei der Staatseisenbahndirektion Linz (Zentraldienst)

Sozialistische Eisenbahner:

Käthe Eitzenberger	std Arbeiterin	Abt I
Wilhelm Finger	Revident	Abt III
Ignaz Jirman	Oberwerkmann	Abt I
Andreas Kellner	Beamter	Abt II
Franz Langhans	Adjunkt	Abt I
Franz Reisenbichler	Fhelf	Abt I
Rudolf Steinegger	Werkmann	Abt IV
Anton Stuj	Revident, Sachwalter	Abt I
Friedrich Weiler	Assistent	Abt IV

Österreichischer Arbeiter- und Angestelltenbund (ÖVP):

Alois Egger	Revident, Sachwalter	Abt I
Franz Kovats	Ob-Revident	Abt IV
Eduard Schuster	Adjunkt	Abt IV

Die erste Personalausschuß-Wahl in der Zweiten Republik brachte den sozialistischen Eisenbahnern einen großen Wahlerfolg. Sie konnten elf von zwölf Personalausschuß-Mitglieder stellen.

Der rasche Aufbau der Bundesbahnen und der gewerkschaftlichen Organisationen konnte nicht über die großen wirtschaftlichen Probleme, den Mangel an allen Dingen des täglichen Bedarfes und die Not der Menschen hinwegtäuschen. Der wirtschaftliche Aufbau war nur durch persönliche Entbehrungen eines jeden einzelnen zu erreichen.

Am 1. Dezember 1945 erschien die erste Nummer des Fachblattes "Der Eisenbahner." Ihr Umfang betrug vier Seiten. Aufgrund der Papiernot konnte die Zeitung oft wochenlang nicht gedruckt werden oder wenn schon, dann ist sie in einer zu geringen Auflage oder in einer auf wenige Seiten gekürzten Ausgabe erscheinen.

Die Regierung versuchte durch Lohn- und Preisabkommen die deutlich steigende Preisentwicklung einzuschränken. Doch die Preise stiegen rascher als die Löhne. Aus diesem Grunde richtete der Gewerkschaftsbund ein Forderungsprogramm an die Regierung. Darin war unter anderem festgehalten:

- Sofortige Maßnahmen zur Stabilisierung der Währung.
- Straffste Bewirtschaftung der notwendigen Bedarfsgüter.
- Genaueste Überprüfung der in den letzten Wochen erstellten Richt- und Gruppenpreise mit dem Ziel, überhöhte Preise auf das gerechtfertigte Ausmaß zurückzuführen.
- Schärfste Kontrolle aller Preise und exemplarische Bestrafung der Schleichhändler und Preiswucherer.

Aufgrund der schlechten wirtschaftlichen Gesamtsituation mußten auch Eisenbahner um ihr monatliches Gehalt zittern. Durch Überbrückungshilfen versuchte man die raschen Preissteigerungen abzugelten. Vom 17. November 1949 bis Mitte Jänner 1950 schlossen die 16 im ÖGB vertretenen Gewerkschaften 290 Vereinbarungen über die Gewährung von Überbrückungsbeihilfen ab. Das weitere Auseinanderklaffen zwischen Löhne und Gehälter führte im Oktober 1950 zu der bereits beschriebenen größten Streikbewegung in Österreich, seit der Gründung der Zweiten Republik.

Obwohl sich die wirtschaftliche Lage grundsätzlich besserte, blieben die Rechte der Eisenbahner in den ersten beiden Jahren der Zweiten Republik der "Zankapfel" der Regierungsparteien. Immer wieder versuchte die Österreichische Volkspartei, die Bundesbahnen auf Kosten der Eisenbahner zu sanieren. Insbesondere das aktive Mitspracherecht der Personalvertretung - geregelt durch die Personalvertretungsvorschrift 1946 mit ihren Novellen - war den bürgerlichen Parteien ein "Dorn im Auge". Im Jahre 1952 brachte eine ihrer wahlwerbenden Gruppe beim Verfassungsgerichtshof eine Beschwerde ein, weil sie bei den Personalvertretungswahlen nicht den gewünschten Wahlerfolg erreichen konnte. Ihre Beschwerde begründeten sie damit, daß *"die Personalvertretungsvorschrift wegen Verletzung der verfassungsmäßig gewährleisteten Gleichheit vor dem Gesetz als verfassungswidrig aufzuheben sei"*. Der Verfassungsgerichtshof wies diesen Vorwurf durch sein Erkenntnis zurück.

In den ersten Jahren der neuen Republik hatten die Gewerkschaft der Eisenbahner und die Personalvertretung alle Hände voll zu tun, um sich gegen die Regierung behaupten zu können.

Die ersten Personalausschuß-Mitglieder der Zweiten Republik in Linz,
stehend v.l.n.r.: Josef Schweighofer, Otto Stollberger, unbekannt, Josef Hauhart
sitzend v.l.n.r.: Inge Buchberger, Franz Harringer, Josef Seitlinger, Anton Neuhauser, Johann Brait, Martin Stranner, unbekannt.

In den sechziger Jahren erhöhten sich die politischen Spannungen, und die Eisenbahner mußten verstärkt um ihre Rechte kämpfen. Nur ein einziges Mal setzten die Eisenbahner in der Zweiten Republik das härteste ihrer Kampfmittel, den Streik, ein. Am 23. März 1965 streikten sie für die Durchsetzung allgemeiner Lohnforderungen. Obwohl der Streikbeschluß erst am 22. März gegen Mittag gefaßt wurde, befolgten die Eisenbahner in ganz Österreich den Aufruf zur 24-stündigen Arbeitsniederlegung.

Die Angriffe gegen Bediensteten verschärften sich ab dem Jahre 1966, in der Zeit der ÖVP-Alleinregierung, zusätzlich. Diese veröffentlichte ein Memorandum zur "Privatisierung der ÖBB" und die Niederösterreichische Landesregierung unternahm einen Versuch zur Änderung der Personalvertretungsvorschrift, was eindeutig Verschlechterungen für die Arbeiter gebracht hätte. Doch auch diese hintergründige, politisch motivierte Anfechtung hat der Verfassungsgerichtshof verworfen. Damit entschieden zum wiederholten Male höchste Richter, daß das Personalvertretungsrecht der Eisenbahner juristisch völlig korrekt abgesichert ist.

Personalausschuß Linz, 1967 bis 1970,
stehend v.l.n.r. : Thomas Lienbacher, Franz Hagmair, Franz Stadlberger, Alois Kapeller, Adolf Ahammer, Karl Mayrhofer, Josef Fötschl, Josef Erbl
sitzend v.l.n.r.: Franz Neuwirth, Walter Deutinger, Josef Schweighofer - Direktionssekretär, Alois Strigl, Walter Mastnak

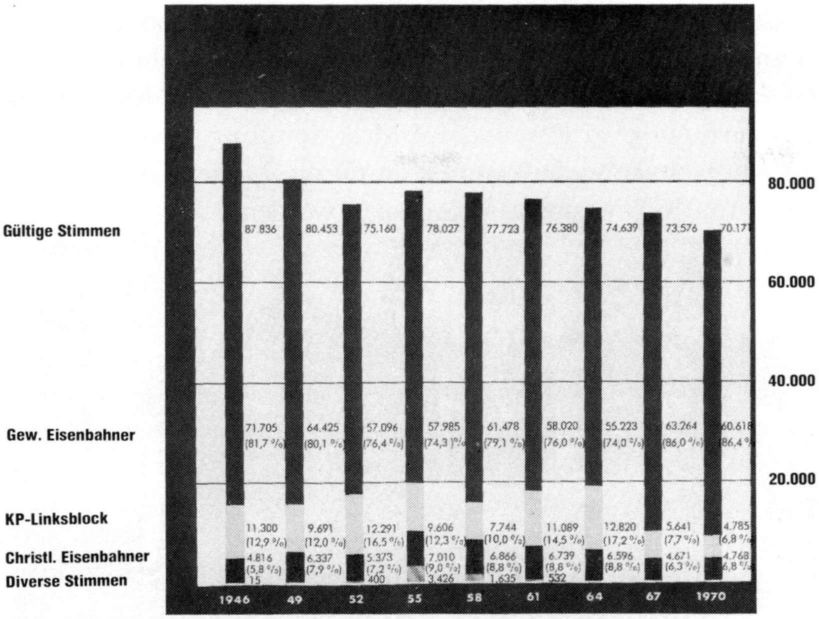

ÖBB-Personalvertretungswahlen in der Zweiten Republik

Die Fraktion der Christlichen Gewerkschafter in der Gewerkschaft der Eisenbahn hatte unter der ÖVP-Politik besonders zu leiden. Bei den Personalvertretungswahlen 1967 stieg der Stimmenanteil der sozialistischen Eisenbahner um 12 Prozent. Erstmals verloren die christlichen Gewerkschafter ihr Mandat im Personalausschuß Linz.

Von nun an ging's bergauf

Ab 1970, bedingt durch die Hochkonjunktur, aber auch durch den neuen wirtschaftspolitischen Kurs, kommt es zu einer Modernisierung der Österreichischen Bundesbahnen (ÖBB) und zu zahlreichen sozialpolitischen Verbesserungen für die Bediensteten - Einführung des Arbeitszeitgesetzes mit einer schrittweisen Verkürzung der Arbeitszeit, Erschwerniszulage für Sonn- und Feiertagsarbeit, Anrechnung der Nebengebühren für den Ruhegenuß sowie zu verbesserten Gehaltsübereinkommen.

Mit der weltweiten Energiekrise und der Verteuerung des Rohöls stieg ab 1973 die Bedeutung des öffentlichen Verkehrs. Die Regierung nahm sich um diese neue Entwicklung an und stellte finanzielle Beiträge für den Ausbau des Nahverkehrs zur Verfügung - 1978 rund 1,4 Mrd. Schilling. Trotz der Bewältigung neuer Aufgabenbereiche konnten durch die Modernisierung des Eisenbahnbetriebes 16.000 Dienstposten eingespart werden.

Personalausschuß Linz, 1974 bis 1977.
stehend v.l.n.r.: Herbert Wohlmacher, Norbert Pichler, Alois Plank, Josef Erbl, Ernest Jungwirth
sitzend v.l.n.r.: Johann Hintersteininger, Walter Mastnak, Erwin Kaiser - Direktionssekretär, Willibald Ritt, Alois Androschin, Franz Gruber.

Im Jahre 1981 nahm - aufgrund eines Rohentwurfes des Rechnungshofberichtes, der in der Wochenzeitschrift "Profil" veröffentlicht und in dem ausführlich über "Privilegien" der Eisenbahner berichtet wird - die Angriffe der Österreichischen Volkspartei (ÖVP) und der Freiheitlichen Partei Österreichs (FPÖ) gegen die Eisenbahner und ihre Bahn wieder zu. Diese Hetzkampagne stärkte die Solidarisierung der leidgeprüften Eisenbahner, und brachte den sozialistischen Eisenbahnern 1981 mit 86 % der abgegebenen Stimmen den größten Wahlerfolg seit es die ÖBB gibt. Dieses Wahlergebnis beflügelte das Selbstvertrauen der Gewerkschaft der Eisenbahner. Diese nahm in den folgenden Jahren offensiv für ihre Bahn Stellung und bemühte sich um weitere Verbesserungen der Betriebsführung. Bei den Leistungsschauen an den "Tagen der offenen Tür", wie beispielsweise vom 6. bis zum 7. Oktober 1984, konnten sich 600.000 Besucher in ganz Österreich von der Modernisierung der ÖBB überzeugen.

40.000 Arbeitnehmer marschieren in Linz zum Hauptplatz, um gegen Privatisierungs-Absichten zu demonstrieren.

Andererseits erforderten die immer heftiger drängenden Interventionen der ÖVP und der FPÖ nach einer Privatisierung der Betriebsführung und nach einer Änderung der Pensionsordnung eindeutige Schritte gegen diese Angriffe, die den Eisenbahnern unweigerlich, sozialrechtliche und besoldungsrechtliche Verschlechterungen brächten. Am 16. Jänner 1986 demonstrierten in Linz tausende Eisenbahner und mit ihnen viele weitere tausende Arbeitnehmer aus den verstaatlichten Betrieben, insgesamt 40.000, gegen die Absichten der "Privatisierer".

Tausende Eisenbahner beteiligen sich am 16. Jänner 1986 bei der eindrucksvollen Kundgebung in der Hauptwerkstätte Linz, bei der Zentralsekretär Schmölz auf die durch die Privatisierung der ÖBB entstehenden Gefahren für die Bediensteten hinweist.

Kurz vorher, bei den Personalvertretungswahlen 1985, konnten die Sozialisten in der Gewerkschaft der Eisenbahner ihren Wahlerfolg von 1981 bestätigen. Kein Wunder, denn die Leistungen seit 1970 können sich sehen lassen:

- Eine allgemeine Automatik für alle
- die Anrechnung von Nebenbezügen für den Ruhegenuß
- die Sonn- und Feiertagszulage für das Turnuspersonal
- die Allgemeine Dienstzulage
- acht Tage Urlaubszuschlag im Turnusdienst

- die Verkürzung der Wartezeiten für Zeitbeförderung und für Bezugszuerkennung
- die Durchführung einer Schemabereinigung
- jährliche Gehaltsabschlüsse mit realen Einkommenszuwächsen
- die laufende Anhebung der Nebenbezüge und der Reisegebühren
- eine aktive Stellenplanpolitik
- die Sicherung des BB-Pensionsrechtes
- die Schaffung eines Arbeitsplatz-Humanisierungsprogrammes
- die Vermehrung der Freifahrscheine und Schaffung einer a.t. Streckenkarte
- den Ausbau des Nahverkehrs in den Ballungsräumen
- die zukunftsweisende Modernisierung der Bahn

SOZIALISTISCHE EISENBAHNER

AKTION „WO DRÜCKT DICH DER SCHUH?"

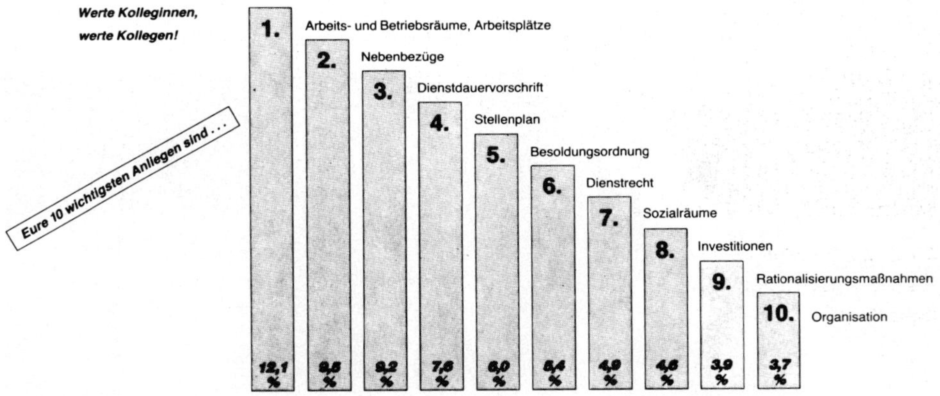

Über zwei Drittel aller 43.000 persönlichen Meinungsäußerungen beziehen sich auf diese zehn Bereiche.
Die Ergebnisse dieser Aktion werden unsere kommende Arbeit wesentlich beeinflussen und im Forderungsprogramm der sozialistischen Eisenbahner ihren Niederschlag finden.

Wir danken Euch für Euer Vertrauen und Eure Mitarbeit

Sozialistische Eisenbahner

Dieser Wahlerfolg zeigt, daß die Leistungen der Gewerkschaft der Eisenbahner gewürdigt werden. Die Voraussetzungen zu diesen Erfolgen schufen die Gründungsväter der Personalvertretungen in den Jahren 1892, 1918/1919 und 1946. Sie erarbeiteten nach den beiden Weltkriegen das Fundament, auf das die folgenden Funktionäre ihre erfolgreiche Gewerkschaftsarbeit aufbauen konnten. Dabei bemühten sie sich, die Eisenbahner in die Gewerkschaftspolitik miteinzubinden. Die erfolgreichen Aktionen "Wo drückt Dich der Schuh", die in ähnlicher Form nunmehr auch von anderen Gewerkschaften praktiziert werden, zeigen deutlich die ehrliche Absicht der Gewerkschaft der Eisenbahner.

Personalvertretungswahl 1985; Ergebnis.

Gemäß § 20 Punkt 7 der Wahlordnung zu § 9 der Personalvertretungsvorschrift wird das Ergebnis der Personalvertretungswahl vom 26. und 27. November 1985 im Direktionsbereich Linz mit nachstehendem Verzeichnis bekanntgegeben:

Laut Verzeichnis (Anlage 6) im	Zahl der Wahlberechtigten	Zahl der abgegebenen Stimmzettel	Von den abgegebenen Stimmzetteln sind		Von den gültig abgegebenen Stimmen entfallen auf				
			gültig	ungültig	Sozialistische Eisenbahner in der Gewerkschaft der Eisenbahner	Fraktion Christlicher Gewerkschafter in der Gewerkschaft der Eisenbahner	Liste der Kommunisten, Linken Sozialisten, Parteilosen (Gewerkschaftlicher Linksblock)	Arbeitsgemeinschaft Freiheitlicher Eisenbahner (Fraktion Freiheitlicher Gewerkschafter)	Liste Eisenbahner aktiv
Zentraldienst	390	390	381	9	349	28	2	—	2
Bahnhofsdienst (ohne Zugbegleitdienst)	5.300	5.081	4.871	210	3.864	587	278	48	94
Zugbegleitdienst	899	888	861	27	660	122	65	4	10
Bau- und Elektrotechn. Dienst (Elektrobetriebs-, Sicherungs- und Fernmeldedienst)	4.076	4.001	3.830	171	3.508	183	92	14	33
Zugförderungsdienst	2.336	2.289	2.213	76	1.835	229	124	5	20
Hauptwerkstättendienst	1.181	1.163	1.114	49	869	30	206	4	5
Betriebswerkstättendienst	638	631	606	25	537	49	13	3	4
Materialmagazinsdienst	106	105	97	8	72	8	12	4	1
Kraftwagendienst	589	581	548	33	479	61	4	2	2
Summe	**15.515**	**15.129**	**14.521**	**608**	**12.173**	**1.297**	**796**	**84**	**171**

Das Foto zeigt den Direktionssekretär der Gewerkschaft der Eisenbahner und die Mitglieder des Personalausschusses Linz im Jahr 1985;
stehend v.l.n.r.: Alois Gruber, Gerhard Geier, Horst Traxler, Helmut Hehs, Otmar Plöckinger , Alfred Welischek, Helmuth Aflenzer, Kurt Mühlbauer
sitzend v.l.n.r.: Max Hausberger, Walter Wallnöfer, Helmut Edelmayr - Direktionssekretär, Norbert Pichler

Aus der Geschichte lernen

Wer sich mit der wechselvollen Geschichte der Eisenbahner näher beschäftigt, erkennt, daß die wirtschaftlichen, politischen, technischen und sozialen Rahmenbedingungen die Entwicklung des Eisenbahnwesens sowie die Lebens- und die Arbeitsbedingungen der Eisenbahner seit jeher entscheidend gestalteten. Immer dann, wenn es wirtschaftliche Krisen gab, nahmen die Angriffe gegen die Eisenbahner zu. Trafen Wirtschaftskrisen und konservative politische Interessen zusammen, dann wurden die Verhältnisse für die Eisenbahner existenzbedrohend - wie in den Kapiteln "Austrofaschismus" und "Nationalsozialismus" nachzulesen ist. Unabhängig von wirtschaftlichen Konjunkturen bemühten sich Unternehmer und konservative Regierungs-Parteien, die Rechte der Eisenbahner zu schmälern. Als Alibi führten sie stets wirtschaftliche Gründe an. Wenn sich Private durch den Betrieb der Bahn Gewinne erhofften, forderten sie deren Privatisierung. Hatten sie die Gewinne abgeschöpft und waren größere Investitionen für die Modernisierung notwendig, dann durfte der Staat die Eisenbahnen wieder übernehmen. Zahlreiche Beispiele können das bestätigen. An diesem Prinzip hat sich bis heute nichts geändert. Die gewinnbringenden Hauptbahnen möchten Private betreiben - die volkswirtschaftlich ebenso notwendigen aber defizitären Nebenbahnen, sollen dem Staat verbleiben.

Eine vernünftige Alternative zu diesen konservativen Vorstellungen praktizierten sozialistische Politiker und Gewerkschafter. Sie zeigten, daß durch gezielte Investitionen die Bahn zu einem attraktiven Verkehrsmittel zu modernisieren ist. Gleichzeitig konnte durch die bessere technische Ausstattung der Personalstand reduziert und die Kundenbetreuung verbessert werden. Eine größere Produktivität und höhere Beförderungszahlen waren der Dank dafür. Diese ermöglichten für die Gewerkschaft der Eisenbahner, die Durchsetzung besserer Ergebnisse in der Gehalts- und Sozialpolitik.

Damit konnte die finanzielle Benachteiligung der Bediensteten wettgemacht werden. Seit dem letzten Jahrzehnt sind die Einkommen der Eisenbahner in ihrer Höhe mit den Löhnen und Gehältern der österreichischen Arbeitnehmer zu vergleichen.

Linzer Hauptplatz, Demonstration am 16. Jänner 1986

Heute bieten sich neue Chancen; nicht nur für die Bahn sondern auch mit der Bahn. Investitionen in den Eisenbahnbau können auch heute noch gewünschte konjunkturelle Entwicklungen beschleunigen und gleichzeitig notwendige umweltpolitische Erfolge bringen. Daher kann die Losung für die Zukunft nur sein: **Eisenbahner und Österreicher für ihre Bahn!**

Ereignisse im Überblick
Chronik

1825 Gründung der "K. k. priviligierten Ersten österreichischen Eisenbahngesellschaft.

1832 Gründung der Linzer Lokaldirektion.

1837 Erste öffentliche Fahrt eines von einer Dampflokomotive gezogenen Zuges in Österreich.

1855 Gründung des "Österreichischen Eisenbahnbeamten-Vereins".

1866 Krieg gegen Preußen - Niederlage für Österreich.

1867 Erlassung des Vereinsrechtes.
Gründung des ersten Arbeiterbildungsvereines.

1870 Erlassung des Allgemeinen Koalitionsrechtes; Gründung des "Unterstützungs- und Rechtsschutzvereines der Lokomotivführer".

1873 Gründung des Kondukteurvereins.

1877 Gründung des "Clubs österreichischer Eisenbahnbeamten".

1883 Besoldungs- und Pensionsordnung für Beamte, Unterbeamte und Diener der k. k. österreichischen Staatsbahnen.

1884 Neue Organisation der Staatsbahnverwaltung.
1. August, Gründung der "k.k. Eisenbahnbetriebsdirektion Linz".
Ausbau der wichtigsten Nebenlinien in Oberösterreich.

1889 95 Gewerkschaften sowie 104 Arbeiterbildungs- und Kulturvereine in Österreich.

1890 Der 1. Mai, Weltfeiertag der Arbeit, wird erstmals begangen.

1892 Gründung des "Fach- und Unterstützungsvereines der Verkehrsbediensteten Österreichs". Gründung der Gewerkschaft der Eisenbahner.

1893 Erste Nummer des Fachblattes "DER EISENBAHNER" erscheint.

1896 Die k. k. Eisenbahnbetriebsdirektion Linz wird Staatsbahndirektion Linz.
Erster österreichischer Eisenbahner-Kongreß in Wien.

1897 Verbot aller Organisationen der Eisenbahner.

1898 Gründung des "Allgemeinen Rechtsschutz- und Gewerkschaftsvereines" durch Tomschik.

1902 "Allgemeiner Rechtsschutz- und Gewerkschaftsverein" zählt 26.057 Mitglieder.

1905 Dienst nach Vorschrift der österreichischen Staatseisenbahner.

1907 Dienst nach Vorschrift der österreichischen Privateisenbahner.
Schaffung von Personalkommissionen und Arbeiterausschüssen bei den Staatsbahnen.
Allgemeines, gleiches, direktes und geheimes Wahlrecht für Männer.

1914 Beginn des Ersten Weltkrieges.

1917 Revolution in Rußland.

1918 Ende des Ersten Weltkrieges.
12. November - Proklamation der Republik Österreich.
Eisenbahner sind Bedienstete der Deutsch-Österreichischen Staatsbahnen; ab 1919 der Österreichischen Staatsbahnen.

1919 Vertrag von Saint-Germain.
Verlautbarung der Personalvertretungsvorschrift.
Hungerdemonstrationen und "Brotstreiks" bei den Eisenbahnen.

1920 Streiks bei den Eisenbahnen wegen der großen Hungersnot.

1921 Eisenbahner werden Bedienstete der Österreichischen Bundesbahnen.
Hungerstreik der Eisenbahner.

1922 Beamtenabbaugesetz - Lohnstreik der Eisenbahner.

1923 Bundesbahngesetz - "Schaffung eines selbständigen Wirtschaftskörpers".

1924 Streik der Eisenbahner.

1925 Währungsreform - 1 Schilling anstatt 10.000 Kronen.

1927 Mord von Schattendorf - Justizskandal - Brand des Justizpalastes - Generalstreik.

1930 Anfechten des Personalvertretungsrechtes der Eisenbahner.

1931 Oberster Gerichtshof entscheidet: Das Peronalvertretungsrecht der Eisenbahner ist in Ordnung.

1933 30. Jänner - Machtübernahme Hitlers in Deutschland.

1. März - Streik der Eisenbahner.

4. März - Auschaltung des österreichischen Parlaments.

1934 12. Februar - Aufstand der unterdrückten Arbeiter. Verbot der sozialdemokratischen Organisationen. Gewerkschafter gründen illegale Organisationen und riskieren ihr Leben für die Erhaltung der Unabhängigkeit Österreichs.

Konservative Stände-Verfassung - Einheitsgewerkschaft und Einheitspartei sollen die unterdrückten, verbotenen Organisationen ersetzen - Austrofaschismus.

1938 Durch Vereinbarungen mit Hitler in den Jahren 1936 und 1938 erleichtert Bundeskanzler Dr. Schuschnigg die Okkupation Österreichs durch Hitlerdeutschland am 12. März 1938.
Aus Bundesbahndirektionen werden Reichsbahndirektionen.

10. April - in einer Volksabstimmung entscheiden sich 99,7 Prozent der Österreicher für den Anschluß an Deutschland.

1939 Beginn des Zweiten Weltkrieges.

1943 Moskauer Deklaration - Angebote zur Unabhängigkeit Österreichs, wenn es Widerstand gegen Hitlerdeutschland leistet. Die Berufsgruppe der Eisenbahner erbringt dafür die größten Opfer.

1945 Ende des Zweiten Weltkrieges - Erdrückende Not der Bevölkerung. Gründung des Österreichischen Gewerkschaftsbundes im Direktionsgebäude der Westbahn am 15. April. Wiedererrichtung der Kammern für Arbeiter und Angestellte in Österreich. Gründung der Gewerkschaft der Eisenbahner als eine der 16 Gewerkschaften.
Dr. Karl Renner wird zum Bundespräsidenten gewählt.

1946 Erste Personalvertretungswahlen nach derm Zweiten Weltkrieg - große Mehrheiten für die sozialistischen Gewerkschafter.
Gewerkschaft der Eisenbahner zählt 103.338 Mitglieder.

1947 Die "Staatseisenbahnen" werden wieder "Österreichische Bundesbahnen".

1950 Kommunisten nützen die auseinandergehende Lohn - Preisentwicklung für einen Generalstreikversuch.

1955 Unterzeichnung des Staatsvertrages am 15. Mai - am 26. Oktober wird das Bundesverfassungsgesetz über die Neutralität Österreichs verabschiedet.

1959 Einführung der 45-Stunden-Woche. Die Auszahlung eines 14. Monatsbezuges wird beschlossen.

1963 Einführung einer neuen Besoldungsordnung.

1965 Streik der Eisenbahner.

1966 ÖVP-Alleinregierung: Die Angriffe auf die Eisenbahner und deren Rechte nehmen zu; Memorandum für die Privatisierung der ÖBB, neues Pensionsrecht, vergebliches Anfechten des Personalvertretungsrechtes der Eisenbahner.

1967 Personalvertretungswahlen - die sozialistischen Gewerkschafter erhalten einen Stimmenzuwachs von zwölf Prozent.

1969 Neues Bundesbahngesetz wird im Parlament gegen die Stimmen der SPÖ beschlossen.

1970 Relative Mehrheit der SPÖ im Nationalrat. In den folgenden Jahren gibt es verstärkt Investitionen für die Österreichischen Bundesbahnen. Die Bahnen und deren Anlagen werden schrittweise modernisiert. Große sozialpolitische Fortschritte für die Eisenbahner, wie beispielsweise die Einführung der Teuerungsabgeltung oder die Anrechnung der Nebengebühren für den Ruhegenuß.

1971 Absolute Mehrheit der SPÖ im Nationalrat.

1972 42-Stunden-Woche wird eingeführt.

1975 40-Stunden-Woche in Kraft.
Novelle des Bundesbahngesetzes.

1981 Massive Angriffe der ÖVP und der FPÖ auf die Eisenbahner und deren Rechte. Die sozialistischen Gewerkschafter können mit Unterstützung der SPÖ die unfairen Angriffe abwehren. Aus Parteidisziplin verhalten sich die ÖVP- und FPÖ-Gewerkschafter teilnahmslos. Personalvertretungswahlen - mit 86 Prozent erreichen die sozialistischen Eisenbahner das beste Ergebnis, seit es Personalvertretungswahlen bei den ÖBB gibt.

1985 Die sozialistischen Gewerkschafter in der Gewerkschaft der Eisenbahner bekommen den Wahlerfolg der Personalvertretungswahl aus dem Jahre 1981 bestätigt.

1986 Großdemonstration in Linz gegen die Privatisierungsabsichten - 40.000 Teilnehmer.

1988 Die Bahn als umweltverträglichstes Massenverkehrsmittel wird allgemein anerkannt. Neue Offensiven - Bahn-2000.

1989 Gründung einer "Hochleistungs-Strecken AG" - einer der zwei Vorstände wird der Präsident der Bundesbahndirektion Linz, Dr. Gustav Hammerschmid.

Anhänge

Betriebsbeginn auf Oberösterreichs Eisenbahnlinien

Linie	**Betriebsbeginn**
Budweis - Urfahr (Linz)	1. 8.1832
Linz - Lambach - Gmunden-Traundorf - Gmunden Seebhf.	
Linz - Gmunden-Traundorf	1. 5.1836
Gmunden-Traundorf - Gmunden Seebhf.	24. 9.1871
Wien - St. Valentin - Linz - Wels - Salzburg	
Wien - Linz	15.12.1858
Linz - Lambach	1. 9.1859
Lambach - Frankenmarkt	1. 3.1860
Frankenmarkt - Salzburg Hbf.	1. 8.1860
Wels - Passau Hbf.	1. 9.1861
Neumarkt-Kallham - Braunau - Simbach	
Neumarkt-Kallham - Braunau	20.12.1870
Braunau - Simbach	1. 6.1871
St. Valentin (Amstetten) - Kastenreith - Selzthal	
St. Valentin - Steyr	15. 8.1868
Steyr - Küpfern	7.10.1869
Küpfern - Selzthal	20. 8.1872
Amstetten - Kastenreith	11.11.1872
Budweis - Summerau - Gaisbach-Wartberg - St. Valentin	
Budweis - Zartlesdorf	1. 1.1871
Zartlesdorf - Summerau	1.12.1871
Summerau - St. Valentin	2.12.1872
Gaisbach-Wartberg - Linz	20.12.1873
Steindorf - Braunau a. I.	10. 9.1873

Stainach-Irdning - Attnang-Puchheim - Schärding	23.10.1877
Straßenbahn Linz - Urfahr	1. 7.1880
Linz - Klaus - Selzthal	
Linz - Kremsmünster	30. 4. 1881
Kremsmünster - Micheldorf	1. 8.1883
Micheldorf - Klaus-Steyerling	1.11.1888
Linz - Klaus nach Umbau zur Hauptbahn 1905	
Klaus - Spital a. P.	19.11.1905
Spital a. P. - Selzthal	21. 8.1906
Rohr - Bad Hall	15. 5.1887
Vöcklabruck - Kammer-Schörfling	1. 5.1882
Wels - Haiding - Aschach a.d.D.	20. 8.1886
Friedburg-Lengau - Schneegattern	28. 9.1887
Urfahr - Aigen-Schlägl	18.10.1888
Garsten - Steyr - Pergern - Agonitz - Klaus	
Garsten - Grünburg	20. 8.1889
Grünburg - Agonitz	29.11.1890
Agonitz - Klaus	26.11.1909
Bad Ischl - Salzburg Lbf.	20. 6.1893
St. Wolfgang - Schafbergspitze (1732 m)	1. 8.1893
Wels - Rohr	19.11.1893
Linzer Straßenbahnen und Pöstlingbergbahn	
Linie B: Hauptbahnhof - Urfahr	31. 7.1897
(Als Pferdebahn eröffnet	1.7.1880)
Linie E (V): Blumauerstraße - Kleinmünchen	20.12.1902
Kleinmünchen - Ebelsberg	30. 6.1929
Linie M: Weißenwolffstraße - Stockhofstraße	22.11.1914
Stockhofstraße - Weingartshofstraße	29.10.1932
Urfahr Bergbf. - Pöstlingberg (539 m)	29. 5.1898

Mauthausen - Grein - Krems a.d.D.	
Mauthausen - Grein	4. 7.1898
Grein - Krems a.d.D.	4.12.1909
Linz Hbf. - Urfahr Mühlkreisbf.	14.11.1900
Sattledt - Grünau	23. 5.1901
Lambach - Haag a.H.	23. 7.1901
Linz Lbf. - Eferding - Waizenkirchen - Neumarkt-Kallham mit Flügelbahn Niederspaching - Peuerbach	
Neumarkt-Kallham - Waizenkirchen Niederspaching - Peuerbach	18.12.1908
Linz - Eferding	21. 3.1912
Eferding - Waizenkirchen	16.12.1912
Vöcklamarkt - Attersee	14. 1.1913
Ebelsberg - St. Florian	1. 9.1913

Nr. 41. 1907

Amtsblatt

der

k. k. Staatsbahndirektion Linz.

Ausgegeben am 10. September 1907.

Inhalt: 97. Verlautbarung der Mitglieder der Arbeiter-Lokalausschüsse.

Kurrende Nr. 97.

An alle Dienststellen.

Verlautbarung der Mitglieder der Arbeiter-Lokalausschüsse.

Nachstehend wird die Liste der am 18. Juli l. J. in die Arbeiter-Lokalausschüsse gewählten und der ernannten Mitglieder und deren Ersatzmänner bekanntgegeben.

A. Beim Bahnerhaltungsdienste.

I. In den Ausschuß mit dem Sitze in Linz wurden gewählt:

a) Als Ausschußmitglieder:

Magauer Ferdin., Oberbauarbeiter, k. k. B.-E.-S. Linz.
Freischlag Johann, Oberbauarbeiter, k. k. B.-E.-S. Linz.
Leitgeb Josef, Oberbauarbeiter, k. k. B.-E.-S. Linz.
Straßer Johann, Brückenschlosser, k. k. B.-E.-S. Linz.
Steinkellner Johann, Oberbauarbeiter, k. k. B.-E.-S. Enns.
Bocek Josef, Oberbauarbeiter, k. k. B.-E.-S. Enns.
Gütlbauer Josef, Schmied, k. k. B.-E.-S. Enns.
Höglinger Johann, Oberbauarbeiter, k. k. Betr.-Ltg. Urfahr.
Mohberndl Andreas, Oberbauarbeiter, k. k. Betr.-Ltg. Urfahr.

b) Als Ersatzmänner:

Gruber Johann, Oberbauarbeiter, k. k. B.-E.-S. Linz.
Breslmayer Georg, Oberbauarbeiter, k. k. B.-E.-S. Linz.
Hammer Johann, Oberbauarbeiter, k. k. B.-E.-S. Linz.
Burghardt Anton, Bahnmaurer, k. k. B.-E.-S. Linz.
Brunner Michael, Oberbauarbeiter, k. k. B.-E.-S. Enns.
Franzmayer Matthias, Oberbauarbeiter, k. k. B.-E.-S. Enns.
Karlinger Josef, Vorarbeiter, k. k. B.-E.-S. Enns.
Pichler Leopold, Vorarbeiter, k. k. Betr.-Ltg. Urfahr.
Gastinger Franz, Oberbauarbeiter, k. k. Betr.-Ltg. Urfahr.

Ernannt werden hiemit:

a) Als Ausschußmitglieder:

Marböck Leopold, Oberbauarbeiter, k. k. B.-E.-S. Linz.
Weinmayr Georg, Oberbauarbeiter, k. k. B.-E.-S. Enns.
Dorfbauer Karl, Oberbauarbeiter, k. k. B.-E.-S. Linz.

b) Als Ersatzmänner:

Denkmayr Michael, Oberbauarbeiter, k. k. B.-E.-S. Linz.
Affenzeller Franz, Vorarbeiter, k. k. B.-E.-S. Linz.
Auer Sebastian, Oberbauarbeiter, k. k. B.-E.-S. Enns.

Zum Vorsitzenden bei diesem Lokalausschusse wird ernannt:

Buchsbaum Karl, Bauoberkommissär, Vorstand-Stellvertreter der k. k. B.-E.-S. Linz.

II. **In den Ausschuß mit dem Sitze in Wels wurden gewählt:**

a) Als Ausschußmitglieder:

Reder Franz, Bahnmaurer, k. k. B.-E.-S. Wels.
Entmayer Franz, Oberbauarbeiter, k. k. B.-E.-S. Wels.
Sommer Karl, Oberbauarbeiter, k. k. B.-E.-S. Wels.
Pfaffenbauer Johann, Oberbauarbeiter, k. k. B.-E.-S. Wels.
Feichtinger Johann, Oberbauarbeiter, k. k. B.-E.-S. Frankenmarkt.
Schweighofer Franz, Oberbauarbeiter, k. k. B.-E.-S. Frankenmarkt.
Permandinger Johann, Oberbauarbeiter, k. k. B.-E.-S. Frankenmarkt.
Knoll Josef, Oberbauarbeiter, k. k. Betr.-Ltg. Wels.
Schreiber Eduard, Oberbauarbeiter, k. k. Betr.-Ltg. Wels.

b) Als Ersatzmänner:

Mühlböck Matthias, Oberbauarbeiter, k. k. B.-E.-S. Wels.
Moser Josef, Oberbauarbeiter, k. k. B.-E.-S. Wels.
Janka Franz, Oberbauarbeiter, k. k. B.-E.-S. Wels.
Kienberger Johann, Oberbauarbeiter, k. k. B.-E.-S. Wels.
Gunst Johann, Oberbauarbeiter, k. k. B.-E.-S. Frankenmarkt.
Rachbauer Josef, Oberbauarbeiter, k. k. B.-E.-S. Frankenmarkt.
Auer Leopold, Oberbauarbeiter, k. k. B.-E.-S. Frankenmarkt.
Ebner Josef, Oberbauarbeiter, k. k. Betr.-Ltg. Wels.
Sirowatka Karl, Partieführer, k. k. Betr.-Ltg. Wels.

Ernannt werden hiemit:

a) Als Ausschußmitglieder:

Zauner Johann, Oberbauarbeiter, k. k. B.-E.-S. Wels.
Pachler Josef, Vorarbeiter, k. k. B.-E.-S. Frankenmarkt.
Fritz Kilian, Partieführer, k. k. Betr.-Ltg. Wels.

b) Als Ersatzmänner:

Straßer Peter, Oberbauarbeiter, k. k. B.-E.-S. Wels.
Binder Josef, Oberbauarbeiter, k. k. B.-E.-S. Frankenmarkt.
Hemedinger Johann, Partieführer, k. k. Betr.-Ltg. Wels.

Zum Vorsitzenden bei diesem Lokalausschusse wird ernannt:

Stockhammer Adolf, Inspektor, Vorstand der k. k. B.-E.-S. Wels.

III. **In den Ausschuß mit dem Sitze in Bad Ischl wurden gewählt:**

a) Als Ausschußmitglieder:

Beßner Ferdinand, Oberbauarbeiter, k. k. B.-E.-S. Aussee.
Pilz Leopold, Oberbauarbeiter, k. k. B.-E.-S. Aussee.
Scheuchl Matthäus, Oberbauarbeiter, k. k. B.-E.-S. Aussee.
Zeilner Leopold, Oberbauarbeiter, k. k. B.-E.-S. Bad Ischl.
Friedwagner Ignaz, Oberbauarbeiter, k. k. B.-E.-S. Bad Ischl.
Loidl Wolfgang, Oberbauarbeiter, k. k. B.-E.-S. Bad Ischl.

b) Als Ersatzmänner:

Plim Franz, Oberbauarbeiter, k. k. B.-E.-S. Aussee.
Tiefenbacher Johann Georg, Oberbauarbeiter, k. k. B.-E.-S. Aussee.
Nemetz Alois, Oberbauarbeiter, k. k. B.-E.-S. Aussee.
Frauenеder Johann, Oberbauarbeiter, k. k. B.-E.-S. Bad Ischl.
Pilz Karl, Oberbauarbeiter, k. k. B.-E.-S. Bad Ischl.
Lintschinger Franz, Oberbauarbeiter, k. k. B.-E.-S. Bad Ischl.

Ernannt werden hiemit:

a) Als Ausschußmitglieder:

Sölkner Blasius, Oberbauarbeiter, k. k. B.-E.-S. Aussee.
Dickinger Johann, Oberbauarbeiter, k. k. B.-E.-S. Bad Ischl.

b) Als Ersatzmänner:

Zandt Josef, Oberbauarbeiter, k. k. B.-E.-S. Aussee.
Ströbl Anton, Oberbauarbeiter, k. k. B.-E.-S. Bad Ischl.

Zum Vorsitzenden bei diesem Ausschusse wird ernannt:

Blumenthal Bernhard, Bauoberkommissär, Vorstand der k. k. B.-E.-S. Bad Ischl.

IV. **In den Ausschuß mit dem Sitze in Steyr wurden gewählt:**

a) Als Ausschußmitglieder:

Kronberger Franz, Oberbauarbeiter, k. k. B.-E.-S. Steyr.

Koller Franz, Oberbauarbeiter, k. k. B.-E.-S. Steyr.
Maderthaner Anselm, Oberbauarbeiter, k. k. B.-E.-S. Steyr.
Maderthaner Ignaz, Streckenbegeher, k. k. B.-E.-S. Kirchdorf.
Vorauer Josef, Streckenbegeher, k. k. B.-E.-S. Kirchdorf.
Stögermayr Johann, Streckenbegeher, k. k. B.-E.-S. Kirchdorf.

b) Als Ersatzmänner:

Hametner Johann, Oberbauarbeiter, k. k. B.-E.-S. Steyr.
Eibl Karl, Vorarbeiter, k. k. B.-E.-S. Steyr.
Berger Leopold, Oberbauarbeiter, k. k. B.-E.-S. Steyr.
Tumeltshammer Johann, Streckenbegeher, k. k. B.-E.-S. Kirchdorf.
Ferstl Franz, Streckenbegeher, k. k. B.-E.-S. Kirchdorf.
Hangl Michael, Oberbauarbeiter, k. k. B.-E.-S. Kirchdorf.

Ernannt werden hiemit:

a) Als Ausschußmitglieder:

Eibenberger Leander, Oberbauarbeiter, k. k. B.-E.-S. Steyr.
Pichler Franz, Vorarbeiter, k. k. B.-E.-S. Kirchdorf.

b) Als Ersatzmänner:

Oberbramberger Leopold, Oberbauarbeiter, k. k. B.-E.-S. Steyr.
Schwarz Karl, Vorarbeiter, k. k. B.-E.-S. Kirchdorf.

Zum Vorsitzenden bei diesem Lokalausschusse wird ernannt:

Hörner Karl, von, Inspektor, Vorstand der k. k. B.-E.-S. Steyr.

V. **In den Ausschuß mit dem Sitze in Ried wurden gewählt:**

a) Als Ausschußmitglieder:

Sommergruber Leopold, Oberbauarbeiter, k. k. B.-E.-S. Ried.
Feichtinger Anton, Vorarbeiter, k. k. B.-E.-S. Ried.
Greifeneder Johann, Oberbauarbeiter, k. k. B.-E.-S. Braunau a. I.
Klinger Friedrich, Oberbauarbeiter, k. k. B.-E.-S. Braunau a. I.
Baumgartner Felix, Oberbauarbeiter, k. k. B.-E.-S. Schärding.
Püringer Josef, Bahnzimmermann, k. k. B.-E.-S. Schärding.

b) Als Ersatzmänner:

Kartner Johann, Bahnzimmermann, k. k. B.-E.-S. Ried.
Itzinger Johann, Oberbauarbeiter, k. k. B.-E.-S. Ried.
Schaber Paul, Oberbauarbeiter, k. k. B.-E.-S. Braunau a. I.
Jenichl Jakob, Vorarbeiter, k. k. B.-E.-S. Braunau am Inn.
Koller Michael, Oberbauarbeiter, k. k. B.-E.-S. Schärding.
Fuchs Leopold, Oberbauarbeiter, k. k. B.-E.-S. Schärding.

Ernannt werden hiemit:

a) Als Ausschußmitglieder:

Doblhofer Alois, Bahnzimmermann, k. k. B.-E.-S. Ried.
Zaglmaier Johann, Oberbauarbeiter, k. k. B.-E.-S. Ried.

b) Als Ersatzmänner:

Lettner Franz, Oberbauarbeiter, k. k. B.-E.-S. Braunau a. I.
Baumann Anton, Oberbauarbeiter, k. k. B.-E.-S. Braunau a. I.

Zum Vorsitzenden bei diesem Lokalausschusse wird ernannt:

Kaiser Wenzel, Bau-Oberkommissär, Vorstand der k. k. B.-E.-S. Ried.

VI. **In den Ausschuß mit dem Sitze in Freistadt wurden gewählt:**

a) Als Ausschußmitglieder:

Picek Thomas, Oberbauarbeiter, k. k. B.-E.-S. Budweis I.
Tomsi Ludwig, Oberbauarbeiter, k. k. B.-E.-S. Budweis I.
Picek Jakob, Oberbauarbeiter, k. k. B.-E.-S. Budweis I.
Lang Peter, Oberbauarbeiter, k. k. B.-E.-S. Freistadt.
Punkenhofer Florian, Oberbauarbeiter, k. k. B.-E.-S. Freistadt.
Spitzl Franz, Oberbauarbeiter, k. k. B.-E.-S. Freistadt.

b) Als Ersatzmänner:

Laukota Wenzel, Oberbauarbeiter, k. k. B.-E.-S. Budweis I.
Kaltusch Franz, Oberbauarbeiter, k. k. B.-E.-S. Budweis I.

Beraus Matthias, Oberbauarbeiter, k. k. B.-E.-S. Budweis I.

Firlinger Leopold, Oberbauarbeiter, k. k. B.-E.-S. Freistadt.

Krydl Josef, Oberbauarbeiter, k. k. B.-E.-S. Freistadt.

Hochwind Georg, Oberbauarbeiter, k. k. B.-E.-S. Freistadt.

Ernannt werden hiemit:

a) Als Ausschußmitglieder:

Klopf Anton, Oberbauarbeiter, k. k. B.-E.-S. Budweis I.

Prückl Johann, Oberbauarbeiter, k. k. B.-E.-S. Freistadt.

b) Als Ersatzmänner:

Huber Georg, Oberbauarbeiter, k. k. B.-E.-S. Freistadt.

Winkler Franz, Oberbauarbeiter, k. k. B.-E.-S. Freistadt.

Zum Vorsitzenden bei diesem Lokalausschusse wird ernannt:

Malina Josef, Bau-Oberkommissär, Vorstand der k. k. B.-E.-S. Freistadt.

B. Beim Stationsdienste.

I. **In den Ausschuß mit dem Sitze in Linz wurden gewählt:**

a) Als Ausschußmitglieder:

Schüller Christian, Gepäcksträger, k. k. B.-B.-A. Linz.

Mayr Martin, Stationsarbeiter, k. k. B.-B.-A. Linz.

Pannholzer Johann, Stationsarbeiter, k. k. B.-B.-A. Linz.

Gabriel Alois, Stationsarbeiter, k. k. B.-B.-A. St. Valentin.

Leidinger Anton, Magazinsarbeiter, k. k. B.-B.-A. Wels.

Schürer Josef, Stationsarbeiter, k. k. B.-B.-A. Attnang-Puchheim.

b) Als Ersatzmänner:

Danninger Ludwig, Stationsarbeiter, k. k. B.-B.-A. Lambach.

Demel Hermann, Stationsarbeiter, k. k. B.-B.-A. Bad Ischl.

Aigner Matthias, Stationsarbeiter, k. k. B.-B.-A. Ried.

Denk Franz, Stationsarbeiter, k. k. B.-B.-A. Simbach.

Hochreiner Rudolf, Magazinsarbeiter, k. k. B.-B.-A. Steyr.

Schasching Josef, Magazinsarbeiter, k. k. B.-B.-A. Passau.

Ernannt werden hiemit:

a) Als Ausschußmitglieder:

Jebinger Johann, Magazinsarbeiter, k. k. B.-B.-A. Linz.

Loidl Johann, Magazinsarbeiter, k. k. B.-B.-A. Linz.

b) Als Ersatzmänner:

Gruber Matthias, Magazinsarbeiter, k. k. B.-B.-A. Linz.

Zauner Franz, Magazinsarbeiter, k. k. B.-B.-A. Linz.

Zum Vorsitzenden bei diesem Lokalausschusse wird ernannt:

Kestranek Karl, Oberoffizial, Vorstand-Stellvertreter beim k. k. B.-B.-A. Linz.

II. **In den Ausschuß mit dem Sitze in Vöcklabruck wurden gewählt:**

a) Als Ausschußmitglieder:

Ecker Josef, Stationsarbeiter, k. k. B.-St.-A. Wels (Lokalbahn).

Spitzl Franz, Stationsarbeiter, k. k. B.-St.-A. Neumarkt-Köstendorf.

Steininger Georg, Stationsarbeiter, k. k. B.-St.-A. Braunau a. J.

Weninger Jakob, Stationsarbeiter, k. k. B.-St.-A. Vöcklabruck.

Stillinger Thomas, Stationsarbeiter, k. k. B.-B.-A. Neumarkt-Kallham.

Hingsamer Johann, Stationsarbeiter, k. k. B.-St.-A. Steindorf.

b) Als Ersatzmänner:

Hofwimmer Josef, Stationsarbeiter, k. k. B.-St.-A. Breitenschützing.

Podorny Adolf, Stationsarbeiter, k. k. B.-B.-A. Neumarkt-Kallham.

Stuhl Josef, Stationsarbeiter, k. k. B.-St.-A. Manning-W.

Wagenleitner Anton, Stationsarbeiter, k. k. B.-B.-A. Neumarkt-Kallham.

Schwarzkogler Alois, Stationsarbeiter, k. k. B.-St.-A. Aussee.

Kehrer Josef, Stationsarbeiter, k. k. B.-St.-A. Urfahr.

Ernannt werden hiemit:

a) Als Ausschußmitglieder:

Glasner Michael, Stationsarbeiter, k. k. B.-St.-A. Summerau.

Kasberger Franz, Gepäcksträger, k. k. B.-St.-A. Gmunden (Rudolf-Bahnhof).

b) Als Ersatzmänner:

Bühringer Karl, Stationsarbeiter, k. k. B.-St.-A. Aschbach.

Pöttinger Georg, Stationsarbeiter, k. k. B.-St.-A. Braunau a. J.

Zum Vorsitzenden bei diesem Lokalausschusse wird ernannt:

Ziegler Franz, Offizial, Vorstand des k. k. B.-St.-A. Vöcklabruck.

C. Beim Heizhausdienste.

a) Als Ausschußmitglieder:

Schmidhuber Alois, Kohlenarbeiter, k. k. Hh.-Ltg. Linz.

Philp Alois, Putzer, k. k. Hh.-Ltg. Linz.

Karlinger Johann, Vorheizer, k. k. Hh.-Ltg. Linz.

Straßer Matthias, Schlosser, k. k. Hh.-Ltg. Linz.

Schmekal Karl, Tischler, k. k. Hh.-Expos. Sankt Valentin.

Mayer Heinrich, Kesselschmied, k. k. Hh.-Ltg. Budweis II.

Holzner Stephan, Kesselschmied, k. k. Hh.-Ltg. Ebensee.

Ladek Anton, Hilfsarbeiter, k. k. Hh.-Ltg.

Lauß Franz, Heizhausarbeiter, k. k. Hh.-Expos. Passau.

b) Als Ersatzmänner:

Lindinger Alois, Maurer, k. k. Hh.-Ltg. Linz.

Rechberger Josef, Rostputzer, k. k. Hh.-Ltg. Linz.

Reif Ferdinand, Auswascher, k. k. Hh.-Ltg. Linz.

Pesenböck Leopold, Kohlenarbeiter, k. k. Hh.-Ltg. Linz.

Egelseder Johann, Kohlenarbeiter, k. k. Hh.-Expos. St. Valentin.

Kaiser Franz, Schlosser, k. k. Hh.-Ltg. Budweis II.

Mistelberger Friedrich, Hilfsarbeiter, k. k. Hh.-Ltg. Ebensee.

Martetschläger Josef, Kohlenarbeiter, k. k. Hh.-Expos. Lambach.

Englmayr Ignaz, Schmied, k. k. Hh.-Ltg. Wels.

Ernannt werden hiemit:

a) Als Ausschußmitglieder:

Dirnberger Johann, Kohlenarbeiter, k. k. Hh.-Ltg. Linz.

Langwieser Karl, Putzer, k. k. Hh.-Ltg. Linz.

Gruber Johann, Hilfsarbeiter, k. k. Hh.-Ltg. Linz.

b) Als Ersatzmänner:

Holzbauer Johann, Kohlenarbeiter, k. k. Hh.-Ltg. Linz.

Moser Johann, Kohlenarbeiter, k. k. Hh.-Ltg. Linz.

Gumpenberger Leopold, Putzer, k. k. Hh.-Ltg. Linz.

Zum Vorsitzenden bei diesem Lokalausschusse wird ernannt:

Dittes Otto, Maschinenoberkommissär, Vorstand-Stellvertreter der k. k. Hh.-Ltg. Linz.

D. Beim Werkstättendienste.

a) Als Ausschußmitglieder:

1. In der Gruppe der Professionisten.

Ehart Gustav, Schlosser, k. k. Werkst.-Ltg. Linz.

Freißler Wilhelm, Schlosser, k. k. Werkst.-Ltg. Linz.

Eder Ludwig, Dreher, k. k. Werkst.-Ltg. Linz.

Mehr Johann, Lackierer, k. k. Werkst.-Ltg. Linz.

Kandscher Johann, Kesselschmied, k. k. Werkst.-Ltg. Linz.

Priesner Karl, Blockschlosser, Signal-Werkst. Linz.

2. In der Gruppe der Nichtprofessionisten.

Dolzer Ignaz, Hilfsarbeiter, k. k. Werkst.-Ltg. Linz.

Klug Josef, Hilfsarbeiter, k. k. Werkst.-Ltg. Linz.

Atzmüller Leopold, Magazinsarbeiter, k. k. Mat.-Mag.-Ltg. Linz.

b) Als Ersatzmänner:

1. In der Gruppe der Professionisten.

Doule Johann, Schlosser, k. k. Werkst.-Ltg. Linz.

Kerschbaumer Karl, Dreher, k. k. Werkst.-Ltg. Linz.

Vavruška Karl, Tischler, k. k. Werkst.-Ltg. Linz.

Renner Alois, Schmied, k. k. Werkst.-Ltg. Linz.

Reinhart Adolf, Kesselschmied, k. k. Werkst.-Ltg. Linz.

Schilha Karl, Blockschlosser, Signal-Werkst. Linz.

2. In der Gruppe der Nichtprofessionisten.

Etzelsdorfer Johann, Hilfsarbeiter, k. k. Werkst.-Ltg. Linz.

Janda Johann, Aushilfsheizer, k. k. Werkst.-Ltg. Linz.

Schrottenholzer Franz, Magazinsarbeiter, k. k. Mat.-Mag.-Ltg. Linz.

Ernannt werden hiemit:

a) Als Ausschußmitglieder:

1. In der Gruppe der Professionisten.

Postl Otto, Schlosser, k. k. Werkst.-Ltg. Linz.
Steinbacher Felix, Tischler, k. k. Werkst.-Ltg. Linz.

2. In der Gruppe der Nichtprofessionisten.

Lindenberger Josef, Hilfsarbeiter, k. k. Werkst.-Ltg. Linz.

b) Als Ersatzmänner:

1. In der Gruppe der Professionisten.

Karl Matthias, Schmied, k. k. Werkst.-Ltg. Linz.
Haas Leopold, Dreher, k. k. Werkst.-Ltg. Linz.

2. In der Gruppe der Nichtprofessionisten.

Obermühlberger Michael, Krahnführer, k. k. Werkst.-Ltg. Linz.

Zum Vorsitzenden bei diesem Lokalausschusse wird ernannt:

Pokorny Karl, Inspektor, Vorstand-Stellvertreter bei der k. k. Werkst.-Ltg. Linz.

Die Funktionsdauer der gewählten und ernannten Ausschußmitglieder, sowie deren Ersatzmänner währt gemäß § 5 der provisorischen Bestimmungen für die Arbeiterausschüsse fünf Jahre vom Wahl-, beziehungsweise Ernennungstag gerechnet, insofern nicht etwa vorher das Mandat eines Ausschußmitgliedes oder Ersatzmannes infolge Verlust (§ 7, Absatz 11 der provisorischen Bestimmungen) oder bei Eintritt eines der im § 6 der provisorischen Vorschriften taxativ aufgezählten Fälle erlischt.

Da für solche vorzeitig ausscheidende Mitglieder die k. k. Staatsbahndirektion den eintretenden Ersatzmann zu bestimmen hat, haben die Vorsitzenden den Stand der für sie in Betracht kommenden Ausschußmitglieder und Ersatzmänner genau in Evidenz zu halten, vorkommende Änderungen anher zu melden und wegen der Bestimmung eines Ersatzmannes zum Ausschußmitglied einen entsprechenden Antrag zu stellen.

Die Ausschußmitglieder oder eventuell an deren Stelle tretende Ersatzmänner sind zur Teilnahme an den Verhandlungen verpflichtet und erleidet der Arbeitslohn derselben durch die Teilnahne an den Sitzungen keine Schmälerung.

Jenen Mitgliedern, welche zwecks Teilnahme an den Sitzungen Reisen unternehmen müssen, wird die freie Eisenbahnfahrt gewährt und für die Dauer der Abwesenheit vom Domizilorte der zweifache Taglohn ausgefolgt.

Die Ausschußsitzungen finden gemäß § 7 der provisorischen Bestimmungen in der Regel zweimal im Jahre statt, und zwar sind diese regelmäßigen Sitzungen in den Monaten Mai und November jedes Jahres abzuhalten.

Die Sitzungen sind von den Vorsitzenden unter Bekanntgabe von Ort und Zeit an die Ausschußmitglieder, beziehungsweise etwa eintretende Ersatzmänner mindestens drei Wochen vor der Abhaltung einzuberufen, damit den Mitgliedern Gelegenheit geboten wird, jene Anträge, welche sie bei der Sitzung zur Sprache bringen wollen, noch 14 Tage vor dem Sitzungstermin beim Vorsitzenden anzumelden.

Von der auf Grund der eingebrachten Anträge vom Vorsitzenden erstellten Tagesordnung sind die Mitglieder mindestens eine Woche vorher in Kenntnis zu setzen.

Linz, am 5. September 1907.

Der k. k. Staatsbahndirektor:
(Z. 18.128/I.) **Dr. Messerklinger.**

Redaktion und Verlag der k. k. Staatsbahndirektion Linz. — Druck von J. Wimmer in Linz.

Personalausschüsse 1919 - 1934

Personalausschuß der Staatsbahndirektion Linz 1919 - 1923

Vorsitzender: Hans Hauer,
ab Mitte Mai 1921 Johann Miesbauer.

Sektion I (Beamte):

Obmann: Revident Hans Hauer
Stellvertreter: Bahnoberkommissär Dr. Martin Holztrattner
Schriftführer: Bahnoberkommissär Dr. Karl Bauer

1. Dienstgruppe, Zentraldienst:
   Revident Hans Hauer (Obmann)

2. Dienstgruppe, Bau- und Bahnerhaltungsdienst:
   Oberstaatsbahnrat Ing. Karl Soukup (Obmann)

3. Dienstgruppe, Verkehrs- und kommerzieller Dienst:
   Oberrevident Hans Tibitanzl (Obmann)

4. Dienstgruppe, Zugförderungs- und Werkstättendienst:
   Oberstaatsbahnrat Ing. Isidor Keßler (Obmann)

Sektion II (Unterbeamte und Diener):

Obmann: Werkmann Johann Miesbauer
Stellvertreter: Ober-Kondukteur Johann Höglinger
Schriftführer: Assistent Ferdinand Aschpöck

1. Dienstgruppe, Zentraldienst:
   Assistent Josef Fridrich (Obmann)

2. Dienstgruppe, Bahnaufsichts- und Bahnerhaltungsdienst
   Signalschlosser Johann Peter (Obmann)

3. Dienstgruppe, Verkehrsdienst:
Oberkondukteur Hans Höglinger (Obmann)

4. Dienstgruppe, Zugförderungs- und Werkstättendienst:
Werkmann Johann Miesbauer (Obmann)

Sektion III (Arbeiter):

Obmann:	Schlosser Franz Razinger
Stellvertreter:	Magazin-Arbeiter Isidor Andraschko
Schriftführer:	Assistent Ferdinand Aschpöck

1. Dienstgruppe, Bahnaufsichts- und Bahnerhaltungsdienst:
Bahn-Erhaltungsarbeiter Leopold Gierlinger (Obmann)

2. Dienstgruppe, Zugförderungs- und Materialdepot-Dienst:
Kohlenarbeiter Michael Stadler (Obmann)

3. Dienstgruppe, Werkstättendienst:
Schlosser Franz Razinger (Obmann)

4. Dienstgruppe, Verkehrs-, kommerzieller und Zentraldienst
Magazins-Arbeiter Isidor Andraschko (Obmann)

Die Personalausschüsse der Bundesbahndirektion Linz von 1923 bis 1934

Personalausschuß Linz von 1923 bis 1926

Obmann: Franz Razinger

Allgemeiner Rechtsschutz- und Gewerkschaftsverein für Österreich:

Miesbauer Johann	Werkmeister I Kl.	Werkst.Ltg. Linz
Benedikovics Rudolf	Tit. Offizier, Lokf.	Hh.Ltg. Linz I
Übeleis Vinzenz	Revident	Bb. Linz
Maier Alois	Kondukteur	Bb. Linz

Madlmayr Johann	beamt. Gärtner	Str.Ltg. Linz II
Fellinger Franz	beamt. Str.Arb.	Str.Ltg. Linz II
Ing. Keßler Isidor	Tit. Hofrat	Vorst. der Werkst.Ltg. Linz
Razinger Franz	Werkmeister	Werkst.Ltg. Linz
Schönauer Johann	Tit.-Bsch.-Aufs.	BB. Linz

Deutsche Verkehrsgewerkschaft:

Fridrich Josef *	Tit. Offizier	Bb. Dion. Abt. V.
Höller Ernst *	Oberrevident	Bb. Wels

Gewerkschaft christlicher Eisenbahner Österreichs:

Berthold Michael	Tit. Assistent, Oberkon.	Bb. Linz

* In der laufenden Funktionsperiode wurden Fridrich Josef durch
Halwich Rudolf — Oberrevident
und Höller Ernst durch
Eberhard Karl — Revident — Bb. Linz
ersetzt.

Personalausschuß Linz von 1926 bis 1931

Obmann: Vinzenz Übeleis

Gewerkschafts- und Rechtsschutzverein des österreichischen Eisenbahnerpersonals

Benedikovics Rudolf	Ass. (Lokf.)	Vers.Bhf. Linz
Gabler Theodor	Ass.	Bhf. Linz
Harringer Franz	fa. Schlosser	Werkst.Ltg. Linz
Lindner Johann	Bhw.	Str.Ltg. Linz I
Maier Alois	Kond.	Bhf. Linz
Mayer Anton	Wm.	Hh.Linz, Vers.Bhf.
Razinger Franz	Wm.	Sig.Str.Ltg.Linz

Stadler Michael	Wkgeh.	HH.Linz, Güt.Bhf.
Übeleis Vinzenz	Revident	Bhf. Linz
Wirt Franz	Versch.	Bhf. Linz

Deutsche Verkehrsgewerkschaft

Halwich Rudolf *	Oberrevident	Dir. Abt. V.

Gewerkschaft christlicher Eisenbahner Österreichs

Berthold Michael *	Ass. (Ob.Kond.)	Bhf. Linz

* In der laufenden Funktionsperiode wurden Halwich Rudolf durch
Gruber Anton — Inspektor — Bhf. Steyr
und Berthold Michael durch
Krem Julius — Schaffner — Bhf. Linz
ersetzt.

Personalausschuß Linz von 1931 bis 1934

Obmann: Vinzenz Übeleis,
ab Juli 1932, Franz Razinger.

Gewerkschafts- und Rechtsschutzverein des österreichischen Eisenbahnerpersonales

Gabler Theodor	Ass.	Bhf. Linz
Haider Ludwig	Ass.	HH.Ltg. Linz
Harringer Franz *	angest. Bmt.	Werkst. Linz
Hochreiter Franz *	Wchst.	Bhf. Linz
Lindner Johann	angest. Bmt.	Str.Ltg. Linz I
Razinger Franz	Wrkm.	Sig.Str.Ltg. Linz
Tengler Franz *	Kond.	Bhf. Linz
Übeleis Vinzenz *	Rev.	Bhf. Linz
Wasmayr Johann	angest. Bmt.	HH.Ltg. Linz
Wirt Franz	Bschb.	Bhf. Linz

Deutsche Verkehrsgewerkschaft

Gruber Anton *	Insp.	Bhf. Steyr
Pöschl Johann *	Insp.	Dions.Abt. 3

* In der laufenden Funktionsperiode wurden Harringer Franz durch Gebhardt Albin, angest. Bmt., Hochreiter Franz durch Pucher Willibald, Weich. Aufs., Tengler Franz durch Tröls Otto, Kond., Übeleis Vinzenz durch Grau Julius, Rev. und Gruber Anton durch Schmidtmayr Josef, Oberrevident sowie Pöschl Johann durch Weiß Karl, angst. Bmt., HH. Ltg. Linz, ersetzt.

Personalausschüsse 1946 - 1989

Der Personalausschuß der Staatseisenbahndirektion Linz 1946

Obmann: Razinger Franz

Sozialistische Eisenbahner:

Achleitner Johann	Verschieber	Bhf. Linz
Brait Johann	Bahnhofgehilfe II	Bhf. Linz
Dittrich Franz	Schaffner	Bhf. Linz
Haager Johann	Oberwerkmann	Zgfltg. Linz
Namors Wilhelm	Assistent	BB.-Dion Linz
Razinger Franz	Oberwerkmann	Sign-Str-Ltg.Linz
Seifried Otto	Adjunkt	Zgfltg. Salzbg.
Seitlinger Josef	Werkmeister	Haupt-Wrkst.Linz
Steindl Johann	Oberrevident	BB.-Dion Linz
Stollberger Otto	Adjunkt	Zgfltg. Linz
Stranner Martin	Bahnmeister	Str-Ltg-Linz

Kommunistische Eisenbahner:

Binder Josef	Werkmeister	Haupt-Wrkst.Linz

Der Personalausschuß der Bundesbahndirektion Linz von 1949 bis 1989

Personalausschuß Linz von 1949 bis 1952

Obmann: Steindl Johann,
ab 1952, Stranner Martin

Sozialistische Eisenbahner (SPÖ)

Achleitner Johann *	Adjunkt	Vbhf. Linz
Brait Johann	Revident	Hbf. Linz
Deutinger Walter	Werkmann	Zgfltg. Linz
Dittrich Franz	Revident	Hbf. Linz
Neuhauser Anton	Adjunkt	Sign-Str-Ltg.Linz
Seifried Otto	Oberrevident	Zgfltg. Salzburg
Seitlinger Josef	Revident	Haupt-Wrkst.Linz
Steindl Johann *	Ob-Inspektor	BB.-Dion Linz
Stollberger Otto	Adjunkt	Zgfltg. Linz
Stranner Martin	Oberrevident	Str-Ltg-Linz

Kommunistische Eisenbahner - Linksblock (KPÖ)

Binder Josef	Revident	Haupt-Wrkst.Linz

Österreichischer Arbeiter- und Angestelltenbund (ÖVP)

Peschmann Johann *	Adjunkt	Bhf. Marchtrenk

* In der laufenden Funktionsperiode wurden Achleitner Johann durch
Hauhart Josef Assistent Hbf. Linz,
Steindl Johann durch
Schweighofer Josef Revident Bhf. Schwarzach
und Peschmann Johann durch
Hauschka Franz Assistent Haupt-Wrkst.Linz
ersetzt.

Personalausschuß Linz von 1952 bis 1955

Obmann: Stranner Martin

Sozialistische Eisenbahner (SPÖ):

Brait Johann	Oberrevident	Hbf. Linz
Fischwenger Heinrich	Assistent	Hbf. Linz

Hauhart Josef	Assistent	Hbf. Linz
Neuhauser Anton	Adjunkt	Sign-Str-Ltg.Linz
Obermüller Leopold	Oberrevident	BB.-Dion Linz
Seitlinger Josef	Revident	Haupt-Wrkst.Linz
Stollberger Otto	Revident	Zgfltg. Linz
Stranner Martin	Oberrevident	Str-Ltg-Linz
Schweighofer Josef	Revident	Vbf. Linz

Liste der gewerkschaftlichen Einheit der österreichischen Eisenbahnbediensteten (Einheitsliste):

Binder Josef	Revident	Haupt-Wrkst.Linz
Reingruber Richard	Adjunkt	Zgfltg. Linz

Österreichischer Arbeiter- und Angestelltenbund (ÖVP):

Hauschka Franz	Assistent	Haupt-Wrkst.Linz

Personalausschuß Linz von 1955 bis 1958

Obmann: Stranner Martin

Sozialistische Partei Österreichs - Sozialistische Eisenbahner:

Brait Johann	BB.-Oberrevident	Hbf. Linz
Deutinger Walter	BB.-Assistent	Zgfltg. Linz
Fischwenger Heinrich	BB.-Assistent	Hbf. Linz
Gatterbauer Otto	BB.-Assistent	Haupt-Wrkst.Linz
Grestenberger Josef	BB.-Adjunkt	Zgfltg. Linz
Hauhart Josef	BB.-Assistent	Hbf. Linz
Kahr Anton	BB.-Oberrevident	BB.-Dion Linz
Neuhauser Anton	BB.-Revident	Sign-Str-Ltg.Linz
Schweighofer Josef	BB.-Oberrevident	Vbf. Linz
Stranner Martin	BB.-Oberrevident	Str-Ltg-Linz

Liste der Gewerkschaftlichen Einheit:

Binder Josef *	BB.-Revident	Haupt-Wrkst. Linz

Fraktion Christlicher Gewerkschafter in der Gewerkschaft der Eisenbahner:

Hauschka Franz *	BB.-Assistent	Haupt-Wrkst. Linz

* In der laufenden Funktionsperiode wurden Binder Josef durch

Hagmair Franz	Kanzlist II	Elektro-Str-Ltg. Linz

und Hauschka Franz durch

Römer Karl	BB.-Assistent	Hbf. Linz

ersetzt.

Personalausschuß Linz von 1958 bis 1961

Obmann: Schweighofer Josef,
ab Mai 1959, Hauhart Josef.

Sozialistische Partei Österreichs - Sozialistische Eisenbahner

Deutinger Walter	BB.-Assistent	Zgfltg. Linz
Gatterbauer Otto	BB.-Assistent	Haupt-Wrkst.Linz
Grestenberger Josef	BB.-Adjunkt	Zfgltg. Linz
Hauhart Josef	BB.-Assistent	Hbf. Linz
Kahr Anton *	BB.-Oberrevident	BB.-Dion Linz
Kapeller Alois	BB.-Assistent	Hbf. Linz
Mayrhofer Karl	Kanzlist II	Str-Ltg. Wels
Neuhauser Anton	BB.-Revident	Sign-Str-Ltg. Linz
Schweighofer Josef *	BB.-Oberrevident	Bhf. Selzthal
Strigl Alois	BB.-Revident	Hbf. Linz

Liste der Gewerkschaftlichen Einheit der österreichischen Eisenbahnbediensteten:

Hagmair Franz	Kanzlist II	Elektro-Str-Ltg. Linz

Fraktion Christlicher Gewerkschafter in der Gewerkschaft der Eisenbahner

Römer Karl	BB.-Assistent	Hbf. Linz

* In der laufenden Funktionsperiode wurde Kahr Anton durch

Gratzl Gustav	BB.-Oberrevident	BB.-Dion. Linz

und dieser später durch

Erbl Josef	BB.-Oberrevident	BB.-Dion. Linz

ersetzt.

Weiters wurde Schweighofer Josef, nachdem ihn die Gewerkschaft der Eisenbahner zum Direktionssekretär bestellt hatte, durch

Stadelberger Franz	BB.-Oberrevident	Bhf.Salzbg.Hbf.

ersetzt.

Personalausschuß Linz von 1961 bis 1964

Obmann: Deutinger Walter

Sozialistische Partei Österreichs - Sozialistische Eisenbahner:

Deutinger Walter	BB.-Assistent	Zgfltg. Linz
Erbl Josef *	BB.-Oberrevident	BB.-Dion Linz
Grestenberger Josef	BB.-Revident	Zgfltg. Linz
Kapeller Alois	BB.-Assistent	Hbf. Linz
Mayrhofer Karl	Kanzlist II	Str-Ltg. Selzthal
Neuwirth Franz	BB.-Assistent	Sign-Str-Ltg. Linz
Süka Max *	BB.-Assistent	Hbf. Salzbg.
Stadlberger Franz	BB.-Oberrevident	Hbf.Bischofshofen
Strigl Alois	BB.-Oberrevident	Bhf. Bischofshofen

Liste der Gewerkschaftlichen Einheit der österreichischen Eisenbahnbediensteten

Hagmair Franz	Kanzlist II	Elektro-Str-Ltg.Linz
Seeleitner Josef	BB.-Assistent	Zgfltg. Salzbg.

Fraktion Christlicher Gewerkschafter in der Gewerkschaft der Eisenbahner

Römer Karl	BB.-Assistent	Hbf. Linz

* In der laufenden Funktionsperiode wurden Erbl Josef durch

Steinegger Walter	BB.-Oberrevident	BB.-Dion Linz

und Süka Max durch

Hinteregger Josef	BB.-Assistent	Vbf. Linz

ersetzt.

Personalausschuß Linz von 1964 bis 1967

Obmann: Deutinger Walter

Sozialistische Partei Österreichs - Sozialistische Eisenbahner

Deutinger Walter	BB.-Adjunkt	Zgfltg. Linz
Hinteregger Josef	BB.-Assistent	Vbhf. Linz
Kapeller Alois	BB.-Assistent	Hbf. Linz
Mastnak Walter	BB.-Adjunkt	Zgfltg. Salzburg
Mayrhofer Karl	BB.-Adjunkt	Str-Ltg. Selzthal
Neuwirth Franz	BB.-Assistent	Sign-Str-Ltg. Linz
Stadlberger Franz	BB.-Oberrevident	BB.-Dion Linz,
Strigl Alois	BB.-Oberrevident	Hbf. Linz

Liste der Gewerkschaftlichen Einheit der österreichischen Eisenbahnbediensteten

Hagmair Franz	BB.-Assistent	Elektro-Str-Ltg. Linz
Haunschmid Rudolf	BB.-Assistent	Haupt-Wrkst.Linz
Seeleitner Josef	BB.-Assistent	Zgfltg. Salzburg

Fraktion Christlicher Gewerkschafter in der Gewerkschaft der Eisenbahner

Römer Karl	BB.-Adjunkt	Hbf. Linz

Personalausschuß Linz von 1967 bis 1970

Obmann: Deutinger Walter

Sozialistische Eisenbahner in der Gewerkschaft der Eisenbahner

Ahamer Adolf	BB.-Assistent	Haupt-Wrkst.Linz
Deutinger Walter	BB.-Adjunkt	Zgfltg. Linz
Erbl Josef	BB.-Oberrevident	BB.-Dion Linz
Fötschl Josef	BB.-Assistent	Bhf. Schwarzach-St. Veit
Kapeller Alois	BB.-Assistent	Hbf. Linz
Lienbacher Thomas	Kanzlist II	Str-Ltg.Bischofshofen
Mastnak Walter	BB.-Revident	Zgfltg. Salzburg
Mayrhofer Karl	BB.-Revident	Streckenltg. Wels
Neuwirth Franz	BB.-Assistent	Sign-Str-Ltg. Linz
Stadlberger Franz	BB.-Inspektor	BB.-Dion Linz
Strigl Alois	BB.-Oberrevident	Hbf. Linz

Liste der Gewerkschaftlichen Einheit der österreichischen Eisenbahnbediensteten

Hagmair Franz	BB.-Assistent	Elektro-Str-Ltg. Linz

Personalausschuß Linz von 1970 bis 1973

Obmann: Deutinger Walter

Sozialistische Eisenbahner in der Gewerkschaft der Eisenbahner

Ahamer Adolf	BB.-Assistent	Haupt-Wrkst.Linz
Androschin Alois	BB.-Assistent	Hbf. Salzburg
Deutinger Walter	BB.-Revident	Zgfltg. Linz
Erbl Josef	BB.-Inspektor	BB.-Dion Linz
Fötschl Josef	BB.-Adjunkt	Bhf. Schwarzach-St. Veit

Mastnak Walter	BB.-Revident	Zgfltg. Salzburg
Mayrhofer Karl	BB.-Revident	Str-Ltg. Attnang-Puchheim
Neuwirth Franz	BB.-Adjunkt	Sign-Str-Ltg. Linz
Stadlberger Franz *	BB.-Inspektor	BB.-Dion Linz
Strigl Alois	BB.-Inspektor	Vbf. Linz

Fraktion Christlicher Gewerkschafter in der Gewerkschaft der Eisenbahner

Bergsmann Felix	BB.-Revident	Zgfltg. Linz

Liste der Gewerkschaftlichen Einheit der österreichischen Eisenbahnbediensteten

Hagmair Franz *	BB.-Assistent	Elektro-Str-Ltg. Linz

* In der laufenden Funktionsperiode wurde Stadlberger Franz durch
Ritt Willibald BB.-Revident Bhf. Enns
und Hagmair Franz durch
Haunschmid Rudolf BB.-Adjunkt Haupt-Wrkst.Linz
ersetzt.

Personalausschuß von 1973 bis 1977

Obmann: Ritt Willibald

Sozialistische Eisenbahner in der Gewerkschaft der Eisenbahner

Ahamer Adolf *	BB.-Assistent	Haupt-Wrkst.Linz
Androschin Alois	BB.-Adjunkt	Hbf. Salzburg
Erbl Josef	BB.-Oberinspektor	BB.-Dion Linz
Hintersteininger Johann	BB.-Adjunkt	Bhf. St. Valentin
Jungwirth Ernest	BB.-Oberrevident	Hbf. Linz
Mastnak Walter	BB.-Oberrevident	Zgfltg. Linz
Pichler Norbert	BB.-Adjunkt	Str-Ltg-Linz

Plank Alois	BB.-Revident	Fernmeldestr-Ltg.Linz
Ritt Willibald	BB.-Revident	Bhf. St. Johannn im Pongau
Wohlmacher Herbert	BB.-Adjunkt	Zgfltg. Linz

Fraktion Christlicher Gewerkschafter in der Gewerkschaft der Eisenbahner

Bergsmann Felix	BB.-Oberrevident	Zgfltg. Linz

Liste der Kommunisten, Linken Sozialisten, Parteilosen

Haunschmid Rudolf *	BB.-Adjunkt	Hauptwrkst. Linz

* In der laufenden Funktionsperiode wurden Ahamer Adolf durch
Gruber Franz BB.-Adjunkt Haupt-Wrkst.Linz
und Haunschmid Rudolf durch
Gaisbauer Johann BB.-Assistent Hbf. Salzburg
ersetzt.

Personalausschuß von 1977 bis 1981

Obmann: Ritt Willibald

Sozialistische Eisenbahner in der Gewerkschaft der Eisenbahner

Androschin Alois	BB.-Adjunkt	Hbf. Salzburg
Erbl Josef	BB.-Zentralinspektor	BB.-Dion. Linz
Gruber Franz	BB.-Adjunkt	Haupt-Wrkst.Linz
Jungwirth Ernest *	BB.-Oberrevident	Hbf. Linz
Mastnak Walter *	BB.-Oberrevident	Zgfltg. Linz
Pichler Norbert	BB.-Oberrevident	Str-Ltg-Linz
Plank Alois	BB.-Oberrevident	Fernmeldestr-Ltg.Linz
Plöckinger Othmar	BB.-Adjunkt	Str-Ltg-Linz
Ritt Willibald	BB.-Oberrevident	Vbf. Linz

Sulzbacher Rupert	BB.-Adjunkt	Bhf. Stainach-Irdning
Wohlmacher Herbert	BB.-Adjunkt	Zgfltg. Linz

Fraktion Christlicher Gewerkschafter in der Gewerkschaft der Eisenbahner

Bergsmann Felix	BB.-Oberrevident	Zgfltg. Linz

* In der laufenden Funktionsperiode wurden Jungwirth Ernest durch

Hausberger Max	BB.-Revident	Hbf. Linz,
Mastnak Walter durch		
Edelmayr Helmut	BB.-Revident	Zgfltg. Linz
und dieser später durch		
Hehs Helmut	BB.-Revident	Zgfltg. Linz
ersetzt.		

Personalausschuß Linz von 1981 bis 1985

Obmann: Ritt Willibald,
April 1985, Wallnöfer Walter

Sozialistische Eisenbahner in der Gewerkschaft der Eisenbahner

Aflenzer Helmuth	BB.-Oberinspektor	BB.- Dion Linz
Hausberger Max	BB.-Revident	Hbf. Linz
Hehs Helmut	BB.-Revident	Zgfltg. Linz
Mühlbauer Kurt	BB.-Adjunkt	Hbf. Linz
Pichler Norbert	BB.-Oberrevident	Str-Ltg.Attnang-Puchheim
Plöckinger Othmar	BB.-Adjunkt	Str-Ltg-Linz
Ritt Willibald *	BB.-Inspektor	Bhf. Enns
Sulzbacher Rupert	BB.-Revident	Hbf. Linz
Traxler Horst	BB.-Adjunkt	Sign-Str-Ltg.Linz
Wallnöfer Walter	BB.-Revident	Haupt-Wrkst.Linz
Wohlmacher Herbert	BB.-Revident	Zgfltg. Linz

Fraktion Christlicher Gewerkschafter in der Gewerkschaft der Eisenbahner

Bergsmann Felix *	BB.-Oberrevident	Zgfltg. Linz

* In der laufenden Funktionsperiode wurde Ritt Willibald durch

Geier Gerhard	BB.-Inspektor	Bhf. Zell am See

und Bergsmann Felix durch

Zimmerberger Werner	BB.-Oberrevident	Zgfltg. Linz

ersetzt.

Personalausschuß Linz von 1985 bis 1989

Obmann: Wallnöfer Walter,
seit Oktober 1988 - Hehs Helmut

Sozialistische Eisenbahner in der Gewerkschaft der Eisenbahner

Aflenzer Helmut *	BB.-Zentralinspektor	BB.-Dion Linz
Geier Gerhard	BB.-Inspektor	Bhf. Zell am See
Gruber Alois	BB.-Adjunkt	Vbf. Linz
Hausberger Max *	BB.-Oberrevident	Bhf. Wels
Hehs Helmut	BB.-Oberrevident	Zgfltg. Linz
Mühlbauer Kurt	BB.-Revident	Hbf. Linz
Pichler Norbert *	BB.-Inspektor	Str-Ltg-Linz
Plöckinger Othmar	BB.-Revident	Str-Ltg-Linz
Traxler Horst	BB.-Revident	Sign-Str-Ltg.Linz
Wallnöfer Walter *	BB.-Oberrevident	Zgfltg. Wels
Welischek Alfred	BB.-Adjunkt	Zgfltg. Linz

Fraktion Christlicher Gewerkschafter in der Gewerkschaft der Eisenbahnr

Zimmerberger Werner	BB.-Oberrevident	Zgfltg. Linz

* In der laufenden Funktionsperiode wurden Aflenzer Helmut durch

Sams Rudolf	BB.-Oberinspektor	BB.-Dion. Linz,
Hausberger Max durch		
Schwaighofer Adolf	BB.-Reviden	Bhf. Wels,
Pichler Norbert durch		
Kernecker Karl	BB.-Revident	Str-Ltg. Linz,
Wallnöfer Walter durch		
Fritzenwallner Alois	BB.-Adjunkt	Zgfltg. Salzburg

ersetzt.

Gemaßregelte Eisenbahner in Oberösterreich

Politisch gemaßregelte Eisenbahner 1934 bis 1945

Daten nach einer Liste der Gewerkschaft der Eisenbahner (etwa 1971) - exakt übernommen, alphabetisch geordnet

Achleitner Johann	Leopold-Hasnerstraße 18, Linz	
Asböck Isidor, angest. Arbeiter	Attnang	
Bernaschek Richard	Hugo-Wolfstraße 42, Linz	
Binder Josef	Pillweinstraße 35, Linz	4 J., entlassen, 1/2 J. KZ
Brummer Heinrich Wagenschreiber	Attnang	
Burger Heinrich	Direktion Linz	seit 10. 8. 45 abgeordn.z.Tarif-büro, 18. 11. 38 - 24. 12. 42 im KZ
Dannerer Johann, Lokh.	Hafenstraße 1a, Linz	4 Monate Gefängnis u. entlassen
Dichowa Josef, Lokf.	Leopold-Hasnerstr.26, Linz	18 Mon.Gef., dav. 8 Mon. KZ
Dollereder Alois, Ob. Amtsgeh.	Bockgasse 24, Linz	1934 - 1938 m.50% Bezügen pens.
Feichtinger Johann Pensionist	Attnang	

Freundlinger Leopold	Salzburger Reichsstraße 114, Linz	2 Jahre, entlassen
Friedwagner, Pensionist	Attnang	
Fröhlich Bruno	Unionstraße 62, Linz	4 Jahre zwangsw. pens., 20 % Kürzung 5 Mon.
Fuchs Anna	Helletzgruberstr. 5	Mann im Kerker zugr. gegangen
Fürlinger Josef	Rudolfstr. 92, Linz	KZ wegen Wehrkraftzersetzung, 5 Jahre
Gahleitner Josef	Gaumberg 59, Leonding	1 Jahr, entlassen
Gebhardt Albin	Hyrtlstraße 19, Linz	4 Wo. U-Haft 1/2 J. KZ, 4 J. entlassen
Graf Johann, Werkmeister	Attnang	
Grafleitner Josef	Steyregg 171	6 Monate Unters.-Haft
Haager Johann	Füchselstr. Reihenh. P/20, Linz	
Haider Aloisia	Dürnbergerstr. 10, Linz	Mann im KZ erm.
Haider Johann	Lohwiese 30, Wegscheid	2 J. Zuchth., Rundf. Verbrechen
Harringer Franz	Bockgasse 37, Linz	8 Monate Gef., 12 mal Unters.Haft, 1/2 J. KZ
Heitzinger Josef	Bethlehemstr. 7, Linz	entlassen

Höglinger Fritz, Werkmann	Wr. Reichsstr. 53a, Linz	2 Jahre Kerker, dav. 8 Mon. abge- büßt
Jakubetz Karl, Wagenmeister	Attnang-Puchheim, Römerstraße 51/2	4 J. entlassen, 3 1/2 J. Kerker
Kaiserseder Alois	Rudolfstr. 36, Urfahr	6 Monate Unters.- Haft
Kampelmüller Karl	Schwindstr. 50, Linz	1 1/2 J. Zuchthaus
Kirchschläger Leopold	Hugo-Wolfstr. 43, Linz	4 Jahre, entl.
Krempler Franz, Radiohändler	Attnang	
Labek Franz	Hyrtlstr. 15, Linz	3 1/2 J. Zuchth. 2 J. Ehrv. Gesamt, Haft 4 Jahre
Latzelsberger Karl	Hugo-Wolfstr. 43, Linz	1 Jahr Kerker
Lautner Johann	Hugo-Wolfstr. 31, Linz	KZ wegen Wehr- kraftzersetzung, 20 Monate
Lechner Konrad	Lustenau 55	4 Jahre, entlassen
Lehner Josef	Leonding 64, Linz	2 J. Zuchthaus 2 J. Ehrv.
Lehner Ludwig	Grünauerstr. 5, Linz	4 Jahre, entlassen
Leitner Johann	Gaumberg 13, Leonding	4 Jahre, entlassen
Leitner Josef	Wr. Reichsstr. 182, Linz	4 Jahre, entlassen
Loibl Franz Bahnhelfer	Vogelsängerstr. 30, Wels	
Maurer Franz	Käferfeldstr. 216, Linz	Unters. Haft pol. Gef., schw. verletzt
Maurer Robert, Ob. Lokf.	Ferd. Erblerstr. 5, Wels	

Mayer Anton, Werkmann	Klammstr. 9, Linz	8 Monate Gef.
Meier Franz	Grillparzerstr. 68, Linz	2 J. schw. Kerker
Mitterbauer Karl	Reischekstr. 22, Linz	
Obermayr Franz	Harrachstr. 34, Linz	4 Jahre, entlassen
Pittner Johann	Bethlehemstr. 9 a	
Pollhammer Johanna	Lustenau 900, Linz	Mann im KZ erm.
Pfisterer Georg	Ant. Spaunstr. 46, Linz	
Prückl Franz	Hahnengasse 7, Linz	entlassen, 1 1/2 J. Kerker
Putz Leopold	Grieskirchen, Unternbg. 25	3 Jahre KZ
Razinger Franz	Am Heideweg 416, Linz	
Reidl Josef	Dionysen 53, Traun	4 Jahre, entlassen
Reindl Theresia	Ringstraße 46, Linz	Mann im KZ erm. u. Frau selbst im KZ gewesen
Reisenbichler Franz Amtsgeh. 1	Bleibtreustr. 1, Linz	5 Mon. Haft 1934 - 1938 Pension m. 50%
Rosenberger Rudolf, Weichensteller	A. Brucknerstr. 33, Wels	
Schwabeneder Eduard	Joh. Straußstr. 3, Linz	1 Jahr, entlassen
Seitlinger Josef	Unionstr. 58, Linz	4 Jahre, entlassen
Sturm Emil, Zugf. i. R.	Lastenstr. 21, Linz	2 Mon. Unt., entl.
Streitner Johann	Domesstr. 7, Linz	2 J. Zuchthaus, 2 J. Ehrv. Hochverrat

Tomschi Josef	Unionstr. 50, Linz	3 1/2 J. Zuchth. 2J. Ehrv. Gesamt, Haft 4 Jahre
Virtbauer Hans, Adj. i. R.	Wag. Jaureggstr. 5, Wels	
Wiesner Alois	Kaserngase 1, Linz	4 J., zwangspens.
Wiskozil Franz	Wimhölzlstr. 35, Linz	4 J., zwangspens.
Wlassak Anton	Pestalozzistraße 86, Linz	5 J. , entlassen
Wohlmacher Georg	Ant. Spaunstr. 18, Linz	4 Mon. Gefängnis, 3 J., entlassen
Zaunrith Auguste,	Direktion Linz Verwaltungsbüro	6. 4. 1945 - 24. 4. 1945 KZ

Aus politischen Gründen zum Tode oder zum Zuchthaus verurteilte Eisenbahner 1934 - 1945

Daten nach einer Liste der Gewerkschaft der Eisenbahner (etwa 1971)

Name/Diensttitel bzw. Verwendung	Dienststelle	Ausmaß der Strafe Art der Verurteilung/ Straftat
Amberger Jakob Bahnhelfer/Güterbodenarbeiter	Bhf. Braunau	12 Jahre Zuchthaus/ Hochverrat
Böhm Marie, st. Arbeiterin/Lohnverrechnerin	Bm Linz Hbf	8 Jahre Zuchthaus/ Hochverrat

Denk Anton, st. Arbeiter/Bahnunterhalter	Bm Braunau	1 1/2 Jahre Zuchthaus/ Wehrkraftzersetzung
Buchacher Frieda, st. Arbeiterin/ Personalbeamtin	Bm Linz Hbf	6 Jahre Zuchthaus/ Begünstigung eines Fahnenflüchtigen
Dummer Anton, Bahnhelfer, Rottenführer	Bm Kirchberg	1 Jahr Zuchthaus/ Unterlassung einer Anzeige über bekanntgewordene Vorbereitung zum Hochverrat
Dürnberger Flor., st. Arbeiter/ Hilfsarbeiter	Bw. Linz	6 Jahre Zuchthaus/ Wehrkraftzersetzung und Vorbereitung zum Hochverrat
Eggendorfer Josef, st. Arbeiter/ Schrankenwärter	Bm Kirchdorf	3 Jahre Zuchthaus/ Verbot. Umgang m. Kgf.
Egger Johann, Werkmann, Zimmermann	Bm Andorf	1 Jahr Zuchthaus/ Abhören von Feindsendern
Fürlinger Josef, Lokheizer	Bw Linz	5 Jahre Zuchthaus/ Wehrkraftzersetzung
Haider Johann, st. Arb., Schmied	EAW Linz	2 Jahre Zuchthaus, ermordet. Vorbereitung zum Hochverrat
Homar Johann, Lademeister	Bf. Grieskirchen	10 Jahre Zuchthaus/ Vorbereitung zum Hochverrat
Häusl Rudolf, Werkmeister	EAW Linz	2 1/2 Jahre Zuchthaus/ Hochverrat. Ist am 12. 6. 45 an den Fol gen des KZ gest.

Hilgarth Leopold, st. Arb, Hilfsarb.	GA Linz	Tod/Vorbereitung zum Hochverrat, Wehrkraftzersetzung und Feindbegünstigung
Labek Franz, Oberwerkmann, Schlosser, Heizer	EAW Linz	3 1/2 Jahre Zuchthaus/ Hochverrat
Lautner Johann, Lokheizer	BW Linz	3 Jahre Zuchthaus/ Wehrkraftzersetzung
Lehner Josef, Kesselschmied (früher Oberwmst)	EAW Linz	1 1/2 Jahre Zuchthaus/ Hochverrat
Maier Franz, Werkführer, Schl. Ptf.	EAW Linz	1 Jahr 2 Monate/ Aufruhr im Feber 34
Meister Johann, Weichenwärter	Bf Mattighofen	12 Jahre Zuchthaus/ Beteiligung an einer verbot. Organisation
Mitterbauer Karl, Werkmann/ Schlosser	EAW Linz	3 1/2 Jahre Zuchthaus/ Vorbereitung zum Hochverrat
Mühllehner Georg, Werkmann/ Zimmermann	Hbf Salzburg	3 Jahre Zuchthaus/ Vorbereitung zum Hochverrat
Permenschlager Andr., st. Arbeiter/ Bahnhalter	Bm Braunau	8 Jahre Zuchthaus/ Betätigung für KPÖ
Pichler Alois, Werkmann, Schmied	EAW Linz	1 1/2 Jahre Zuchthaus/ Vorbereitung zum Hochverrat
Plank Anton, st. Arbeiter/ Schlosser	KBW Linz	5 Jahre Zuchthaus/ Gehässige Aussagen gegen Hitler

Putz Leopold, Weichenwärter	Bf Grieskirchen	6 Jahre Zuchthaus/ Vorbereitung zum Hochverrat
Regner Josef, Sekretär/ Frachtberechner	Ega Linz	Tod (Urteil nicht vollstreckt)/ zur Wehrmacht eingezogen
Reindl Karl, st. Arbeiter/ Hilfsheizer	Bw Linz	Strafausmaß und Strafgrund nicht bekannt, im KZ Mauthausen gest.
Streitner Johann, Werkführer	EAW Linz	2 Jahre Zuchthaus/ Vorbereitung zum Hochverrat
Tomschi Josef, Wkm./Schlosser	EAW Linz	3 1/2 Jahre Zuchthaus/ Hochverrat
Wenger Adolf, Zugführer	Bf Braunau	12 Jahre Zuchthaus/ Hochverrat, im KZ gestorben

Zum Tode verurteilte und hingerichtete Eisenbahner sowie die in Untersuchungshaft und im KZ ermordeten Eisenbahner während der NS-Herrschaft.

Daten nach einer Liste der Gewerkschaft der Eisenbahner (etwa 1971)

Amberger Franz, Lokheizer	zum Tode verurteilt, im Jahre 1943 wegen Hochverrats hingerichtet.
Fuß Johann, Werksgehilfe	Werkstätte Linz, geb. am 8. 5. 1899, im Jahre 1944 während der Untersuchungshaft durch einen Bombenangriff ums Leben gekommen.

Haider Ludwig, Ob. Lokführer	Heizhaus Linz, geb. am 9. 8. 1885, ehemal. Personalausschußmitgl. Linz und Mitarbeiter der illegalen Gewerkschaftsbewegung
Häusl Rudolf, Werkmeister	Werkst. Linz, geb. am 4. 4. 1894, einige Tage nach Kriegsende im KZ Mauthausen infolge der erlittenen Entbehrungen gestorben.
Hilgarth Leopold, ständiger Arbeiter	Frachtenbahnhof Linz, wegen Hochverrats zum Tode verurteilt und hingerichtet - war Vater von 6 Kindern
Hofmann Franz, Lokführer	Heizhaus Wels, geb. am 9. 7. 1900, Vertrauensm. d. Freien Gewerkschaft und illegalen Gewerkschaftsbewegung
Lehner Jakob, Lokführer	Wels, KZ Mauthausen ermordet
Mitterer Karl, Lokführer	Wels, im KZ ermordet
Moser Josef, Haltestellenwärter	Lambach, geb. am 22. 7. 1898, im KZ ermordet
Polhammer Stefan, Maler	Heizhaus Linz, geb. am 12. 12. 1906, am 28. 4. 45 im KZ Mauthausen ermordet
Pleicher Fritz, Lokführer	Wels, wegen Hochverrats zum Tode verurteilt
Reindl Karl, Lokheizer	Heizhaus Linz, geb. am 20. 2. 1913, im KZ Mauthausen ermordet
Reif Franz, Heizer	Heizhaus Wels, im KZ ermordet
Roll Josef, Blockwärter	Lambach, geb. am 9. 7. 1897, im KZ ermordet

Sottner Karl, Kanzleikraft	Lambach, geb. am 16. 2. 1914, im KZ ermordet
Steiner Alois, Signalmeister	Lambach, geb. am 24. 5. 1908, im KZ ermordet
Wenger Adolf, Zugsführer	Bahnhof Braunau, 12 Jahre Zuchthaus Hochverrat - im KZ gestorben

Gemaßregelte Eisenbahner, Attnang-Puchheim, Februar 1934

Aus den persönlichen Unterlagen von Karl Sulzbacher, Attnang-Puchheim - ein Brief an "Franz", vom 6.4.1934.

> *"Wegen Unruhe am 12. Februar haben von Attnang 84 Personen in die Untersuchungshaft wandern müssen. Hievon sind 8 Privatarbeiter, 42 Arbeitslose, 39 Eisenbahner, 4 Eisenbahnpensionisten, eine Eisenbahnerpensionisten-Gattin (1 Pensionist und ein Eisenbahner ohne Untersuchung).*
> *3 Private, ein Eisenbahner haben sich durch die Flucht der Untersuchungshaft entzogen".......*

Liste gemaßregelter Eisenbahner der Dienststelle Attnang-Puchheim:

Name-Diensteigenschaft-Gerichtsverfahren-Disziplinarverfahren-Stand-Kinder

Asböck Isidor, Hilfsarbeiter, keine Strafe, mit 10 % Kürzung pensioniert, verheiratet, 3 Kinder

Bauer Franz, Verschieber, keine Strafe, entlassen durch Schnellverfahren, verheiratet, 1 Kind

Bayer Engelbert, verheiratet, keine Strafe, 2 Kinder

Bergauer Franz, Verschieber, keine Strafe, entlassen, vom Bundeskanzler begnadigt, um 20 % Kürzung der Bezüge, verheiratet, 1 Kind

Bergmayr Ernst, Wagenmeister, keine Strafe, pensioniert mit 30 % Abzüge, verheiratet, kein Kind

Brunner Heinrich, Wagenschreiber, keine Strafe, wurde im Schnellverfahren entlassen, verheiratet, 1 Kind

Fauland Josef, Wagenmeister, keine Strafe, pensioniert mit 20 % Abzüge, verheiratet, 1 Kind

Ganglmaier Karl, Schlosser, keine Strafe, mit 20 % Kürzung pensioniert, verheiratet, 3 Kinder

Graf Johann, Schlosser, keine Strafe, mit 20 % Kürzung pensioniert, verheiratet, 2 Kinder

Grinzinger Karl, Heizer, 2 Monate bedingt, entlassen, verheiratet, 1 Kind

Haager Johann, Schlosser, keine Strafe, pensioniert, verheiratet, 1 Kind

Hochreiter Ludwig, Verschieber, 3 Monate bedingt, pensioniert um 20 % die Bezüge gekürzt, verheiratet, 2 Kinder

Jakubetz Karl, Wagenmeister, keine Strafe, entlassen, verheiratet, kein Kind

Kanowitz Ernst, techn. Beamter, keine Strafe, Schnellverfahren, verheiratet, 2 Kinder

Karner Franz, Schlosser, keine Strafe, freigesprochen, verheiratet, 1 Kind

Krempler Franz, Transiteur, keine Strafe, durch Schnellverfahren entlassen, ledig

Langstaller Ludwig, Verschieber, 6 Monate bedingt, pensioniert, 20 % Kürzung der Bezüge, verheiratet, 2 Kinder

Lehr Friedrich, Schaffner, keine Strafe, 20 % Kürzung, entlassen, verheiratet, 2 Kinder

Maringer Franz, Hilfsarbeiter, keine Strafe, mit 30 % Kürzung pensioniert, verheiratet, 2 Kinder

Mayer Gottfried, Schlosser, 3 Monate bedingt, 30 % Kürzung pensioniert, ledig

Mühlegger Franz, Hilfsarbeiter, keine Strafe, 20 % Kürzung pensioniert, verheiratet, 1 Kind

Pühringer Johann, Schmied, keine Strafe, Schnellverfahren, mit 20 % Pensionskürzung, verheiratet, 3 Kinder

Reisenberger Franz, als Schutzbündler gefallen

Seilinger Josef, Schlosser, 4 Monate Kerker, entlassen, verheiratet, 2 Kinder

Staudinger Franz, Verschub-Aufseher, keine Strafe, versetzt auf niederen Dienstposten, verheiratet, 1 Kind

Steiner Johann, Hilfsarbeiter, keine Strafe, 20 % Kürzung pensioniert, verheiratet, 1 Kind

Sulzberger Karl, Schlosser, 7 Monate Kerker, entlassen, ledig

Thalhammer Gottlieb, Heizer, keine Strafe, mit 10 % Kürzung pensioniert , verheiratet, 2 Kinder

Wallner Josef, Heizer, keine Strafe, mit 50 % Kürzung pensioniert, verheiratet , 4 Kinder

Walter Rupert, Hilfsarbeiter, keine Strafe, pensioniert, verheiratet, 2 Kinder

Wolfsgruber Alois, Heizer, keine Strafe, mit 20 % Kürzung pensioniert, verheiratet, 3 Kinder

Wurm August, Schlosser, keine Strafe, 20 % Kürzung pensioniert, verheiratet, 2 Kinder

Zanzerl Adolf, Schlosser, keine Strafe, mit 20%iger Pensionskürzung, verheiratet, 5 Kinder

Zauner Max, Transiteur, pensioniert, verheiratet, 2 Kinder

Direktionssekretäre der Gewerkschaft der Eisenbahner für den Bereich der Bundesbahndirektion Linz von 1945 bis 1989

Harringer Franz	1945 bis 1959
Schweighofer Josef	1959 bis 1969
Kaiser Erwin	1969 bis 1984
Edelmayr Helmut	1984

Vorsitzende der Gewerkschaft der Eisenbahner von 1945 bis 1989

Freund Richard	1945 bis 1962
Matejcek Josef	1962 bis 1965
Prechtl Fritz	1965 bis 1987
Schmölz Johann	1987 bis 1989
Hums Franz	1989

Zentralsekretäre der Gewerkschaft der Eisenbahner von 1945 bis 1989

Übeleis Vinzenz	1945
Thaler Andreas	1945 bis 1957
Matejcek Josef	1957 bis 1962
Ulbrich Ernst	1959 bis 1974
Schmölz Johann	1974 bis 1987
Nowak Gerhard	1987

Direktoren bzw. Präsidenten der Bundesbahndirektion Linz 1884 - 1989

1884 - 1887 **Ing. Friedrich Neumann,**
k.k. Eisenbahnbetriebsdirektor

1887 - 1898 **Regierungsrat Josef Kubik,**
k.k. Eisenbahnbetriebsdirektor, von 1896 - 1898 k.k. Staatsbahndirektor

1898 - 1913 **Hofrat Dr. Johann Messerklinger,**
k.k. Staatsbahndirektor

1913 - 1919 **Dr. Gustav Scheikl**
k.k. Staasbahndirektor

1919 - 1922 **Regierungsrat Hofrat Karl Jenisch,**
Staatsbahndirektor, von April 1921 bis Juli 1921 Bundesbahndirektor und bis 1922 Präsident der Bundesbahndirektion

1923 - 1925 **Hofrat Dr. Hugo Bergmeister,**
Präsident, von Juli 1923 bis 1925 Bundesbahndirektor

1926 - 1938 **Ing. Friedrich Hohenbühel,**
(Ministerialrat), Bundesbahndirektor

1938 - 1945 **Hofrat Dipl.-Ing. Otto Schieszel,**
Präsident der Reichsbahndirektion

1946 **Hofrat Max Wilhelm,**
Präsident der Staatseisenbahndirektion

1947 - 1957 **Hofrat Dipl.-Ing. Dr. Franz Hafok,**
Präsident der Bundesbahndirektion

1958 - 1962 **Hofrat Dr. Leopold Kassecker,**
Präsident der Bundesbahndirektion

1962 - 1973 **Hofrat Dr. Hans Breinl,**
Präsident der Bundesbahndirektion

1974 - 1979 **Hofrat Dipl.-Ing. Wilhelm Haager,**
Präsident der Bundesbahndirektion

1979 - 1983 **Hofrat Dr. Karl Stadler,**
Präsident der Bundesbahndirektion

1983 - 1985 **Hofrat Dipl.-Ing. Alfons Hoch,**
Präsident der Bundesbahndirektion

1985 - 1989 **Dr. Gustav Hammerschmid,**
Präsident der Bundesbahndirektion

seit Juni 1989 **Helmuth Aflenzer**
Geschäftsführender Präsident der Bundesbahndirektion

Verwendete Literatur/Bildnachweise

Aschauer Franz, *Oberösterreichs Eisenbahnen*, Wels 1964

Baron Gerhart, *Der Beginn*, Linz 1971

Bundesbahndirektion Linz, *Hauptbahnhof Linz - Aus Trümmern neu erstanden*, Linz 1949

Bundesbahndirektion Linz, *100 Jahre Bundesbahndirektion Linz, 1884 - 1984*, Linz 1984

Dokumentationsarchiv des österreichischen Widerstandes, *"Anschluß" 1938*, Wien 1988

Dokumentationsarchiv des österreichischen Widerstandes, *Widerstand und Verfolgung in Oberösterreich, 1934 - 1945,* Wien 1982, Band 1/2

Fiereder Helmut, *Der Republikanische Schutzbund in Linz und die Kampfhandlungen im Februar 1934*, Linz 1983

Forsthuber Gerhard, *Von der Salzstraße zur Schienenbahn*, ohne Datum

Freihsl Hans, *Bahn ohne Hoffnung*, Wien 1971

Gemeinde Attnang-Puchheim, *Attnang-Puchheim*, Linz 1955

Gewerkschaft der Eisenbahner, *80 Jahre Gewerkschaft der Eisenbahner*, Wien 1972

Gewerkschaft der Eisenbahner, *90 Jahre Gewerkschaft der Eisenbahner*, Wien 1982

Göhring Senta, *Medienpaket Österreich 1918 - 1987*, Wien 1989

Göhring Walter/**Pfeifenberger** Werner, *Im Blickpunkt: Österreich, Zeitgeschichte 1945 - 1980*, ohne Datum

Göhring Walter/**Stadlmann** Friederike, *Aufbruch aus dem Nichts*, Wien 1988

Göhring Walter/**Stadlmann** Friederike, *Start in den Abgrund*, Wien 1988

Hautmann Hans/**Kropf** Rudolf, *Die österreichische Arbeiterbewegung vom Vormärz bis 1945*, Linz 1974

Hindels Josef, *Österreichs Gewerkschafter im Widerstand 1934 - 1935*, Wien 1976

Kammerstätter Peter, *Unveröffentlichte Manuskripte*, ohne Datum

Konrad Helmut und **Lenz** Karl, *Geschichte der Arbeiterbewegung*, ohne Datum

Koref Ernst, *Vierzig Jahre danach*, Wien 1973

Klenner Fritz, *Die österreichischen Gewerkschaften*, Band 2, Wien 1953; Band 3, Wien 1979

Lehr Rudolf, *Landes Chronik Oberösterreich*, Wien 1987

Leichter Otto, *Österreichs freie Gewerkschaften im Untergrund*, Wien 1963

Maimann Helene, *Mit uns zieht die neue Zeit*, Ausstellungskatalog, Wien 1981

Maimann/Mattl, *Die Kälte des Februar*, Wien 1984

Maleta Alfred, *Bewältigte Vergangenheit,* Granz 1981

Marsalek Hans und **Hacker** Kurt, *Mauthausen und seine drei größten Nebenlager*, ohne Datum

Olbrich Bert/**Özer** Selin, *Linz 1938*, Linz 1988

Österreichischer Gewerkschaftsbund Linz-Land, *Unterdrückung und Faschismus im Bezirk Linz-Land*, Linz 1982

Österreichische Staatseisenbahn, *Wiederaufbau der Hochbauanlagen*, ohne Datum

Salzer Wilhelm, *Geschichte der christlichen Arbeiterbewegung Oberösterreichs*, Linz 1963

Scheuch Manfred/Dirr Elisabeth, *Österreichs Schicksal im Kartenbild*, Wien 1952

Slapnicka Harry, *Oberösterreich zwischen Bürgerkrieg und "Anschluß"*, Linz 1975

Slapnicka Harry, *Oberösterreich, Die politische Führungsschicht*, Linz 1976

Stadler Karl R., *Opfer verlorener Zeiten*, Wien 1974

Stadler Karl R., *Es wird nicht mehr verhandelt*, Linz 1984

Stadler Karl R., *Sozialistenprozesse*, Wien 1986

Steinmaßl Franz, *Das Hakenkreuz im Hügelland*, Grünbach 1988

Stockinger Josef, *Zeit die prägt*, Linz 1988

Trautwein Viktor, *50 Jahre Republik Österreich,* Landesinstitut für Volksbildung und Heimatpflege in Oberösterreich, Linz 1968

Treml Erich, **Hawle** Christian, *Der Widerstand in Attnang-Puchheim,* Timelkam 1988

Vogl Friedrich, *Österreichs Eisenbahner im Widerstand,* Wien 1968

Mitgliederzeitungen der Gewerkschaft der Eisenbahner

Monatschriften für das gesamte Verkehrswesen - "Verkehrswirtschaftliche Rundschau"

Amtsblätter der k.k. Staatsbahndirektion Linz

Amtsblätter der d. ö. Staatsbahn-Direktion Linz

Amtsblätter der österr. Bundesbahn-Direktion Linz

Nachrichtenblätter der Bundesbahn-Direktion Linz

Nachrichtenblätter der Generaldirektion der Österreichischen Bundesbahnen

Nachrichtenblätter Reichsverkehrsministerium, Abwicklungsstelle Österreich.

Amtsblätter der Reichsbahndirektion Linz

Amtsblätter der Generaldirektion der Österreichischen Staatseisenbahnen

Amtsblätter der Staatseisenbahndirektion Linz

Amtsblätter der Bundesbahndirektion Linz

Nachrichtenblätter der Bundesbahndirektion Linz

Nachrichtenblätter der Österreichischen Bundesbahnen, Direktion Linz

Das Bildmaterial stellte die Bundesbahndirektion Linz, Bauabteilung, das Direktionssekretariat der Gewerkschaft der Eisenbahner in Linz, Herr Herbert Wohlmacher und Herr Wolfgang Liegl kostenlos zur Verfügung. Weiters wurden Bilder aus den Beständen des Instituts für Wissenschaft und Kunst, des Stadtmuseums Linz sowie aus der verwendeten Literatur entnommen.

Herausgeber und Hersteller: Gutenberg-Werbering Gesellschaft m. b. H.,
Anastasius-Grün-Straße 6, 4010 Linz

ISBN 3-900675-02-3
Printed in Austria
Umschlaggestaltung: CREATIO Linz